刑法各論

小林 憲太郎 著

新世社

はしがき

　本書は刑法各論の入門的教科書である。そのため，私が読者として主に想定しているのは，初学者からせいぜい予備試験・司法試験受験生（，刑事実体法の議論から離れている実務家）である。さらに，本書の内容は極力，私自身の独自の主張を消したものとなっている。

　本書をこのような形態で上梓することとした理由は次の2つである。

　1つ目は，近年になって，わが国大学法学部の立ち位置が大きく変化してきたことから，難解さをむしろ長所ととらえるかのごとき従来の教科書類は，もはや誰からも必要とされなくなっているためである。私の尊敬するある刑法学者は，かつて，「刑法の教科書をやさしくなど書けない。だって，やっていることが難しいのだから」とよくおっしゃっていた。当時の私は拍手喝采を送っていたが，いま改めて考えてみると，受容する法律家あっての法学研究なのだから，「やっていること」つまり研究内容そのものを分かりやすく表現できる範囲に収めなければならない。

　2つ目は，法科大学院や法曹コースの出現によって，法学教育の内容が統一化されてきたためである。昔は，A大学法学部の刑法の授業とB大学法学部の刑法の授業は内容が全然違っていて，前者において最優秀の成績を収めた学生に後者の試験問題を見せたらまったく解けなかった，という事態がしばしば生じていた。しかし，今日ではそのような事態は起きえないであろう。そうすると，教科書を執筆するにあたっても，特定の教師の学説に依存しない，普遍的な内容となるよう心掛けなければならない。

　そして，これら2つの理由を見れば分かるように，本書は，刑法の授業を履修する機会はないが法曹になりたいと考えている非法学部生の自習用テキストとしても，あるいはまた，私以外の教師が担当する刑法各論の授業を履修中であるが，教科書が指定されていないためノートに頼るしかない学生の副読本としても，十分に役立ちうるものとなっている。実際には，授業にいっさい出席せず，一夜漬けで単位をとるための手段として活用されることが多くなるのか

もしれないが，それもまたよしとしなければならない。

『刑法総論〔第 2 版〕』（2020）に引き続き，本書の編集に際しても新世社の清水匡太氏に大変お世話になった。記して感謝申し上げる。

2024 年 7 月 8 日

著　　者

目　　次

はしがき ……………………………………………………………………… i

第Ⅰ部　刑法各論の学修方法　　　　　　　　　　　　　　1

第1章　刑法各論の意義　2

1.1　刑法各論の定義 ……………………………………………… 2

1.2　刑法各論の「残念さ」？ ……………………………………… 3

第2章　刑法総論の学修方法との違い　5

2.1　「つまみ食い」しやすい刑法各論 ………………………… 5

2.2　刑法各論学修の3つのポイント ……………………………… 6

第3章　刑法各論の学修順序　9

3.1　刑法各論の体系 ……………………………………………… 9

3.2　刑法各論の解釈手法 ………………………………………… 12

第Ⅱ部　個人的法益に対する罪　　　　　　　　　　　　17

第4章　生命に対する罪　18

4.1　総　　説 ……………………………………………………… 18

4.2　殺人の罪 ……………………………………………………… 22

4.3　堕胎の罪 ……………………………………………………… 29

4.4　遺棄の罪 ……………………………………………………… 36

第5章 身体に対する罪　46

5.1 傷 害 の 罪 ……………………………………………… 46

5.2 過失傷害の罪 ……………………………………………… 62

5.3 自動車運転死傷行為処罰法 ……………………………… 66

第6章 意思活動および移動の自由に対する罪　68

6.1 刑法によって保護される自由の体系 ………………… 68

6.2 脅迫・強要の罪 ………………………………………… 69

6.3 逮捕・監禁の罪 ………………………………………… 75

6.4 略取・誘拐の罪 ………………………………………… 79

第7章 性的自由に対する罪・住居侵入罪　88

7.1 性的自由に対する罪 …………………………………… 88

7.2 住居侵入罪 ……………………………………………… 96

第8章 人格的法益に対する罪　108

8.1 秘密に対する罪 ………………………………………… 108

8.2 名誉に対する罪 ………………………………………… 110

第9章 信用および業務に対する罪　121

9.1 信用毀損罪 ……………………………………………… 121

9.2 業務妨害罪 ……………………………………………… 122

第10章 財産犯総説・窃盗罪　130

10.1 財産犯総説 ……………………………………………… 130

10.2 窃 盗 罪 ………………………………………………… 134

10.3 不動産侵奪罪 …………………………………………… 157

目　次　　　v

10.4　親族相盗例 ……………………………………………………… 161

第 **11** 章　**強盗罪の基本類型**　164

11.1　総　　説 ……………………………………………………………… 164

11.2　1 項強盗罪の構造 ……………………………………………… 164

11.3　2 項強盗罪の構造 ……………………………………………… 169

第 **12** 章　**強盗罪の拡張類型（準強盗）**　175

12.1　事後強盗罪 ………………………………………………………… 175

12.2　昏酔強盗罪 ………………………………………………………… 182

12.3　強盗予備罪 ………………………………………………………… 183

第 **13** 章　**強盗罪の加重類型**　185

13.1　強盗致死傷罪 ……………………………………………………… 185

13.2　強盗・不同意性交等罪，同致死罪 ……………………… 192

第 **14** 章　**詐 欺 の 罪**　196

14.1　総　　説 ……………………………………………………………… 196

14.2　詐欺罪の構造 ……………………………………………………… 196

14.3　欺 罔 行 為 ………………………………………………………… 197

14.4　交 付 行 為 ………………………………………………………… 201

14.5　財産的損害 ………………………………………………………… 204

14.6　詐欺罪の諸形態 ………………………………………………… 209

14.7　未遂・既遂 ………………………………………………………… 218

14.8　罪　　数 ……………………………………………………………… 219

14.9　準 詐 欺 罪 ………………………………………………………… 220

14.10　電子計算機使用詐欺罪 ……………………………………… 220

第15章 恐喝の罪 224

15.1 総　説 ………………………………………………… 224

15.2 成立要件 ………………………………………………… 224

15.3 権利行使と恐喝 ………………………………………… 226

15.4 未遂・既遂 ……………………………………………… 228

15.5 罪　数 …………………………………………………… 228

第16章 横領の罪 230

16.1 総　説 …………………………………………………… 230

16.2 横領罪の構造 …………………………………………… 231

16.3 既遂時期 ………………………………………………… 244

16.4 罪　数 …………………………………………………… 245

16.5 業務上横領罪 …………………………………………… 247

16.6 遺失物等横領罪 ………………………………………… 249

第17章 背任の罪 250

17.1 総　説 …………………………………………………… 250

17.2 主　体 …………………………………………………… 252

17.3 行　為 …………………………………………………… 254

17.4 財産上の損害 …………………………………………… 254

17.5 図利・加害目的 ………………………………………… 255

17.6 未遂・既遂 ……………………………………………… 257

17.7 共　犯 …………………………………………………… 257

17.8 罪　数 …………………………………………………… 258

第18章 盗品等に関する罪 261

18.1 保護法益・罪質 ………………………………………… 261

目　次　　　**vii**

18.2	客　　体	264
18.3	行　　為	265
18.4	盗品性の認識	267
18.5	罪　　数	267
18.6	親族等の間の犯罪に関する特例	269

第*19*章　毀棄・隠匿の罪　270

19.1	総　　説	270
19.2	公用文書等毀棄罪	271
19.3	私用文書等毀棄罪	272
19.4	建造物等損壊罪・同致死傷罪	273
19.5	器物損壊等罪	275
19.6	信書隠匿罪	276
19.7	境界損壊罪	277

第Ⅲ部　社会的法益に対する罪　　279

第*20*章　放火・失火の罪　280

20.1	罪質・保護法益	280
20.2	放火罪の基本概念	281
20.3	現住建造物等放火罪	283
20.4	非現住建造物等放火罪	287
20.5	建造物等以外放火罪	290
20.6	その他の類型	291

第*21*章　その他の公共危険犯　294

21.1	騒乱の罪	294

viii 目　次

21.2　出水・水利に関する罪 …………………………………………… 297

21.3　往来を妨害する罪 ………………………………………………… 299

21.4　公衆の健康に対する罪 …………………………………………… 304

第22章　文書偽造の罪　306

22.1　総　　説 …………………………………………………………… 306

22.2　文書偽造の罪の基本概念 ………………………………………… 309

22.3　公文書偽造・行使等罪 …………………………………………… 322

22.4　私文書偽造・行使等罪 …………………………………………… 331

22.5　電磁的記録不正作出罪・同供用罪 ……………………………… 333

第23章　その他の公共の信用（取引等の安全）に対する罪　336

23.1　総　　説 …………………………………………………………… 336

23.2　通貨偽造の罪 ……………………………………………………… 336

23.3　有価証券偽造の罪 ………………………………………………… 341

23.4　支払用カード電磁的記録に関する罪 …………………………… 344

23.5　印章偽造の罪 ……………………………………………………… 347

23.6　不正指令電磁的記録に関する罪 ………………………………… 349

第24章　風俗に対する罪　352

24.1　総　　説 …………………………………………………………… 352

24.2　わいせつ・重婚の罪 ……………………………………………… 352

24.3　賭博・富くじに関する罪 ………………………………………… 356

24.4　礼拝所・墳墓に関する罪 ………………………………………… 359

第IV部　国家的法益に対する罪　365

第25章　国家の存立に対する罪　366

25.1　総　説 ……………………………………………… 366

25.2　内乱に関する罪 ……………………………………… 366

25.3　外患に関する罪 ……………………………………… 368

第26章　国交に関する罪　369

26.1　総　説 ……………………………………………… 369

26.2　外国国章損壊等罪 …………………………………… 369

26.3　私戦予備・陰謀罪 …………………………………… 370

26.4　中立命令違反罪 ……………………………………… 371

第27章　公務の執行を妨害する罪
（以下，国家の作用に対する罪）　372

27.1　総　説 ……………………………………………… 372

27.2　公務執行妨害罪 ……………………………………… 372

27.3　職務強要罪・辞職強要罪 …………………………… 379

27.4　封印等破棄罪 ………………………………………… 380

27.5　強制執行妨害目的財産損壊等罪 …………………… 382

27.6　強制執行行為妨害等罪 ……………………………… 385

27.7　強制執行関係売却妨害罪 …………………………… 386

27.8　加重封印等破棄等罪 ………………………………… 387

27.9　公契約関係競売等妨害罪 …………………………… 388

27.10　談　合　罪 ………………………………………… 389

第28章　逃走の罪　391

28.1　総　説 ……………………………………………………… 391

28.2　単純逃走罪 ………………………………………………… 392

28.3　加重逃走罪 ………………………………………………… 392

28.4　被拘禁者奪取罪 …………………………………………… 393

28.5　逃走援助罪 ………………………………………………… 393

28.6　看守者等による逃走させる罪 …………………………… 393

第29章　犯人蔵匿および証拠隠滅の罪　395

29.1　総　説 ……………………………………………………… 395

29.2　犯人蔵匿等罪 ……………………………………………… 396

29.3　証拠隠滅等罪 ……………………………………………… 400

29.4　親族による犯罪に関する特例 …………………………… 404

29.5　証人等威迫罪 ……………………………………………… 405

第30章　偽証の罪　407

30.1　総　説 ……………………………………………………… 407

30.2　主　体 ……………………………………………………… 407

30.3　行　為 ……………………………………………………… 408

30.4　共　犯 ……………………………………………………… 409

30.5　自白による刑の減免 ……………………………………… 409

30.6　虚偽鑑定等罪 ……………………………………………… 410

第31章　虚偽告訴の罪　411

31.1　総　説 ……………………………………………………… 411

31.2　虚偽告訴等罪 ……………………………………………… 411

31.3　自白による刑の減免 ……………………………………… 413

目　次　　**xi**

第**32**章　**職権濫用の罪**　414

32.1　総　　説　……………………………………………… 414

32.2　公務員職権濫用罪　………………………………… 414

32.3　特別公務員職権濫用罪　…………………………… 416

32.4　特別公務員暴行陵虐罪　…………………………… 417

32.5　特別公務員職権濫用等致死傷罪　………………… 418

第**33**章　**賄　賂　の　罪**　419

33.1　収賄罪総説　…………………………………………… 419

33.2　収賄罪の類型　………………………………………… 431

33.3　贈　賄　罪　…………………………………………… 434

事 項 索 引　……………………………………………………… 437

判 例 索 引　……………………………………………………… 450

著 者 紹 介　……………………………………………………… 480

第 I 部

刑法各論の学修方法

第1章

刑法各論の意義

1.1 刑法各論の定義

刑法各論とは，個別の犯罪に特有の成立要件を扱う学問分野である。多くの犯罪に共通して課される成立要件を扱う**刑法総論**に対置された概念である。教科書によっては，刑法典の「第1編　総則」の解釈を扱うのが刑法総論だ，と書かれている。しかし，因果関係や不作為犯のように，「第1編　総則」には規定されていないが多くの犯罪に共通することから刑法総論のテーマとされている重要論点もあるため，このような一部教科書の記述はやや不正確であろう。

たとえば，殺人罪を定める199条は「人を殺した者は，死刑又は無期若しくは5年以上の拘禁刑に処する。」となっている。このうち，「者」が何を意味するかは典型的な刑法総論の問題である。というのも，六法をめくって刑法各則（刑法典の「第2編　罪」のこと。「第1編　総則」の対概念）の条文を見ていくと，「者」という言葉はほとんどの犯罪において要件とされているからである。刑法総論をまだ学修していない人は，「者」とは人間のことだろう，当たり前すぎて議論する必要などない，と感じるかもしれない。しかし，たとえば，「者」が自然人に限られるのか，それとも，法律によって権利・義務の主体とみなさ

れる人，つまり，法人もまた含まれるのか，さらには，法人格はないものの社会的実在性を有する団体（みなさんの大学にある同好会，サークルの類もそのひとつである）にまで広げてよいのか，という問題意識は成り立ちうるであろう。

これに対して，先に見た199条における「人」が何を意味するかはむしろ刑法各論の問題である。再び六法をめくっていただければ分かるが，「人」という言葉は「者」という言葉とは違い，そう多くの犯罪に登場するわけではないからである。ここでも，（この本をはじめから読んでいるということは，まだ刑法各論を学修していないと思われる）みなさんは，「人」は人だろう，さすがに，ここで詳細に議論することなどないはずだ，と感じるかもしれない。しかし，たとえば，お腹の中の赤ちゃんを（母体をけ飛ばすなどして）殺したとか，生命維持装置につながれた脳死状態の患者を刺し殺したという事件が起きたとき，それぞれ，胎児は「人」なのか，脳死体は「人」なのか，という疑問は真剣に議論し，解決しなければならない重要な問題である。

以上のように，刑法総論が複数のものの共通項をとりあげるという意味で一般的・抽象的であるのに対し，刑法各論は単一のものの個性をとりあげるという意味で個別的・具体的である。しばしば「小学校の算数は，高学年になると一般的・抽象的思考が要求されるようになり，急に難しくなる」といわれるが，それと同じように，（個人の好き嫌いを脇に置いて，あくまで傾向の話をする限り）刑法総論のほうが難解だといえる。そして，このことから，「刑法嫌い」をなくすために，刑法各論を先に教えている大学の法学部さえある（実は，私が勤務する大学の法学部でもかつてはそうであった。2021（令和3）年に法曹コースが設置されたことから，法科大学院とカリキュラムの平仄を合わせる必要が生じ，やむなく刑法総論を先に教えることになった）。したがって，この本を手に取って刑法各論を勉強しようと考えているみなさんは，「あまり小難しい話は出てこないのだな」とひとまず安心してほしい。

1.2 刑法各論の「残念さ」？

ただし，次の2点だけはあらかじめ警告（!?）させていただかなければならない。

第1に，一般化とか抽象化とかいう手続きは，特定の属性に着目することに

より，むしろ情報量を減らすはたらきをもっている。2匹の見た目がまったく異なる生物がいるとして，これらを「脚が6本ある」等々の属性に着目して「昆虫」だと表現し，その余の個性を捨象してよいといわれたら，議論する際に念頭に置いておかなければならない情報がうんと減るだろう。反対に，その余の個性をいちいち覚えておかなければならないとなったら，色や形，大きさ，動き方など，人間の脳の容量を容易に超えてしまいかねない。ここからも分かるように，刑法各論は刑法総論に比し，記憶しなければならない事項がけた違いに多い。要するに，刑法各論が「楽単」だというわけでは決してない。

　第2に，そして，みなさんにとっては非常に具合の悪いことに，刑法各論では「刑法総論」的な難しさが現れることさえある。つまり，一応は刑法各論の対象とされている問題であっても，実際には刑法総論並みの一般化・抽象化が思考作業として要請される場合があるのである。たとえば，刑法各論には窃盗罪の保護法益という有名な論点があるが，この論点の射程は不動産侵奪罪や強盗罪，詐欺罪，恐喝罪にまで及んでおり，論者によっては，この論点の趣旨自体は横領罪や毀棄罪までカバーするものとさえされている。したがって，刑法各論の勉強は記憶力勝負に尽きるというわけでもなく，刑法総論を勉強する際の頭の使い方と変わらないものが要請されることもある。しかも，そういう「刑法総論」的な論点が刑法各論において重要論点とされることも多い。こう聞くと，みなさんは「それなら窃盗罪の保護法益は刑法総論で扱えばよいではないか」と思われるかもしれない。しかし，第3章で見るように，刑法各論は保護法益に基づいて体系化されており，その点で刑法総論の体系とは本質的に異なっているから，いくら一般化・抽象化の程度が高いといっても，ある保護法益にしか関係しない論点を刑法総論に入れ込むのは違和感が強い。

　それでは，以上に述べたような刑法各論の特性を踏まえ，次に刑法各論の具体的な学修方法について，刑法総論の場合と比較しつつ簡単に解説しておきたい。

第2章

刑法総論の学修方法との違い

2.1 「つまみ食い」しやすい刑法各論

　第1章で述べたところからもおおよそ推察できると思われるが，刑法各論は原則として刑法総論のような高度の抽象性を備えておらず，それゆえ，体系化といってもせいぜい保護法益ごとに大まかに区分して議論するというだけである。刑法総論を学修済みのみなさんであれば分かると思うが，刑法総論の体系は円環的な構造をしており，たとえば，自分ひとりで教科書を読み進めていこうと思うと，「第6章を理解してからでないと第3章がよく理解できない」などという厄介な事態が頻繁に生じる。高度に一般化された概念や命題を統合しようとすると，どうしても1本の鎖でつなぐだけのような体系化は難しく，すべてが有機的に結びついた一体性を観念せざるをえないからである。これに対して刑法各論においては，やや強い言い方になってしまうが，たとえば，殺人罪と賄賂罪をバラバラに学修するということも十分に可能である。したがって，刑法各論の教科書は刑法総論の教科書よりもずっと読みやすいし，俗にいう「積上げ式」の構造になっているから安心感がある。刑法各論の教科書では知識や理解がどんどん足されていくという安定的なプロセスが保証されており，

6　　　　　　第2章　刑法総論の学修方法との違い

「いま自分の理解していることが読み進めていくうちに否定されてしまうのではないか」，「自分の調べたい章や項目だけを読むのではかえって誤解が生じるのではないか」などといった，刑法総論の教科書を読むときにみなさんが抱いていたであろう不安は要らない。この本を読む際にもまったく同じことがいえる。どうか，この本の好きなところだけを，好きな時間だけ読んでいただきたい。

2.2　刑法各論学修の3つのポイント

　つづいて，もう少しテクニカルな，具体的な試験勉強を視野に入れたアドバイスを書いておきたい。3点ある。

　第1点は学説の対立に関してである。刑法総論における学説の対立は，犯罪の一般的成立要件のすべてを束ねる体系どうしのぶつかり合いが多く，試験勉強，特に，実務法曹となるための試験（司法試験，予備試験など）の勉強に際しては，あまり深入りしないほうがよいであろう。何しろ，ある論点に関して特定の学説に肩入れすることにより，他の無数の論点に関してもその学説と矛盾しない特定の立場を強制され，これを外すと即「矛盾答案」とされてしまう（しかも，その立場がことごとく判例の結論と違っていたりしたら悲惨である）。これに対して刑法各論における学説の対立は，いわば局所戦であって，その論点に関してある学説をとったからといって，他の論点にも大きな波及的効果が及ぶなどということはまずない。したがって，刑法各論においては，みなさんも安心して学説の争いの中に飛び込み，その論点の解決法として何が公正・妥当であるかを考えてほしい。

　第2点は判例に関してである。第1点で述べたように，刑法総論においては学説の対立に深入りしないほうがよい反面，判例の立場には深入りしなければならない。どういうことかというと，「重要論点を列挙し，おのおのについて判例の結論を記憶する」という学修法では絶対にいけない，ということである。刑法総論が一般的・抽象的な性格をもち，その体系が有機的かつ円環的な統合体とならざるをえない，というのは事柄の性質上そうなのであって，判例といえども，刑法総論に関する限りは同じ話になる。したがって，判例について学ぶときも，過去の判例の蓄積をできる限り合理的かつ整合的に説明しうる前記

2.2 刑法各論学修の3つのポイント　　**7**

統合体としての体系を想定したうえ，これに沿うかたちで個別の判例——受験生にとっては「最新重要判例」がこれにあたることが多い——の趣旨や射程を明らかにしたり，沿わせようとすれば解釈が強引になりすぎる例外的なケースでは「誤った判例」として棄却したりする，というかなり高度な思考作業が要請されることになる（法科大学院の刑法総論の授業では，実務家教員も研究者教員も学生にひたすらこの作業をさせている）。これに対して刑法各論に関する判例は，個別の論点において，学説と対等に「説得力」競争を繰り広げるひとつの立場，誤解を恐れずにいうと，たまたま国民にとることを強制できる有権解釈としての性質を与えられた「学説」ととらえてよい。したがって，みなさんが刑法各論の論点について勉強する際にも，「A説，B説，C説，判例」のように羅列して覚えてよいと思う。実際，予備校のテキストはたいていそうなっている。

　第3点はインプットとアウトプットに関してである。インプットとは教科書や判例集を読む，授業を聴くなどといった，知識や理解を頭に入れていく作業のことである。これに対してアウトプットとは，インプットによって頭に入れた知識や理解を必要に応じて吐き出す，端的にいえば答案作成作業のことである。もちろん，広い意味でいえば，選択式問題を解く，一問一答式の質問に答える，友だちと議論するなどといったこともアウトプットに含まれるだろうが，通常は，受験生にとって最大の関門となる，論文式試験における答案作成のみを指している（受験生が実際に答案を作成し，教師に添削してもらうという授業形態を答案練習会，略して答練とよんでいる）。問題は，このインプットとアウトプットとの関係であるが，結論からいうと，刑法各論に関してはほぼインプットだけで足りる。ここでも刑法総論との対比が有用であるが，刑法総論は抽象的な概念や命題が複雑に絡み合った体系により規律されているため，たとえば，事例問題を読んで「Xは詐欺罪の共同正犯で論点は承継的共犯だ」，「この論点に関連する判例は知っているし，批判する学説も内容は大体分かっている」と感じた学生が，しかし，何からどう書き始めればよいのかさっぱり分からない，という事態がしばしば生じる。すべての犯罪成立要件が相互に円環的に結びついているということは，原理的に，書き始めが一義的に定まらない，答案に書かなければならないことと書かなくてよいこととが截然と分けられない，とい

う厄介な事実を意味しているのである。この種の,「分かっているのに手が止まってしまう」という悩みは,何度もアウトプットの訓練,答練を受け,法律家の間で何となく共有されている線引きの感覚を身に着けることで解消していくしかない。他方,刑法各論では問題となる犯罪に固有の成立要件にスポットライトを当て,その充足の有無に関して対立する見解(学説や判例)のいずれが適当かを論ずれば足りるから,分かってさえいれば手は動くはずである。私の長年にわたる教師としての経験に照らしても,刑法総論の答案は書けるのに刑法各論の答案は書けない,という学生は皆無であった(その逆は非常に多い)。このことと,そもそも刑法各論では覚えなければならない事項が非常に多いという事実をあわせ考えれば,ともかくも刑法各論の学修に際してはインプットに勤しんでほしい。

第3章

刑法各論の学修順序

3.1 刑法各論の体系

3.1.1 保護法益（不法）による区分

　刑法各論は**保護法益**に基づいて体系化されている。すなわち，ある犯罪がどのような法益を守るために設けられているのか，というポイントに着目し，その法益の性質に応じて犯罪をグループ分けするわけである。同じ「体系」という言葉が使われていても，刑法総論とは複雑さの次元が異なる。刑法総論の体系は，論者ごとの国家観，刑罰観という大上段の議論から，国家刑罰権の行使を合理的かつ正当なものとするための要件群を抽出したうえ，これらを，無数のケースや局面を想定しながら，いかなる裁判官であっても安定的に要件充足の有無を判定しうるよう，論理的に整理し直したものである。このように重層的な構造をもつ刑法総論の体系と異なり，刑法各論の体系は，かなり極端なたとえになってしまうけれども，単に人々を身長170cm以上と未満とにグループ分けするようなものである。したがって，みなさんにおかれては，この本の中で「体系」という言葉に出くわしても恐れる必要はまったくない。

3.1.2 個人的法益に対する罪

さて，前置きはこれくらいにして，刑法各論における，保護法益に基づく犯罪の体系化，グループ分けは実際には次のようになされている。

1つ目は**個人的法益に対する罪**である。その犯罪が守ろうとする法益が個々の人格の「所有物」としての性質を有する場合であり，法益主体である個人がその法益を（原則として）自由に処分しうるという点に特徴をもつ。たとえば，私のからだは私のものであり，それゆえ，私の身体を傷つける傷害罪（204 条）は個人的法益に対する罪である。これが通常の考え方であるが，もし，私のからだは私だけのものではなく国家のものでもある，なぜなら，私が働いて納税することにより国家財政が維持されているという側面があるからだ，という国家主義的な発想に立つのなら，傷害罪は必ずしも個人的法益に対する罪ではないことになろう（「戦前の話か」と思われるかもしれないが，実は，殺人罪においてはこのような発想を真面目に主張する学説もある）。

個人的法益に対する罪は，さらに細かく分けられ，**生命・身体に対する罪**，**自由に対する罪**，**人格的法益に対する罪**，**信用・業務に対する罪**，**財産に対する罪**のように表現される。もっとも，これでも大まかな区分にすぎず，厳密に観察すると，たとえば，自由に対する罪とされるものの中にも不同意性交等罪（177 条）のように，ただ「何かをできる，何かをしなくて済む」という生の部分的な現象にすぎない自由を超えて，人間の尊厳，人格の中核的部分を侵すような不法も含まれている（レイプが「魂の殺人」といわれるのもこの故である）。また財産に対する罪にしても，個別財産に対する罪と全体財産に対する罪，財物罪（1項犯罪）と利得罪（2項犯罪），領得罪と毀棄罪等，いっそう細分化するためのさまざまな分析軸が提案されているところである。

3.1.3 社会的法益に対する罪

2つ目は**社会的法益に対する罪**である。この罪は消去法的に定義するほかなく，1つ目で述べた個人的法益に対する罪でも，はたまた3つ目で述べる国家的法益に対する罪でもないもの，ということになる。このうち，より本質的なのは前半部分であり，みなさんにはまずもって，「個人的法益に対する罪ではない」ということの意味を正確に理解していただきたい。

3.1 刑法各論の体系　　**11**

　ある犯罪が「個人的法益に対する罪ではない」ということの第1の意義は，自分の個人的法益だけではなく，ほかの人たちの個人的法益までもが脅かされているから，その犯罪の保護法益を自分ひとりでは処分できない，ということである。放火罪（108条以下）などがその典型例であり，自分の家に火をつけられたら，自分だけでなく同居人や周辺住民にも危険が及びうるであろう。このような，個人的法益が単体ではなく一緒にまとめて脅かされるタイプの社会的法益に対する罪を，講学上，**公共危険犯**とよんでいる。

　ある犯罪が「個人的法益に対する罪ではない」ということの第2の意義は，その犯罪を構成する行為によって，ひとりの人間が被害を受けるわけではないというのを超えて，被害を受ける人間が誰ひとりとして存在しない，ということである。これを聞いたみなさんは「誰も困らないなら処罰すべきではないだろう」と思うかもしれない。しかし，世の中には「当該行為によって困る人はいないが，同じことを全員がし始めたらむしろ全員が困る」というケースがよくある。かつて，死に目の親に見せて喜ばせようと司法試験の合格証書を偽造した受験生がいたが，こういう文書偽造の類（154条以下）は，単体で見る限りはただの美談（⁉）であり誰も困らない。しかし，だからといってみなが文書偽造をし始めると，文書の証拠としての機能は破綻してしまい，結局はその親とて「どうせ偽の合格証書だろ」と思うだろう（その前に，合格証書などという制度が廃止されるかもしれない）。これでは社会にマイナスしかないので，文書偽造を一律に禁止し，単体では誰も困らないその違反を処罰することとしておく必要がある。このような，みなが同じことをし始めると厄介なので一括して平等に禁止し，その違反を処罰するタイプの社会的法益に対する罪を，講学上，**蓄積犯**とよんでいる。刑法典上の犯罪でいえば，**公共の信用（取引の安全）に対する罪**，**風俗に対する罪**とされるものがこれにあたろう。

　社会的法益に対する罪の定義の後半部分，すなわち，「国家的法益に対する罪ではない」ということの意味はかなり形式的なものである。国家が公法人のひとつとして個人的法益に対する罪の対象となる場合（国がその所有する土地をだまし取られたなど）を除くと，国家はあくまで国民を保護するためのさまざまな制度の集合体にすぎない。したがって，国家的法益に対する罪はすべからく蓄積犯としての性質をもたなければならず，結果として，蓄積犯を社会的

法益に対する罪というためにはそこから国家的法益に対する罪を除いておく必要がある。

3.1.4 国家的法益に対する罪

3つ目は**国家的法益に対する罪**である。すでに説明したところであるが，賄賂罪（197条以下）を例にとって敷衍すると，国家は国民から強制的に税金を徴収して公務員を雇い，放っておいたら誰もしない公共サービスを提供させている（法哲学者や政治哲学者の中には，放っておいても誰かがボランティアで信号機を建てたり公園を作ったり，はたまた警察のような組織を雇ったりするだろうというものもあるが，私は残念ながら，そこまで公共精神にみちあふれた人に出会ったことがない）。このとき，ある人が公務員を買収して，たとえば，自分に便利なようにと自宅前に押しボタン式信号機付きの横断歩道を作ってもらったとしよう。別にそれで誰かが特に困るというわけではないだろうが，だからといってみなが同じことをし始めると，道路がめちゃくちゃになって自動車がまともに走れず，結局はみなが困ってしまう。そこで，あくまで公共的観点（全体としての道路環境の向上）に基づいて提供されるべき公共サービスを私的な売買の対象とし，私益によって捻じ曲げる行為をあらかじめ一括して禁止し，その違反を処罰することとしておく必要がある。この蓄積犯としての性質こそが国家的法益に対する罪を貫く共通項であり，社会的法益に対する罪のひとつとしての蓄積犯との違いは，ただ，国家的法益に対する罪によって守られるのが国家を構成するさまざまな制度に限られる，という点に存在するにすぎない。さらに，このような性質をもつ国家的法益に対する罪は，一般に，**国家の存立に対する罪，国交に関する罪，国家の作用に対する罪**の3つに分けて議論されている。

3.2 刑法各論の解釈手法

3.2.1 目的論的解釈と文理解釈

みなさんは，「法学入門」ないしそれに類するタイトルの授業をとったり，本を読んだりしたことがあると思う。そこでは，法解釈の基本は目的論的解釈だと述べられていたことであろう。この**目的論的解釈**とは，たとえば，ある条

文のある文言の意味を確定する際，その条文や文言がどのような趣旨・目的の
もとに書かれているのか，という観点を決め手にするような解釈を指す。たと
えば，友だちと「来週水曜日の昼休みに刑法各論の教室で会おうな」と約束し
たあと，教務課が刑法各論の教室を1番教室から5番教室に変更してしまった
としよう。このとき，「刑法各論の教室」という文言がいかなる意味を有する
のか，すなわち，いったいどちらの教室に行けば友だちに会えるのかは，前記
約束がどのような趣旨で交わされたかを考慮して判断しましょう，というのが
目的論的解釈である。具体的にいうと，1番教室が昼休み，学生の昼食用に開
放されており，「一緒に昼飯を食おうぜ」という趣旨で約束が交わされたのな
ら1番教室に，そうではなく，「昼休みのあと，一緒に刑法各論の授業に出よ
うぜ」という趣旨で約束が交わされたのなら5番教室に行けば，友だちに会え
るであろう。

　もっとも，こと刑法の解釈においては目的論的解釈の比率がやや減る。とい
うのも，刑法総論で学修したと思うが，刑法においては**罪刑法定主義**が妥当し
ており，いかにその条文や文言の趣旨・目的が制約されることになろうとも，
そこで用いられている言葉の可能な意味の範囲を超えた解釈は許されないから
である。言葉の本来の意味に準拠した解釈を**文理解釈**とよぶが，刑法において
は，解釈が最低限，文理解釈としての性質を有していなければならない，と
いってもよい。たとえば，刑法各論は特に大事だという理由から，「刑法各論
の授業中に騒いだら処罰する」という条文があったとして，たまたま，民法の
授業中に刑法各論の学修にとりきわめて重要な所有や占有の観念を教師が説明
しているとき，騒いで授業の邪魔をした学生をその条文で処罰することはでき
ない。いかに処罰することが条文の趣旨・目的にかなうとはいえ，民法の授業
を「刑法各論の授業」と解釈することは言葉の可能な意味の範囲を超えてしま
うからである。

3.2.2 **刑法各論解釈の3つのポイント**

　以上のような目的論的解釈と文理解釈の意義および関係は，もちろん刑法各
論においてよく妥当する。その具体的な妥当の仕方について，3点のみ簡単に
付言しておく。

14 第3章 刑法各論の学修順序

第1に，刑法は**断片的**なものであり，道徳的に悪いこと，違法なことをすべて処罰しているわけではない。ところが刑法各論を学修していると，ついつい「なんだ，この行為も条文に書かれている行為と同じくらい悪いから，同じように処罰してしまおう」と考えてしまいがちである。細かな条文とそれにまつわる判例・事例群ばかり見ていると，刑法解釈を規律するより上位の原理を失念してしまいかねないのである。したがって，これから刑法各論を学ぼうとするみなさんは，文理の大切さを常に意識するよう努めなければならない。

第2に，刑法各論が保護法益に基づいて体系化されているところからも分かるように，目的論的解釈に際してはまずもって**保護法益**が何であるかが重要である。みなさんが刑法総論で学んだように，犯罪は不法と責任の2つの概念によって構成されているが，責任はあくまで不法の内容に従って定まるから（殺人罪の故意は同罪の不法を認識することであり，殺人罪の責任能力はあくまで同罪の不法について問われる），各犯罪の特徴はまずもって不法のレベルで条文に記述されているのである（責任要素が登場するのは，それが不法の内容を超える例外的な場合だけである）。そして，この記述は「それがどのようにして保護法益への侵襲性を基礎づけ，高め，あるいは低めるのか」という観点から解釈されなければならない。たとえば，強盗罪にいう「暴行又は脅迫」（236条1項）は，ただ殴った，脅したというのではなく，そうすることで客体の占有を守るべき人の防御力をゼロにし，客体がただ裸で置かれているのと同等の状態を作り出した，という保護法益への侵襲性を高める観点から解釈されるべきである。

第3に，法の解釈に際して目的論的解釈と並び，最重要視される解釈手法として**全体論的解釈**があるが，刑法各論においてはとりわけそれが重要なものとなる。この全体論的解釈とは，条文や文言を単体で眺めるのではなく，他のさまざまな文言や条文，ひいては他の法律の規定などまで視野に入れつつ，全体として整合性がとれるかたちでその条文や文言を解釈する，というやり方である。刑法総論においては，単体の条文とより上位の体系との整合性が問われることが圧倒的に多かったと思われるが，刑法各論においてはむしろ，「ほかに似たこういう条文があるから，この条文はこのように解釈しよう」というように，条文相互の関係が解釈を規定することが頻繁になってくる。たとえば，領得罪における利用処分意思という有名な論点があるが，これなどは，窃盗罪

3.2 刑法各論の解釈手法

（235条）の条文を眺めているだけでは永遠に出てこない。毀棄罪という別の犯罪類型と区別する，という問題意識をもってはじめて出てくるのである。あるいは，通常の法律の最後に罰則が付いているというよくある事態においても，その罰則に用いられている言葉の意味が，実は，たいてい第1条に規定されている当該法律の趣旨・目的に照らして定められる，ということはしばしばである。これなどは，全体論的解釈と目的論的解釈のコンビネーションとよぶことができよう。

第 II 部

個人的法益に対する罪

第4章

生命に対する罪

4.1 総　説

4.1.1 刑法による生命保護のあり方

いうまでもなく，**生命**という保護法益は最も基本的なものであり，国民はまずもって自身の生命を実効的に守ってもらうため，社会契約を締結して国家を設立した。そこで，国家はその社会契約に基づいて法律を制定し，国民の生命を保護しようとするのであるが，生命はあまりにも重要であるから万全を期するため，生命を攻撃する行為に刑罰という最も峻厳なサンクションを科することとしたのである。

このことからも分かるように，**生命に対する罪**にいう生命とは国民を構成する自然人の生命を攻撃する犯罪であるが，刑法は保護をもう少し拡張し，自然人の萌芽である**胎児**の生命を攻撃する行為についても，限定された範囲においてではあるが処罰することにしている。みなさんも聞いたことのある堕胎罪がそれである。もちろん，母体のお腹の中の子どもは実際に生まれてきた子どもと同じだけの価値を有しており，堕胎は殺人の一種を，たいていは同情すべき理由から犯されることに着目して，限定された範囲で軽く処罰することにした

だけだ，という考えもありえなくはないであろう。もっとも，たとえば，母体のお腹の中の子どもの父親が，身勝手な理由からこっそり母体に薬物を投与し，子どもを殺してしまった場合にも殺人罪（199条）よりはるかに刑が軽い（せいぜい不同意堕胎罪〔215条1項〕にとどまり，最も重くて7年の拘禁刑である）ことに照らせば，このような考えはあまり説得力がないであろう。

　以上のような構造を前提にすると，「**胎児の始期**」，「**人の始期**」，「**人の終期**」という3つの論点が生じる。おのおのについて，以下で簡単に解説を加えよう。

4.1.2　胎児の始期

　胎児より前の段階にある人間の生命の萌芽は，生命に対する罪によっては保護されない。そして，胎児とは**受精卵**（**ヒト受精胚**）が**子宮に着床**したときに発生するものと解されている。そうなると，受精卵は明らかに生命の息吹を感じさせるものであるにもかかわらず，生命に対する罪以外の犯罪によって保護しなければならないことになる。そこで考えられるのが，受精卵を精子や卵子の提供者，母体の財産ととらえ，財産犯によって保護する方法であるが，そのまま育てば人になる存在を財産とよぶのは違和感が強い。結局，受精卵を破棄するのに随伴する別の行為（病院に立ち入った建造物侵入罪〔130条前段〕など）をとらえて処罰するしかないであろう。しかし，取締りの方法としてあまり筋が良いとはいえない。

　これに対して，受精卵以前の段階，たとえば，**凍結卵子**や**凍結精子**については所有権を観念することができ，これに対する攻撃を財産犯によって処罰することも可能である。みなさんはアンバランスだと感じるかもしれないが，命というものが発展していくプロセスにおいて，刑法的保護が薄くなったり厚くなったりを繰り返す，というようにとらえるのではなく，そもそも命は受精により突如として発生するのだ，それ以前は命など観念する余地がなく，ただモノが存在するだけなのだ，ととらえればかろうじてバランスがとれるであろう。

4.1.3　人の始期——出生

　胎児は**出生**により**人**となる。人になれば堕胎罪による保護を超え，生命に対

する罪による非常に手厚い保護を受けられるようになる。もっとも，出生はこのように大きな法的効果を生じさせるものであるから，そもそも何が出生にあたるのか自体について大きな争いがある。

陣痛（出産）開始説はドイツの学説であり，文字どおり陣痛の開始が出生にあたるという。人の生命をできるだけ広く保護しようとする立場であるが，①まだ肢体が完全に母体内部にとどまっている段階において殺人罪の減軽類型を設けるのであればともかく，そうでないならば殺人罪の成立範囲が広くなりすぎる，②陣痛を経ない異常分娩などの場合に出生時期を定める手掛かりが失われる，などという批判がある。

一部露出説は，母体から肢体の一部が露出することが出生にあたるという。判例（大判大正8・12・13刑録25輯1367頁）もこの立場を支持しており，胎児が母体から一部露出すれば母体に関係なく外部より（これを死亡させるような）侵害を加えられるからだ，という理由をあげている（ただし，この判例の事案は，被告人が便壺内に分娩後，棒で嬰児を突き込み窒息死させたものであるから，一部露出説は傍論にすぎない）。なるほど一理あるが，①そもそも母体から独立して攻撃できるかどうかと，その客体がどのくらいの保護価値を有しているかとは無関係である，②一部露出しなくても器具や薬物等を用いれば母体から独立して攻撃できるはずだ，などという批判がある。

全部露出説は，母体から肢体の全部が露出することが出生にあたるという。この立場はもともと，民法3条1項で私権の享有開始時点として定められている「出生」が，全部露出を標準とするものと解されていることと平仄を合わせようとした。「出生」は法体系全体の中でも基幹的な概念であるから，法領域によってその内容が異なるのは不安定だ，というのである。もっとも，これに対しては，①胎児が母体から一部露出したのち，再度母体内に隠れてしまうという事態もあり，全部露出を標準としておかないと私権の享有時期を明確に画せない，という民法特有の事情は刑法には必ずしも妥当しないから，ここで刑法の解釈を民法の解釈によって縛るのは不合理だ，②たとえば，腕の一部だけが母体内に隠れ，ほぼ全部露出している赤子を刺し殺してもまだ殺人にならない，というのは健全な法感情に反する，などという批判がある。

以上，3つの立場を紹介してきたが，このうち特定のどれかをとらなければ

4.1　総　　説　　**21**

他の論点の解釈と矛盾する，というような事態は考えにくいから，みなさんは
自身が最も説得的だと考えたものを採用しておけば足りよう。むしろ，人の始
期が論文式試験で出されることはあまり考えられないから，自説を論証する訓
練をするよりも，おのおのの立場からどのような帰結が導かれ，それぞれにど
のような批判が可能かを理解することで，短答式試験に備えておくほうが大切
である。

4.1.4 人の終期——死亡

死亡は人と**死体**を画する概念である。人は死亡すれば死体になり，生命に対
する罪等ではなく，死体損壊罪（190条）などによって保護されうるにとどまる。

死亡の概念についてはその背景に宗教的な対立などもあり，そのままのかた
ちで司法試験等の国家試験に出されることはあまり考えられない。そこで，む
しろ死亡概念を論ずる際の背景的知識のみを紹介すると，かつて**三徴候説**とよ
ばれる立場が支配的であった。これは，**心拍の停止**，**呼吸の停止**，**瞳孔反射の
喪失**，という3つの側面から人の死亡を認定しようとする発想である。みなさ
んも古い映画やドラマを見ていて，医師がこれら三徴候を確認しつつ「ご臨終
です」と遺族に伝える，というシーンに出くわしたことがあるであろう。もっ
とも，厳密に考えると，三徴候説は人の死亡が何であるかを実体的に定義する
ものではなく，ただ人の死亡を認定する手法を類型化したものにすぎない。
ちょうど，「至近距離で拳銃を撃っている」，「心臓付近を何度もナイフで刺し
ている」というのが殺意の実体的な定義ではなく，ただ殺意の認定手法にすぎ
ないのと同じようなことである。

これに対して**脳死説**は，人の死亡を**全脳死**（脳幹死）によって基礎づけよう
とする。この立場は臓器移植の要請と，脳状態の観察可能性という2つの局面
における医学の進歩によって有力化し，人の生命を脳の統合機能という実体的
な観点から把握しようとするのである。最近の医療ドラマを見ながら成人した
ばかりのみなさんにとっては，この脳死説のほうが圧倒的に共感しやすいので
はなかろうか。

なお，わが国においては1997（平成9）年に**臓器移植法**（臓器の移植に関する
法律）が成立した（ちょうど，私がみなさんくらいの年齢だったころである）。こ

の法律で定められた臓器移植の要件は次第に緩和され，現在では，本人の（書面による）意思表示がなくてもかまわない，15歳未満の者からでも臓器移植ができる，などとされている。また，この法律は人の死亡（死体）の意義を明らかにしておらず，6条1項柱書で「死体（脳死した者の身体を含む。以下同じ。）」と規定するにとどまる。もっとも，いくら死亡概念をペンディングにするといっても，さすがに，生体を殺して臓器を摘出し，ほかの人に移植するなどという行為を一般的に許容する法律は成り立たないから，実際には脳死説が前提にされているといってよいであろう。

4.2 殺人の罪

4.2.1 総　説

殺人の罪とは故意に人を殺す罪である。殺人罪（199条）を基本型とし，殺人予備罪（201条），自殺関与・同意殺人罪（202条）があわせて規定されている。199条と202条の罪については未遂も処罰されている（203条）。

保護法益はいうまでもなく人の生命である。

4.2.2 殺人罪

人を殺した者は，死刑または無期もしくは5年以上の拘禁刑に処する（199条）。未遂（203条）および予備（201条。2年以下の拘禁刑，ただし情状による刑の任意的免除）を罰する。

殺人の罪の基本型となる本罪そのものについては特段の論点がない。実行の着手時期については刑法総論を参照されたいが，予備罪が認められた裁判例としては，被害者らが日常通行する農道の道端に毒入りジュースを置いた事案（宇都宮地判昭和40・12・9下刑集7巻12号2189頁），点火して焼死させる目的で屋内に都市ガスを漏出させた事案（大阪高判昭和57・6・29判時1051号159頁），大量殺人の目的で猛毒のサリンの大量生産に向けて準備を行った事案（東京高判平成10・6・4判時1650号155頁）などがある。

4.2.3 自殺関与・同意殺人罪

1. 趣　旨

　人を教唆しもしくは幇助して自殺させ，または人をその嘱託を受けもしくは
その承諾を得て殺した者は，6月以上7年以下の拘禁刑に処する（202条）。未
遂を罰する（203条）。

　ふつう，個人的法益に対する罪においては，自己侵害への関与や同意に基づ
く他者侵害は適法である。頼まれてマッサージしてあげたら，感謝されこそす
れ，暴行罪（208条）で処罰されるというのはおかしな話であろう。しかし，
個人的法益の中でも特に生命に関しては，刑法が例外的に違法だと宣言してい
る。それはなぜだろうか。憲法や法哲学の議論に深くかかわるため，試験に出
ることはないかもしれないが，重要な問題であるから少し説明しておく。

　国家的ないし社会的法益説は，そもそも202条の罪の保護法益は個人の生命
ではなく国家的ないし社会的法益なのだ，という。人が死ねば，その人に扶養
されていた人も困るであろうし，国家としても，兵士の候補や納税者が減って
しまうという損害を受ける。このように，ある人の生命はその人だけのもので
はなく，そこには数多くの利害関係人が存在するのであるから，彼らの利益を
守るためにも，その人が死にたがっているというだけで適法とすべきでない，
とされる。当然，自殺も違法であり，単に処罰しえないにすぎないことになる。
もっとも，この説は憲法が前提とする個人主義の発想と正面衝突してしまうで
あろう。いったんこの説を採用すると，他のさまざまな論点でも国家主義的・
全体主義的解釈が前面に出てくるため，問題はかなり深刻である。

　嫌疑刑説は，202条の罪の保護法益をあくまで個人の生命ととらえ，しかも，
個人に生命の完全な処分権までをも承認する。そうすると，そもそもこの罪は
不要であるようにも思われるが，ここから先が嫌疑刑説の真骨頂である。すな
わち，正常な精神状態にある人間が自死を選択するなどということはほとんど
考えられないのであり，現実に自殺関与・同意殺人が行われた場合には，被害
者がその生命を有効に処分する精神能力を欠いていた疑いが強い。にもかかわ
らず，「死人に口なし」ではないが，被害者が死亡してしまっている以上は真
実を明らかにしえない可能性が高い。そこで，実際にどうであったかは分から
ないが，自殺関与・同意殺人が実は通常の殺人としての当罰性を有していたか

もしれない，という一種の犯罪の嫌疑をもって処罰すべきであり，それが202条の罪だというのである。たしかに，形式的には首尾一貫した主張となっているが，実質的には犯罪の証明がないのに処罰するという，刑事裁判の大原則に反する事態に陥っているのではなかろうか。

パターナリズム説（自由の自己矛盾説）は，人に自死の選択をその自律のあらわれとして保障することが，結果的には自律の基盤を破壊し，むしろ自律を否認することにつながる点に着目する。自律とは自身の価値体系，ライフスタイルの実現を意味しており，たとえば，みなさんがクリスチャンであるとか，弁護士になって社会的弱者を支えたいという信念をもっているなどといった，熟慮に基づく，自分にとっての善き生の構想にほかならない。しかし，死んでしまったらライフスタイルも何もないではないか。自律を保障するためには，むしろ自死の選択を妨害することが望ましい。つまり，ある人の自律を，これを破壊しようとする本人から守るのである（パターナリズム）。とはいえ，たとえば，まさに自殺しようとした本人を処罰し，自殺させないようにする，というのは難しいであろう。本人の自律を守るために本人を処罰するというのは矛盾であるし，この点を脇に置いても，自殺まで決行しようとする者が「死にきれなかったら処罰されるかもしれない」というおそれから思いとどまる，などという事態は考えにくいからである。そこで本人ではなく，むしろ，その自死の選択にかかわった第三者を処罰することでこれにかかわらせないようにし，間接的に自死の選択を妨害することとすべきである。こうしてできたのが202条の罪だというわけである。

さて，学説は3つ目のパターナリズム説でほぼ固まっているといえよう。前述のように，試験で聞かれるということは考えにくいが，処罰根拠の適否そのものに争いがある罪はそう多くないから，みなさんも一度はじっくりと考えてみてほしい。なお，同説をとる場合，自殺関与はともかく，同意殺人という罪名はあまり適切なものとはいえない。被害者の同意はその自律に根拠を置く不法阻却事由であって，むしろ自律を攻撃することを処罰する犯罪の名前に「同意」という言葉が登場するのはおかしいからである。実際，202条後段に出てくる文言も「嘱託」や「承諾」なのであるから，本来は嘱託殺人とか承諾殺人といった罪名を用いるべきであろう。

4.2 殺人の罪 **25**

2. 自殺関与罪の実行の着手時期

同意殺人罪の実行の着手時期が通常の殺人罪におけるのと同じく，殺人行為を基準とする点については争いがない。これに対して，自殺関与罪の実行の着手時期については学説上争いがある。

教唆・幇助行為基準説は，文字どおり教唆・幇助行為を基準とし，その結果として自殺関与罪の実行の着手時期は相当に早まる。心が弱っており，あと一押しで自死を選択してしまいかねない状態にある被害者に対して「もう死んでしまいなよ」といったら，たとえ被害者がまだ自殺行為にとりかかっていなくてもただちに自殺教唆未遂罪が成立しうることになろう。この説は，自殺関与罪が独立共犯であり，教唆・幇助行為そのものを一種の正犯として処罰するものと解しているが，それにしても，同一の条文で同等の法定刑をもって処罰されている同意殺人罪に比し，処罰時期が早くなりすぎるという批判がある。

自殺行為基準説は，こちらも文字どおり被害者の自殺行為を基準とし，その結果として処罰時期が同意殺人罪とほぼ同様になる。その理由づけとしては，①自殺関与罪も成立要件が緩和されているとはいえあくまで狭義の共犯の一種であり，それゆえ実行従属性（正犯が実行に着手してはじめて狭義の共犯も処罰可能となる，という考え方）が要請されるとか，②202条の罪の未遂犯を成立させるべきほどに被害者の生命が現実に危殆化されているか，という処罰根拠の観点から見れば，同意殺人罪において殺人行為を基準とすべきであるのと同じく，自殺関与罪においては自殺行為を基準とすべきである，などといった点があげられている。

さて，論理的にはいずれの説も成り立ちうるが，同一の保護法益と法定刑をもつ2つの罪において，実行の着手時期と法益侵害との距離が違いすぎるのはバランスが悪いから，自殺行為基準説のほうが妥当であろう。①と②，2つの理由があがっているが，実行従属性は処罰根拠の観点から導かれる発想であるから，煎じ詰めれば①も②も同じことをいっている。要するに，自殺関与も同意殺人も被害者の生命を保護法益とし，被害者の意思に基づいて生命を奪うことを処罰しているのだから，現実に生命を奪う前の時点で未遂犯という重い犯罪により処罰するためには，実際に生命が深刻な程度に脅かされていることが必要だ，ということなのである。

26　　　　　　　　　　　　第 4 章　生命に対する罪

3.　自殺関与・同意殺人罪と殺人罪の区別

　同意殺人罪と殺人罪を区別する方法についてはさほど争いがない。被害者の同意が不存在または無効といえれば殺人罪だし，有効であれば同意殺人罪のほうが成立する。したがって，被害者の同意の有効性に関する一般理論を援用する必要があり，学説では，被害者の**同意能力**が欠如する場合，被害者が**強制**（**意思抑圧状態**）により同意している場合，被害者が**欺罔**（**錯誤**）により同意している場合，の 3 つがさかんに議論されている。なお，被害者の同意が有効なものとなるために，被害者が死の結果を積極的に望んでいる必要まではない，という点についてはほぼ見解の一致が見られる（大阪高判平成 10・7・16 判時 1647 号 156 頁）。

　他方，自殺関与罪と殺人罪を区別する方法はより論争的である。というのも，自殺関与罪においては同意殺人罪におけるのとは異なり，被害者自身が直接的な生命侵害行為を行っているからである。このことをもう少し専門的な用語で表現すると，同意殺人罪においては行為者が**直接**（**自手**）**実行**しているためただちに正犯性が基礎づけられ，被害者の同意すなわちその生命処分意思が不存在・無効であるだけで殺人罪としてよいのに対し，自殺関与罪においては被害者のほうが直接実行しているため，行為者を正犯とするためには被害者の生命処分意思の不存在・無効に加え，プラスアルファの要件（これを**実行行為性**という）が求められないかが議論されているのである。

　難しい問題であるが，実際に被害者の生命処分意思が明らかに不存在・無効であり，かつ，行為者がそのことを知悉しているようなケースを考えていくと，そのようなプラスアルファの要件などなくても，十分に殺人罪としての当罰性が認められるのではなかろうか。そして，このように考えると，自殺関与罪と殺人罪との区別，同意殺人罪と殺人罪との区別とも，実質的に見て被害者がその生命を**自由な意思**に基づいて放棄しようとしたか，という単一の基準から導かれることになる。

　判例としては，まず，被害者が実質的に同意能力を欠いている場合について，精神遅滞の被害者に対し，薬品を使用して蘇生させるとうそをつき，みずから縊死させた事案で殺人罪を認めたもの（大判昭和 8・4・19 刑集 12 巻 471 頁），親子で心中するにあたり，母親が 5 歳 11 ヵ月の幼児の嘱託を得てこれを殺害

した事案で殺人罪を認めたもの（大判昭和9・8・27刑集13巻1086頁），重度の統合失調症患者に縊首の方法を教え，これを実行させた事案で殺人罪を認めたもの（最決昭和27・2・21刑集6巻2号275頁）などがある。次に，強制をともなう場合について，夫が妻の浮気を邪推し，妻の自殺を予見しながら暴行・脅迫を繰り返した結果，妻が首つり自殺した事案で自殺教唆罪を認めたもの（広島高判昭和29・6・30高刑集7巻6号944頁），保険金をかけた被害者に強度の暴行を加え，車ごと海中に転落させて死亡させようとした事案で殺人未遂罪を認めたもの（最決平成16・1・20刑集58巻1号1頁）などがある。最後に，欺罔をともなう場合について，心中を申し出た女性に対し，追死する意思があるかのように装いつつ，致死量の青化ソーダを同女に与えて嚥下させ，これを死亡させた事案で殺人罪を認めたもの（最判昭和33・11・21刑集12巻15号3519頁）などがある。判例の多くは学説でも支持されているが，最後の最判昭和33・11・21に関しては，被害者は自死の結果自体については正しく認識しており，単に動機に錯誤があったにすぎないから202条の罪にとどめるべきだ，という批判が強い（このような発想を**法益関係的錯誤説**という）。

　なお，欺罔をともなう場合について，被告人が高齢の独り暮らしの被害者に対し，自分に金員を貸したことが違法であり警察が事情聴取に来るなどと虚構の事実を述べて脅したうえ，17日間にわたり諸所を連れ回して孤立させ，最後は突き放して自殺させた事案で殺人罪を認めたもの（福岡高宮崎支判平成元・3・24高刑集42巻2号103頁）もあげられることが多い。もっとも，この事案は実質的には，被告人が被害者を脅して合理的な判断能力を奪っていったというものであり，ただそのプロセスの中にうそが含まれていただけである。ちょうど，人を脅すのに（本物に見える）おもちゃの拳銃を使うようなものである。したがって，この判例を，欺罔をともなう場合に分類するのは不適当であろう。

4. 自殺関与罪と同意殺人罪の区別

　わが国においては，自殺関与と同意殺人は同一の条文により，同等の法定刑をもって処罰されている（現実には，嘱託殺人のみを処罰している国もある）。4.2.3(2)で見たように，実行の着手時期もまた共通するものと解されている。そうすると，ある事案で自殺関与罪と同意殺人罪のいずれが成立しうるかを争う実益はないようにも思われるが，実際の刑事裁判においては，（他の事情が同

じであれば）同意殺人のほうが犯情が重いと考える当事者が，量刑判断を視野に入れつつこの点を争うことも多い。

最終行為標準説は，被害者の死亡を引き起こす最後の行為を誰が担当したのかに着目し，被害者が担当した場合には自殺関与罪が，行為者が担当した場合には同意殺人罪が成立するという。明快な区別法ではあるが，社会一般における「自殺」や「他殺」のとらえ方からやや乖離する点に問題がある。たとえば，切腹は典型的な「自殺」ととらえるのが社会一般の評価だと思われるが，厳密に考えると，腹部を自力で刺すだけではすぐに死ねないのであり，実際には介錯人こそが被害者の生命を断つ最終的行為を引き受けている。そうすると，この説からは，介錯人は自殺関与罪ではなく同意殺人罪で処罰されることになるが，それでは切腹を自殺ととらえる社会的評価からずれてしまうであろう。

重要な役割説は，侵害経過の全体において最も重要な役割を果たしたのが誰かに着目し，それが被害者であれば自殺関与罪が，行為者であれば同意殺人罪が成立するという。もちろん，自殺関与であれ同意殺人であれ，被害者が死にたがっていることこそが最重要の役割であることはいうまでもない。この説のポイントは，むしろ，その死をもたらす客観的な事情群の中で最も中核的だったのは被害者の行為か行為者の行為か，というところに存在する。切腹の例でいうと，介錯人はどちらかといえば代替可能な要員であり，とどめを刺してはいるけれども，切腹する本人あっての話であり，みずからイニシアティブをとって行っているわけではない。むしろ，切腹を始めた本人こそが主体的に介錯のきっかけまで作り出しており，それが最も中核的な事情であると評価しうるから，介錯人の罪責は自殺関与罪にとどまることになろう。

著名な裁判例としては，被告人と被害者がいわゆる練炭自殺を図り，被害者のみが死亡した事案において，被害者が練炭の着火を一部分担したことなどを考慮し，着火した練炭コンロを車内に置いてドアを閉めた被告人を自殺幇助罪にとどめたものがある（東京高判平成 25・11・6 判タ 1419 号 230 頁）。客観的な事情群を社会通念に照らして全体的に評価すれば，2 人が対等な立場で一緒に自殺を試みたものととらえられるからであろう。

4.3 堕胎の罪

4.3.1 総説

1. 堕胎の当罰性

堕胎を処罰することは**母体の自己決定権（リプロダクションの自由）**と衝突しうる関係にある。あるとき，気づいたら自分のお腹の中に別の生命体が宿っていて，それを何とかして取り除きたいが，その生命体にも生きる権利があるから産まれるまで我慢しろ，などといわれたら納得できる人は少ないであろう。ところが，堕胎の処罰は場合によっては「我慢しないと処罰するぞ」と母体を脅すことにつながりうる。そこで，堕胎の処罰の当否や，処罰するとして，例外的に処罰を解除するための要件やその認定方法については，憲法学や法哲学，立法論などといったさまざまなレベルで議論が行われている。

現状では，堕胎は原則として処罰されることとなっており，例外的に，**母体保護法**が堕胎を**人工妊娠中絶**として正当化している。具体的には，妊娠 22 週未満の胎児に対し，指定医師が 14 条 1 項各号に定める適応事由がある場合に人工妊娠中絶を行うことになっているが，そのほとんどは 1 号の「**経済的理由**」によるものである。もっとも，経済状況について正式な判定手続があるわけではないから，事実上，期間内に指定医師が行う限りでは非犯罪化されているといってよい。

2. 保護法益および堕胎の意義

まず保護法益について，堕胎の罪にはさまざまな類型があるが，第一次的には**胎児の生命**であり，副次的に**母体の生命・身体**も含まれると解されている。一部の学説は胎児の身体も含めるべきと主張するが，胎児はまだ人ではないのだから保護しすぎであろう。なお，212 条の罪はもっぱら胎児の生命を保護している。他方，215 条および 216 条の罪は例外的に，**母体の産む/産まないに関する自由**をも保護するものと解されている。

次に**堕胎**の意義について，一般には，①胎児の母体内での殺害と，②自然の分娩期に先立つ胎児の母体外への人為的排出を指すものと理解されている（大判明治 42・10・19 刑録 15 輯 1420 頁，大判明治 44・12・8 刑録 17 輯 2183 頁参照。②を前面に出し，胎児が死亡するかどうかは重要でない点を強調している）。ただし，ここで注意を要するのは，この判例が出された明治の時代には，未熟児医療が

未発達であったため，人工的に排出された胎児はほぼ確実に死亡し，①と②は価値的に見てそれほど差がなかった，ということである。今日においては，排出された未熟児の生存可能性が飛躍的に高まっており，①と②を同等に処罰することには疑問も生じるところであろう。そこで，堕胎とは①と，①と連続的な排出直後の胎児の殺害を意味する，という学説も有力になっている。問題は連続的といえる限界であり，排出後すぐに現場で殺害するとしても，無関係な別人が行ったとか，胎児が十分な**生育可能性**を有していたなどというケースでは争いが生じえよう（これはもちろん，生育可能性がなければ人になれないという趣旨ではなく，人ではあるが連続的といえる範囲で堕胎罪により包括評価しよう，という話である。これに対して，一部の学説は生育可能性がない限り人ではないというが，それは行き過ぎであろう。大判明治43・5・12刑録16輯857頁参照）。

　なお，刑法総論の文脈において，堕胎罪が侵害犯か危険犯かが議論されることもある。やや分かりにくいが，要するに，堕胎を胎児殺と定義する見解は，堕胎罪を胎児の生命に対する侵害犯ととらえていることになろう。

3. 罪　　数

　判例によれば，胎児を早期に排出したが生命機能を有していたため作為により殺害した事案においては，堕胎罪と殺人罪の併合罪になるとされる（大判大正11・11・28刑集1巻705頁）。4.3.1(2)で述べたように，排出直後にその場で殺害する場合には堕胎罪で包括評価することも絶対にありえないではないが，やはり，そのような解釈は胎児が生育可能性を有さず，かつ，排出時から動機や計画が一貫している場合に限るべきではなかろうか。

　また，同じく判例によれば，医師である被告人が人為的に胎児（妊娠26週，1000g）を排出させた後，出生した未熟児を54時間後に死亡させた事案において，業務上堕胎罪（214条前段）と保護責任者遺棄致死罪（219条）が成立し，両者は併合罪になるとされる（最決昭和63・1・19刑集42巻1号1頁）。未熟児に生育可能性があったケースであり妥当な結論といえようが，具体的な事実関係にかんがみると，不作為による殺人罪で起訴されても有罪とされえたと思われる。

4.3 堕胎の罪   31

4.3.2 類　　型

1. 自己堕胎罪

　妊娠中の女子が薬物を用い，またはその他の方法により，堕胎したときは，1年以下の拘禁刑に処する（212条）。

　本罪は堕胎罪の中で最も法定刑が軽いが，これは妊婦自身の自傷行為としての側面からくる不法の減少と，妊婦という立場からくる期待可能性＝責任の減少によるものである。後者の責任減少は妊婦であるという客観的な事情から生じるから，妊婦は**客観的責任（減少）要素**ということになる。みなさんは刑法総論で客観的責任要素という言葉を習ったと思うが，その典型例がここにある。

　判例によれば，妊婦が他人と共同して堕胎した場合には，妊婦に自己堕胎罪が，他人に同意堕胎罪（213条前段）が成立し，両者は共同正犯となる（大判大正8・2・27刑録25輯261頁）。他人には前述した，自己堕胎罪の刑の軽さを基礎づける2つのファクターがいずれも認められないから，妥当な結論といえよう。

　他方，妊婦に産婆を紹介するなどして自己堕胎を幇助した者は，自己堕胎罪の従犯になるものとされる（大判昭和10・2・7刑集14巻76頁。他方，妊婦と医師の双方に対して堕胎を教唆した場合について，65条2項を適用して同意堕胎罪の教唆犯とした大判大正9・6・3刑録26輯382頁もある）。自己堕胎罪を手伝っているから自己堕胎罪の従犯，というのは直感的には分かりやすいが，前述のように，妊婦以外を軽くしか処罰しない実質的な根拠はなかろう。刑法総論における身分犯の共犯をめぐる議論とも関係するが，妥当な結論という観点から見れば，やはり，同意堕胎罪の従犯とすべきではなかろうか。

2. 同意堕胎罪・同致死傷罪

　女子の嘱託を受け，またはその承諾を得て堕胎させた者は，2年以下の拘禁刑に処する。よって女子を死傷させた者は，3月以上5年以下の拘禁刑に処する（213条）。

　同意堕胎が未遂にとどまった場合でも致死傷罪を認める見解もあるが（大判大正13・4・28新聞2263号17頁），条文上許されない解釈というべきであろう。

3. 業務上堕胎・同致死傷罪

　医師，助産師，薬剤師または医薬品販売業者が女子の嘱託を受け，またはそ

の承諾を得て堕胎させたときは，3月以上5年以下の拘禁刑に処する。よって女子を死傷させたときは，6月以上7年以下の拘禁刑に処する（214条）。

　身分犯の一種である。4.3.2(2)に対して刑が加重されている根拠は身分の性質によるものとしかいいようがないが，問題はその実質的な内容である。身分を構成しているこれらの職業は，類型的に見て堕胎を現実に実行できる危険性が高く，それゆえに妊婦に対する誘因力も強い。さらに，明文では要求されていないものの，これらの職業は堕胎を反復・継続する性質を本性的に有している。このようなことから，刑の加重根拠は違法性の高まりに求めることができよう（したがって，刑法総論でいう違法身分ということになる）。

4. 不同意堕胎・同致死傷罪

　女子の嘱託を受けないで，またはその承諾を得ないで堕胎させた者は，6月以上7年以下の拘禁刑に処する（215条1項。2項で未遂を罰する）。215条の罪を犯し，よって女子を死傷させた者は，傷害の罪と比較して，重い刑により処断する（216条）。

　不同意堕胎罪は，妊婦の産む／産まないの自由まで侵害する非常に重い犯罪であるため，堕胎罪の中で唯一，未遂が処罰されている。一方，主体が業務者であるかどうかは問題とされていない。

　なお，216条の罪の具体的な処断方法について，女子を傷害するにとどまった場合には不同意堕胎罪と傷害罪の法定刑を比較し，女子を死亡までさせた場合には不同意堕胎罪と傷害致死罪の法定刑を比較して，上限・下限ともより重いほうを用いるということである（「傷害の罪と比較して，重い刑により処断する」という表現はしばしば出てくるが，同じ意味である）。

4.3.3 胎児性致死傷

1. 学　　説

　胎児の段階で傷害を負わせ，生まれてきた子どもに死傷の結果が発生したとき，どのような犯罪が成立しうるか。この問題は**胎児性致死傷**とよばれ，一見すると単純な話のようにも思えるが，刑法がヒトの生命を胎児の段階と人の段階とで異なって保護していることから，おのおのの保護範囲の棲み分け方に関して大きな論争が生じている。

4.3 堕胎の罪

　人としての保護を最も拡張する立場は，胎児の段階での加害行為がなかった場合に想定される，生まれてきた子どもの生理的機能と，現実に生まれてきた子どもの生理的機能とを比較し，後者のほうが悪ければ常に人に対する罪（過失犯であれば過失致死傷罪）を認める。たとえば，胎児の段階で人差し指を欠損させる外力を加え，その後，人差し指が欠損した状態で子どもが生まれてきたというときは，胎児の段階での加害行為がなければ子どもは人差し指をもって生まれてきたであろうから，人を傷害する罪（過失犯であれば過失傷害罪）が成立することになる。たしかに保護は厚くなるが，このような立場は実質的には，胎児を傷害することを人への傷害ととらえて処罰することに帰し，胎児の殺害を堕胎罪でしか処罰していない現行法の態度と矛盾する，と批判されている。

　反対に，人としての保護を最も縮減する立場は，胎児の段階での加害行為はおよそ人に対する罪を構成しえず，あくまで人になった段階での加害行為が必要であるとする。もっとも，これはこれで保護が薄すぎ，しばしば指摘されるように，子どもが生まれてくることを見越して庭に落とし穴を掘っておき，生まれた子どもが歩けるようになってから穴に落ちてけがをした，という場合にさえ人を傷害する罪が成立しないというのは不合理きわまりない（そこで，この立場は「穴を埋めなかった」という不作為を処罰しろというが，不作為を処罰しえない修正事例はいくらでも考えられるから，論点のすり替えにすぎない）。そもそも，人に対する罪は客体が人になって以降の行為についてしか成立しえない，などという命題は，みなさんも刑法総論で習ったことがないであろう。

　そこで，今日において有力なのは中間的な立場であり，人を死傷させる罪が成立するのに客体が人になった段階での加害行為は必要でないが，その段階で人に対して**新たな侵害作用**が及ぶことは必要であるという。先の落とし穴の事例では，少なくとも，人が穴に落ちることによって，人に対し，新たに侵害的な外力が加わることは間違いないから，それでけがをすれば人を傷害する罪が成立しうることになる。中間的というからには，結論が穏当であるのは当然であるが，問題はそこに実質的な根拠があるかである。難しいところであるが，さしあたり次のように説明しうるのではなかろうか。まず，障害をもって生まれてきた人はまさにその障害を含め，「そのような人」として健常者と対等な立場で保護されるべきであり，その障害を法益侵害と評価することはむしろ差

別につながるため許されない（生まれつき人差し指のない人も，ある人と比べて価値的に低いわけではまったくない）。これに対して，「もって生まれた障害」とは評価できない，外部的な要因に基づく新たな侵害作用から法益侵害が生ずることは，当該作用をもたらす行為が客体たる人の誕生前であっても十分にありうるし，それは障害者差別とは無関係である（生まれてきた家の庭に落とし穴があることをマイナスに評価しても，障害者の価値を低く評価したことにはならない）。

　さて，以上のような論争は，とりあえず合格答案を作成できればよいと考えているであろうみなさんにとっては，学説に深入りしすぎかもしれない。最低限，両極端の立場を想定しつつ，その間のどこかしらに線を引こうと考えていることが，答案をとおして採点者に伝われば十分であろう。教師としてあまり学生にいいたくはないが，「新たな侵害作用」などといったキーワードを覚えておくだけでも足りるはずである。あるいは，新たな侵害作用が認められる場合を**症状悪化型**，認められない場合を**症状固定型**と表現する学説もある。こちらでもよいであろう。ただ厳密にいうと，客体が人となったのちに症状が悪化する場合であっても，それが単にもとからあった障害の自然な推移にすぎないこともあるから（たとえば，人差し指の欠損が中手骨の成長とともに疼痛をもたらすなど），2つの型の区別はやや便宜的なものといえよう。

2. 判　　例

　わが国における，胎児性致死傷に関する著名な判例といえば，やはり**熊本水俣病事件**をおいてほかにない。この事件においては，被告人らが塩化メチル水銀を含有する排水を水俣川河口海域に排出した過失により，同海域の魚介類を汚染させ，よって，同海域で捕獲された魚介類を摂食した被害者らをして成人水俣病等に罹患させ，死亡させたことについての罪責が問われた。

　第1審判決（熊本地判昭和54・3・22判時931号6頁）は，胎児には「人」の機能の萌芽があり，その萌芽に障害を生じさせた場合には，人となった時点で致死の結果が発生したことをもって業務上過失致死罪（211条前段）が成立しうる，とした。もっとも，このようにいうだけでは，人となってから新たな侵害作用が認められなくても人を死亡させる罪が成立しうることになってしまう。これでは，もって生まれた障害のせいで早死にしてしまったことを法益侵害と評価することになり，障害者の（平均より）短い人生を価値が低いものとみな

すことにつながりかねない。

第2審判決（福岡高判昭和57・9・6高刑集35巻2号85頁）は，第1審判決に付言して，排水行為による侵害が人となるまで継続的に，母体を介して及んでいたことを人に対する致死傷と評価する根拠としている。人となって以降の新たな侵害作用を認定しようと努力したものと推測され，理論的側面においては望ましい方向に向かっているといえよう。ただ，本件において現実に，人となって以降の母体を介した排水行為による侵害が死因となった傷害を引き起こしていると，合理的な疑いを容れない程度に証明しうるとは考えにくい。

最高裁決定（最決昭和63・2・29刑集42巻2号314頁）は，胎児は母体の一部を構成するから，胎児に病変を発生させることは母体という人に病変を発生させることにほかならず，胎児が出生し人となったのち，同病変に起因して死亡するに至った場合は，結局，人に病変を発生させて人に死の結果をもたらしたことに帰するから，病変の発生時において客体が人であることを要するとの立場をとると否とにかかわらず，業務上過失致死罪が成立しうるとした。本件においては，あくまで生まれてきた人を標準として新たな侵害作用を認定することが困難であるから，そもそも，ずっと前から人であった母体のほうを標準にしてしまおうというかなり斬新な解釈である。前提を動かそうという話であるから，批判もまたこの部分に集中し，①胎児は母体から独立した生命体であって，まだ人とよべる生育段階にないというだけのことであるから，いかなる局面においても胎児を母体の一部と評価することはできないとか，②死因となる傷害の発生から現実の死亡へと至るプロセスは，あくまで同一の生命体の内部において発生しなければならない，などと指摘されている。

このように，最高裁の立場には学説上批判が強いものの，やはり最高裁の下級審裁判所に対する影響力は甚大である。実際，その後の下級審裁判例には，被告人が交通事故を起こし，妊娠7ヵ月の女性が傷害を負っただけでなく，生まれた子どもも全治不明の傷害を負った事案において，前記最高裁決定の言い回しを用い，母親と子どもの双方に対して業務上過失傷害罪（いまなら過失運転傷害罪）を認めたものがある（鹿児島地判平成15・9・2 LEX/DB28095497。それ以前に出された秋田地判昭和54・3・29刑月11巻3号264頁は，交通事故で傷害を負った妊婦が早産し，仮死状態の女児が約36時間半後に死亡したという事案にお

いて，女児の死亡につき人に対する罪を認めていない）。もっとも，最高裁の立場に対する批判はかなり深刻なものであり，この批判をクリアしない限りは安易に賛成すべきでない。みなさんも，少なくともこの論点に関しては，最高裁がいっているからといって，特段の論証もなしに答案に書くのはやめたほうがよいであろう。

4.4 遺棄の罪

4.4.1 遺棄罪

1. 遺棄罪の罪質と保護法益

　老年，幼年，身体障害または疾病のために扶助を必要とする者を遺棄した者は，1年以下の拘禁刑に処する（217条）。

　老年者，幼年者，身体障害者または病者を保護する責任のある者がこれらの者を遺棄し，またはその生存に必要な保護をしなかったときは，3月以上5年以下の拘禁刑に処する（218条）。

　遺棄罪の基本はこれら2つの罪（それぞれ**単純遺棄罪**，**保護責任者遺棄罪**とよばれる）であるが，いずれも，遺棄や不保護というにふさわしい当罰性のある行為が遂行されていれば足りる。すなわち，検察官が特段の危険結果の発生を主張・立証し，裁判所がこれを認定してはじめて犯罪の成立が肯定されるなどということはないから，遺棄罪は抽象的危険犯の一種ということになる（大判大正4・5・21刑録21輯670頁参照）。私が大学生だったころは，遺棄罪を具体的危険犯ととらえる立場との対立関係が短答式試験によく出題されたが，今日においては抽象的危険犯の理解が進み，たとえば，病者を病院に置いてけぼりにする行為まで，形式的には見捨てているから遺棄罪であるなどという見解は事実上主張されない。そうすると，抽象的危険犯説と具体的危険犯説との違いはほとんどなくなるから，もはや両説の対立が試験に出されることは考えにくいであろう。

　次に保護法益であるが，こちらについては，被遺棄者の生命・身体であるという説（前掲大判大正4・5・21参照）と，生命に限られるという説とが対立している。前者の根拠としては，法定刑の下限が相当に軽いことや，致傷罪（219条）が規定されていること，遺棄罪が傷害の罪のあとに置かれていることなど

があげられている。他方，後者の根拠としては，下限が軽いのは抽象的危険犯という罪質に起因していることや，218条が「生存に必要な保護」と規定していることなどがあげられている。いずれの説にも一理あるが，いったん保護法益を身体にまで拡張してしまうと，身体が非常に幅広い概念であることから（たとえば，身体の侵害と一口にいっても，四肢切断からかすり傷まで無数の段階がある），遺棄罪の成立範囲が過剰なものとなるおそれがある。保護法益は生命に限っておくのが安全かもしれない。また，たとえそう解したとしても，深刻な身体傷害のおそれがある当罰性の高い事案においては，同時に生命も脅かされていることがほとんどであろうから，実際上の不都合はなかろう。特に論文式試験においては，私の知る限り常にそうである。もちろん，失明や身体切断など，爾後のライフスタイルの選択に重大な影響をもつものの，生命にまでは届かない「深刻」さはありうるし，実際，218条の「生存」を人格的生存と読むことで遺棄罪の射程に取り込もうとする学説も主張されている。共感しうるところも多いが，個人の自律の限界が正面から問題となる同意傷害の可罰性などにおけるのと異なり，解釈としてこのような線引きを行うことは困難であろう。

2. 客　　体

217条と218条とで微妙に表現が異なっているが，基本的に同義と解してよい。特に，218条には扶助を必要とする旨の文言がないが，解釈により補うべきであろう。このため，客体のことを**要扶助者**と表現するのが一般であるが，もちろん，罪刑法定主義の観点から，条文に書かれていない客体を同じく扶助が必要というだけで含めてはならない。たとえば，道に迷っているとか，手足を縛られている，眠っているなどといった場合は遺棄罪の客体にならない。

「扶助を必要とする」とは，一般的な定義によると，他人の保護によらなければみずから日常生活を営む動作をすることが不可能もしくは著しく困難であることを意味する。幼年では，母親が2歳から14歳までの4人の実子をマンションに置き去りにした事案で遺棄罪を認めた裁判例がある（東京地判昭和63・10・26判夕690号245頁）。病者では，高度の酩酊者を含めた判例（最決昭和43・11・7判時541号83頁）がある一方，泥酔状態の内妻が水風呂に入っているのを放置し，死亡させた事案で重過失致死罪（211条後段）にとどめた裁

判例（東京高判昭和 60・12・10 判時 1201 号 148 頁）もある。遺棄罪の保護法益や罪質に照らしてケースバイケースで判断せよとしかいいようがないが，大体どのあたりで線が引かれるかの相場感覚だけは養っておいてほしい。そうでないと，論文式試験で頓珍漢な答案を作成することになってしまう。

3. 行　為

　遺棄罪最大の論点であるが，それだけに，研究者の論争参加が多すぎて過度に難解になってしまっている。みなさんはあまり細かな学説の対立に惑わされず，「要するに何が問題になっているのか」というエッセンスだけをつかみ取ってほしい。

　最初に確認すべきであるのは，217 条では**遺棄**のみが，218 条では遺棄とあわせて**不保護**が処罰対象行為とされており，完全には一致していないということである。しかも，両条文の違いは主体にも存在し，218 条においてのみ，主体が**保護責任者**に限定されている。さらに，法定刑は 217 条より 218 条のほうが有意に重い。そうすると，両条文に見出される 3 つの違い，つまり，①行為の違い，②主体の違い，③法定刑の違い，をどのようにして整合的に説明するべきか。これこそが前述したエッセンスの部分であり，各学説は「自分のほうがより整合的な説明になっている」，「お前のやり方ではこの部分に矛盾が生じる」などと言い合っているのである。

　実は，伝統的な見解はお世辞にも整合的な説明とはいえないものであった。すなわち，遺棄の最低限度の内容として扶助者と要扶助者の**場所的離隔**の創出を要求したうえ，217 条の遺棄は**移置**（家にいる子どもを山に捨ててくる）のみを意味するのに対し，218 条の遺棄は**置去り**（山にハイキングに出かけた際，子どもを置いてけぼりにして帰宅する）をも含むものと解する（最判昭和 34・7・24 刑集 13 巻 8 号 1163 頁。ただし，あくまで 218 条の遺棄に関する説示にとどまり，217 条については学説がそう反対解釈しているだけである）。なぜそう解するかというと，置去りは不作為的な性質を有しているため，あくまで不保護と並べて処罰することが一貫するからである。このことからも分かるように，保護責任者は不作為の可罰性を基礎づける**保障人（作為義務者）**と一致する。伝統的見解のうちには，不作為による移置も作為による置去りも観念しうるとして，端的に，217 条の遺棄は作為形態，218 条の遺棄は作為・不作為形態と解したり，

4.4 遺棄の罪

遺棄概念の分裂を避けるため，遺棄は 217 条・218 条を通じて作為形態のみであり，不作為形態は場所的離隔の創出をともなわない場合とあわせて 218 条の不保護にあたると解したりする修正バージョンも存在するが，いったん不作為とされた場合の適用条文という点からは大同小異というべきであろう。

このような伝統的見解に対しては，今日，非常に厳しい批判が加えられている。その最大のものは，217 条＝作為犯，218 条＝不作為犯として①・②を説明しようとすると，③がどうしても矛盾を引き起こすという批判である。要するに，実質的に同一の不法を引き起こす作為と不作為のうち，不作為のほうだけが重く処罰されるのは明らかにおかしい，ということなのである。この批判はそう簡単には反論できないため，その後の多くの学説は，217 条と 218 条の関係を説明するのに，作為犯と不作為犯というカウンターパートを用いなくなっている。

私の感覚では，みなさんがきちんと知っておくべきなのはここまでであり，その先は教師の見解でも聞いて「なるほど」と思うか，あるいは（ちょっと悲しいが）「大して説得的でないな」と不満を感じれば足りるであろう。たとえば，私自身は，217 条にも 218 条にも作為犯と不作為犯の両形態が観念しうると考えている。そうすると，217 条でも不作為犯を処罰するためには保障人的地位が必要となる一方，218 条の保護責任者は保障人とは異なる特別な刑の加重要素となる。加重の根拠についても色々な説明方法があるだろうが，私はごくシンプルに，「そういう人がやったら特に要扶助者に対して危険である」と評価しうるような地位が保護責任者であり，したがってそれは不法要素だと考えている。たとえば，みなさんが幼児だとして，赤の他人に山に捨てられても同居する親が必死に探してくれるだろうが，まさにその親に捨てられたら誰も真剣には探してくれないかもしれない。助かる可能性が全然違う。そうすると，同居する親は保護責任者といいうるであろう。

こう聞くとみなさんは（私の勘違いでなければ）納得してくれるであろうが，実は，私のように考えてうまく説明できるのは②と③だけであり，①は難問のまま残される。217 条と 218 条とで処罰対象行為が異なり，後者にだけ不保護が入っているのはなぜだろうか。ここからは強引な理屈になってしまうが，あえて説明するとすれば，次のようにいうしかないであろう。すなわち，両条文

をとおして本来的な処罰対象行為は遺棄のほうであり，ただ，218条で現実に処罰されている社会的類型の中核は親の子に対するネグレクトであるから，そのことを象徴的に表現するために不保護という文言が加えられたのだ，と。つまり，不保護という文言には規範的意義がなく，それがなくても可罰範囲は何ら変わらないが，典型的な処罰対象を国民に分かりやすく示すために入っている，と説明するのである。

　みなさんは納得してくださったであろうか。もうひとつだけ自分に不利なことを書いておくと，もし私の説明に納得したとすれば，不保護が規範的に無意味化するだけでなく，遺棄の意義もまた微妙に変わってこざるをえない，ということである。鋭い方ならもう気づかれたと思うが，遺棄に場所的離隔の創出を要求する契機が失われてしまうのである。ここからは開き直るしかないが，私は，そもそも場所的離隔の創出を要求する根拠自体がないから，はじめから要求しなくてもよいではないか，といろいろなところに書いてきた。厳寒期，部屋の窓際に赤子が寝ているとして，赤子を30cm動かしてベランダに出してしまうのと，窓を開け放ってしまうのとで当罰性に差があるとは思えない。にもかかわらず，前者は一応，赤子が移動しているから遺棄罪だ，というのはアンバランスではないか。むしろ，遺棄とは，条文に規定された客体に類型的に認められる脆弱さゆえに危険を生じるような行為として，より包括的に定義されるべきではないか。

　やや過激に思われるかもしれないが，別に私が過激な主張を好むタイプであるわけではなく，①〜③を整合的に説明するのはそれほど難しいということである。実際，「過激」さを避けようとする一部の学説は，前記危険が場所的離隔の創出によってはじめて生じる場合だけを遺棄とよぶべきであるとか，遺棄と不保護とでは既遂時期が異なる（前者のほうが早い）などと説明する。しかし，それでは場所的離隔の創出を要求する根拠にはならないし，理論的には同一の既遂時期が多くの事例で事実上ズレるというだけであろう。みなさんもぜひ，うまい説明方法を考えてみてほしい。

　なお，近年の判例には，不保護の意義について，客体の要保護状況を前提としつつ，保護行為として行うことが刑法上期待される特定の行為をしなかったことを意味し，218条が広く保護行為一般を行うことを刑法上の義務として求

めているものではない，としたものがある（最判平成 30・3・19 刑集 72 巻 1 号 1 頁。したがって，故意の内容としても同様に個別化された事情の認識が求められることになる）。犯罪の構造に照らして当然の解釈であると思われるが，218 条の罪は実際上，親の不適切育児全般と同視されがちであったから，218 条の本来の姿をリマインドするという点で重要な説示といえよう。

4. 保護責任

　実務的には，遺棄罪による処罰のほとんどが 218 条によるものである。217 条の例としては，肺結核を患った従業員を解雇したが，まだ被告人宅で寝ていたので道路に追い出した事案（大判明治 45・7・16 刑録 18 輯 1083 頁），起居が不自由な 80 歳前後の老人を荷車に乗せて路傍に放置した事案（大判大正 4・5・21 刑録 21 輯 670 頁），厳寒の夜に泥酔者を下半身裸のまま飯場内から屋外に連れ出し，放置した事案（名古屋地判昭和 36・5・29 裁時 332 号 5 頁）などが知られている。

　218 条の身分を構成する保護責任者の内実については争いがある。学説を大きく二分するならば，保護責任とは保障人的地位と同一であるとする立場と，異なるとする立場とが存在している。

　まず前者の，同一であるとする立場にもいくつかのバリエーションがあるが，少なくとも，保護責任と保障人的地位は似ており，現実の事案において認定し分けることは事実上困難だから同一ということにしてしまう，という発想は成り立たないであろう。概念として異なるなら，たとえ大変であっても裁判所は認定し分ける責務を負うのであり，現実にも，たとえば，重傷害の故意と殺意はいくら似ていても認定し分けているはずである。そこで，考慮に値するのは保護責任と保障人的地位とが概念としても同一であるという発想であるが，4.4.1(3)で述べたように，そうすると，同一の不法を実現する作為と不作為とで後者のほうが刑が重くなってしまい不当であろう。

　つづいて後者の，異なるとする立場であるが，これも 4.4.1(3)で述べたように，列挙された客体に対して遺棄等の行為を行うことで，類型的に見て危険性が高まるような地位にある者を保護責任者とする解釈が合理的であろう。問題はそれが具体的にどのような内容を有するかであるが，大雑把にいえば，①そのような地位にある者に対して法益保護の特に強い社会的期待が向けられるが

ゆえに，②いったん行為が行われたときには，行為者に代わって法益を保護するシステムがきわめて不十分であるような場合，その者を保護責任者と解してよいであろう。同居する親が幼児を捨てたら，「子どもがいなくなった」と騒ぎ立ててくれる人はいないであろうし，人をひいた自動車運転者がその人を自車内に引き込んだりしたら，もはや外部者が救助する手立ては失われるのである。一部の学説は保護責任というのに**継続的保護関係**が必要だと主張しているが，たしかに，通常はそのような関係があってはじめて①・②がみたされるであろうけれども，交通事故の例を考えれば分かるように，厳密には単発の関係であっても保護責任というに妨げないはずである。

他方，判例に目を転ずると，養子契約を根拠とするもの（大判大正5・2・12刑録22輯134頁），病人を自宅に引き取り同居させたという事務管理を根拠とするもの（大判大正15・9・28刑集5巻387頁），道路交通（取締）法上の救護義務を根拠とするもの（前掲最判昭和34・7・24）が見られる。不真正不作為犯における作為義務の発生根拠論に関する，**形式的三分説**の発想に近いところがあるといえよう。もっとも，みなさんも刑法総論で勉強したように，この説には痛烈な批判がなされているほか，そもそも，作為義務を基礎づけただけでただちに保護責任があるとはいえない。前述したように，両者は異なると解することが一貫するからである。

そのほか，実質的根拠としては，**先行行為**を考慮するものとして，走行中の車両から飛び降りた同乗者を置き去りにした事案において，下車を求められたのにこれに応じず車両を走行させたこと（東京高判昭和45・5・11判タ252号231頁），産婦人科医による堕胎行為（最決昭和63・1・19刑集42巻1号1頁。他方，堕胎の依頼を拒絶しているうちに妊婦が出産し，嬰児を置き去りにした事案で医師の保護責任を否定した熊本地判昭和35・7・1下刑集2巻7＝8号1031頁も参照），被害者に覚醒剤を注射したこと（最決平成元・12・15刑集43巻13号879頁），をそれぞれあげて保護責任を認めた判例がある。また，実質的根拠といえるかは微妙であるが，雇い主は従業者が病気になったときは適切な保護をする**慣習**がある，として保護責任を認めたもの（大判大正8・8・30刑録25輯963頁）のほか，**条理**をあげて保護責任を肯定した事案として，同行中の同僚がけんかをして重傷を負ったのに放置して立ち去ったもの（岡山地判昭和43・10・8

判時 546 号 98 頁），3 日間同棲した男性が相手女性の 3 歳の連れ子を女性と共謀して高速道路に置き去りにしたもの（東京地判昭和 48・3・9 判タ 298 号 349 頁）などがある。しかし，これらについても，十分な実質的説明になっていないという批判があるほか，作為義務と保護責任の関係に関する問題意識が欠けているという疑問がある。

さて，長々と書いてきたが，みなさんが最も関心があるのは，いったいどのようにして保護責任の存否を答案で論証すればよいのか，ということであろう。この疑問に対する回答は 2 パターンあり，まず，保護責任が論点ではなく，ただ問題文に示された事実関係から保護責任を認定する作業だけが受験生に求められているような場合には，おそらくは存在するであろう似た判例の事案になぞらえて重要な事実関係を摘示し，保護責任がある（もしくはない）と書けば足りる。厄介なのはもうひとつのパターンであり，保護責任が論点，しかもメイン論点となっている場合である。ここでは，第 1 に，保護責任という要件にとって実質的に重要な根拠を明確化することが肝要である。「何となく保護したほうがよさそう」というのではいけない。第 2 に，そもそも第 1 の前提として，保護責任が作為義務とどのような関係に立つのかを，できれば 217 条と 218 条の整合的解釈をとおして明らかにすることが重要である。私の感覚では，この第 1 と第 2 の問題意識をもっていそうだと答案ににおわせられれば，それだけで少なくとも合格ラインには達していると思う（さすがに，1 位の答案にはなれない）。

4.4.2 遺棄致死傷罪

1. 遺棄致死罪と殺人罪の区別

217 条・218 条の罪を犯し，よって人を死傷させた者は，傷害の罪と比較して，重い刑により処断する（219 条）。

本罪は結果的加重犯であるから，通常は，被害者の死亡を認識・認容しつつ遺棄し，これを死亡させれば殺人罪が成立するはずである（大判大正 4・2・10 刑録 21 輯 90 頁。実際に殺人罪を認めた判例として，東京地判昭和 40・9・30 下刑集 7 巻 9 号 1828 頁，最決平成 17・7・4 刑集 59 巻 6 号 403 頁などがある）。もっとも，有力な学説は，殺人罪の実行行為性はより限定されており，この限定され

た実行行為性が認められなければ，たとえ殺意があっても遺棄致死罪にとどまると解している。

まず作為形態についていうと，遺棄罪の実行行為は抽象的危険を生じさせるだけで足りるのに対し，殺人罪の実行行為はより具体的な危険を生じさせる必要がある。次に不作為形態についても，遺棄罪の実行行為は抽象的危険を消滅させる軽度の作為義務違反で足りるのに対し，殺人罪の実行行為は，その違反が現実に被害者の死亡をもたらしうるがゆえに，より強度の，それゆえ，より厳格な要件のもとでしか認められない作為義務の違反を内容とする。前記有力説はこのようにいうのである。

さて，あまり大きな論点ではなく，試験で正面から出されることも考えにくいが，私の考えでは，前記有力説をあえてとる必然性はないであろう。いくら抽象的危険といっても，それが被害者の死亡結果に現実化したとき，客観的帰属可能性が否定されるほどではないはずである。そして，殺人罪の実行行為性とは，そこに内在する危険が被害者の死亡へと現実化して客観的帰属可能性が認められるときに肯定されるものである。そうすると，実際には，殺人罪の実行行為性が遺棄罪の実行行為性よりも限定されているなどということはない。それならば，単純に，殺意のあるなしで両罪を区別するのが分かりやすいのではなかろうか。

2. 救命可能性と不作為形態の遺棄罪

救命可能性がない場合にも不作為形態の遺棄罪が成立しうるか。この問題は従来，救命可能性がない場合にも保護責任者不保護罪が成立しうるか，という形態で議論されてきた。しかし，みなさんはすでに気づかれていると思うが，217条にも不作為形態を観念しうると解する立場が有力である以上，議論の射程を218条に限定してしまうのはあまり合理的でない。

さて，最初に確認しておくべきなのは，救命可能性がなければ少なくとも遺棄致死罪は成立しえない，ということである。不作為が結果を引き起こしたものと認定するためには，作為に出れば当該結果を防止しうることが合理的な疑いを容れない程度に証明されなければならないからである（最決平成元・12・15刑集43巻13号879頁参照）。したがって，問題は，遺棄致死罪は無理にしても，「致死」の部分を除いた不作為形態の遺棄罪なら成立しうるのではないか，

4.4 遺棄の罪

という点である。

　この点について一部の学説は，**「法は不可能を強いない」**という法格言に基づき，救命可能性がないのに救命行為に出ろと刑法が命ずることはできないとして，不作為形態の遺棄罪さえ成立しえないという。一見すると合理性があるようにも思われるが，救命可能性の有無は事後の鑑定を待ってはじめて確定しうるのであるから，いったんは救命行為に出ろと命じておいて，その違反自体に刑罰を科することもあながち不当とはいえまい。このように解しても，助からないことが確実である場合には救命行為は命じられないし，そうでなくても，行為者が「絶対に助からない」と思っていれば故意が否定されるのであるから，処罰範囲が過剰に広がることもない。

　なお，裁判例には，被告人が，実母から頭部を階段に打ちつけられて出血している妻を発見したが放置した，という事案において，被告人がとるべき救命措置を施したとしても被害者が救急車で搬送される途中で死亡した可能性を否定できない，として保護責任者遺棄致死罪の成立を否定し，保護責任者遺棄罪にとどめたものがある（札幌地判平成15・11・27判タ1159号292頁。そのほか，因果関係を否定しつつも，相当程度の救命可能性を根拠に保護責任者遺棄罪を認めた東京高判平成23・4・18東高刑時報62巻1〜12号37頁参照）。私はこの結論が妥当であると思うが，そうだとすれば，先ほどの一部学説は支持しえないことになる。

第 **5** 章

身体に対する罪

5.1 傷 害 の 罪

5.1.1 総　　説

　傷害の罪の保護法益は一括りにすれば**人の身体**であるが，その具体的な内容は犯罪類型ごとに微妙に異なり，さらに学説上争いがある場合もある。刑法は傷害の罪として，傷害罪（204 条），傷害致死罪（205 条），暴行罪（208 条）を規定し，これらが基本類型となる。また，傷害に複数人が関与した場合の特則として，現場助勢罪（206 条），同時傷害の特例（207 条）を置いている。さらに，1958（昭和 33）年には凶器準備集合・結集罪（208 条の 2）が加えられている。

5.1.2 暴 行 罪

1. 暴行罪の構造

　暴行を加えた者が人を傷害するに至らなかったときは，2 年以下の拘禁刑もしくは 30 万円以下の罰金または拘留もしくは科料に処する（208 条）。

　「暴行」とは，人の身体に対する**不法な物理力の行使**である。**有形力**と表記されることもあるが，光や音のような無形の力も暴行に含まれうることから，

5.1 傷 害 の 罪

物理力を表記するほうが妥当であろう。たとえば，部屋を閉め切ったうえ，身辺で大太鼓やシンバルなどを連打し，意識朦朧にさせた事案で暴行罪を認めた判例がある（最判昭和 29・8・20 刑集 8 巻 8 号 1277 頁）。熱や電気についても同様に，暴行を構成する物理力の行使と評価することができよう。

なお，暴行の概念は犯罪類型によって異なる意味をもつことがあり，**暴行概念の相対性**などとよばれている。すなわち，対物暴行を含む**最広義の暴行**（内乱罪〔77 条〕など），間接暴行を含む**広義の暴行**（公務執行妨害罪〔95 条〕など），暴行罪を構成する**狭義の暴行**，人の反抗を抑圧する程度を要求する**最狭義の暴行**（強盗罪〔236 条〕など）がある。もっとも，各犯罪類型の構造に照らして暴行の内容を画定する解釈作業こそが重要であり，このような一覧表にまとめることそのものにはあまり意味がない。みなさんも，このような 4 種類の暴行を順序立てて記憶する作業に注力し，「3 つ目は何だっけ？」などとやるのだけは避けたほうがよい。

2. 身体的接触の要否

暴行罪として典型的にイメージされるのは，人を殴ったり蹴ったりするという，被害者の身体に物理力が**接触**しているケースであるが，判例はこのような接触がなくても同罪の成立する余地を認めている。たとえば，被害者を驚かす目的で投石した事案において，石がその身体に触れなくても暴行罪が成立するとしたもの（東京高判昭和 25・6・10 高刑集 3 巻 2 号 222 頁。ただし，現実の事案では石が頭部に当たって傷害を負わせた），悪口を浴びせ，瓦の破片を投げ，追いかける気勢を示す行為を暴行と評価し，被害者が転倒して負傷した事案で傷害罪を認めたもの（最判昭和 25・11・9 刑集 4 巻 11 号 2239 頁），被害者を脅す目的で狭い室内において日本刀の抜き身を振っていたところ，誤って被害者の腹を突き刺し死亡させた事案で傷害致死罪を認めたもの（最決昭和 39・1・28 刑集 18 巻 1 号 31 頁。身体的接触が必要なら過失致死罪にとどまるはずである），高速道路で並進中の自動車に対し，嫌がらせのため幅寄せしたことを暴行と評価し，衝突による死傷事故につき傷害罪・傷害致死罪を認めたもの（東京高判昭和 50・4・15 刑月 7 巻 4 号 480 頁），車両による幅寄せ，追越し，進路妨害等が身体や車両に接触しなくても暴行にあたるとしたもの（東京高判平成 16・12・1 判時 1920 号 154 頁），被害者に詰め寄り，後ずさりさせた結果，被害者が転倒し

て負傷した事案で暴行による傷害を認めたもの（大阪高判平成24・3・13判タ1387号376頁）がある。

　このような判例の立場は**身体的接触不要説**などと呼ばれ，必要説と対立させられている。もっとも，今日では，判例の立場はもう少し精確に説明されるようになってきており，①身体的接触があればただちに暴行罪が成立しうる一方，②身体的接触がない場合には，同罪が成立するために**傷害の危険性**が加えて要求される，といわれている（②について，可罰性を傷害未遂と評価しうる範囲に限るため，**傷害の故意**もあわせて必要だという学説もあるが，判例はそこまでは要求していないであろう）。みなさんが試験を意識して勉強するにあたっても，もはや不要説と必要説の単純な二項対立を覚えるだけでは足りず，この判例の精確な説明を受けて自分の立場を明確にしておくべきであろう。

　さて，まずは大前提として，**身体的接触必要説**はやや行き過ぎであろう。どれだけ危険な物理力を被害者の間近で振るっても，およそ暴行罪は成立しえず，他罪が成立しえない限りは不可罰になる，というのは妥当な結論とはいいがたい。必要説は，自説をとらないと暴行と脅迫の区別があいまいになると主張するが，そもそも暴行と脅迫の外延がはっきりしてさえいれば，両者がともに成立しても全然かまわないであろう。ソファに横たわる被害者の喉元近くでナイフを動かす行為は，それ自体として暴行罪で処罰すべき実体があり，その際，もし被害者が起きていれば脅迫罪（222条）が成立しうるなどという事情は，暴行罪としての処罰価値に何ら影響しないはずである（と偉そうに書いたが，実は私自身，かつては必要説を支持していた。若気の至りというところであろう）。

　次に①であるが，学説には，暴行とするのに身体的接触だけでは足りず，傷害の危険性，あるいは，少なくとも，身体の安全が心理的過程や社会的評価を介さずに脅かされていることが必要だ，というものもある。さすがに，常に傷害の危険性が必要だというのは行き過ぎであろうが，後者の限定は一考の余地がある。具体的にいうと，「お清め」と称して被害者に塩を振りかける行為について，相手方をして不快嫌悪の情を催させるに足りるから暴行罪にあたる，とした裁判例がある（福岡高判昭和46・10・11判時655号98頁）。ここでは被害の実態にとって，実際に塩が被害者の身体に接触したかどうかはまったくどうでもよく，ただ，非常に侮辱的なふるまいが被害者の気持ちや周囲の目をとお

して損害を生じさせている。これでは，身体の物理的安全に眼目を置く暴行罪の保護範囲外といえよう（暴行罪ではなく，むしろ侮辱罪〔231条〕の登場場面である）。反対に，ペンキや人糞を投げつけるような行為は，それ自体として被害者の身体に対する物理的侵襲性をもっており（人糞については説明不要であるが，ペンキも私の経験上，身体に付いたらベタベタしてとても気持ち悪く，洗ってもなかなか落ちない），たとえ傷害の危険性を認定しえなくても暴行と評価しうる。今日では，たばこの煙を吹きかける行為も，その有害な作用に照らし，塩まきよりむしろペンキ等を付ける行為に近いように思われる。

最後に，身体的接触不要説の本丸である②であるが，この評価はなかなか難しい。判例は，身体的接触がない場合には暴行罪に傷害の危険性を要求しているといっても，実際のところ，明らかに身体に対する重大な物理的侵襲性をもつ行為について，それが命中しなかったとき，傷害の危険性がないというだけの理由で暴行罪を否定するかは疑わしい。あくまで私の感覚ではあるが，たとえペンキがかかっても傷害のおそれはないとしても，被害者にペンキをかけようとしたが避けられた，というとき暴行罪にならないのはおかしくないだろうか。そして，かりにこの感覚が正しいとすれば，命中させるつもりさえなく，ただ被害者の身辺にペンキを投げつけただけでも同罪とする余地があるように思われる。

5.1.3 傷 害 罪

1. 傷害罪の構造

人の身体を傷害した者は，15年以下の拘禁刑または50万円以下の罰金に処する（204条）。

傷害罪は，故意犯と，暴行罪（208条）の結果的加重犯をあわせて規定したものと理解されている。人を突き飛ばして転倒させ，負傷させたとき，その経過を予見していればもちろん傷害罪であるが（故意犯），かりに「まさか転んでけがをするとは思っていなかった」としても，（予見可能性が認められる限り）同じく同罪が成立しうる（結果的加重犯）。また，こちらは刑法総論で勉強したことと思うが，通説的な見解は，204条が被害者の同意に基づく傷害の一定部分を，202条の法定刑を超えない範囲で処罰するものととらえている。

2. 傷害罪の保護法益

傷害罪の保護法益については，生理的機能説と身体の完全性説が対立しているといわれている。全体としての健康状態が不良に変更されていない限り，傷害とはいえないとする**健康状態説**もあるが，いくら病気を治すためであっても，手術は傷害にあたるといわざるをえないであろう。

これらのうち，まず**生理的機能説**は，毛髪や爪の切断を傷害から排除する意図を有している。毛髪や爪が切断されても，それによって人間の生理的活動・生活機能が阻害されることはないからである。学説には生理現象と病理現象を対置させ，後者のみを傷害と評価するものもあるが，生理的機能説にいう生理的機能とはそのような厳密な意味ではなく，生活機能と等置され，「髪を切られても生活に何ら支障はないから暴行にとどまる」という趣旨にすぎない。したがって，人間が生物として有する本来の生理的反応であっても，たとえば，それが継続的な疼痛等をもたらすときは傷害と評価するのが同説の意図であることに注意を要する。

他方，**身体の完全性説**は，身体の外貌に重要な変化を加えることも傷害だというのであるが，この説の実際上の問題は，傷害から具体的に何を排除するつもりなのかがはっきりしないことである。外貌に影響しない程度の毛髪の切断はどうなるのか（身体の完全性説をとりつつ，「女性の」頭髪を「根元から」切断する行為を傷害罪とした裁判例として，東京地判昭和 38・3・23 判タ 147 号 92 頁参照），長時間にわたる失神も傷害にあたらないのか，などといった点はよく分からないままである。これもあくまで受験テクニックのレベルの話であるが，規範定立しても出題された事例にあてはめたとき結論が出ないのでは困るから，生理的機能説をとっておくほうが安全であろう。

判例は，女性の頭髪を剃刀で根元から切断した事案において傷害ではなく暴行にすぎないとしており（大判明治 45・6・20 刑録 18 輯 896 頁），生理的機能説をとるものと解されている。実際に傷害とされた事案としては，被害者を湖に突き落とし，水中の寒気と疲労のため長時間失神させたもの（大判昭和 8・9・6 刑集 12 巻 1593 頁），**心的外傷後ストレス障害**（**PTSD**）（富山地判平成 13・4・19 判タ 1081 号 291 頁，最決平成 24・7・24 刑集 66 巻 8 号 709 頁。ただし，その診断名が付かなければならないわけではない。神戸地判平成 21・4・17 LEX/DB25440925），

5.1 傷害の罪 51

睡眠薬等により約 6 時間の意識障害を生じさせたもの（最決平成 24・1・30 刑集 66 巻 1 号 36 頁）などがある。ただし，一時的で特段の後遺症がない失神や，犯罪被害者に一般に生じうるストレス状態程度のものは，傷害にあたらないと解すべきであろう。前者は形式的には生理的機能の障害といえても，すぐ元の状態に戻って忘れ去られる程度のきわめて軽微なものにすぎないし（傷害に現象的持続性を要求する裁判例として，熊本地玉名支判昭和 42・11・10 下刑集 9 巻 11 号 1372 頁），後者は暴行罪ないし当初の犯罪の法定刑に織り込み済みだからである（福岡高判平成 12・5・9 判時 1728 号 159 頁。同じ理由で，昏酔強盗罪〔239 条〕に類型的にともなう意識障害等も致傷結果を構成しないと解すべきであるが，これはすぐあとに述べる**傷害概念の相対性**の問題といえよう）。一方，精神的機能の障害を一律に傷害概念から除く一部学説は行き過ぎであろう。器質的な異常に原因をもたない症状は刑法上，すべて「気のせい」だ，というのは不当な決めつけである（実際，最決昭和 32・4・23 刑集 11 巻 4 号 1393 頁は胸部の疼痛という臨床症状だけで傷害罪を認めている）。

　なお，暴行概念（5.1.2(1)）と同じく傷害概念についても，犯罪類型によって相対化しうるのではないかが議論されているが，これについては各犯罪類型の記述を参照されたい（ただし，判例は一般的傾向として，傷害概念の相対化に消極的である。最決昭和 38・6・25 集刑 147 号 507 頁〔旧・強姦致傷罪〕，最決平成 6・3・4 集刑 263 号 101 頁〔強盗致傷罪〕参照）。暴行概念の場合と同じく，一覧表形式で覚えることには教育的観点からも意味がない。ただし，特にベースとなる傷害罪における傷害の程度に関しては，同罪の法定刑が罰金を選択しうる建付けになっていることを考慮すると，かなり軽微なものであっても足りると解すべきであろう（傷害罪における傷害概念を限定的に解する裁判例として名古屋高金沢支判昭和 40・10・14 高刑集 18 巻 6 号 691 頁があるが，あくまで〔住居侵入・〕強盗致傷被告事件に関する判断であって先例的意義は少ない）。

3. 暴行によらない傷害

　傷害罪は事実上，暴行を手段として実現されることが多く，それゆえにこそ，傷害罪には暴行罪の結果的加重犯としての性質も与えられている。他方，当然のことではあるが，故意犯としての傷害罪は，暴行を手段としない場合にも成立しうる。この場合，傷害の故意が必要となる。

52　　　　　　　　　第5章　身体に対する罪

　学説では古くから，この，暴行を手段とする場合としない場合との線引きが
議論されてきた。この議論の実益は，前者の場合には実際に傷害の結果が生じ
なくても暴行罪として処罰しうることと，暴行の故意を認定するだけで傷害罪
の成立を肯定しうることという2点に存在する。そして，この議論は主として
次の2つの事例類型を想定しつつ行われてきた。現実に試験に出るのもこれら
であるから，十分に注意してほしい。

　1つ目の事例類型は**病毒を感染**させる場合である。たとえば，通常のジュー
スであるとうそをいい，毒入りのジュースを被害者に飲ませた，というケース
が考えられる。これが暴行にあたらないとする有力説は，暴行の本来の姿が殴
る・蹴るなどの粗暴な実力行使であることにかんがみ，だまして毒を飲ませる
がごとき外見上平和的な行為は暴行の範疇から外れる，という。実際，判例も，
自己の性器を被害者の性器に押し当て，性病を感染させた事案を暴行によらな
い傷害としている（最判昭和27・6・6刑集6巻6号795頁）。もっとも，よく考
えてみると，被害者が性器の押し当てに同意しているといっても，それは傷害
の危険性を認識せずになされたものであるから無効であり，そうだとすれば，
同意を得ていようが無理やり押し当てた場合と当罰性において差がないはずで
ある。したがって，この判例の事案はむしろ暴行による傷害とするのが妥当で
あろう。

　2つ目の事例類型は音を聞かせて**精神的傷害**を生じさせる場合である。耳元
で大音量を聴かせることが暴行になるのは既述のとおりであるが（5.1.2(1)），
問題はそれに至らない場合である。判例では，嫌がらせの無言電話により精神
衰弱症にかからせた事案（東京地判昭和54・8・10判時943号122頁。ただし，応
対しない場合に呼出音を鳴らし続けたことも認定されている），隣家の被害者に向
けて1年半余りの間，ラジオの音声や目覚まし時計のアラーム音を大音量で執
拗に鳴らし続け，被害者に慢性頭痛症や睡眠障害を生じさせた事案（最決平成
17・3・29刑集59巻2号54頁）などにおいて傷害罪が認められている。これら
の判例のうち，前者が暴行によらない傷害であることは争いがなかろう。嫌が
らせが精神的傷害を引き起こすプロセスにおいて，ひどい内容を聞かせようが，
無言のままでいようが，その他の嫌がらせ行為に出ようが（名古屋地判平成6・
1・18判タ858号272頁参照。高齢の被害者に対して約半年間にわたり，考えうるほ

5.1 傷害の罪　　**53**

ぼすべての嫌がらせ行為をしている），何ら価値的な差はない。いずれも，行為の社会的意味を解釈するという被害者の精神作用を通じて傷害を引き起こしている。他方，後者の判例は微妙であるが，騒音といっても，それ自体が物理的に聴覚機能をとおして身体に損傷を与えるのではなく，あくまで長期間にわたる継続的な嫌がらせという社会的意味をとおして精神的傷害を生じさせているのであるから，やはり暴行によらない傷害に分類すべきであろう。

5.1.4 傷害致死罪

　身体を傷害し，よって人を死亡させた者は，3年以上の有期拘禁刑に処する（205条）。

　以下，特に目新しい内容ではないが，基本的事項を2点確認しておく。あくまで復習用である。

　第1に，傷害致死罪は**二重の結果的加重犯**としての性質を併有している。すなわち，被害者にわざとけがを負わせたところ，けがが悪化して死亡してしまった，という故意犯としての傷害罪を基本犯とする場合のほかに，被害者を殴打したところ，思いがけずけがを負わせ，そのけがが悪化して死亡してしまった，という暴行罪を基本犯とする場合をも含むのである。みなさんも刑法総論で勉強したように，結果的加重犯は結果責任，いわば後知恵に基づく処罰に陥るおそれをもつ危険な概念であるが，二重の結果的加重犯においてはそのおそれが極大化するため，解釈によって成立範囲を限定する努力が必要であろう。

　第2に，判例は，傷害行為と死亡結果との間に因果関係がありさえすればよく，死亡結果の**予見可能性**は不要としている（最判昭和26・9・20刑集5巻10号1937頁，最判昭和32・2・26刑集11巻2号906頁）。もっとも，これに対して支配的な学説は，このような判例の立場は**責任主義**に違反しており，結果的加重犯が成立するためには加重結果の予見可能性が必要だと主張している。このあたりは，近代刑法の大原則である責任主義の趣旨・内容が正面から問題となるため，刑法総論の該当部分をよく復習しておいてほしい。

　ところで近時，興味深い裁判例が出され，新たに論点が付け加わっている。すなわち，被害者が殺害の嘱託を与えたものの，被告人は傷害の嘱託と誤解し

てこれに応じ，被害者を死亡させたという事案において，法定刑の不均衡の観点から嘱託殺人罪とした原判決（札幌地判平成 24・12・14 判タ 1390 号 368 頁）を破棄し，条文の位置や文言から傷害致死罪とした高裁判例である（札幌高判平成 25・7・11 高刑速（平 25）253 頁）。ここでは被告人の加えようとした傷害が，生命に対する重大な危険性ゆえに，被害者の同意により正当化されえないものであったことがポイントである。たしかに，本件における犯情は類型的に見て嘱託殺人罪を下回るから，はじめからせいぜい同罪しか成立しえないとした原判決にも一理ある。もっとも，他方において，傷害致死罪が成立するが嘱託殺人罪より重くは処断しえない，という解釈も成り立ちうるのであるから，刑法典の構造や条文の文言により適した本判決のほうが妥当であろう。

5.1.5 現場助勢罪

　204 条・205 条の犯罪が行われるにあたり，現場において勢いを助けた者は，みずから人を傷害しなくても，1 年以下の拘禁刑または 10 万円以下の罰金もしくは科料に処する（206 条）。

　ほぼ短答式試験のみに登場する犯罪であり，刑事学的には，路上のけんかにおける野次馬を取り締まる機能を果たす。「前 2 条〔204 条・205 条〕の犯罪が行われるに当たり」と規定されていることから，現場助勢行為は暴行・傷害の開始以後，死傷結果発生以前になされる必要がある。また罪刑法定主義の観点から，本犯が暴行にとどまった場合には現場助勢罪は成立しない。

　現場助勢罪の罪質については小さいながらも争いがあり，有力説（**幇助犯減刑説**）は，本罪は傷害罪・傷害致死罪の幇助犯を，群集心理に基づく期待可能性＝責任の減少により軽く処罰するものだ，と解する。もっとも，現実に促進関係を有した現場での幇助行為を，「みなも同じようなことをしているから」というだけの理由で大幅に減刑することには疑問がある。むしろ，幇助行為を現場で共同して行っていることは犯情の重さにもつながりうるのではないか。

　こうして，現場助勢罪は傷害罪・傷害致死罪の幇助犯にあたらない援助行為を，野次馬の集団極性化に着目して保安的観点から独立に処罰したものだ，と解する見解（**独立罪説**）が妥当であろう。判例も，傷害罪等への従犯が成立する場合には，現場助勢罪ではなく傷害罪等の幇助犯が成立するとしている（大

判昭和2・3・28刑集6巻118頁。独立罪説をより詳細に展開する近時の裁判例として，京都地判平成16・8・5 LEX/DB28095598)。

5.1.6 同時傷害の特例
1. 趣　　旨
　2人以上で暴行を加えて人を傷害した場合において，それぞれの暴行による傷害の軽重を知ることができず，またはその傷害を生じさせた者を知ることができないときは，共同して実行した者でなくても，共犯の例による（207条）。

　この特例は（特に，分かりやすい後段を念頭に置きつつ）端的にいえば，暴行と傷害の同時犯について，2人のうちどちらがどちらか分からないというときは，2人とも傷害の共同正犯のように扱ってしまおう，という趣旨である（**因果関係推定説**。**共犯関係推定説**は，傷害の共同正犯かどうかが分からないときのための特例だというが，意思連絡不存在の反証は容易すぎて特例の趣旨が失われよう）。

　この特例をはじめて見たみなさんは，「そんなものは『**疑わしきは被告人の利益に**』の原則に違反するではないか」という疑問を抱くであろう。はっきりいってそのとおりである。しかも，2人のうち一方の行為については絶対に傷害との因果関係がない，というケースにさえこの特例は適用されるのだから，みなさんの疑問は強まるばかりであろう。実際，この特例は憲法違反だという人もいる。

　しかし，法律家の多くはこの特例を容認している。むろん，大いに悩んだうえでのことであるから，容認するにあたってはさまざまな注文をつけている。

　第1に，立法論として，この特例を抜本的に改正し，けんか闘争への関与ないし加重暴行として規定し直すべきだ，という人もいる。あるいは，この特例を維持するにしても，たとえば，殺人や器物損壊にまで類似の特例を増やしていくことは許されない。殺人の場合は因果関係をもたない者にも殺人未遂という十分に重い処罰が用意されている一方，器物損壊はせいぜい財産侵害なのだから処罰はあきらめて民事的解決にゆだねるべきであろう。

　第2に，検察官が最初からこの特例の適用を狙い，因果関係の立証活動を懈怠することは許されない。まともな証拠収集もせず，そのせいで因果関係の存否が不明なのに，この特例を適用し，かえって検察官に有利になるという事態

は避けなければならない。したがって，検察官は合理的に要請される立証努力を尽くしたことを証明してはじめて，この特例の適用を求めうると解すべきであろう。学説には，検察官が因果関係不明の証明をすべきだというものもあるが，おそらくは同趣旨であろう。

第3に，被告人が自己の行為と傷害との間の因果関係がない旨，反証しえればこの特例は適用されず，その罪責は暴行罪にとどまるが，問題はこの反証の基準である。検察官が犯罪事実を証明するのと同一の証拠法則・証明度が妥当するというものもあるが，細部に争いはあれど，少なくともある程度は緩和すべきであろう。被告人側には独自の捜査権がないのであるし，そもそも，「疑わしきは被告人の利益に」の原則を退ける際には，その程度を最小限にとどめるべきだと思われる。

2. 要　件

同時傷害の特例を適用する際には，次の2つの要件が前提になるとされている（判例でも繰り返し確認されており，近時でも，最決平成28・3・24刑集70巻3号1頁，最決令和2・9・30刑集74巻6号669頁を参照）。なお，同要件については検察官が証明しなければならないことはいうまでもない。

1つ目の要件は，同特例を適用しようとする暴行が**当該傷害を生じさせる危険性**を有することである。同特例は，類型的に見て検察官が証明困難な事情について，やむにやまれぬ刑事政策的要請にかんがみ，例外的に「疑わしきは被告人の利益に」の原則を後退させたものである。一方，前記暴行の性質は検察官にとって特段証明が困難であるとはいえないから，わざわざその存在を推定してやる事実的基礎に欠ける。

2つ目の要件は，暴行のいずれもが**同一の機会**に行われたことである。こちらも1つ目と同じく，同特例の趣旨から導かれる要件であり，両暴行がまったく別の機会に行われていれば，検察官は通常の立証努力によって因果関係を明らかにしうるであろう。暴行が別の日に全然違う場所でとなると，もはや，単に2つの無関係な事件が起きただけだとしかいいようがない。したがって，傷害との因果関係が不明でもそれはたまたまであり，特例を設けてまで検察官を救ってやる必然性に欠ける。学説には，この機会の同一性という要件について，**共犯との外形的類似性**（外形的には共同実行に等しいこと）という観点から説明

5.1 傷害の罪

するものもある。しかし，207条が「共犯の例による」と規定しているのは，共犯が自己の行為と直接の因果関係がない結果につき問責する法技術であるから援用されているにすぎず，同時傷害の特例と共犯理論とは何の関係もない。共犯類似性などというのは紛らわしいからやめるべきであろう。

これら2つの要件のうち，特に2つ目についてはその外延が問題とされている。具体的にどのような場合に機会の同一性を認定しうるか，ということである。基本的には時間的・場所的接着性が標準とされるべきであるが（大判昭和12・9・10刑集16巻1251頁参照），207条が検察官による類型的な証明困難性に着目していることにかんがみ，もう少し柔軟に解釈する余地も認めるべきである。具体的には，かりに前記接着性の側面が弱かったとしても，たとえば，深夜の閉店した店舗内であるとか，開放空間であっても，周りにいたのが（共犯とはいえないまでも）暴行者の仲間たちであるなどという事例においては，機会の同一性を肯定する余地を承認すべきではなかろうか（共謀を否定しつつも，被告人らの特殊な関係や各暴行に至る経緯などに照らし，時間的・場所的に離れた事案で機会の同一性を肯定した東京高判平成20・9・8判夕1303号309頁参照）。なお，下級審における否定例としては，第1暴行が食堂内で，第2暴行が約40分後，別の理由から被害者を店外に引き出して加えられた事案（札幌高判昭和45・7・14高刑集23巻3号479頁）などがある。

3. 適 用 範 囲

207条は非常に例外的な規定であり，学説・実務上も，傷害罪にその適用範囲を限定するのが一般的である（旧・強姦致傷罪につき適用を否定した裁判例として仙台高判昭和33・3・13高刑集11巻4号137頁，強盗致死傷罪につき同じく否定した裁判例として東京地判昭和36・3・30判時264号35頁がある）。

しかし，その一方において，**傷害致死罪**（205条）にだけは適用を拡張しようとする動きも強い（最判昭和26・9・20刑集5巻10号1937頁，前掲最決平成28・3・24）。①致死結果は傷害の順当な発展形態であり，傷害致死までは207条の趣旨を推し及ぼしても無理がないことや，②死因となった傷害につき207条を適用するのであれば，両暴行者が傷害致死の罪責まで負うのは当然であることなどがその理由である。もっとも，①生命侵害は究極の不法であり，それと無関係な人間まで刑事裁判の原則を動かして処罰するのは207条の趣旨を逸

脱すること，②207 条は傷害罪として問責する範囲でしか推定効をもたないと解するほうが自然であること，を考慮するとあまり説得的ではない。やはり，傷害致死罪にも 207 条を適用しない解釈のほうがよいと私は考えるのだが，みなさんはいかがであろうか。このあたりは試験に頻出であるから，ぜひ自分の見解をもってもらいたい。

つづいて 207 条の適否が争われている類型として，**共犯関係の解消**および**承継的共犯**がある。便宜上，承継的共犯のほうを例にとると（共犯関係の解消に関する 207 条の適用例として，名古屋高判平成 14・8・29 判時 1831 号 158 頁がある），X が単独で A に暴行を加えたのち，Y が共謀加担してさらに暴行を加えた結果，A は負傷したが，その傷害が Y の共謀加担以後に生じたことを検察官が証明できない，という事例が考えられる。ここで，207 条を適用して Y をも傷害罪で処罰しうるであろうか。

肯定説の論拠は大きく分けて 2 つあり，部分的に意思連絡があれば突如として 207 条が適用されなくなるのはアンバランスであることと，同条の「人」や「者」には X と Y の共同正犯という一種の団体も含まれうること（大阪地判平成 9・8・20 判タ 995 号 286 頁）である。他方，否定説の論拠は要するにこの 2 つを否定するものであり，207 条は傷害の責任を誰も負わない事態を避けるための規定であり，少なくとも X が傷害罪になる以上は同条を適用すべきでないこと（大阪高判昭和 62・7・10 高刑集 40 巻 3 号 720 頁）と，明らかに個々の自然人を想定した文言を団体にあてはめるのは不適当であることである。どちらの説をとってもよいが，私自身は，否定説の論拠はやや強引なのではないかと思っている。207 条の読み方にやや「決めつけ」のようなものを感じる。

判例は中間的な立場をとっており，否定説は支持しないものの肯定説と完全に同一でもなく，207 条を適用するのにわざわざ，Y 自身の加えた暴行が当該傷害を生じさせる危険性を有していたことを要求している（前掲最決令和 2・9・30）。裏返していうと，Y が共謀加担したといっても，その寄与が X に対する心理的影響であった場合には同条を適用しえず，Y は暴行罪にとどまることになる。肯定説の論拠のうち，一貫して意思連絡がないケースとのバランス論は支持するが，団体を「人」や「者」というのは抵抗があるのだろう。やや中途半端である。

5.1.7 凶器準備集合罪・同結集罪

1. 凶器準備集合・結集罪の構造

　2人以上の者が他人の生命，身体または財産に対し共同して害を加える目的で集合した場合において，凶器を準備してまたはその準備があることを知って集合した者は，2年以下の拘禁刑または30万円以下の罰金に処する（208条の2第1項）。1項の場合において，凶器を準備してまたはその準備があることを知って人を集合させた者は，3年以下の拘禁刑に処する（同条2項）。

　凶器準備集合罪の罪質として，予備罪説と公共危険罪説の対立がある。**予備罪説**は，本罪が共同加害行為の予備罪的性質を有すると解し，実際に共同加害行為に発展した場合には，本罪がそこに吸収されるという。他方，**公共危険罪説**は，本罪が公共的な社会生活の平穏を保護する独立罪としての公共危険罪であると解し，現実の共同加害行為を構成する犯罪とは併合罪の関係に立つという。いずれの説も論理的には成り立ちうるが，暴力団抗争の頻発による社会不安に対処するため，抗争を事前に抑制しようと1958（昭和33）年に設けられたという本罪の立法経緯や，凶器準備集合行為が実態として有する社会的危険性にかんがみると，公共危険罪説のほうが妥当であろう。判例も同様である（最決昭和45・12・3刑集24巻13号1707頁，最決昭和48・2・8刑集27巻1号1頁など）。

　これに対して学説では，類似の公共危険犯である騒乱罪（106条）があくまで暴行・脅迫を要件としていること，同罪における付和随行者の法定刑が本罪に比しても非常に軽いこと，などを根拠に公共危険罪説を批判するものもある。もっとも，凶器のもつ高い危険性は到底無視しえないこと，付和随行者はあくまで当罰性が僅少な周辺的関与者にすぎず，本罪に置き換えるならば共犯ともなりえないものであること，などを考慮すると決定的な批判とはいえないように思われる。

2. 共同加害目的

　「共同して害を加える目的」すなわち**共同加害目的**とは，文字どおり他者と共同して害を加えようとする目的を指すが，判例によれば，集合者の全員がこの目的を有している必要はなく，2人以上の者にこの目的が認められればよいとされる（最判昭和52・5・6刑集31巻3号544頁）。また「害を加える」といっ

ても，積極的に打って出る場合に限らず，襲撃されたら迎え撃つという条件付きの迎撃目的の場合も含むとされている（前掲最判昭和 52・5・6）。しかも，迎撃目的の場合には相手方の襲撃につき未必的認識でも足りる（最判昭和 58・11・22 刑集 37 巻 9 号 1507 頁参照）。

3. 凶器の意義

「凶器」とは，拳銃や日本刀など，それ自体が人の殺傷用に作られたという**性質上の凶器**のほか，プラカードなど，使い方次第では人の殺傷用にも供しうるという**用法上の凶器**を指す。ただし，公共危険罪という罪質に照らすと，準備された手段が人の殺傷以外の，平穏な目的に対してむしろ一般的な適合性を有するものである場合には，たとえ行為者がその手段を人の殺傷に役立てようと考えていたとしても，凶器にはあたらないと解すべきであろう。もちろん，適合性があるように外形上装っているだけでは足りず，たとえば，見た目は普通の杖だが実は刀が仕込まれている，という場合にその仕込み杖が凶器にあたるのは当然である。

用法上の凶器の限界については議論があり，裁判例は「社会通念に照らし人の視聴覚上直ちに危険性を感ぜしめるもの」（東京地判昭和 46・3・19 判時 648 号 49 頁）であれば凶器にあたるとしている。具体的には，凶器にあたるとされたものとして，長さ 1m 前後の角棒（前掲最決昭和 45・12・3），火炎瓶（東京高判昭和 46・1・18 高刑集 24 巻 1 号 32 頁。性質上の凶器ともいえる），プラカード（前掲東京地判昭和 46・3・19。ただし，プラカード様に偽装された疑いのある角材について，人に殴りかかるのに用いられた段階で凶器性を肯定），コンクリート塊・竹竿（東京高判昭和 46・7・9 高刑集 24 巻 3 号 458 頁）などがある。反対に，凶器にあたらないとされたものとして，暴力団の抗争において，被告人らがダンプカーに乗り，人をひき殺すため，エンジンをかけたまま発進できる状態にしていた，という事案で外観を根拠に，社会通念に照らしただちに他人をして危険感を抱かせるには足りない，とした判例がある（最判昭和 47・3・14 刑集 26 巻 2 号 187 頁）。前述した仕込み杖の例に照らせば，偽装された武器は現に闘争に用いられる以前から凶器なのであり，ただ証拠上凶器と認定しにくいというだけであるから，前掲東京地判昭和 46・3・19 にはやや疑問の余地があろう。

5.1 傷害の罪

4. 行 為

まず208条の2第1項について，通常は，共同加害目的ある者が凶器を準備して集まる（または集まってから準備する），あるいは準備があることを知って集まるという，作為による場合が想定されている。ここにいう準備とは，凶器を必要に応じて加害の実行にいつでも使用可能な状態に置くことをいう（東京高判昭和39・1・27判時373号47頁。したがって，集合の場所と準備の場所とが完全に一致している必要はない）。もっとも，判例によれば，すでに一定の場所に集まっている2人以上の者がのちに共同加害目的をもつに至り，凶器の準備があることを知りながら離脱しない場合も含まれるとされる（前掲最決昭和45・12・3）。ただし，離脱は共同加害目的の放棄で足り，集合場所から退去する必要まではない（広島高松江支判昭和39・1・20高刑集17巻1号47頁）。

次に同条2項について，「集合させた」とは，主導的役割でもって他人にはたらきかけ，2人以上の者をして，共同加害の目的で時と場所を同じくさせることをいう。単なる1項の教唆犯や共同正犯とは異なるから，2項が成立しない場合でも1項の共犯にはあたりうる（1項の共謀共同正犯を認めた裁判例として，東京地判昭和63・3・17判時1284号149頁）。

5. 凶器準備集合・結集罪の構造に関連する論点

5.1.7(1)で述べたように，予備罪説と公共危険罪説が現実に加害行為の行われた場合における罪数に関して対立するのは当然であるが，やや発展的な論点として，両説は次のような局面においても異なる帰結に至るとされている。

第1に，抗争開始後に集団に参加した者にも凶器準備集合罪が成立しうるか。予備罪説によれば，その者には現に実行されている犯罪の共犯が成立するにとどまるが，公共危険罪説によれば，本罪は集団が存続する限り継続して成立する**継続犯**であり，その者にも当然に本罪が成立しうるとされる。判例は公共危険罪説である（前掲最決昭和45・12・3）。

第2に，凶器準備集合罪の主観的要件に関し，単に**助勢の意思**で加わった者にも本罪が成立しうるか。予備罪説によれば，本罪が成立するためにはみずからが共同加害目的を有していなければならないから否定されるが，公共危険罪説によれば，助勢の意思であっても公共の危険が高まることに変わりはないから肯定されるという。判例は公共危険罪説である（前掲最判昭和52・5・6）。

第3に，**迎撃目的**での集合において，相手方からの襲撃の可能性を認定しえない場合にも凶器準備集合罪が成立しうるか。予備罪説によれば，現実の加害行為に至る客観的可能性がなければならないから否定されるが，公共危険罪説によれば，集合行為そのものが社会生活の平穏を害していれば足りるから肯定されるという。判例は公共危険罪説である（最判昭和 58・6・23 刑集 37 巻 5 号 555 頁）。

5.2 過失傷害の罪

5.2.1 過失傷害罪

過失により人を傷害した者は，30 万円以下の罰金または科料に処する（209条1項）。親告罪である（同条2項）。

5.2.2 過失致死罪

過失により人を死亡させた者は，50 万円以下の罰金に処する（210 条）。

生命侵害という最大の法益侵害を引き起こしているにもかかわらず，自由刑が規定されていないのは，過失犯の類型的な刑の軽さに基づく。このように，過失犯の刑が類型的に軽い理論的な根拠については，みなさんも刑法総論でよく勉強したように，さまざまな見解の対立がある。私は，過失犯は行為者の不法傾向が外部化したことを要しない，その意味において，善良な一般市民であっても犯しがちな罪だから刑が軽いのだ，と説明しているが，もちろん異論も多い。よく復習しておいてほしい。

5.2.3 業務上過失致死傷罪

1. 業務の意義と刑の加重根拠

業務上必要な注意を怠り，よって人を死傷させた者は，5 年以下の拘禁刑または 100 万円以下の罰金に処する（211 条前段）。

本罪をめぐる最大の問題は，「業務」がいったいいかなる意味を有し，それがどのような根拠に基づき刑を加重するかである。

この点につき判例は，**業務**とは人が①**社会生活上の地位**に基づき，②**反覆継続**して行う行為であって，③他人の生命，身体等に**危害を加えるおそれ**のある

ものだとしている（最判昭和 33・4・18 刑集 12 巻 6 号 1090 頁。危険防止業務も含まれる。最決昭和 60・10・21 刑集 39 巻 6 号 362 頁）。このうち，②反覆継続性や③危害を加えるおそれというのは分かりやすい。類型的に見た危険性の高さが違法性の高まりをとおして刑を加重しているのであろう。これに対して，①社会生活上の地位というのはやや分かりにくいが，要するに，自宅で料理をする際に火を用いるなどの，危険ではあるが私的な行為を排除している（**自転車の運転**もあげられることが多いが，昨今の社会情勢に照らせば，業務に該当する余地を完全に否定することは困難であろう。東京地判令和 4・2・18 LEX/DB25572185 参照）。その理論的根拠についてはさまざまな説明が可能であろうが，私自身は，当該行為の安全性に対する社会公共からの信頼を保障すべき場合に刑の加重を限定する趣旨だ，ととらえている。安全性の観点から免許制度が採用されている場合などがその典型例といえよう（もちろん，当該行為者が有効な免許を受けている必要はない。最決昭和 32・4・11 刑集 11 巻 4 号 1360 頁）。これもまた違法性の高まりと評価できる。

　一方，学説においては，一定の職業者に対する行政的な処分等と連動させるならともかく，単に業務者を重く処罰するというだけでは合理的な根拠が見出せないとして，業務上過失致死傷罪の廃止を主張するものもある。また，廃止というのがラディカルにすぎるのなら，業務上過失は 5.2.4 で見る重過失の一例として運用すべきであるとされる。廃止論は立法政策論であるから軽々に賛否を明らかにすることはできないが，少なくとも，重過失解消論は解釈論として維持しがたいであろう。業務者がミスをするときでも，そこには明らかに重大なミスと軽微なミスが含まれており，ミスの程度に差がない（常に重大なミスである）というのは不自然な擬制だと思われる。

2. 具 体 例

　業務にあたるかが問題とされた判例としては，まず反覆継続性に関し，平素は自転車などで商品の配達をしている者が，1 回だけ自動車を運転し，反覆継続の意思はなかった事案で業務性を否定したもの（東京高判昭和 35・3・22 判タ 103 号 38 頁），過去に空き地で 2 回運転の練習をした者が，公道上ではじめて練習のために自動車を運転したが，反覆継続の意思はあった事案で業務性を認めたもの（福岡高宮崎支判昭和 38・3・29 判タ 145 号 199 頁）などがある。現実

に反覆継続したという事実ではなく，むしろ，この先も反覆継続しようとする
意思が重視されているが，類型的に見た危険性の高まりという趣旨に照らせば
妥当な解釈といえよう。100回も繰り返されるような性質の作業であることが
危険性を高めるのであって，事故が1回目に起きたか100回目に起きたかは本
質的ではないのである。

　次に社会生活上の地位に関し，無免許医療（福岡高判昭和25・12・21高刑集3
巻4号672頁），娯楽のための狩猟行為（前掲最判昭和33・4・18）であっても業
務性が認められている。当該社会生活領域が免許制度によって公的に規律され
ている，という事情も考慮されているように思われる。

　なお，業務上過失致死傷罪はかつて，自動車の運転行為を最大の適用対象と
していた。「**交通関係業過**」という俗称（『犯罪白書』上の定義）を聞いたこと
のある人もいるだろう。刑法犯の統計をとる際，交通事故という多数かつ普遍
的な現象を算入するとおかしくなるため，交通事故にかかわる業務上過失致死
傷事件を除いていたのである。もっとも，今日では，5.3で見る自動車運転死
傷行為処罰法が存在し，自動車の運転行為から人を死傷させた場合には同法が
適用されることとなっている。ただし，広い意味で自動車事故といっても，厳
密には運転行為から死傷結果が発生しているとは限らないから，業務上過失致
死傷罪の成立する余地が完全に失われたわけではないことに注意を要する（た
とえば，自動車を停止させたのち，不用意に運転席ドアを開けたため，後方から来
る自転車乗りとぶつかってこれを死傷させた，というケースを考えよう。東京高判
平成25・6・11判時2214号127頁参照）。

5.2.4 重過失致死傷罪

　重大な過失により人を死傷させた者も，業務上過失致死傷罪と同様とする
（211条後段）。

　「重大な過失」すなわち**重過失**とは，裁判例によれば，注意義務に違反する
程度が著しい場合を指す（東京高判昭和57・8・10刑月14巻7＝8号603頁）。
結果が重大であるとか結果発生の可能性が高い，あるいは，行為者が危険性を
認識している（認識ある過失）などといった趣旨ではない。問題は「程度が著
しい」の具体的な内容であるが，これは注意義務違反の実体を奈辺に求めるか

5.2 過失傷害の罪　　**65**

という，刑法総論における重要論点と深くかかわっている。私は，わずかな慎重さによって不法の予見に至ることだと理解しているが（たとえば，大きな岩を崖下の道に落とす際，少しでも想像力をはたらかせたり崖下をチラ見したりすれば，岩が通行人に当たってこれを死亡させるシーンの予見に至る，というのなら重過失であるが，そもそも崖に気づいておらず，相当よく見なければ岩が落ちるなど思いもよらない，というのなら軽過失にすぎない），もちろん異論もありうるだろう。刑法総論をよく復習しておいてほしい。

　現実の肯定例としては，自転車にけんけん乗りをして赤信号を見落とし，横断歩道上の歩行者に突っ込み傷害を負わせた事案（前掲東京高判昭和57・8・10），住宅街の路上でゴルフクラブの素振りをし，自転車乗りを強打して死亡させた事案（大阪地判昭和61・10・3判タ630号228頁），闘犬用の犬を放し飼いにしたため，犬が幼女2名に死傷の結果を生ぜしめた事案（那覇地沖縄支判平成7・10・31判時1571号153頁），ふすまの背後に妻または長男がいることを，きわめてわずかの注意を払うことにより気づきえたにもかかわらず，配慮を欠いたままふすまを日本刀で突き刺し，背後にいた長男を失血死させた事案（神戸地判平成11・2・1判時1671号161頁），土佐犬が犬舎から逸走して幼児にかみつき傷害を負わせた事案（東京高判平成12・6・13東高刑時報51巻1〜12号76頁），自家用車のトランク内に除草剤入りの栄養ドリンクの瓶を未開封のものと共に積み込んで保管したうえ，これを取り違えて被害者に交付し誤飲させ死亡させた事案（東京高判平成23・11・30東高刑時報62巻1〜12号122頁），立体駐車場において，わずかな確認をしただけでパレットを下降させ，パレットとステップの間に挟み込まれた被害者を負傷させた事案（東京高判平成24・9・18東高刑時報63巻1〜12号194頁），逮捕を免れるため混雑するホームを疾走し，ホーム端付近を歩行中の被害者に衝突して線路上に落下させ，負傷させた事案（東京高判平成24・11・22東高刑時報63巻1〜12号251頁），自転車を集合住宅の12階から1階吹き抜け部分にまで投げ落とし，通行人に衝突させて傷害を負わせた事案（大阪地堺支判平成31・4・2 LEX/DB25562946）などがある。

5.3 自動車運転死傷行為処罰法

　自動車の運転から交通事故を起こし，人を死傷させた場合において，かつて
は業務上過失致死傷罪（と，特に悪質危険なケースで例外的に，傷害〔致死〕罪）
が適用されていた。もっとも，凄惨な交通事故が立て続けに報道されるなどし
たことから厳罰化の機運が高まり，その後，数次にわたって法改正が行われて
いる。

　まず2001（平成13）年に，危険運転致死傷罪が208条の2として新設された。
つづいて2007（平成19）年に，自動車運転過失致死傷罪が211条2項として
新設された。さらに2013（平成25）年に，**自動車運転死傷行為処罰法**（自動車
の運転により人を死傷させる行為等の処罰に関する法律）が成立し，前記両罪は刑
法典からこちらに移された（危険運転致死傷罪は拡大されるとともに，自動車運
転過失致死傷罪は過失運転致死傷罪に名称変更された）。

　刑法典からは削除されたといっても，それは交通死傷事故という重要な社会
的類型をまとめて規律することや，処罰範囲が他の法規や政令に従属して定め
られることなどの総合考慮に基づくものであって，自動車運転死傷行為処罰法
は実際には刑法典並みの「基本法」ととらえてよい。いくら試験には出ないと
いっても，その最低限の内容は知っておくべきであろう。

　まず**危険運転致死傷罪**は2つの類型に分けられる。第1類型は刑が重く，類
型的に見て非常に危険な運転行為をそれと知りつつ行い，その結果として人を
負傷させれば15年以下の拘禁刑，死亡させれば1年以上の有期拘禁刑に処せ
られる（自動車運転死傷行為処罰法2条）。第2類型はそれよりも刑がやや軽く，
アルコール・薬物，一定の病気の影響により，その走行中に正常な運転に支障
が生じるおそれがある状態で自動車を運転し，よって，それらの影響により正
常な運転が困難な状態に陥り，人を負傷させた者を12年以下の拘禁刑に処し，
人を死亡させた者を15年以下の拘禁刑に処する（法3条）。第2類型において
も当該運転行為の危険が現実化していなければならない一方，主観面としては
「おそれ」の認識で足りることになる。

　次に**過失運転致死傷罪**は，自動車の運転上必要な注意を怠り，よって人を死
傷させた者を，7年以下の拘禁刑または100万円以下の罰金に処する（法5条
本文）。ただし，その傷害が軽いときは，情状により，その刑を免除すること

5.3 自動車運転死傷行為処罰法

ができる（同条ただし書）。刑法典から移される前と同様であり，法定刑は業務上過失致死傷罪より重い。他方，刑の免除は実質的には，検察官による起訴猶予に実体法上の根拠を与える機能を果たしている。

さらに，**過失運転致死傷アルコール等影響発覚免脱罪**を定める法4条は，アルコールまたは薬物の影響によりその走行中に正常な運転に支障が生じるおそれがある状態で自動車を運転した者が，運転上必要な注意を怠り，よって人を死傷させた場合において，その運転のときのアルコールまたは薬物の影響の有無または程度が発覚することを免れる目的で，さらにアルコールまたは薬物を摂取すること，その場を離れて身体に保有するアルコールまたは薬物の濃度を減少させることその他その影響の有無または程度が発覚することを免れるべき行為をしたときは，12年以下の拘禁刑に処する旨を定めている。一定の罪証隠滅行為をあわせて処罰する側面をもつことから，その罪質について学説上議論がある。

なお，法6条は2条〜5条の罪について，**無免許運転による刑の加重**を定めている。泥酔したドライバーが死傷事故を起こしたとき，その免許が切れていようがいまいが関係ないようにも思われるが，免許は自動車による交通参加の最低限の要請であることが考慮されたのであろう。

第**6**章

意思活動および
移動の自由に対する罪

6.1 刑法によって保護される自由の体系

　刑法によって保護されている自由には次のようなものがある。

　1つ目は**意思活動の自由**であり，脅迫罪（222条）および強要罪（223条）によって保護されている。もっとも，強要罪のほうは一定の行動の自由をも保護しており，それゆえに，保護法益である自由の具体的な要保護性について微妙な判断が求められることもある。頭の中でなら何を考えていてもよいが，実際に行動に移すとなると，それを他者からいっさい妨害されずにやり切る完全無欠の自由がある，といえる場合は意外に少ないであろう。ここには，みなさんが刑法総論で学んだ構成要件該当性と違法性の関係もまた深くかかわっている。

　2つ目は**場所的移動の自由**であり，逮捕・監禁罪（220条）および略取・誘拐・人身売買罪（224条以下）によって保護されている。後者は判例によれば監護者の監護権をも保護しているが，人身売買はさらに人格的生存の基盤をも脅かす性質を有している。

　3つ目は**性的自己決定の自由**であり，自己決定という呼称からも分かるように，単なる自由を超えた，その人の人格的な統合性そのものを保護している側

面がある。176条以下に該当する規定が存在し，近年になって大きな改正が行われた部分でもある。

4つ目は**住居等に誰を入れるかを決定する自由**であり，住居権ともよばれる。住居侵入罪（130条）によって保護されているが，あくまで閉鎖空間に対する管理・支配が本丸であり，住居権はそのあらわれにすぎないから，自由に分類するのはやや不正確かもしれない。

6.2 脅迫・強要の罪

6.2.1 脅迫罪

1. 保護法益

生命，身体，自由，名誉または財産に対し害を加える旨を告知して人を脅迫した者は，2年以下の拘禁刑または30万円以下の罰金に処する（222条1項）。親族の生命，身体，自由，名誉または財産に対し害を加える旨を告知して人を脅迫した者も，1項と同様とする（同条2項）。

保護法益については，**意思活動の自由**と解する支配的な立場のほかに，**私生活の安全感**と解する立場も主張されている。たしかに，本罪は相手を怯えさせるだけで成立し，自由という言葉から連想される，具体的に何かをする／しないという意思決定を阻害することは要件とされていない。しかし，ひるがえって考えてみると，そもそもそのような意思決定と何ら関係しない，単に不安にさせるだけの行為をこれほど重い刑で処断することは罪刑の均衡を失する。実際にも，ただ他人を怯えさせることだけが目的であるケースは想定しがたく，本当は強要や恐喝の未遂に近い行為が証拠不足のため脅迫罪に落ちていると推定されるのであり，この，脅迫罪の「受け皿」構成要件としての機能も刑事政策的に無視しがたい。やはり，現実に認定されなくても，何かしらの意思決定が制限されるおそれに着目して本罪が規定されたととらえるのが合理的であり，前記支配的な立場のほうが妥当であろう（大阪高判昭和61・12・16判時1232号160頁参照）。

2. 客体

客体である「人」（222条1項）に**法人**が含まれるかが争われている。

この点，否定説（前掲大阪高判昭和61・12・16，高松高判平成8・1・25判時

1571 号 148 頁）は，6.2.1(1)で見た，保護法益を私生活の安全感に求める立場を前提としつつ，そのような感情は自然人にしか認められないとか，222 条 1 項の「生命，身体」，2 項の「親族」を自然人以外に観念することはできないなどと述べる。もっとも，保護法益のそのような理解自体が少数説であることに加え，法人の感情という発想がおよそ成り立たないわけではなく，当該局面においてその行為が法人の行為と同一視されうるような自然人や，法人の組織体としての社会的実態に着目することで，法人の感情を観念することも可能である。さらに，222 条 2 項も「親族がいれば」という話であって，この条文があるから親族のいる人しか客体にならないというのはおかしい。天涯孤独の者でも客体になりうるのと同様，法人もまた客体となりうる。1 項の「生命，身体」についても同様であり，それらをもつのであればという話である。

　こうして肯定説が妥当である。と書いてはみたものの，みなさんは「こんなものは水掛け論であって，どちらの説も排除できない」と感じたであろう。実はそのとおりであって，ここに書いたような議論の応酬だけを見る限り，どちらの説にも決定打はない。しかし，もう少し視野を広げてみると，「法人は擬制された存在であり脅すことなどできない」という建前を前面に出しすぎることで，強要や恐喝などといった，法人に対しても成立させたほうがよさそうな類似犯罪まで否定されてしまいかねない，という事情が浮かび上がってくる。そこで，今度は否定説のほうが「恐喝は条文の文言が違うから」と反論してくる。このように視野を広げてみると，あまり細かいことをいわなくて済む肯定説のほうが望ましいように私は思うのだが，みなさんはどう考えられるであろうか。

3. 行　為

　一般に人を畏怖させるに足りる害悪の告知が要求され，判例によれば，脅迫罪は害悪が相手に伝わったことで既遂に達し，相手が現実に畏怖したかどうかを問わない（大判明治 43・11・15 刑録 16 輯 1937 頁）。相手がいまだ脅迫文を読んでいないなど，相手に伝わる以前の段階においては未遂（処罰規定がないので不可罰）にとどまる。

　第三者による加害を内容とする場合であっても，その者に行為者が影響を与えうると相手に思わせれば，脅迫罪が成立しうる（最判昭和 27・7・25 刑集 6 巻

6.2 脅迫・強要の罪 **71**

7号941頁参照）。否定例としては，某党員が警察官らに対し，人民政府が組織されれば人民裁判にかけられ絞首台に上がらなければならなくなる，と告げた事案において，単なる警告にすぎないとして同罪を否定したものがある（広島高松江支判昭和25・7・3高刑集3巻2号247頁）。ここにも，同罪の不法が単に人を不安にさせるのではなく，人の意思を自己の意思の従属下に置いて具体的にコントロールする罪の受け皿的機能に存することがあらわれているといえよう（したがって，反対に，畏怖そのものが目的であることや真に害を加える意思は必要でない。大判大正3・6・2刑録20輯1101頁，大判大正6・11・12刑録23輯1195頁）。

害悪の告知が脅迫にあたるかどうかは，相手方の年齢，性別，職業などの相手方の事情や，加害者と相手方との人間関係など具体的な諸事情を考慮し，周囲の客観的状況に照らして判断されなければならない（最判昭和29・6・8刑集8巻6号846頁）。たとえば，町村合併の住民投票をめぐる対立抗争中に，被害者と親しい者の名義で「出火御見舞申上げます，火の元に御用心」と書いたはがきを被害者宛てに郵送した事案において，一般に人を畏怖させるに足る性質のものであり脅迫罪が成立する，とした判例がある（最判昭和35・3・18刑集14巻4号416頁）。

加害の対象である利益は例示列挙ではなく制限列挙であるが，自由・名誉・財産が広く解釈されることにより（たとえば，信用は財産に含まれる），ほぼすべての個人的利益がカバーされているといってよい。判例もいわゆる村八分の告知に関し，他人と交際する自由と名誉に対する加害の告知として脅迫にあたるとしている（大判明治44・9・5刑録17輯1520頁，大阪高判昭和32・9・13判時135号32頁）。また，加害の相手方である「親族」（222条2項）は民法上の親族であり（民法725条。6親等内の血族，配偶者，3親等内の姻族である），内縁の妻などは含まれないし，（しばしば短答式試験で問われるが）フィアンセももちろん除外される。

告知される害悪は犯罪でなくてもよい。判例には，実際には告訴の意思がないのに畏怖させる目的で告訴すると告げた，という事案で脅迫罪にあたるとしたものがある（大判大正3・12・1刑録20輯2303頁。ただし傍論として）。有力な学説はこれに反対し，告訴権の行使それ自体が許されるのに，同行使を告げる

72　　　第6章　意思活動および移動の自由に対する罪

ことが犯罪だというのはおかしいと批判している。一見すると説得力のある批判であるが，国家に犯人の処罰を求めることと，その権限行使をちらつかせて犯人の意思を自己の意思の従属下に置くこととはまったくの別物である。後者はやはり脅迫罪にあたるというべきであろう。

　害悪の告知方法には制限がない。文書，口頭，態度，何でもよいし，文書による場合，告知名義人は虚無人・偽名であってもかまわない（前掲大判明治43・11・15）。

4. 罪　　数

　監禁中に暴行・脅迫がなされても，監禁状態の維持のためではなく，憤激からなされた場合には監禁罪に吸収されず，別罪を構成する（最判昭和28・11・27刑集7巻11号2344頁）。他方，暴行後に，引き続き同内容の暴行を加える旨の脅迫がなされた場合には，脅迫は先の暴行罪によって包括的に評価され，別罪を構成しない（東京高判平成7・9・26判時1560号145頁）。

6.2.2　強　要　罪

1. 保護法益および客体

　生命，身体，自由，名誉もしくは財産に対し害を加える旨を告知して脅迫し，または暴行を用いて，人に義務のないことを行わせ，または権利の行使を妨害した者は，3年以下の拘禁刑に処する（223条1項）。親族の生命，身体，自由，名誉または財産に対し害を加える旨を告知して脅迫し，人に義務のないことを行わせ，または権利の行使を妨害した者も，1項と同様とする（同条2項）。1項の罪・2項の罪とも，未遂を罰する（同条3項）。

　ここでも脅迫罪と同様（6.2.1(2)参照），客体である「人」に**法人**が含まれるかが争われている。基本的に対立軸は同様であるが，脅迫罪におけるのと異なり，強要罪においては保護法益が具体的な意思決定（とそれに基づく行動）の自由であることが明確であり，それは安全感などという感情に比べて法人に観念することが容易であることから，肯定説が主張されやすくなっている。

2. 手　　段

　強要罪の手段のうち脅迫は，脅迫罪にいう脅迫と基本的に同義である。

　これに対して暴行は二義に分かれており，1つ目は**直接強制**の場合である。

たとえば，無理やり頭を押さえて謝罪させるようなケースがこれにあたる。被害者の意思に基づく行為を要求し，女性の背後からその両腕をつかんで引っ張る等して，10m 余り移動させた事案で本罪を否定した裁判例があり（東京高判昭和 34・12・8 高刑集 12 巻 10 号 1017 頁），支持する学説も有力であるが，それでは本条が暴行を手段に加えている趣旨が説明できないであろう。

　他方，暴行の 2 つ目は「いうことを聞かないと，もっと現実の危害を加えるぞ」という，実質的には**脅迫**の趣旨をもつ暴行であり，こちらについては，相手方に向けられてさえいれば対物暴行でもかまわないとされる。たとえば，相手を一発殴って「土下座しろ」という暴行は，実際には「土下座しないとよりひどく殴るぞ」という脅迫的意味をもっているし，相手の飲んでいるコーヒーのカップを目の前で叩き落として割り，「土下座しろ」という（対物）暴行は，実際には「土下座しないと痛い目に遭わせるぞ」という脅迫的意味をもっている。

　223 条 2 項には手段として脅迫しか規定されていないが，この脅迫には当然，2 つ目の，実質的には脅迫の趣旨をもつ暴行も含まれる。たとえば，親の前でその子どもを殴って「土下座しろ」というのは，暴行が「土下座しないとさらに殴るぞ」という趣旨をもつ脅迫として同条 2 項に該当する。

3. 結　　果

　強要罪は侵害犯であり，実際に，非義務の強制または権利行使の妨害という結果が発生したことが必要である。**非義務の強制**とは，相手にその義務がないのに作為・不作為・忍受を強制することである（大判大正 8・6・30 刑録 25 輯 820 頁〔13 歳の女性を叱責するため，頭上に水の入ったバケツを持たせて数時間立たせた〕，大判大正 15・3・24 刑集 5 巻 117 頁〔名誉毀損罪を犯していない者に謝罪文を書かせた〕，最判昭和 25・4・21 刑集 4 巻 4 号 655 頁〔炭坑従業員にガソリン埋蔵場所まで案内させた〕，最判昭和 34・4・28 刑集 13 巻 4 号 466 頁〔労働組合の視察に来ていた警察官に詫状を書かせて読み上げさせた〕など）。**権利行使の妨害**とは，公法・私法上の権利を十分に行使させないことである（大判昭和 7・7・20 刑集 11 巻 1104 頁〔新聞記者が飲食店主を脅して告訴を思いとどまらせた〕，岡山地判昭和 43・4・30 下刑集 10 巻 4 号 416 頁〔脅迫して飼犬の競技大会への出場を断念させた〕など）。また当然ではあるが，行為と結果との間には因果関係が必要で

あるから，たとえば，相手を脅迫して謝罪文を書かせようとしたものの，相手が恐怖心を抱かず，むしろ憐憫の情から義務もないのに謝罪文を書いてくれたという場合には，強要罪は未遂にとどまることになる。

　なお，ここにいう「義務」や「権利」が法律上のものに限られるか，それとも**道徳的**なものも含むかについて争いがある。たとえば，法律上は反省文を提出する義務があるとまではいえないものの，社会通念上，反省文を書いて出すくらいのことは当然だ（道徳的義務くらいはある）と判断されるような状況において，相手を脅して反省文を出させたら本罪は成立しうるであろうか。ここでは，「義務」を法律上のものに限定し，それゆえ本罪が成立しうるという見解と，「義務」が道徳的なものも含むとし，それゆえ本罪は成立しないという見解とが対立することになる。

　もっとも，両見解が実際に想定している事案を仔細に見ていくと，真に見解の対立が存在しているかは疑わしい。すなわち，まず，①法律上の義務を強制した場合には，強要罪が成立しえないことに争いはない（そうでないと，たとえば，配達を面倒に感じた宅配業者が小包を河川に投棄するところに出くわした通行人が，暴行・脅迫によりこれをやめさせたら〔正当防衛にならない限り〕強要罪で処罰されてしまう）。問題は②法律上の義務まではない場合であるが，本罪が成立しうるという見解も，形式的には暴行・脅迫にあたる行為が社会通念上受忍されるべき範囲にとどまるとして，違法性阻却により無罪とされる余地は当然に承認している。反対に，本罪は成立しないという見解も，あくまで原則はそうだというだけであって，手段たる暴行・脅迫が社会的に不相当なほど苛烈であったりすれば，例外的に本罪が成立することもあると認めているのである。しかも，この社会的に不相当という考慮は実質的には違法性阻却の判断においてなされるべきものであるから，構成要件要素としての「義務」のレベルでは法律上のものに限っているとみなしてよかろう（人に義務の履行を求める場合であっても強要罪が成立しうるという最判令和5・9・11刑集77巻6号181頁も，おそらくは「社会生活上の義務」を想定している）。

4. 罪　　数

　暴行・脅迫により何かをさせるという犯罪はほかにも複数存在するが，恐喝罪，強盗罪，不同意性交等罪，不同意わいせつ罪，職務強要罪などが成立しう

る場合には，法条競合により強要罪は成立しない。反対に，強要罪が成立しうる場合には，法条競合により，手段である暴行罪・脅迫罪は成立しない。

なお，強要罪を補完する特別刑法として，人質による強要行為等の処罰に関する法律（人質強要罪）が設けられている。

6.3 逮捕・監禁の罪

6.3.1 逮捕・監禁罪

1. 保護法益

不法に人を逮捕し，または監禁した者は，3月以上7年以下の拘禁刑に処する（220条）。

保護法益は人の**場所的移動の自由**である。もちろん，移動といっても，支障なくみずからの意思で好きなところに行けるという趣旨ではなく，たとえば，生後1年7ヵ月の幼児も自然的，事実的意味において任意に行動しうるから，意思能力が欠如している場合でも監禁罪の保護に値する客体にあたる，とした裁判例がある（京都地判昭和45・10・12判時614号104頁。そのほか，認知症患者に関する肯定例として，甲府地判平成14・12・11 LEX/DB28085212参照）。他方，およそ場所的移動を観念しえない法人や，まったく行動能力のない嬰児，意識喪失状態の者などは客体から除かれる。

より論争的であるのは，①保護法益が，被害者が現実に行使しようとしている移動の自由に限られるか，②被害者が移動の自由を剥奪されていることを認識する必要があるか，という2点である。

まず①について，**現実的自由説**が，被害者が現実に行使しようとしている移動の自由に限るのに対し，**可能的自由説**は，被害者が行使しようと思えばできるという可能態でもかまわないという。たとえば，みなさんが一晩中，自室にこもって刑法の勉強をしようと考えているとき，みなさんが勉強に集中している間，こっそり外から鍵をかけ，夜が明ける前に開錠した人がいるとしよう。このとき，現実的自由説によれば，みなさんは実際には一度も外に出たいと思わなかったわけだから，保護法益の侵害はなく，その人に監禁罪は成立しないことになる。これに対して可能的自由説によれば，可能性の問題として，みなさんが急にトイレに行きたくなっても外に出られないのだから，保護法益は十

分に侵害されており，その人には同罪が成立することになろう。

　それでは，どちらの説がよいであろうか。強要罪を見れば分かるように，意思活動一般を刑法で保護する際には，現実に自由の行使が妨害されたときにはじめて法益侵害を認めるべきであろう。しかし，移動の自由というのはあらゆる自由を行使するための源泉であり，1か所に閉じ込められたらそれこそ何もできないのであるから，より手厚く保護することにも十分な理由がある。したがって，決定打があるわけではないけれども，私としては，可能的自由説のほうが妥当であろうと考えている。判例にも，逃げたホステスの被害者を連れ戻すため，入院中の被害者の母親のもとに行くと被害者を誤信させて，あらかじめ被告人宅へ行くように指示してあったタクシーに乗り込ませ，被害者がだまされたのに気づいて車外に逃げ出すまで走行させた，という事案でタクシーに乗車させた時点から監禁罪の成立を肯定したもの（最決昭和33・3・19刑集12巻4号636頁），被告人が不同意性交目的を秘して被害者の承諾を得，被害者を自動車に同乗させた事案において，被害者が被告人の意図に気づかなかったとしても監禁罪が成立するとしたもの（広島高判昭和51・9・21判時847号106頁）などがある。

　みなさんの中には両説の対立を見て，**錯誤に基づく被害者の同意**は無効なのだから，どの説からも監禁罪が成立するのではないか，と思った人もいるだろう。現実的自由説は実際には，このような同意の有効性をめぐる議論を上書きして，「とにもかくにも，被害者が現実に移動したいと思っていなければ移動の自由の侵害はない」と決めてしまう特別な立場である。他方，可能的自由説も極端に処罰範囲が広いわけではなく，被害者が現実の事情を知ったとしてもやはり移動する気がない，という事実が認められれば実質的に法益侵害が否定されよう（刑法総論ではこれを**仮定的同意**という。分厚い教科書なら載っていると思う）。

　次に②について，かつてはこれが①の問題と混同され，被害者による**自由剝奪の認識**の要否というかたちで，現実的自由説と可能的自由説の対立が説明されることもあった。もっとも，今日においては，①と②の問題は截然と区別されており，②に関して，被害者による自由剝奪の認識は不要という点でほぼ一致がある。部屋の外に出たがっている目隠しされた被害者は，たとえだまされ

て「外に出た」と信じ込まされたとしても，やはり移動の自由を侵害されており，しかも，そのことは現実的自由説をとったとしても同じであろう。

2. 行　為

不法に人を逮捕・監禁することである。ここにいう「不法に」とは，各則の条文に明文で記述されているものの，構成要件要素ではなく，あくまで「違法性阻却事由が存在しない」という意味をもつにとどまる。したがって，かりに220条から「不法に」の文言が削除されたとしても，可罰範囲に変更はないことになる。

「逮捕」とは，直接的な強制作用を加えて場所的移動の自由を奪うことである。たとえば，ロープなどを使って被害者の胸部や足部を木材に縛りつける行為は逮捕に該当するとされる（大阪高判昭和26・10・26高刑集4巻9号1173頁）。多少の時間的継続は必要であり（約5分間の制縛につき逮捕罪を認めた大判昭和7・2・29刑集11巻141頁参照），一瞬押さえつけるだけというのは暴行にすぎない。また，手錠をかけるだけのように，身体の自由は一定程度奪われていても，場所的移動の自由そのものが奪われていなければ，やはり暴行にとどまる。

「監禁」とは，一定の場所から脱出できないようにして場所的移動を不可能ないし困難化することである。障壁によって物理的に囲われている必要はなく，たとえば，被害者をオートバイの後部荷台に乗せて時速約40kmで疾走し，被害者が降ろしてほしいといっても聞かなかった，という場合には監禁罪が成立する（最決昭和38・4・18刑集17巻3号248頁）。また，脱出が著しく困難であれば足り，たとえば，被害者を沖合に停泊中の船舶に一晩閉じ込めた場合には，深夜，海に飛び込んで岸まで泳ぐことが絶対に不可能ではないにしても，著しく困難であるから監禁罪が成立する（最判昭和24・12・20刑集3巻12号2036頁）。ただし，脱出が不可能であるとか困難であるというのは，あくまで，被害者の年齢・性別・体力・行為者との関係など，具体的事情を考慮に入れて判断される。幼児にとっては監禁というに十分な高さの障壁であっても，大人にとっては簡単に乗り越えられるから監禁とはいえない，ということは十分にありうる。

監禁状態を作り出す手段には制限がなく，たとえば，被害者をだまして睡眠薬を飲ませ，眠らせて室内にとどめおくことも監禁罪にあたる（東京高判平成11・9・1東高刑時報50巻1〜12号81頁）。さらに，被害者に「より大きな危害

を回避するためにはその場所にとどまるしかない」という利益衡量を強制することも監禁罪にあたりうる（虚偽の事実を告げて「その場所にとどまるしかない」と信じ込ませるのでもよい）。シャワー室の衣類をすべて持ち去ってしまうとか，「俺が帰宅したとき部屋からいなくなっていたら探し出して殺すぞ」と脅すというのも監禁罪である。判例には，被害者をスパイ活動容疑で査問し，脱出できないようにしたという事案において，かりに昼間，監視人がいないときに脱出できたとしても，後難を恐れて，あえて逃亡することができないようにしたのであるから監禁罪が成立する，としたものがある（最決昭和34・7・3刑集13巻7号1088頁。類似の判断として，東京高判昭和40・6・25判タ179号175頁参照）。

　なお，学説においては，監禁状態を作り出す手段が偽計である場合を「**偽計による監禁**」とよぶことがある。用語法は自由であるから異とするに足りないが，ここではあくまで，現実的自由説によっても監禁罪の成立しうるケースが想定されていることを銘記すべきであろう。たとえば，実際にはエレベーターは故障しておらず，自由に降りられるのに，エレベーター内のスピーカーから「故障により降りられません」と虚偽のアナウンスを流し，急いでいる被害者を仕方なくエレベーター内にとどまらせた，というケースがあげられる。ここで同罪が成立しうることはいかなる説も争わず，ただ，その実現手段が偽計というだけである。

3. 罪　　数

　監禁罪は**継続犯**であり，被害者の移動の自由が侵害され続けている限り継続して成立する。

　人を逮捕し，引き続き監禁したときは包括的に観察し，220条の単純一罪が成立する（最大判昭和28・6・17刑集7巻6号1289頁）。人を略取し，引き続き監禁したときは略取罪と監禁罪が牽連犯になる。逮捕・監禁の手段としての暴行・脅迫は，逮捕・監禁罪に吸収され別罪を構成しない（脅迫につき，大判昭和11・5・30刑集15巻705頁）。ただし，逮捕・監禁罪には未遂犯処罰規定がないため，未遂にとどまった場合には暴行罪・脅迫罪が成立しうる。

　なお，今日の判例では，恐喝の手段として監禁が行われた場合，両罪は併合罪の関係に立つものとされている（最判平成17・4・14刑集59巻3号283頁。かつては牽連犯とされていた。大判大正15・10・14刑集5巻10号456頁参照）。

6.3.2 逮捕・監禁致死傷罪

220 条の罪を犯し，よって人を死傷させた者は，傷害の罪と比較して，重い刑により処断する（221 条）。

逮捕・監禁罪の結果的加重犯である。

死傷の結果は逮捕・監禁の手段である暴行・脅迫から生じている必要はなく，逮捕・監禁そのものから生じていてもかまわない。たとえば，監禁された被害者が拘束の恐怖から，窓から飛び降りて死亡した事案で監禁致死罪を認めた裁判例がある（東京高判昭和 55・10・7 判時 1006 号 109 頁。類似の判断として，神戸地判平成 14・3・25 判タ 1097 号 312 頁）。

これに対し，監禁中，被害者の態度に立腹して殴り，傷害を負わせた場合のように，死傷の結果が監禁の機会においてではあるけれども，監禁と実質的に無関係に発生したのであれば，監禁致死傷罪は成立せず，傷害（致死）罪などの犯罪が別途成立し，それと監禁罪が併合罪の関係に立つ（最決昭和 42・12・21 判時 506 号 59 頁参照）。

6.4 略取・誘拐の罪

6.4.1 総　説

略取・誘拐の罪は，人を本来の生活環境から不法に離脱させ，自己または第三者の実力支配下に移して場所的移動の自由を奪う犯罪である。刑法典は略取・誘拐の罪として，未成年者を客体とする未成年者拐取罪と，目的犯である営利目的等拐取罪および身の代金目的拐取罪，人身売買罪等を規定している。これらの罪名に用いられている**拐取**とは，略取と誘拐をあわせた呼称である。

6.4.2 未成年者拐取罪

1. 保護法益および罪質

未成年者を略取し，または誘拐した者は，3 月以上 7 年以下の拘禁刑に処する（224 条）。未遂を罰する（228 条）。

保護法益は被拐取者の自由・安全と監護者の**監護権**である（大判明治 43・9・30 刑録 16 輯 1569 頁，大判大正 13・6・19 刑集 3 巻 502 頁参照。前者に安全が含まれているのは，移動能力を欠く嬰児なども客体となりうるからである）。後者が前

者の完全性を担保する関係にあることから，後者のみの侵害によっても未成年者拐取罪は成立しうると解されている。たとえば，被拐取者が未成年者であっても同意能力を有することはありうるが，その同意を得たところで監護権者が同意しなければ本罪が成立しうる（福岡高判昭和31・4・14裁特3巻8号409頁）。また，本罪は継続犯でもあるとされている。

2. 主　体

主体に関しては，未成年者の**監護者**（特に親権者）が未成年者拐取罪の主体となりうるかが議論されている。具体的には，監護者が複数存在する場合において，その一方が同居・養育している未成年者を他方が実力で連れ去る行為の可罰性がよく問題となる。みなさんもニュースなどでしばしば見聞するところであろう。

もっとも，一方が未成年者の最善の利益とは無関係の，他の何らかの目的のために監護権を濫用的に主張している場合を除き，その監護権は要保護性を有するから本罪の構成要件該当性自体は否定しがたい。判例も，夫が別居して離婚係争中の妻のもとで養育されている5歳の実子を，隙をついて自動車に乗せ無理やり連れ去ったという事案において，その行為が未成年者略取罪の構成要件に該当することは明らかであり，被告人（夫）が親権者のひとりであることは，その行為の違法性が例外的に阻却されるかどうかの判断において考慮されるべき事情である，と説示している（最決平成17・12・6刑集59巻10号1901頁。実際には，被告人の行為態様が粗暴で強引なものであることや，被拐取者の年齢などから違法性阻却は否定された）。

なお，厳密には監護者でなくても，子の福祉の観点から違法性が阻却される余地はあり，たとえば，継続的な親子間紛争から，祖父母が未成年者の孫を誘拐した場合などは慎重な検討を要する（最判平成18・10・12判時1950号173頁参照）。

3. 客　体

客体はいうまでもなく**未成年者**である。今日では18歳未満である（民法4条参照）。

まったく移動能力のない嬰児も含まれるし，監護者を認定しえない場合でもよい。後者の場合，同意能力ある未成年者が同意していれば，その最善の利益

を図る監護者なら同意したであろうかにより，犯罪の成否が決せられることになる。

4. 行　為

　略取または誘拐である。「**略取**」とは，暴行または脅迫を手段とする場合である。他方，「**誘拐**」とは，欺罔または誘惑を手段とする場合である。

　これらの手段は直接，被拐取者に対して用いられる必要はなく，監護者に対するものであってもよい。監護者を欺き，その承諾を得て未成年者を連れ出す行為も誘拐にあたる（大判大正 13・6・19 刑集 3 巻 502 頁）。

　被拐取者自身を物理的に移動させる必要はなく，たとえば，監護者をだましてその保護状況を解除させる（たとえば，監護者を居所から去らせる）というのでもよい。

5. 未遂・既遂

　既遂時期に争いはなく，被拐取者を自己または第三者の実力支配内に移したとき既遂に達する。

　他方，未遂時期は拐取の手段行為を開始したときと解するのが一般的であるが，もう少し早める見解も主張されている。このあたりは，実行の着手時期をめぐる刑法総論の議論を復習してほしいが，たとえば，自車に無理やり連れ込むため，背後から近づくだけでも未遂と解する余地はあろう。

6. 罪　数

　まず，略取の手段として行われた暴行・脅迫は略取罪に吸収される。しかし，手段として逮捕・監禁にあたる行為まで行われた場合には逮捕・監禁罪が別途成立し，略取罪と観念的競合の関係に立つ。

　次に，拐取ののち，引き続いて被拐取者を監禁すれば，監禁罪が成立するとともに，拐取罪とは併合罪の関係に立つ。

6.4.3 営利・わいせつ・結婚・加害目的拐取罪

1. 目 的 犯

　営利，わいせつ，結婚または生命もしくは身体に対する加害の目的で，人を略取し，または誘拐した者は，1 年以上 10 年以下の拘禁刑に処する（225 条）。未遂を罰する（228 条）。なお，わいせつ・結婚目的に関しては，引渡し等罪も

含め，2017（平成29）年改正まで親告罪とされていた。

　本罪は目的犯としての性質を有しており，その目的は，被拐取者が成年者のときは真正身分（構成的身分）である一方，未成年者のときは224条の罪を加重する不真正身分（加減的身分）である。もっとも，その目的が被拐取者の自由や安全をさらに危殆化するものであることにかんがみれば，被拐取者の年齢にかかわらず65条1項のほうを適用すべきであろう。なお，目的を現実に達成しなくても既遂となりうるのは当然である。

　「**営利**」目的とは，みずから財産上の利益を得，または第三者に得させる目的をいう。もっとも，並記されている他の目的が被拐取者にさらなる損害を与える性質を有していることに照らし，単に財産上の利益を企図しているというだけでなく，その利益が被拐取者の自由や安全上の負担において得られるものである必要があろう。たとえば，判例には，踊り子として引き渡すために誘拐して報酬をもらう，というケースを営利目的としたものがある（最決昭和37・11・21刑集16巻11号1570頁）。

　「**わいせつ**」目的とは，姦淫その他，被拐取者の性的自由を侵害する目的をいう。

　「**結婚**」目的とは，被拐取者を行為者または第三者と結婚させる目的をいう。法律婚だけでなく事実婚も含む。ただし，結婚生活の実体を欠く単なる肉体関係の継続はわいせつ目的にすぎない（岡山地判昭和43・5・6判時524号89頁）。

　「**加害**」目的とは，被拐取者を殺傷し，または暴行を加える目的をいう。2005（平成17）年の刑法改正により加えられたものである。

2. 罪　　数

　未成年者を営利目的で誘拐した場合には営利目的誘拐罪のみが成立する（未成年者誘拐罪は吸収される）。わいせつ目的で被害者を拐取し，不同意わいせつ行為を行えばわいせつ目的拐取罪と不同意わいせつ罪の牽連犯となる。

6.4.4　身の代金目的拐取罪

1. 安否を憂慮する者

　近親者その他略取されまたは誘拐された者の安否を憂慮する者の憂慮に乗じてその財物を交付させる目的で，人を略取し，または誘拐した者は，無期また

は3年以上の拘禁刑に処する（225条の2第1項）。未遂（228条）・予備（228条の3。2年以下の拘禁刑，ただし実行の着手前の自首による刑の必要的減免）を罰する。

本罪は1964（昭和39）年に新設されたものである。それまでは，本罪にあたる行為は営利目的拐取罪（東京高判昭和31・9・27判時90号7頁参照）や恐喝罪で処理されていたが，身の代金がらみの事案は実際にははるかに悪質であることから，法定刑の重い本罪が立法されることとなった。

本罪における最大の解釈論上の問題は「**安否を憂慮する者**」の意義である。判例によれば，単なる同情から被拐取者の安否を気遣うにすぎないとみられる第三者は含まれないが，被拐取者の安否を親身になって憂慮するのが社会通念上当然とみられる特別な関係にある者は含まれるとされる（最決昭和62・3・24刑集41巻2号173頁）。具体的には，被告人が銀行の代表取締役社長を略取し，車でホテルの一室に連れ込み，同銀行専務らに電話をかけて身の代金を要求したが，逮捕され身の代金取得に至らなかったという事案において，「安否を憂慮する者」該当性を肯定している。さらに，下級審裁判例には，末端の銀行員を拐取して銀行の頭取に金銭を要求した事案において，安否を憂慮する者であるかどうかは被拐取者との個人的交際関係を離れ，社会通念に従って客観的類型的に判断すべきであるとして，頭取と銀行員の間に個人的に密接な接触がなかったにもかかわらず，「安否を憂慮する者」該当性を肯定するものまである（東京地判平成4・6・19判タ806号227頁）。

たしかに，近親者ないしそれに準ずるものに限るというのは行き過ぎであろう。もっとも，本罪の重罰化根拠が，単なる経済合理性に基づく営利の実現を超え，被拐取者の自由・安全のためならいかなる出捐もいとわないという特別な関係にある者につけ込み，徹底的に搾取しようとする重大な不法にあることにかんがみれば，「安否を憂慮する者」の範囲に関する裁判例の趨勢はやや広きに失するように思われる（古い否定例として，身の代金目的でパチンコ店経営者を略取し，同店の常務取締役に身の代金を要求して交付を受けた，という事案で営利目的拐取罪と恐喝罪にとどめた大阪地判昭和51・10・25判時857号124頁参照）。

2. その他の構成要件要素

目的犯の一種であり，あくまで「財物を交付させる」目的に限られている。

また当然であるが，現実に財物を交付させたことも，憂慮する者が現存したことも要求されていない。

「乗じて」とは利用してという意味であり，より精確に表現すると，憂慮があることで高められた財物交付の危険性の現実化として，ということである。もっとも，ふつうは近親者等だからこそ，それほど心配して高額の金銭を支払うのであるから，現実的には，独自に争われるような要件ではなかろう。

客体は成年者も未成年者も含み，行為は略取または誘拐である。

3. 未遂・予備

未遂・予備が可罰的であるのは 6.4.4(1) で述べたとおりである。

なお，予備罪に関し，実行に着手する前に自首した場合には，その刑が減軽または免除される（228 条の 3 ただし書）。通常の自首と比べ，「捜査機関に発覚する前に」（42 条 1 項）という限定はないし，効果も拡大されている（通常の自首は任意的減軽にとどまる）。たとえ発覚済みであっても，何とか事前にやめさせようという刑事政策的考慮のあらわれであろう。

4. 罪　　数

立法の趣旨に照らし，営利目的拐取罪と本罪は法条競合の関係に立ち，本罪のみが成立する。ただし，わいせつや結婚目的の場合には，おのおのの拐取罪が本罪とは別に成立し，観念的競合の関係に立つ。

身の代金目的で誘拐したのち，被拐取者を監禁した場合，両罪は併合罪となる（最決昭和 58・9・27 刑集 37 巻 7 号 1078 頁）。

6.4.5 身の代金要求罪

1. 拐取者身の代金要求罪

人を略取しまたは誘拐した者が近親者その他略取されまたは誘拐された者の安否を憂慮する者の憂慮に乗じて，その財物を交付させ，またはこれを要求する行為をしたときも，225 条の 2 第 1 項と同様とする（225 条の 2 第 2 項）。

本罪は身分犯と解されており，略取・誘拐そのものには関与しなかった者でも，途中からの共謀加担により本罪の共同正犯等になりうる（65 条 1 項）。これがアンバランスに重いと考えるのであれば，本罪では略取・誘拐もまた処罰対象であるから身分犯ではなく，承継的共犯の理論により中途加担者の罪責が

決せられることになる。

　本罪は実践的には，当初からの身の代金目的を証明しなくても重罰化しうるという意義をもつ。

　罪数に関し，身の代金目的拐取罪を犯した者が本罪を行えば牽連犯となる（前掲最決昭和 58・9・27）。また，その他の拐取罪を犯した者が本罪を行えば併合罪となる（最決昭和 57・11・29 刑集 36 巻 11 号 988 頁）。

2. 収受者身の代金要求罪

　略取されまたは誘拐された者を収受した者が近親者その他略取されまたは誘拐された者の安否を憂慮する者の憂慮に乗じて，その財物を交付させ，またはこれを要求する行為をしたときは，2 年以上の有期拘禁刑に処する（227 条 4 項後段）。

6.4.6 その他の罪

1. 所在国外移送目的拐取罪

　所在国外に移送する目的で，人を略取し，または誘拐した者は，2 年以上の有期拘禁刑に処する（226 条）。未遂を罰する（228 条）。

　文言どおり「所在国」外であれば足り（2005（平成 17）年改正前は「日本国外に移送する目的」と規定されていた），国籍や永住権等の有無は問わない。一時的に滞在するにすぎない旅行者も客体に含まれる（親権者を主体とする本罪〔旧・国外移送略取罪〕の肯定例として，最決平成 15・3・18 刑集 57 巻 3 号 371 頁参照）。

2. 人身売買罪

　人を買い受けた者は，3 月以上 5 年以下の拘禁刑に処する（226 条の 2 第 1 項）。

　未成年者を買い受けた者は，3 月以上 7 年以下の拘禁刑に処する（同条 2 項）。

　営利，わいせつ，結婚または生命もしくは身体に対する加害の目的で，人を買い受けた者は，1 年以上 10 年以下の拘禁刑に処する（同条 3 項）。

　人を売り渡した者は，1 年以上 10 年以下の拘禁刑に処する（同条 4 項）。

　所在国外に移送する目的で，人を売買した者は，2 年以上の有期拘禁刑に処する（同条 5 項）。

　以上のすべてについて未遂を罰する（228 条）。

　人身に対する不法な支配を有償で移転する行為を処罰する犯罪である。買受

けと売渡しは必要的共犯（対向犯）である。

3. 被拐取者等所在国外移送罪

略取され，誘拐され，または売買された者を所在国外に移送した者は，2年以上の有期拘禁刑に処する（226条の3）。未遂を罰する（228条）。

拐取罪および人身売買罪の客体を所在国の領域外に移した段階で既遂に達する。

4. 被拐取者収受等罪

224条，225条または226条・226条の2・226条の3の罪を犯した者を幇助する目的で，略取され，誘拐され，または売買された者を引き渡し，収受し，輸送し，蔵匿し，または隠避させた者は，3月以上5年以下の拘禁刑に処する（227条1項）。

225条の2第1項の罪を犯した者を幇助する目的で，略取されまたは誘拐された者を引き渡し，収受し，輸送し，蔵匿し，または隠避させた者は，1年以上10年以下の拘禁刑に処する（同条2項）。

営利，わいせつまたは生命もしくは身体に対する加害の目的で，略取され，誘拐され，または売買された者を引き渡し，収受し，輸送し，または蔵匿した者は，6月以上7年以下の拘禁刑に処する（同条3項）。

225条の2第1項の目的で，略取されまたは誘拐された者を収受した者は，2年以上の有期拘禁刑に処する（同条4項前段）。

略取されまたは誘拐された者を収受した者が近親者その他略取されまたは誘拐された者の安否を憂慮する者の憂慮に乗じて，その財物を交付させ，またはこれを要求する行為をしたときも，4項前段と同様とする（同条4項後段）。

4項後段の罪を除いて未遂を罰する（228条）。

本罪の罪質は，各種拐取罪を犯した者を事後的に幇助し，被拐取者に対する支配状態を維持・助長するというものである。本罪にいう「幇助」とは，したがって，支配状態を維持・助長することである。「引き渡し」とは，被拐取者に対する支配を第三者に移転することである。「収受」とは，被拐取者に対する支配を譲り受けることである。「輸送」とは，被拐取者の身柄を場所的に移動させることである。「蔵匿」とは，場所を与えて被拐取者の発見を妨げることであり，「隠避」とは，蔵匿以外の方法で同じく発見を妨げることである。

6.4 略取・誘拐の罪

5. 解 放 減 軽

225条の2または227条2項もしくは4項の罪を犯した者が，公訴が提起される前に，略取されまたは誘拐された者を安全な場所に解放したときは，その刑を減軽する（228条の2）。

重い拐取罪における人質は口封じをはじめとして重大な危険にさらされがちであるから，特別な政策的配慮に基づいて**解放減軽**が定められた。ここにいう「安全な場所」とは，被拐取者の生命・身体に実質的に危険がなく，かつ，救出・発見が容易な場所を意味する（最決昭和54・6・26刑集33巻4号364頁）。

6. 親 告 罪

224条の罪および同条の罪を幇助する目的で犯した227条1項の罪ならびにこれらの罪の未遂罪は，告訴がなければ公訴を提起することができない（229条）。

未成年者拐取にかかる罪においては，処罰を監護者の意思にゆだねるほうが子の福祉にかなうという政策的判断のもと，親告罪化されている。

第7章

性的自由に対する罪・住居侵入罪

7.1 性的自由に対する罪

7.1.1 総　説

　刑法典第 22 章「わいせつ，不同意性交等及び重婚の罪」は，保護法益ない
し罪質に照らし，**性的自由**に対する罪と，**性的風俗**に対する罪に二分して解釈
するのが通例となっている。もっとも，性的自由は自律的な生の根幹にかかわ
る要素を多分に含んでおり，単なる意思・行為自由の一現象形態と誤解されか
ねない表現は改めるべきであるとか，性的風俗というとらえ方は性に関する多
数派の価値観と紙一重であり，具体的な解釈に際しては，法と道徳の峻別，法
益保護主義との抵触に注意すべきであるなどといった指摘もある。特に，前者
については性犯罪の専門的研究者の著作を，後者については憲法や法哲学の書
籍を参照していただきたい。性的自由と他の自由との関係や，性交等とわいせ
つな行為との類型的・決定的な違い，性表現の独自性などといった興味深い議
論が数多く載っていると思う。

　性的自由に対する罪については，近年，法改正が連続的に行われている（今
後も法改正が行われる可能性は十分にある）。その詳細を解説することは本書の性

7.1　性的自由に対する罪　　**89**

質に照らして適当でないが，大まかに，どのような観点から法改正がなされて
きたかを紹介しておく。

　第1に，みなさんは信じられないかもしれないが，旧・強姦罪においては女
性に対する姦淫のみが処罰されていた。その後，旧・強制性交等罪（これもい
まはない）に改められ（2017（平成29）年），男性も被害者に含められた（法定刑
も加重され，非親告罪化された。また，その代わりに，集団強姦罪という加重類型
が削除された）。これは現在の不同意性交等罪（2023（令和5）年）においても同
様である。

　第2に，旧・強姦罪においては姦淫，すなわち狭義の性交のみが対象とされ
ていた。その後の旧・強制性交等罪においては，肛門性交と口腔性交が対象に
含められた。さらに，不同意性交等罪においては，膣もしくは肛門に身体の一
部（陰茎を除く）もしくは物を挿入する行為であってわいせつなものが対象に
加えられた（他方，口腔に身体の一部・物を挿入しても不同意性交等罪は成立しえ
ない〔せいぜい不同意わいせつ罪にとどまる〕こと，および，被害者に自身の身体
の一部を挿入させても性交等にあたらない〔やはり，不同意わいせつ罪にとどまる〕
ことに注意を要する）。行為として各種性交と並記されていることから，陰茎を
挿入する場合に比して量刑上，類型的に軽くすべきともいえない。

　第3に，かつては暴行または脅迫を用いることが要件とされており，そのせ
いで処罰範囲が不当に狭くなったり，あるいは反対に，十分な処罰範囲を確保
するため暴行・脅迫が拡張して解釈されたりしていた。しかし，不同意性交等
罪等においては，一定の行為または事由により同意しない意思を形成し，表明
しもしくは全うすることが困難な状態にさせまたはその状態にあることに乗じ
る，というように要件が緩和された。また，夫婦間レイプ等に対する刑事制裁
を躊躇させないため，「婚姻関係の有無にかかわらず」という文言が確認的に
挿入されている。

　このように，改正法はあるべき処罰範囲を変更するものではなく，あくまで，
旧法下においても処罰されるべきであった行為を正しく，かつ，自然な法解釈
により捕捉可能としたものである。一定の行為または事由というのも，した
がって，それが新たに処罰の対象とされたのではなく，前記困難な状態という
本来的な不法要素を徴表する事実にすぎない。「その他これらに類する」とい

う，一見すると罪刑法定主義と緊張関係に立ちそうな文言が，同主義の精神が
かなりの程度浸透しているはずの今日においても「さらりと」使われているの
も，一定の行為または事由が不法要素ではないからである。

第4に，これは第3の必然的帰結ともいうべきものであるが，相手の困難状
態に乗じることを別途，困難状態を作出することと同等に処罰する「準」犯罪
が今日では設けられていない（かつては，被害者の心神喪失・抗拒不能に乗じる
準強姦・準強制性交等などといった犯罪類型が別途，設けられていた）。その一方で，
一定の錯誤を生じさせ，または錯誤に乗じた場合を同等に処罰する確認的な規
定が設けられている（176条2項・177条2項）。もっとも，こちらは被害者の
同意が効力をもたないというよりも，はじめから同意が不存在といえる場合で
ある。そもそも1項の要件を検討するまでもなく当罰性が明らかであることか
ら，2項に前提問題として規定されていると解される。

注意を要するのは，改正法が罪名から直截に想起されるのとは異なり，あく
まで困難状態を要求しており，被害者の同意が無効な場合を包括的に処罰して
いるわけではない，ということである。刑法総論ではしばしば，「あるファッ
ション誌のカバーを飾るためには事務所の社長と寝るのが有用だ」と誤解し，
または誤解させられた被害者が実際にそうしたら，社長は被害者の有効な同意
のもとに行為したことになるか，という問題が議論されるが，たとえその同意
は無効だという説をとったとしても，ただちに不同意性交等罪が成立するわけ
ではない。

第5に，今日では同意年齢が13歳から16歳に引き上げられている。ただし，
13歳以上16歳未満の場合，対等な同年代カップルを刑罰の対象から外すため，
その者が生まれた日より5年以上前の日に生まれた行為者だけが可罰的とされ
ている（以下，分かりやすさを優先し，「5歳以上年上」のように表記する）。同意
能力はふつう，その人の属性のみに着目して判断されるから，年齢差がなぜ問
題になるのか疑問に思われるかもしれない。難しいところであるが，一般には，
同意能力には外部的影響を自律的に処理し，これに抗する能力も含まれており，
13〜15歳程度の精神発達であれば，一世代上の者からの影響をコントロール
しえないからだ，と説明されている。形式的な年齢要件を実質論から批判する
のは容易であるが，「大人（少なくとも成人している者）は中学生に手を出す

な」という強力なメッセージを刑法が発することには重要な社会的意義があろう。

　なお，やや細かい点になるが，年齢差が以上のような趣旨を有するとすれば，それは煎じ詰めれば監護者が影響力に乗じるのと同根といえる。したがって，監護者が性交等の相手方にならなくても，相手方との間に監護者性交等罪等の共同正犯が成立しうると解される以上（むろん反対説もある），5歳以上年上の者が性交等の相手方にならなくても，相手方となった年齢差5歳未満の者との間に不同意性交等罪等の共同正犯が成立しうることとなろう。

　以上のうち，第3〜第5の点は不同意わいせつ罪にも基本的に共通する。そのほか，かつては存在しなかった犯罪類型として，2017（平成29）年に新設された監護者性交等罪および監護者わいせつ罪，2023（令和5）年に新設された16歳未満の者に対する面会要求等罪（いわゆる性的グルーミング罪）がある。また刑法典ではないが，2023（令和5）年には性的姿態撮影等処罰法（性的な姿態を撮影する行為等の処罰及び押収物に記録された性的な姿態の影像に係る電磁的記録の消去等に関する法律）も成立し，性的姿態の撮影やこれにより生成された記録の提供等が処罰されるとともに，複写物等の没収や電磁的記録の消去等が可能とされた。

7.1.2 **不同意わいせつ罪**

　刑法各則の中では特に複雑な構造をもつ条文であるため，例外的に，条文の全体を冒頭に引用する。

第176条　次に掲げる行為又は事由その他これらに類する行為又は事由により，同意しない意思を形成し，表明し若しくは全うすることが困難な状態にさせ又はその状態にあることに乗じて，わいせつな行為をした者は，婚姻関係の有無にかかわらず，6月以上10年以下の拘禁刑に処する。
一　暴行若しくは脅迫を用いること又はそれらを受けたこと。
二　心身の障害を生じさせること又はそれがあること。
三　アルコール若しくは薬物を摂取させること又はそれらの影響があること。

第7章　性的自由に対する罪・住居侵入罪

　　四　睡眠その他の意識が明瞭でない状態にさせること又はその状態にあること。

　　五　同意しない意思を形成し，表明し又は全うするいとまがないこと。

　　六　予想と異なる事態に直面させて恐怖させ，若しくは驚愕させること又はその事態に直面して恐怖し，若しくは驚愕していること。

　　七　虐待に起因する心理的反応を生じさせること又はそれがあること。

　　八　経済的又は社会的関係上の地位に基づく影響力によって受ける不利益を憂慮させること又はそれを憂慮していること。

2　行為がわいせつなものではないとの誤信をさせ，若しくは行為をする者について人違いをさせ，又はそれらの誤信若しくは人違いをしていることに乗じて，わいせつな行為をした者も，前項と同様とする。

3　16歳未満の者に対し，わいせつな行為をした者（当該16歳未満の者が13歳以上である場合については，その者が生まれた日より5年以上前の日に生まれた者に限る。）も，第1項と同様とする。

　保護法益は性的自由，具体的にいうと，性的事項に関する自己決定権である。ところで，「わいせつな行為」というために行為者の**性的意図**が必要であるか，という大論点が存在する。たとえば，ある人が上役に命令され女性の生脚に抱きついたとして，それが純粋に逃げようとするのを止めるためであれば逮捕罪にとどまるが，内心でいやらしいことを考えていた（性欲を満足させる意図があった）のであれば不同意わいせつ罪になる，ということがありうるだろうか。この問題は刑法総論において，**傾向犯**という表題のもとでさかんに議論されている。よく復習しておいてほしい。

7.1.3　不同意性交等罪

　7.1.2と同じく，まずは冒頭に条文の全体を掲げる。

　第177条　前条第1項各号に掲げる行為又は事由その他これらに類する行為又は事由により，同意しない意思を形成し，表明し若しくは全うすることが困難な状態にさせ又はその状態にあることに乗じて，性交，肛門性交，

7.1 性的自由に対する罪　　**93**

口腔性交又は膣若しくは肛門に身体の一部（陰茎を除く。）若しくは物を挿入する行為であってわいせつなもの（以下この条及び第179条第2項において「性交等」という。）をした者は，婚姻関係の有無にかかわらず，5年以上の有期拘禁刑に処する。

2　行為がわいせつなものではないとの誤信をさせ，若しくは行為をする者について人違いをさせ，又はそれらの誤信若しくは人違いをしていることに乗じて，性交等をした者も，前項と同様とする。

3　16歳未満の者に対し，性交等をした者（当該16歳未満の者が13歳以上である場合については，その者が生まれた日より5年以上前の日に生まれた者に限る。）も，第1項と同様とする。

基本的に，7.1.2と同様の解釈が妥当しよう。

7.1.4 監護者わいせつ罪・監護者性交等罪

1.　意　　義

18歳未満の者に対し，その者を現に監護する者であることによる影響力があることに乗じてわいせつな行為をした者は，176条1項の例による（179条1項）。18歳未満の者に対し，その者を現に監護する者であることによる影響力があることに乗じて性交等をした者は，177条1項の例による（同条2項）。

2017（平成29）年に本罪が新設されるまでは，児童福祉法60条1項（児童に淫行をさせる罪）で処罰されていたが，本罪で規定されているような手段による場合には，もはや性的自律をはたらかせる余地が存在しないことから，（今日でいう）不同意の類型と実質的に見て同等の処罰価値が認められよう。学説には，監護者が被害者の福祉を積極的に実現すべき立場にあったにもかかわらずむしろ反対のことをした，という側面を重罰の根拠として強調するものもある。たしかに，そのような側面はあるが，本罪にあたるような行為は，特段これを考慮せずとも，十分に不同意類型と同じだけの不法をみたすのではなかろうか。というのも，18歳未満の精神的に未成熟な被害者が精神的・経済的に監護者に依存している場合には，「応じるのが良いことなのだ」とか，「応じなければ生きていけない」などといったように，応じるしかないという非自律

94　　　　　第7章　性的自由に対する罪・住居侵入罪

的な判断がただちに基礎づけられてしまうからである。

2. 構成要件要素

　条文上は「現に監護する」と規定されており，法律上の監護権に基づく場合に限らず，事実上，継続的に監督・保護する関係にある場合も含む。生活全般にわたることにより，強度の精神的・経済的依存関係を生じさせる必要があるから，養護施設の職員は該当する余地がある一方，少年野球の監督や定期的に生活費・学費をくれるだけの親戚などは，よほど特殊な事情がともなわない限り該当しない。

　「影響力があることに乗じて」とは，前記精神的・経済的依存関係により高められた，わいせつな行為ないし性交等をなしうる危険性の現実化として，という意味である。したがって，積極的・明示的に影響力を行使する旨を告げる必要はない反面，夜道で背後から監護者と気づかれないまま抱きついたとか，被監護者が監護者を好きになりなかば無理やりに関係をもったという場合には，本罪は成立しないと解すべきであろう。それでは，前記依存関係があるからこそ，自室で無防備に寝ている被監護者に性的ないたずらをした，という場合はどうか。みなさんも考えてみてほしい。

7.1.5　未　遂　罪

　176条・177条・179条の罪のすべてについて未遂を罰する（180条）。

　かつて，わいせつな行為や性交（等）を処罰するのに暴行・脅迫が条文上要求されていた時代においては，手段行為である暴行・脅迫の開始以前に実行の着手が認められうるか，認められうるとして，それはいかなる範囲においてかがさかんに議論された。みなさんも刑法総論で勉強したことがあるだろう。もっとも，今日においては，手段行為が要求されている場合でも，その内容は被害者の同意の効果をなからしめる限りで広範囲に及んでおり，一律の議論が難しくなっている。また，そもそも手段行為はそれ自体が本罪の処罰対象となるものではないと解されている。したがって，事案類型ごとの実行の着手時期にかかる具体的な判断基準については，今後の判例や学説の蓄積を待つべきであろう。

7.1.6 不同意わいせつ等致死傷罪

176条もしくは179条1項の罪またはこれらの罪の未遂罪を犯し，よって人を死傷させた者は，無期または3年以上の拘禁刑に処する（181条1項）。177条もしくは179条2項の罪またはこれらの罪の未遂罪を犯し，よって人を死傷させた者は，無期または6年以上の拘禁刑に処する（同条2項）。

本罪の具体的な成立範囲は判例や学説の蓄積を待たなければ十分に解説できないが，古くから議論されている付随的な問題として，（特に基本犯として今日の不同意性交等を想定しつつ）死傷結果の認識がある場合の擬律がある。

まず傷害結果の認識がある場合について，本罪のみを成立させるのが一般的な見解である。基本犯と傷害罪の観念的競合として処理すると，傷害結果の認識がない場合に比し，刑がかえって軽くなり不合理だからである。

次に死亡結果の認識がある場合について，傷害の場合とは異なり，本罪のみが成立するという見解は不当であろう。殺意があって現に被害者が死亡しているにもかかわらず，刑の上限が無期拘禁刑にとどまってしまうからである。もっとも，他方において，基本犯と殺人罪の観念的競合とするのでは，死亡結果の認識がない場合に比し，刑の下限がかえって低くなりやはり不合理である。本罪と殺人罪の観念的競合とするほかなかろう（最判昭和31・10・25刑集10巻10号1455頁参照）。死亡結果の二重評価は，不法に対応する罪名のレベルで避けるに越したことはないが，処断刑の明らかな不均衡が生じる場合においては，やむをえず二重評価したうえ，量刑上十分に考慮を払うべきである。

7.1.7 16歳未満の者に対する面会要求等罪

複雑な構造をもつ条文であるため，冒頭に条文の全体を掲げる。

第182条　わいせつの目的で，16歳未満の者に対し，次の各号に掲げるいずれかの行為をした者（当該16歳未満の者が13歳以上である場合については，その者が生まれた日より5年以上前の日に生まれた者に限る。）は，1年以下の拘禁刑又は50万円以下の罰金に処する。

一　威迫し，偽計を用い又は誘惑して面会を要求すること。
二　拒まれたにもかかわらず，反復して面会を要求すること。

三　金銭その他の利益を供与し，又はその申込み若しくは約束をして面会を要求すること。

2　前項の罪を犯し，よってわいせつの目的で当該 16 歳未満の者と面会をした者は，2 年以下の拘禁刑又は 100 万円以下の罰金に処する。

3　16 歳未満の者に対し，次の各号に掲げるいずれかの行為（第二号に掲げる行為については，当該行為をさせることがわいせつなものであるものに限る。）を要求した者（当該 16 歳未満の者が 13 歳以上である場合については，その者が生まれた日より 5 年以上前の日に生まれた者に限る。）は，1 年以下の拘禁刑又は 50 万円以下の罰金に処する。

一　性交，肛門性交又は口腔性交をする姿態をとってその映像を送信すること。

二　前号に掲げるもののほか，膣又は肛門に身体の一部（陰茎を除く。）又は物を挿入し又は挿入される姿態，性的な部位（性器若しくは肛門若しくはこれらの周辺部，臀部又は胸部をいう。以下この号において同じ。）を触り又は触られる姿態，性的な部位を露出した姿態その他の姿態をとってその映像を送信すること。

いわゆる性的グルーミングを処罰するため，2023（令和 5）年に新設された犯罪である。伝統的な対面の類型と，近時，特に問題となっているリモートの類型があわせて規定されている。

7.2　住居侵入罪

7.2.1　保護法益

正当な理由がないのに，人の住居もしくは人の看守する邸宅，建造物もしくは艦船に侵入した者は，3 年以下の拘禁刑または 10 万円以下の罰金に処する（130 条前段）。未遂を罰する（132 条）。

本罪の保護法益は，刑法各論において最も争われているもののひとつである。本当にさまざまな観点から議論が行われているのだが，みなさんにとって必要な基本的知識というレベルでまとめれば，次のようになろう。

最も古い**旧住居権説**は，戦前の家制度のもと，家父長が有する住居権，すな

7.2 住居侵入罪

わち，住居の主として誰を立ち入らせ，誰を立ち入らせないかを判断する権利が保護法益であると解した。当時の判例においても，夫の不在中にその妻との姦通目的で住居に立ち入る行為は本罪にあたるとされたのである（大判大正7・12・6刑録24輯1506頁。昭和に入っても，大判昭和14・12・22刑集18巻565頁）。しかし，このような家制度を前提とする旧住居権説は，個人の尊厳，根源的平等を基調とする現行憲法と正面衝突し，もはや維持することはできないであろう（後出の住居の平穏説に立ちつつ，同様の行為を不可罰とした尼崎簡判昭和43・2・29下刑集10巻2号211頁参照）。

戦後，しばらくの間有力であったのは**住居の平穏説**であり，事実上，住居が平穏な状態に置かれていることが保護法益であると解した。判例にもこれに親和的な言い回しを用いたものがある（最決昭和49・5・31集刑192号571頁，最判昭和51・3・4刑集30巻2号79頁参照）。たしかに，旧住居権説から脱却しようとする方向性は支持しえよう。もっとも，居住者による立入りの可否にかかる判断とは別に，住居の平穏などという社会的法益に近いものを観念することは不当ではないか。たとえば，居住者は嫌がっているのに外観上は穏当な立入りだから本罪は成立しないとか，反対に，居住者は許諾しているのに周囲が不安感を抱くような立入りだから本罪が成立するなどといった解釈はやはりおかしい。住居は個人の城である。

そこで，今日有力な**新住居権説**は，現に住居を管理・支配する事実状態から基礎づけられる，住居への立入りに関する許諾権が保護法益であると解する（説の実体を端的に表現するため，**許諾権説**などといわれることもある）。現在の判例も基本的にはこの立場を採用するものとみられる（最判昭和58・4・8刑集37巻3号215頁参照。第1審判決〔盛岡地判昭和53・3・22前掲刑集294頁参照〕は住居の平穏説に立つ無罪判決であった）。こうして，現行憲法の趣旨に合致し，かつ，個人の主観的権利という観点から構成された保護法益が見出されることになる。

このような学説の流れを見たとき，新住居権説を解釈の基点とするのがやはり妥当であろう。ただし，同説は実際には，その一般的な定義よりも大きな含意を有していることに注意しなければならない。具体的にいうと，玄関ドアのところでただ人間を2種類（立ち入ってよい／いけない）に分けるなどという，

近視眼的な利益が刑罰で保護されているというのは説明として不十分である。むしろ，なぜそのような利益が存在するのかという大元のほうに目を向けるべきであり，それはまさに，住居権者が住居に対する管理・支配を害されてしまうような，穏当かつ速やかに排除しえない「危険人物」が入ってこないようにするためであろう。このように，新住居権説から本罪の成立範囲を画定するに際しては，「何のための住居権なのか」という観点からする目的論的解釈を意識すべきだと思われる。

7.2.2 客 体

1. 住居等の意義

「**住居**」とは，人が起臥寝食に利用する建造物を意味する。部屋や縁側，ベランダなども独立して住居に該当しうるから，居間にのみ立入りを許諾された者が勝手に寝室に入ったら住居侵入罪である。また，利用は一時的であってもよく，ホテルの一室も住居にあたりうる。

「**邸宅**」とは，空き家や閉鎖中の別荘など，居住用建造物で住居以外のものを意味する。利用中の別荘はもちろん住居にあたる。また，集合住宅の共用部分については，宿舎管理者を許諾権者とする邸宅にあたると解する余地があるが（最判平成 20・4・11 刑集 62 巻 5 号 1217 頁），分譲マンションの共用部分に関して，単に「130 条前段の罪が成立する」とのみ述べる判例もある（最判平成 21・11・30 刑集 63 巻 9 号 1765 頁。管理組合の管理にかかるとされる）。答案で大々的に論ずるポイントではないだろうが，みなさんは，共用部分に個々の居住者から独立した管理権を認めるべきか，「看守」要件を課するべきか，などといった問題意識をもてればよい。

「**建造物**」とは，屋根を有し，柱などによって支えられた土地の定着物で，人が出入りできる構造を有するものを意味する。物置小屋など，だいたい何でも入るが（否定例として，広島市の原爆ドームに関する広島地判昭和 51・12・1 判時 846 号 125 頁），私が学生のころは，「犬小屋も建造物にあたる」という肢が短答式試験によく出されたものであった。さすがに犬小屋は，犬しか入れないから建造物ではない（もちろん間違いの肢であるが，そもそも被告人はどうやって侵入したのだろうかと，当時の私は疑問に思っていた）。

「**艦船**」とは軍艦および船舶のことであり，大小を問わないが，一般構造上，人が出入りしうるものであることを要する。電車や航空機，バスなどは含まれないが，立法論的に見て十分な合理性があるかは疑問もある。

なお，「**人の**」という限定句に関し，これは他者が住居権を有するという意味であり，居住者等が死亡してしまえば充足されないのが原則である。ただし，一部の学説は，外観上，立入りがコントロールされているように見えさえすれば，死亡していてもかまわないと主張している（被害者を松山市内で殺害し，その25時間後，東京の被害者宅に侵入した行為を，住居の平穏説から住居侵入罪とした東京高判昭和57・1・21刑月14巻1＝2号1頁参照）。

また，人の「**看守する**」という限定も邸宅，建造物，艦船にはかかっているが，これは人が事実上管理・支配していること，いいかえれば，侵入を防止する人的・物的設備が施されていることを意味する。守衛・監視人が置かれている（住居権者が彼らという人的設備を用いて看守していることになる。彼らが看守しているのではない），鍵がかけられているなどがその典型であるが，立入禁止の看板が立っているだけで柵も何もない，というのでは「看守する」にあたらない（限界的な事例として，井の頭線吉祥寺駅構内が「人〔駅長〕の看守する建造物」にあたるとした最判昭和59・12・18刑集38巻12号3026頁参照）。

2. 居住権原の意義

住居権の発生原因は住居等に対する事実上の管理・支配であり，必ずしも適法な権原に基づくものでなくてよい。たとえば，賃貸借契約終了後も退去せずに居座り続けているからといって，ただちに住居権が失われるわけではない（最決昭和28・5・14刑集7巻5号1042頁参照）。

3. 住居権の喪失

居住の実態を確定的に喪失した場合には，過去に住居権を有していたとしても，同権利を喪失したものと評価される。たとえば，家出して年単位の期間が経過したような場合，住居権は喪失し，残余の住居権者の意思に反して再度立ち入れば住居侵入罪となりうる（最判昭和23・11・25刑集2巻12号1649頁参照。家出していた被告人が実父の住居へ，共犯者には実父方であることを告げず，強盗の目的で立ち入ったというひどい事案である。そのほか，別居中の妻が居住する自己所有家屋に，妻の不貞行為の現認と証拠保全の目的で，合鍵を使用して夜間に立

ち入った行為を住居侵入罪とした東京高判昭和 58・1・20 判時 1088 号 147 頁参照）。

4. 囲 繞 地

住居，邸宅，建造物については，これに付属する**囲繞地**も含まれる。ここにいう囲繞地とは，垣根や塀，門など，建物の周りを囲む土地の境界を画する設備が施され，建物の付属地として建物利用に供されることが明示されている土地を意味する（前掲最判昭和 51・3・4）。一時的に敷地への立入りを阻止するため，敷地を金網柵で囲ったにすぎない場合も囲繞地にあたる（前掲最判昭和 51・3・4）。門扉が施錠・閉鎖されていない小学校校庭も（建造物の）囲繞地である（東京高判平成 5・7・7 判時 1484 号 140 頁）。一方，一部にのみトタン塀がある住居敷地内の駐車スペース（大阪高判令和 3・7・16 判タ 1500 号 120 頁）や，道路に面した，居宅建物の囲障の外側に位置する石段部分（大阪高判令和 5・5・15 判タ 1513 号 137 頁）が住居にあたらないとした裁判例もある。

一般に，住居の囲繞地は住居の一部ではなく，邸宅にあたるとされているが（大判昭和 14・9・5 刑集 18 巻 473 頁，最判昭和 32・4・4 刑集 11 巻 4 号 1327 頁），ケースバイケースであろう。一軒家の塀で囲まれた庭は住居というのが自然であり，実際にも，前述のように近時の裁判例はその前提に立つと解されるものが多い。他方，邸宅の囲繞地は邸宅の一部である（大判昭和 7・4・21 刑集 11 巻 407 頁）。また，建造物の囲繞地も建造物の一部である（最大判昭和 25・9・27 刑集 4 巻 9 号 1783 頁）。

5. 囲障そのものの客体該当性

通常，塀などの**囲障**そのものが，たとえば，建造物にあたるといわなくても，そこに上ったら建造物侵入未遂罪で取り締まることが可能である。しかし，行為者が単に塀に上るにとどめるつもりだった場合，塀そのものを建造物の一部と評価しなければ可罰性を肯定しえない。具体的には，被告人が覆面パトカーの車種やナンバーを確認するため，警察署の塀によじ登って中庭を見たような事案が考えられる。

この点につき判例は，建物と囲繞地に加えて，建物利用のために供されている工作物も建造物にあたるとしつつ，塀は建物と敷地を他から明確に画するとともに，外部からの干渉を排除する作用を果たしており，建物の利用のために供されている工作物であるから建造物の一部を構成する，と説示している（最

決平成 21・7・13 刑集 63 巻 6 号 590 頁）。この判例には文言に反するとの批判も
あるが，建造物侵入罪という犯罪が設けられたそもそもの趣旨に照らせば，こ
の被告人を無罪とするのはいかにも不当であろう。

7.2.3 行 為

1. 「正当な理由がないのに」の意義

「正当な理由がないのに」とは，条文に書かれている文言ではあるものの，
構成要件要素ではなく，違法性阻却事由の不存在を確認的に規定したものと解
されている。したがって，この文言はあってもなくても可罰範囲に影響しない。

正当な理由があるとされる典型例は，刑事訴訟法に基づく適法な捜索行為な
どである。反対に，住居権者が立入りに同意している場合には，そもそも住居
権という法益が要保護性を欠き，構成要件該当性自体が存在しない（「侵入し
た」をみたさないと解されている）。

裁判例には，騒音への苦情を申し入れる目的で，マンションの一室である被
害者方の玄関土間に立ち入った事案において，社会通念上相当な行為であると
して住居侵入罪を否定したものがある（大阪高判平成 21・5・13 LEX/DB254511
22）。

2. 侵入の意義

「侵入」とは，住居権者の意思に反する立入りを意味する。ただし，これは
住居権説を採用した場合の定義であり，保護法益に関して他の見解をとれば，
当然ながら侵入の定義も変わってくる。また，住居権の発生根拠が住居に対す
る包括的な管理・支配に求められる以上，侵入と評価しうるための可罰的違法
性の判断も，単純に「住居権者が主観的にどれくらい嫌がっているか」という
パラメーターだけで決まるわけではない。当該立入りが前記管理・支配にいか
なる実質的影響を及ぼすかもまた当然に考慮されるべきであろう。

なお，最高裁も，被告人が春闘におけるビラ貼り目的で郵便局に立ち入った
が，郵便局長は事前に立入りを拒否する意思を積極的に明示していなかった，
という事案において，管理権者があらかじめ立入り拒否の意思を積極的に明示
していない場合であっても，該建造物の性質，使用目的，管理状況，管理権者
の態度，立入りの目的などから見て，現に行われた立入り行為を管理権者が容

認していないと合理的に判断されるときは建造物侵入罪が成立する，と説示している（前掲最判昭和 58・4・8）。

3. 立入り許諾の有効性

　住居権者が立入りに許諾を与えているものの，その有効性が疑われるというケースはたくさんある。学説・実務上は，特に，住居権者が錯誤に基づいて許諾を与えた場合がさかんに議論されている。試験によく出るのもこういったケースである。

　まず，人違いというのは当然，有効な許諾とはいえないであろう。「誰を立ち入らせるか」のうち，「誰」の部分に間違いがあれば，そもそも許諾を与えていないに等しい。たとえば，インターホンのモニターを見て息子だと思い，開錠ボタンを押して招き入れたが，実際には見知らぬ強盗団のメンバーだった，という場合に住居侵入罪が成立しないという人はいないだろう。むしろ問題となるのは，「誰」の部分は正しく認識しているものの，その目的や属性について錯誤がある場合である。たとえば，友人がゲームをしたいというので家に招き入れたが，実際には，その友人は金を貸してくれとしつこく迫るためにやって来ていたとか，勘当した息子が弁護士になったというので家に招き入れたが，実際にはなっていなかった（！）というようなケースが考えられよう（これに対し，入場整理券を持っている人だけが入れる会場に偽造した整理券を見せて入ったような場合には，そもそも「誰」の部分が「整理券を所持している人」というかたちで特定されているから，当然に建造物侵入罪となりえよう）。

　この問題は，刑法総論で勉強した「**錯誤に基づく被害者の同意**」の論点が深くかかわっているので，先にしっかりと復習しておいてほしい。その前提で説明すると，まず重大な錯誤説（条件関係的錯誤説）によると，金に困っている友人のケースも自称弁護士の息子のケースも，住居権者が真実を知れば招き入れなかったであろうといいうる限りにおいて，立入りへの許諾は効力がなく住居侵入罪が成立しえよう。反対に法益関係的錯誤説によると，許諾の動機が何であったかは同罪の保護範囲から外れており，それゆえ，その点に錯誤があっても許諾は有効だから同罪は成立しえないことになる。いずれの説が適切であるかは刑法総論のほうにゆだねたいが，一点だけ注記しておくと，たとえ法益関係的錯誤説によったとしても，強盗目的を秘して立入りの許諾を得るような

7.2 住居侵入罪

ケースでは同罪の成立を肯定する余地がある。金に困っている友人や自称弁護士の息子は分かった段階で追い出せばよいが，強盗は立ち入られたが最後，住居に対する管理・支配を奪われてしまう可能性が高い。つまり，住居権の背後にある大元の利益が脅かされることを住居権者が認識しておらず，それゆえ法益関係的錯誤があると解することができるからである。

判例には，強盗殺人目的で顧客を装い承諾を得たうえ，店内に立ち入った事案で許諾を無効として住居侵入罪を認めたもの（最判昭和23・5・20刑集2巻5号489頁），強盗の目的を秘して「こんばんは」とあいさつし，家人の「おはいり」との返答を得たうえ，その住居に立ち入った事案で真意に基づく承諾がないとして同罪を認めたもの（最大判昭和24・7・22刑集3巻8号1363頁）などがある。前述したように，錯誤に基づく被害者の同意に関するいかなる説からも支持することができよう。

なお，個々の立入りに関していちいち許諾を付与することが想定されていない**一般に開放された建物**について，以上のような住居権者の錯誤が建造物侵入罪等の成否にいかなる影響を与えるかも議論されている（デパートに万引き目的で立ち入るケースなどを想定してみよう）。もっとも，これまた刑法総論で勉強したと思うが，このような，被害者が事前に一括して与える同意（包括的同意）は被害者の同意と異なる概念ではなく，ただ単に，被害者の同意が事実上特殊な形態で与えられたというにすぎない。したがって，以上に述べた議論がそのままあてはまるのであり，たとえば，万引きが建物に対する包括的な管理・支配を損なわないとすれば，法益関係的錯誤説をとる以上は建造物侵入罪不成立となろう。一部の学説は，「住居権者が現場にいて逐一立入りをチェックしていたら止めたであろうか」を基準に同罪の成否を決しようとするが，住居権者は現実にはそういう許諾形態をとらなかったのであるから，説得的な基準とは思われない。

なお，判例には，万博の出展物を損壊する目的でモンキーレンチを隠し持って外国展示館に立ち入った事案（大阪地判昭和46・1・30刑月3巻1号59頁），共同通信会館に禁止事項を行う目的で立ち入った事案（東京高判昭和48・3・27判タ306号288頁），議事妨害の目的で，虚偽の氏名・住所を記入した公衆傍聴券を衛視に提示して参議院内に立ち入った事案（東京高判平成5・2・1判時

104　　　　第7章　性的自由に対する罪・住居侵入罪

1476号163頁)，国体開会式を妨害する目的で開会式場に入場券を所持して立ち入った事案（仙台高判平成6・3・31判時1513号175頁)，銀行の現金自動預払機を利用する客のカードの暗証番号や名義人氏名などを盗撮する目的で，行員が常駐しない銀行支店出張所に営業中に立ち入った事案（最決平成19・7・2刑集61巻5号379頁）などにおいて，建造物侵入罪の成立を認めたものがある。立入りの外観が決定的とされていないのは明らかであるが，それ以上の内容を判例から引き出すのは難しい。いずれの事案においても，建造物に対する包括的な管理・支配が脅かされているとも評価しうるからである。

4. 住居権の衝突

　単一の住居等について複数の住居権者が存在し，立入りへの許諾に関しておのおのの意思が対立・衝突した場合はいかに規律されるべきか。もちろん，たとえば，親子で家に住んでおり，子どもにも住居権は認められるものの，それが親の監護権により制限されうる事例においては，厳密には前記対立・衝突が存在しないから問題は顕在化しない。そうではなく，ここで議論しなければならないのは，対等な住居権者どうしが立入りをめぐってもめている事例である（今日ではもちろん，「家長」の住居権も妻と対等である)。いくつかの立場が考えられよう。

　1つ目は，住居権者のうちひとりでも立入りを許諾すれば，立入りは適法となり，他の住居権者は立入りを拒絶できない，という立場である。

　2つ目は，住居権者の全員が立入りを許諾してはじめて，立入りが適法になる（つまり，各住居権者が拒否権をもつ)，という立場である。

　3つ目は，住居に現在する住居権者の意思が現在しない住居権者の意思に優先する，という立場である（現在する住居権者が複数いる場合には，その内部で1つ目か2つ目の立場になる)。

　かつては短答式試験において，単純な事務処理能力を試すため，複数の込み入った事案にこれら3つの立場をあてはめた場合の結論を問う，ということがしばしば行われた（しかもご丁寧に，「住居侵入罪が成立しない肢は何個あるか」などという，悪意にみちた〔！〕問い方がなされたものであった)。しかし，法律家にとって重要なのはこのような事務処理能力ではなく，むしろ，おのおのの立場がどのような実質的根拠に基づいているかを問う批判的思考能力である。

そして，そのような思考能力をはたらかせれば，おのおのの立場の対立は実は理論的な対立ではないことに気づくであろう。すなわち，住居に対する管理・支配といっても，それは住居の性質や管理・支配形態，その背景にある居住者の意思などによりさまざまである。したがって，いずれの立場も住居権の内実が前記管理・支配に基づくという理論面においては共通しており，ただ事案の差から結論の違いが導かれているにすぎないのである。たとえば，それまで面識のなかった二人が経済的理由からワンルームマンションをシェアするというようなケースにおいては，安易に1つ目や3つ目の立場をとれないであろう。反対に，夫婦がおのおのパーソナルトレーナーとして稼働しており，自宅の一室にマルチラックやベンチを置いて客を招き入れているようなケースでは，1つ目の立場をとるのが合理的だと思われる。

5. ポスティングの可罰性

厳密にいうと130条の解釈に固有の問題ではないが，近時においては，政治ビラを配布する目的で**集合住宅の共用部分**に立ち入る行為の可罰性が議論されている。このうち，当該共用部分がいかなる客体に該当しうるのかについては7.2.2(1)で説明したが，さらにそのうえで，可罰的違法性（構成要件該当性）や実質的違法性が阻却されえないかが争われているのである。

もっとも，まず，可罰的違法性を阻却するというのは難しい解釈であろう。共用部分の管理権者が立入りを拒絶する強い意思を有しており，さらにそれを外部に表明していた場合などにおいては，それが建物の性質や構造等に照らして名目的なものと評価される例外的な事案を除き，やはり構成要件該当性は肯定されるといわざるをえないからである。

そうすると，考えられるのは実質的違法性阻却のほうであり，政治的表現の自由が憲法上も高い価値を有していることを利益衡量に際して銘記すべきであろう。事実関係にもよるが，廊下や上階にまで進んだわけではなく，あくまで玄関ホールに設置されたメールボックスにビラを投函するにとどめた，滞留時間が短い，商業ビラや政権与党の政治ビラは事実上黙認されていた，などといった事情は違法性阻却の方向にはたらきうると思われる。

7.2.4 既遂・未遂時期および罪質

　実行の着手時期については，既遂時期をふまえつつ，刑法総論の議論を適用して導かれることになる。したがって，刑法各論で問題となるのはむしろ既遂時期のほうであるが，かなりマニアックな議論がなされているにとどまる。たとえば，建物の内部に立ち入ってはいないが，屋上すれすれまで上空から接近したらもはや建造物侵入既遂ではないのか，などという泥棒を主人公にしたアニメで登場しそうなシーンを想定した議論もある。さらに近時の裁判例には，盗撮用のスマートフォンを設置する目的で，狭い女子更衣室内に頭部，上半身の大部分および左足を入れた，という事案において建造物侵入罪を認めたものもある（仙台高判令和5・1・24 LEX/DB25594356）。身体の全部を入れてはじめて侵入にあたり，それゆえ，最初から全部を入れるつもりがなければ未遂にもならないという解釈は，この種の事案を想定したとき不当であるようにも思われるが，それならどこまで外に出しておけばよいのかの線引きはかなり困難であろう。

　判例によれば，住居侵入罪は住居に侵入したのち，退去するまで継続して成立する継続犯である（最決昭和31・8・22刑集10巻8号1237頁）。もっとも，身体の全部（または重要部分）が建物内に入ることと行為との間の因果関係，という意味における構成要件該当性そのものが継続的にみたされるわけではないから，むしろ状態犯ととらえるほうが適切であろう。

7.2.5 罪　　数

　住居侵入罪はもちろん単体で犯されることもあるが，多くの場合に他の犯罪を実現する手段として用いられる。みなさんも少し想像すれば分かると思うが，ただ他人の家に忍び込み，ドキドキして嬉しかった，というような変わった人はそういない。むしろ，窃盗や強盗，不同意性交，殺人，放火などを目的として，手段的に住居侵入を犯す人のほうが多い。そこで，これらの目的たる犯罪と130条の罪とは牽連犯の関係に立つ。住居侵入罪は牽連犯として処理されることの多い典型的な犯罪のひとつといえよう。

7.2.6 不退去罪

要求を受けたにもかかわらず人の住居もしくは人の看守する邸宅，建造物もしくは艦船から退去しなかった者は，3年以下の拘禁刑または10万円以下の罰金に処する（130条後段）。未遂を罰する（132条）。

本罪は，たとえば，人の住居等に①許諾を得て適法に立ち入った，②うっかり立ち入ってしまった，③寝ている間に移置された，というようなケースを想定したものである。②はともかく，①や③のケースについては真正不作為犯を規定したものといえる。退去要求権者は住居権者または彼から授権された者であり（大判大正15・10・5刑集5巻438頁，大判昭和5・12・13刑集9巻899頁），退去要求自体も明示的かつ正当なものであることを要する（退去要求が正当な理由を欠き，退去義務が生じないとした裁判例として，岡山地判昭和48・2・12判タ295号410頁〔のちに最高裁で有罪が確定〕）。退去しない限り継続して成立する継続犯であり（ただし，先行して住居等侵入罪が成立する場合にはそちらに吸収されよう），既遂・未遂時期については不作為犯特有の議論がある。刑法総論の教科書を読み返してほしい。

学説では，かなり細かい論点ではあるけれども，「**不作為による住居侵入罪**はありうるか。ありうるとして，それは不退去罪により制限されるか」という点が争われている。しかし，あまり筋の良い問題設定とはいえない。幼子がヨチヨチ歩きで他人の家の庭に入ろうとしているとき，親が止めなければ不作為による住居侵入罪が成立しうることは明らかであろう。むしろ真に問題とすべきであるのは，「住居権者の意思に反する滞留を住居侵入罪で処罰しうるか」という点である。とりわけ，住居権者を脅したり昏倒させたりして，退去要求をできなくした場合を想定すると，俄然，処罰したくなってくる。

もっとも，意に反する滞留を「侵入」に含めるのは，言葉の可能な意味に照らしても，130条に後段が設けられている趣旨に照らしても，非常に困難な解釈であろう。また，かりにこの点を譲ったとしても，立法者が滞留という，類型的に見て当罰性の限界が微妙な範疇に関し，明確性確保の観点から退去要求を条文化していることを考慮すると，意に反する滞留を130条前段で処罰することは適当でないと思われる。

第8章

人格的法益に対する罪

8.1 秘密に対する罪

8.1.1 総　説

秘密とは，一般に知られておらず，主体にそれを秘匿する意思があり，かつ，秘匿することについて客観的に利益が認められるものを意味する。したがって，単なる個人的なこだわりから秘密にしておきたいというだけの事項は，ここでいう秘密にあたらない。また，秘密は個人情報とも異なっているが，詳細については行政法のほうで勉強することになる。

刑法は秘密を限定された範囲においてのみ保護しており，信書開封罪において秘密の探知を，秘密漏示罪において秘密を漏らすことを処罰しているにすぎない。

8.1.2 信書開封罪

正当な理由がないのに，封をしてある信書を開けた者は，1年以下の拘禁刑または20万円以下の罰金に処する（133条）。

客体は**封をしてある信書**であり，まず「信書」とは，特定人から特定人に対

8.1 秘密に対する罪 **109**

して自己の意思を伝達する文書を意味する。次に「封をしてある」とは，糊付けその他，信書内容を見られないための処置が施してあることを意味する。

行為である「開けた」とは，封緘を破棄して信書内容を了知しうる状態を作り出すことを意味する。現実に第三者が了知したことは必要でない。

「正当な理由がないのに」とは違法性阻却事由の不存在を意味する。したがって，厳密には不要な文言であり，かりに条文から削除されても処罰範囲は変わらない。

本罪は親告罪であり（135条），発信者も，（信書到達後は）受信者も告訴権者と解されている（大判昭和 11・3・24 刑集 15 巻 307 頁）。

8.1.3 秘密漏示罪

医師，薬剤師，医薬品販売業者，助産師，弁護士，弁護人，公証人またはこれらの職にあった者が，正当な理由がないのに，その業務上取り扱ったことについて知りえた人の秘密を漏らしたときは，6月以下の拘禁刑または 10 万円以下の罰金に処する（134 条 1 項）。宗教，祈祷もしくは祭祀の職にある者またはこれらの職にあった者が，正当な理由がないのに，その業務上取り扱ったことについて知りえた人の秘密を漏らしたときも，1 項と同様とする（同条 2 項）。親告罪である（135条）。また，保健師助産師看護師法 44 条の 4 にも同趣旨の規定がある。

本罪は主体が限定されているが（65 条 1 項の身分犯である），その根拠は，彼らの秘密保持に対する社会的期待（国民の信頼）が高いことに求められている。さらに，なぜ高いのかと問えば，おそらく，彼らのサービスはこれを受ける者の秘密を開示してはじめて十分に受けられるものであり，それゆえ被害者側の秘密がことさらに脆弱な状態に置かれてしまう，という職務の本来的な性質によるのであろう。決して，社会的地位や収入が高いから特に襟を正す必要がある，などといった身分刑法の発想によるのではない。

「正当な理由がないのに」とは違法性阻却事由の不存在を意味する。証人として証言したり，病院が患者の違法薬物使用を疑い，警察その他に情報提供等を行ったりする場合には，「正当な理由」があるというべきであろう（国立病院の医師が治療目的で救急患者の尿を採取し薬物検査をしたところ，覚醒剤成分が

検出されたため捜査機関に通報した事案において，35 条を適用した最決平成 17・7・19 刑集 59 巻 6 号 600 頁参照）。

「業務」の意義は前述した，本罪の主体が限定されている根拠に照らして判断されるべきである。したがって，たとえば，精神科医が少年の保護事件につき，家庭裁判所から精神鑑定を命じられてその作業を進めているとき，同事件を取材していたジャーナリストに少年の供述調書等を閲覧，謄写させた場合には，たとえその医師が少年を患者として治療する立場にないとしても，業務性を肯定して本罪の成立を認めるべきであろう（最決平成 24・2・13 刑集 66 巻 4 号 405 頁）。医師としての知見を活かして鑑定サービスを提供することを期待されたからこそ，医師は少年の秘密を預けられたのである。

「人」は死者を含まない反面，法人その他の団体は含まれると解される。

「漏ら」すとは，秘密を知らない者に告知することである。公然性は不要であり，こっそりと 1 人だけに告知する場合も含まれる。また，相手が現に秘密を知ったことまでは必要でない。即時かつ容易に知りうる状態に置けば本罪は既遂に達する。さらに，漏示行為そのものに加功していない限り，相手は不可罰である。学説には，告知の受領は必要的対抗行為だから原則として不可罰だというものもあるが，そもそも秘密の暴露を聞いているだけの人は当然に不可罰といえる。必要的共犯の理論を持ち出すまでもない。

8.2 名誉に対する罪

8.2.1 総　説

刑法典には名誉に対する罪として，名誉毀損罪（230 条）と侮辱罪（231 条）が規定されている。もっとも，そこにいう保護法益としての名誉の内実に関しては，学説上大きな争いが存在してきた。

内部的名誉説は，他者による評価から独立した，個々の人格に内在する至高かつ根源的に平等な価値を想定する。たしかに，そのような人格の価値は憲法およびさまざまな法理論の基礎になっているが，それを個別の構成要件の保護法益ととらえるのは無理があろう。むしろ奴隷制度やヘイトの排除のような，社会の基本的構造を規律する概念ととらえるべきである。

主観的名誉説（名誉感情説）は，人が自身に対して付与している主観的な価

値を想定する。上司から罵られて自己評価が下がった，というようなケースを考えれば分かりやすい。これについても，たしかに，このような主観的名誉を傷つける行為は望ましくないし，違法と評価すべき場合もあるが，犯罪の保護法益とするのは不安定かつ不明確にすぎるのではなかろうか。主観的名誉の大きさや脆弱さは個人差がきわめて大きいにもかかわらず客観的に測定不可能であり，また，この説をとると名誉感情をもたない幼児や障害者が保護範囲から外れてしまうことも見逃せない。

　外部的名誉説は，その人に対する社会的評価（要は，社会における名声や評判）を想定する。犯罪の保護法益として考えられるのはこれだけであり，名誉毀損罪のみならず，侮辱罪においても同様であると考えられる（学説には，侮辱罪においてだけ主観的名誉説をとるものもあるが，いずれにせよ同説は成り立たないと思われる）。ただし，社会的評価といっても人の経済的信用に関しては，別途，信用毀損罪（233 条前段）によって保護されている。

　なお，一部の学説は，外部的名誉説をさらに**事実的外部的名誉説**と**規範的外部的名誉説**に区分し，前者はその人が事実上受けている社会的評価を保護法益ととらえるのに対し，後者はその人に（真実に基づいた）ふさわしい社会的評価を保護法益ととらえる，というように分類する。問題はそのいずれが正しいかであるが，230 条 1 項が真実かどうかにかかわりなく処罰していることにかんがみると，後者は現行法の解釈論として成り立ちがたいであろう。後者は，前者のように解すれば偏見を助長するとしてこれを批判するが，実社会の非科学的でゆがんだ見方から苦しめられている人を刑法が救うのに躊躇すべきではない。

8.2.2 名誉毀損罪

1. 客　体

　公然と事実を摘示し，人の名誉を毀損した者は，その事実の有無にかかわらず，3 年以下の拘禁刑または 50 万円以下の罰金に処する（230 条 1 項）。親告罪である（232 条）。

　「人」には**法人**などの団体も含まれる（大判大正 15・3・24 刑集 5 巻 117 頁）。法益である名誉のとらえ方によっては，擬制された存在である法人その他にこ

れを観念することはできないかもしれないが，名誉を人格に対する社会的評価ととらえる以上，法人その他もこれを享受していると解さざるをえない。ただし，ひとつの人格として束ねられる必要があるから，日本人とか大阪人などといった範疇に名誉毀損罪が成立する余地はない（前掲大判大正15・3・24参照）。

2. 行 為

「**公然と**」とは，摘示事実を不特定または多数人が認識しうる状態を意味する（大判昭和3・12・13刑集7巻766頁，最判昭和36・10・13刑集15巻9号1586頁）。あくまで，「または」であって「かつ」ではないことに注意する必要がある。いずれか一方があれば十分に社会的評価は低下しうるからである。

判例によれば，摘示の直接の相手方が特定かつ少数の人であっても，その者らを通じて不特定または多数人へと広がっていくときには，公然性が認められるとされる（大判大正8・4・18新聞1556号25頁，最判昭和34・5・7刑集13巻5号641頁）。これを**伝播性の理論**という。たしかに，伝播可能性は名誉毀損罪の保護法益が可罰的な程度に脅かされたかを判断するための実質的考慮要素としては重要であろう（実際，実質的には伝播可能性を否定して公然性を認めなかった判例として，大判昭和12・11・19刑集16巻1513頁，最決昭和34・2・19刑集13巻2号186頁，東京高判昭和58・4・27判時1084号138頁などを参照）。もっとも，他方において，立法者がわざわざ公然性を構成要件要素として要求している趣旨にかんがみると，「保護法益が脅かされさえすればただちに公然性もみたされる」というように，公然性の要件が条文に書かれていないかのごとく解釈することは許されないと思われる。

次に，摘示される事実は人の社会的評価を低下させるに足る性質を有していなければならず，かつ，侮辱罪との法定刑の格差を基礎づけうる程度に具体的なものでなければならない（東京高判昭和33・7・15高刑集11巻7号394頁）。「あいつは昔から頭が悪かった」などという程度では足りないであろう。ましてや，新たに何らの事実をも匂わせさえしない論評の類は侮辱罪さえ構成せず，刑罰ではなくモアスピーチによって対処されるべきだと思われる。他方，モデル小説で仮名を使ったとしても，特定の実在人を指すことが一般人に認識可能であれば，それはその人の社会的評価を低下させるに十分といえる（東京地判昭和32・7・13判時119号1頁参照）。

8.2 名誉に対する罪

事実の摘示方法に制限はないけれども，特定の社会的・文化的解釈図式に強く依存した方法による場合には，現に具体的な事実が摘示されたものと評価しうるかを慎重に判断しなければならない（肯定例として大判大正 14・12・14 刑集 4 巻 761 頁，否定例として名古屋高判昭和 50・4・30 判時 796 号 106 頁）。たとえば，アイドルの昔の顔写真を古いアダルトビデオのパッケージにあるセクシー女優の顔部分に置換した自然な合成画像を拡散するがごときは，「かつて，売れない時代にアダルトビデオに出演していた」という具体的な事実を摘示したものと評価しうるかもしれないが，単に入浴中の盗撮画像を拡散するだけではそのようには評価しえないであろう（入浴中の盗撮映像を広く陳列させた事案で本罪を認めた東京地判平成 14・3・14 LEX/DB28075486 は，この種の「やらせ」ビデオに出るような女性であるとの事実を摘示したものと評価しているようであるが，限界事例ということができよう）。

さらに，名誉と**プライバシー**は厳密には異なる概念ではあるけれども，プライバシーの暴露が──たとえ偏見であれ──社会に固着した推論形式と結びついて人の社会的評価を低下させうるときは，やはり名誉毀損罪の保護対象とすべきであろう。たとえば，会議の場で自分のやりたい仕事を上司が別の人に振ろうとしているので，それを阻止するため，「彼は精神病院の入院歴があるんですよ」などと発言するがごときは，たとえ科学的に見ればだからどうということはなくても，やはり同罪を構成するものと思われる。

「その事実の有無にかかわらず」であるから，偽りの事実に支えられた不当に高い社会的評価，いわゆる**虚名**もまた保護されているといわざるをえない。

たとえ公知の事実であっても，その事実を知らない人は当然に存在するのであるから，公然と摘示すればさらに人の社会的評価を低下させるおそれがあり，名誉毀損罪にいう事実にあたる（大判大正 5・12・13 刑録 22 輯 1822 頁，大判昭和 9・5・11 刑集 13 巻 598 頁）。

条文には「毀損した」と侵害犯の形態で規定されているが，実際には，人の社会的評価が具体的にどの程度低下したかの認定を要しない（大判昭和 13・2・28 刑集 17 巻 141 頁参照）。そもそも，人を見る社会の目がどのくらい変化したかなど裁判で認定しようがないから当然ともいえるが，理論的に考えても，名誉を毀損したという言葉自体，生活用語例においても，「みなの前で知られた

くないことを大っぴらにされた」という程度の意味に使われており，抽象的危険犯ととらえることに支障はないと思われる。

本罪が継続犯か状態犯かも争われているが（ホームページの掲示板に名誉毀損記事を掲載した事案において，記事がサーバーコンピュータから削除されることなく，閲覧可能な状態に置かれたままの場合に継続犯とした大阪高判平成 16・4・22 判タ 1169 号 316 頁参照），本罪の構成要件該当性そのものが継続していると評価するためには，たとえば，名誉毀損記事を読む人が現れ続けるというのでは足りず，同記事を削除しないなどといった「不作為による公然事実摘示」を新たに認定する必要があろう（前掲大阪高判平成 16・4・22 が被告人による削除の申入れ時点をもって，犯罪が終了したと解しているのも実質的には同旨であろう）。そうでないと，告訴期間も公訴時効期間も半永久的に起算されないこととなりかねない。

3. 死者の名誉毀損罪

死者の名誉を毀損した者は，虚偽の事実を摘示することによってした場合でなければ，罰しない（230 条 2 項）。

事実が虚偽である場合に可罰性が限定されているのは，歴史研究を不当に妨げないためである。

本罪の保護法益に関しては，**遺族の感情**であるという説と，**死者自身の名誉**であるという説とが対立している。もっとも，遺族がいなくても当然に可罰的とすべき場合があるとすれば，前者の説は成り立たないであろう。他方，死者はもはや権利・義務の主体ではないのであるから，その名誉を観念することも困難である。後者の説を修正し，死者が生前に有していた，死後も正当な評価を享受したいという合理的意思を保護法益とすべきであろう。

8.2.3 真実性の証明

1. 意　義

複雑な条文であるため，以下に原文を掲げる。

第 230 条の 2　前条〔230 条〕第 1 項の行為が公共の利害に関する事実に係り，かつ，その目的が専ら公益を図ることにあったと認める場合には，

事実の真否を判断し，真実であることの証明があったときは，これを罰しない。

2　前項の規定の適用については，公訴が提起されるに至っていない人の犯罪行為に関する事実は，公共の利害に関する事実とみなす。

3　前条第1項の行為が公務員又は公選による公務員の候補者に関する事実に係る場合には，事実の真否を判断し，真実であることの証明があったときは，これを罰しない。

名誉毀損罪は真実を摘示した場合であっても成立しうるのが本則であるが，これを杓子定規に適用したのでは不都合が生じる。というのも，民主主義社会においては国民が政治的意思を形成するにあたり，公共の利害に関するできるだけ多くの正しい情報を得る必要があるところ，そのためには報道の自由が欠かせない。にもかかわらず，報道が名誉毀損罪で処罰されうるというのでは自由が萎縮させられてしまうからである。

　そこで，現行憲法の制定に合わせて1947（昭和22）年，230条の2が追加され，報道の自由との調整が図られることになった。具体的には，**①事実の公共性**と**②目的の公益性**が認められる場合においては，**③真実性の証明**がなされれば処罰されないこととなったのである（さらに，同条2・3項に特則が定められている）。

2. 事実の公共性

　「公共の利害に関する事実」とは，国民が民主主義の基礎となる政治的意思形成を行うために知る必要のある事実を意味する。一般大衆の好奇心の対象になるという意味ではないから，個人のプライバシーに関する私生活上の行状は原則として公共性が否定される。しかし，その人物が携わる社会的活動の性質や影響力の程度などによっては，例外的に公共性が肯定されることもある（最判昭和56・4・16刑集35巻3号84頁）。また，銀行の行う分筆登記について，金融機関の業務の性質に照らして公共性を肯定した裁判例もある（福岡高判昭和50・1・27刑月7巻1号14頁）。

　事実の公共性は，事実の内容それ自体の性質に照らして客観的に判断されるべきであり，表現方法の不当性などによって左右されるものではない（前掲最

判昭和 56・4・16）。

3. 目的の公益性

「その目的が専ら公益を図ることにあった」とは，公共的利益の実現が主た
る動機であったという意味である（東京地判昭和 58・6・10 判時 1084 号 37 頁）。
裁判例においては，被害の弁償を受ける目的（広島高判昭和 30・2・5 裁特 2 巻 4
号 60 頁）や読者の好奇心を満足させる目的（東京高判昭和 30・6・27 東高刑時報
6 巻 7 号 211 頁）の場合に公益性が否定されている。また，表現方法や事実調
査の程度が公益目的の認定において考慮されうる（前掲最判昭和 56・4・16）。

以上に対し，学説においては，国民の知る権利の充足という観点から見れば
報道者の内心の動機など重要でなく，報道者が事実の公共性を認識してさえい
ればただちに目的の公益性も肯定される，というものもある。230 条の 2 が追
加された本来の趣旨に照らせば，こちらのほうが一貫しているといえよう。

4. 特　　則

230 条の 2 第 2 項は，**起訴前の犯罪事実**について，事実の公共性があるもの
とみなしている。これは，捜査機関を世論の監視下において批判の対象とする
ためである（大阪高判昭和 25・12・23 高刑判特 15 号 95 頁）。

同条 3 項は，**公務員または公選による公務員の候補者**に関する事実について，
事実の公共性と目的の公益性があるものとみなしている。これは，その職務が
もっぱら公共的な性質をもつ立場にある者に対する，国民からの批判を促進す
るためである。したがって，公務員としての資質や能力にまったく関係のない
私事については適用がない（公務員の職務と無関係な身体障害を摘示した事案に
つき，最判昭和 28・12・15 刑集 7 巻 12 号 2436 頁参照）。ただし，たとえば，国
会議員としての資質や能力はその全人格的要素にまで及んでいるから，適用が
否定される事例は相当に限られよう。

5. 真実性の証明

真実性の証明は，事実の公共性と目的の公益性がみたされた場合にはじめて
可能である。先に真実性の証明可否を争うことになると，被害者に不当な負担
を負わせることになるからである（たとえば，指摘されたプライバシー事項がい
きなり公開の法廷で真偽判定の俎上に載せられることになってしまう）。そして，
このような観点から見ると，情状に関してもいきなり真実性の証明に入っては

いけないと思われる。

　証明責任は被告人が負うが（**挙証責任の転換**。ただし，裁判所も真実性の職権調査義務を負う），その証明ルールが，検察官が犯罪事実を証明する場合に適用されるのと同一でよいかは問題である。被告人には組織化されたマンパワーも強制捜査の権限もなく，検察官に比して証拠収集能力が劣っているからである。そこで学説においては，証拠能力や要求される証明度に関し，いわゆる**証拠の優越**で足りるとするなど，検察官の場合よりも緩やかに解しようとする立場が数多く主張されている。もっとも，裁判例は，厳格な証明による合理的な疑いを容れない程度の証明度を要求している（東京高判昭和 59・7・18 判時 1128 号 32 頁）。

　証明の対象は摘示された事実そのものであり，**噂や風評**の形式で摘示された場合であっても，「そういう風評がある」という事実ではなく，あくまで風評の内容たる事実を証明しなければならない（最決昭和 43・1・18 刑集 22 巻 1 号 7 頁）。噂の存否などいかようにもなるのであり（自分があちこちで言い回れば噂になるし，SNS が発達した今日においてはもっと簡単である），「……という噂がある」とさえ付ければ何をいってもよいことになりかねないから，このような立場が妥当であろう。学説では，**犯罪報道**の場合に嫌疑の内容たる事実を報道機関に証明せよというのは本末転倒だという批判もあるが，その場合には犯罪報道自体を 35 条により正当化すれば足りよう。

　なお，「罰しない」という真実性の証明の効果がいかなる法的性質を有するかも争われているが，これについては 8.2.3(6) であわせて検討する。

6. 真実性の誤信

　十分な取材活動により確実な資料を獲得し，事実を真実であると確信して摘示したものの，資料の滅失や改ざんの判明等により真実性の証明に失敗した場合において，被告人を救済するためのさまざまな方途が議論されている。

　まず両極端の見解は，真実性の証明ができなかったのだから処罰するのは当然だ，という立場と，反対に，真実性の証明とは真実の摘示が適法行為であることを前提とした制度だから，真実と誤信したのならただちに故意が阻却されて無罪だ，という立場である。しかし，法律学ではたいていそうであるように，こういう極端な見解は国民に受け容れられないし，そもそも裁判所が採用しな

いであろう。前者の立場は報道に対する萎縮効果が大きすぎる一方，後者の立場はあまりにも簡単に無罪としすぎている。特定の思想をもつ記者が偏見から，明らかな虚偽を安易に信じて調査なく記事にしても，すべて無罪放免というのはさすがに不当であろう。そこで，一部の学説は真実性そのものではなく，証明可能な程度の真実性が適法性の根拠だとするが，みなさんは何がいいたいのか分からないと思う。

　このように見てくると，中間的な見解として，確実な資料に基づき真実と判断される事実を報道した場合にだけ，たとえ事後的に真実性の証明に失敗しても処罰しない，という立場が妥当である。問題はその具体的な理論構成であるが，国民の知る権利に奉仕するという観点からは，やはり，摘示事実が実体的に見て真実であることが本質的に重要である。学説には，十分な取材や調査をともなう報道活動はたとえ報道内容が事実無根であっても35条にいう正当行為だ，というものもあるが，国民が政治的意思形成を行うにあたってうそを教えられるのは有害なだけであろう。もっとも，他方において，摘示事実が真実であることとそれを証明しうることとは別であり，しかも，このずれを中間的な見解と整合するように処理する必要がある。ここがこの論点の難しいところである。

　私も妙案があるわけではないが，この論点の難しさに正面から取り組もうとするならば，最も直截的に，「事実を摘示した時点でそれを真実と証明しうる証拠状況にあった」ことを証明できれば真実性の証明という制度の趣旨に合致するから同様に扱う，ということにすべきではなかろうか。近時有力な学説は，証拠状況の変化等により，真実性の証明ができなくなることを予見不可能であった場合に無罪とする，という理論構成を主張している。結論としては似ていると思うが，予見可能性という，個々人の知識や生理的属性によって左右される概念を基準にするのは，証明という客観的な制度を条文に記した立法者の意思に反するように思われる。

　判例は当初においては，真実性の証明に失敗したのだから当然処罰する，という極端な見解を採用していた（前掲最判昭和34・5・7）。もっとも，その後，立場を変更し，たとえ真実性の証明がない場合でも，行為者がその事実を真実であると誤信し，その誤信したことについて，確実な資料，根拠に照らし相当

の理由があるときは，犯罪の故意がなく，名誉毀損の罪は成立しないとした（最大判昭和 44・6・25 刑集 23 巻 7 号 975 頁。その後の有罪例として，最決昭和 51・3・23 刑集 30 巻 2 号 229 頁参照）。

近年においてはさらに，前記相当の理由の判断基準に関し，インターネット上の名誉毀損の特殊性が議論されるに至っている。すなわち，インターネット上の書込み等は，被害者が加害者に反論することが容易であり，また情報としての信頼性が低いといえる場合もあり，確実な資料，根拠までなくても相当の理由を肯定してよい，という立場も主張されているのである。もっとも，反論で十分に名誉が回復する保証はないし，信頼性が低いと受け取られるとは限らないから，基準を緩めるべきではないと思われる（最決平成 22・3・15 刑集 64 巻 2 号 1 頁）。

8.2.4 侮 辱 罪

事実を摘示しなくても，公然と人を侮辱した者は，1 年以下の拘禁刑もしくは 30 万円以下の罰金または拘留もしくは科料に処する（231 条）。親告罪である（232 条）。

本罪の法定刑は 2022（令和 4）年に大幅に引き上げられた。比較法的に見て刑が軽すぎたこと（拘留または科料のみであった），SNS などにおける誹謗中傷が社会問題化し，これに対処する必要が生じたことなどが理由である。もっとも，特に後者の理由に関しては，それなら本罪の法定刑を加重するのではなく，別の犯罪類型を新設すべきであったという批判も強い。

本罪の保護法益は名誉毀損罪と異なり，主観的名誉（名誉感情）であるとする見解も有力である。もっとも，このような見解に対しては，面前性ではなく公然性が要件とされていることが説明できない，幼児や重い知的障害者，法人（最決昭和 58・11・1 刑集 37 巻 9 号 1341 頁は法人に対する侮辱罪を肯定している。なお，名誉感情説からこれを否定する団藤重光・谷口正孝両裁判官の意見が付されている）などが保護されず不当である，真実性の証明があっても本罪の成立可能性が残ることになり立法者の意図に反する，などといった批判がなされている。

これらの批判は相当に重いものであり，通説にならい，本罪の保護法益もま

た名誉毀損罪と同じく，外部的名誉（社会的評価）だと解すべきである。すなわち，具体的な事実を摘示して社会的評価を深刻に傷つける名誉毀損罪に対し，本罪は具体的な事実までは摘示していないが，何か社会的評価を低下させる事実があるのではないかとの疑念を生じさせる行為を処罰していることになる。

第9章

信用および業務に対する罪

9.1 信用毀損罪

　虚偽の風説を流布し，または偽計を用いて，人の信用を毀損した者は，3年以下の拘禁刑または50万円以下の罰金に処する（233条前段）。

　本罪の保護法益である「**信用**」とは，経済的側面にかかる人の評価である。このようなことから，人には当然に自然人のほか，法人その他の団体も含まれると解されている。

　古い判例は信用を人の支払能力または支払意思に対する信頼に限定していたが（大判明治44・4・13刑録17輯557頁，大判大正5・6・1刑録22輯854頁），近年においては商品の品質に対する社会的な信頼も含まれるとしている（最判平成15・3・11刑集57巻3号293頁）。たしかに，支払いに関するものだけでは狭きに失しようが，名誉毀損罪との境界があいまいになってくることは否めないであろう。

　本罪の手段のうち「虚偽の風説を流布し」とは，客観的な真実に反する噂・情報を不特定または多数の人に広めることをいう。公然性は要求されていない（大判昭和12・3・17刑集16巻365頁は伝播のおそれを根拠に流布とした）。他方，

「偽計を用いて」とは，人を欺罔し，あるいは人の錯誤または不知を利用することをいう。

本罪の結果である「人の信用を毀損した」とは，人の経済的側面における社会の信頼を低下させるおそれのある状態を作り出すことをいう。現実の具体的損害を認定する必要がないことから（大判大正2・1・27刑録19輯85頁），本罪は危険犯だといわれることが多いが，信用を侵すことと具体的な損失を与えることとは同値ではないのだから，わざわざ危険犯という必要はないであろう。

9.2 業務妨害罪

9.2.1 業務妨害罪の構造

1. 保護法益

虚偽の風説を流布し，または偽計を用いて，人の業務を妨害した者は，3年以下の拘禁刑または50万円以下の罰金に処する（233条後段。**偽計業務妨害罪**）。威力を用いて人の業務を妨害した者も同様である（234条。**威力業務妨害罪**）。

本罪の保護法益は業務活動の自由だとする見解もあるが，今日の支配的見解は業務そのものの円滑な遂行ととらえている（したがって，「人」には法人その他の団体ももちろん含まれる）。ここにいう「**業務**」とは，職業その他の社会生活上の地位に基づき，継続して従事する事務を意味する（大判大正10・10・24刑録27輯643頁）。反対にいうと，娯楽目的での行為や一回的な行事は含まれない（特に前者は本罪の業務に特有の解釈であり，車でただドライブするだけなら本罪の業務にあたらない）。裁判例としては，団体の結成式につき業務でないとしたもの（東京高判昭和30・8・30判タ53号55頁）がある一方，政党の結党大会について，政党活動の一環としてとらえられるから業務にあたるとしたもの（東京高判昭和37・10・23判時326号33頁），私立大学が開催した改革結集集会について，社会的存在そのものとして保護に値すれば集会自体の継続性を問題とするまでもない，として業務性を肯定したもの（神戸地判昭和49・10・11刑月6巻10号1031頁）もある。

また，業務は必ずしも適法でなくてよい。一応平穏に行われてさえいれば刑法的保護に値すると考えられるからである。裁判例には，知事の許可を得ていない湯屋営業（東京高判昭和27・7・3高刑集5巻7号1134頁）や，風営法に違

9.2 業務妨害罪

反するパチンコ遊戯客からの景品買入れ（横浜地判昭和61・2・18判時1200号161頁）も業務にあたるとしたものがある。ただし，違法性の程度が強く明白である場合には（覚醒剤の販売業など），ただ粛々と遂行されているというだけで平穏と評価することはできないであろう。また，一定の公務を業務として本罪により保護しようとする場合には，公務執行妨害罪（95条1項）において職務の要保護性にとり要請されるのと同程度の適法性が，本罪においても要求されるものと解すべきである（最決平成14・9・30刑集56巻7号395頁も実質的には同旨と解される）。たとえ平穏に行われていても，違法な公務を刑法により包括的に保護するべきではない，というのは全方位的にいえることだからである。

2. 手 段

　本罪の手段として規定されているのは虚偽の風説の流布，偽計，威力の3つである。

　「虚偽の風説」の「流布」とは，客観的な真実に反する噂や情報を不特定または多数の人に広めることをいう（客観的真実性よりむしろ，確実な資料・根拠を重視する東京地判昭和49・4・25判時744号37頁も参照）。たとえば，ある会社が倒産寸前であるなどというでたらめを，SNSなどを通じて拡散させればこれにあたろう。

　「**偽計**」とは，人を欺罔し，あるいは人の錯誤または不知を利用することをいう。もっとも，現実には，業務妨害手段のうち威力にあたらないものを包括的に捕捉する受け皿としての機能を営んでいる。人の意思に向けられていなければならないとして，対物的な行為を偽計から排除する学説も存在するが，保護法益を業務そのものの円滑な遂行ととらえる限り，理由のない限定というべきであろう。判例としては，障害物を海底に沈めて漁網を破損させた事案（大判大正3・12・3刑録20輯2322頁），購読者を奪うために，他紙と紛らわしい体裁の新聞を発行した事案（大判大正4・2・9刑録21輯81頁），虚偽の電話注文をして配達させた事案（大阪高判昭和39・10・5下刑集6巻9＝10号988頁），中華そば店に多数回の無言電話をかけた事案（東京高判昭和48・8・7高刑集26巻3号322頁），音楽放送を送信するための有線放送用電線を切断撤去した事案（大阪高判昭和49・2・14刑月6巻2号118頁），通話料金の計算を妨害するマジックホンという機器を電話に取り付けた事案（最決昭和59・4・27刑集38巻6号

2584頁），電力会社が設置している電力量計の作動を減速させた事案（福岡地判昭和 61・3・3 判タ 595 号 95 頁），百貨店等に販売のため陳列されている寝具に縫い針を差し込んだ事案（大阪地判昭和 63・7・21 判時 1286 号 153 頁），しじみ蓄養場において深夜密猟し，被害者の漁を妨げた事案（青森地弘前支判平成 11・3・30 判時 1694 号 157 頁。威力業務妨害罪で起訴されていた），ATM 利用客の暗証番号等を盗撮する目的で，盗撮用ビデオカメラを設置し，1 時間以上にわたって隣の ATM を占拠し続けた事案（最決平成 19・7・2 刑集 61 巻 5 号 379 頁。建造物侵入罪でも出てきた有名な判例）などがある。

　「**威力**」とは，人の意思を制圧するに足りる勢力を示すことをいう。暴行や脅迫はもちろん，それらに至らない威迫行為も含まれうる。判例としては，デパートの食堂配膳部で蛇をまき散らした事案（大判昭和 7・10・10 刑集 11 巻 1519 頁），競馬場の本馬場に大量の平釘をまいた事案（大判昭和 12・2・27 新聞 4100 号 4 頁），役員室内に侵入して団体交渉を強要した事案（最判昭和 28・1・30 刑集 7 巻 1 号 128 頁），キャバレーの客席で牛の内臓をコンロで焼き悪臭を放った事案（広島高岡山支判昭和 30・12・22 裁特 2 巻 18 号 1342 頁），送炭を阻止するため，貨車に積載された石炭を落下させた事案（最判昭和 32・2・21 刑集 11 巻 2 号 877 頁），争議行為の手段として車のキーを奪取・抑留した事案（松山地宇和島支判昭和 43・6・12 下刑集 10 巻 6 号 645 頁），いわゆる総会屋が株主総会の議場で怒号した事案（東京地判昭和 50・12・26 刑月 7 巻 11 = 12 号 984 頁），イルカを逃走させるため，イルカ漁網のロープを解き放ち，切断した事案（長崎地佐世保支判昭和 55・5・30 判時 999 号 131 頁），同盟罷業に際し，某施設の停電およびボイラー停止の状態を約 4 時間にわたり継続させた事案（否定例。前橋地判昭和 55・12・1 判タ 445 号 176 頁），弁護士を困らせる目的で，その携帯していた鞄を力づくで奪取して自宅に持ち帰り，2 ヵ月余りの間，隠匿した事案（最決昭和 59・3・23 刑集 38 巻 5 号 2030 頁），猫の死骸を事務机の引き出し内に入れ，被害者に発見させるなどした事案（最決平成 4・11・27 刑集 46 巻 8 号 623 頁），卒業式直前に保護者らに大声で呼びかけ，制止しようとした教頭に怒号するなどした事案（最判平成 23・7・7 刑集 65 巻 5 号 619 頁），ドローンを総理大臣官邸屋上に落下させた事案（東京地判平成 28・2・16 判タ 1439 号 245 頁）などがある。人の意思に直接はたらきかける場合だけでなく，対物的な加害行為

が（露見の）結果として人の意思を制圧することとなる場合も威力にあたるとされている点に特徴があるが，構成要件上，意思制圧経路が限定されているわけではないから，理論的には当然の解釈といえよう。

3. 結　果

「妨害した」の意義について判例は，現に妨害結果が生じたことの認定を要せず，業務を妨害するおそれのある行為が行われれば足りるとしている（最判昭和28・1・30刑集7巻1号128頁）。**危険犯**の構成であるが（大判昭和11・5・7刑集15巻573頁参照），学説では，条文の文言どおり侵害犯と解し，現実に業務遂行への支障が生じたことを要求する見解も主張されている。もっとも，本罪に未遂犯処罰規定がない中，侵害犯構成をとりつつ十分な処罰範囲を確保しようとすれば，勢い，細分化された一局面のみをとらえて「一瞬仕事の手が止まった」ことを理由に侵害結果を認定しがちである。それは当初の意図に反し，むしろ過大な処罰拡張へと扉を開くことになりかねない。危険犯構成をとりつつも，業務をある程度大きなまとまりとしてとらえる解釈論的努力をなすべきであろう。

4. 罪　数

偽計と威力をともに用いて人の業務を妨害したときは，233条の罪と234条の罪の包括一罪と解すべきである。単一の行為が業務を妨害すると同時に背任にもあたるときは，業務妨害罪と背任罪の観念的競合である。他方，公務執行妨害罪と業務妨害罪の双方に該当しうる行為については（詳しくは9.2.2参照），争いはあるけれども，公務執行妨害罪のみが成立するという見解が有力である（もっとも，2006（平成18）年の刑法改正により公務執行妨害罪においても罰金刑を選択しうることとされたため，争いの実益は失われている）。

9.2.2　公務と業務の関係

1. 学　説

公務を業務妨害罪で保護する余地はあるであろうか。なぜこのような問題が生じるかというと，それは公務執行妨害罪（95条1項）という，公務を独自に保護する規定がほかに存在するからである。しかも，「それなら公務は公務執行妨害罪のほうで保護すれば足り，わざわざ業務妨害罪を使う必要などないで

はないか」と単純に考えることもできない。というのも，公務執行妨害罪は暴行・脅迫を手段として要求しており，偽計・威力を手段とするにとどまる場合には成立しえないからである。

消極説は，公務は業務にあたらず，業務妨害罪で保護される余地はないとする。明快で分かりやすいが，その反面において，民間とほとんど異ならない公務（公立学校の授業と私立学校の授業を比べてみてほしい）が偽計や威力からは保護されなくなり，バランスを失する。理論的に見ても，業務が円滑に遂行されることの要保護性は，業務のコストが税金によって支弁されているかどうかと無関係であろう。

積極説は，公務は常に業務にもあたるとする。これも明快であるが，反面，行為者に対して直接，強制力を行使する権力的公務（以下，端的に権力的公務という）まで，偽計や威力程度の弱い手段からも保護するというのは行き過ぎだ，という批判がある。警察官に向かって怒号したところで，相手は拳銃を持っているのだから，その段階で威力業務妨害罪の容疑で現行犯逮捕してよいというのでは，民衆の抵抗活動に対する過剰な抑圧といえる。そこで積極説の一部は，拳銃を携帯する警察官でも意思が制圧されるほどの，強力な手段であってはじめて威力にあたると解すれば足りると反論するが，それではかえって威力の概念が融通無碍となり，可罰範囲を適正に規制することが困難になってしまうであろう。

限定積極説は，非権力的公務は業務にあたるが権力的公務はあたらないとする。これが通説的見解と解されており，権力的公務は公務執行妨害罪により暴行・脅迫のみから保護される一方，非権力的公務は同罪により暴行・脅迫から保護されるだけでなく，業務妨害罪により偽計・威力からも保護されることになる。そうなると，一部の公務（非権力的公務）が二重に保護されることになるが，前述したように，両罪は異なる観点から法益保護を図ろうとするものであるから，特段アンバランスとはいえないであろう（かつては，自由刑にともなう各種資格制限等を回避させるという実践的観点に基づき，非権力的公務を〔法定刑が自由刑のみの〕公務執行妨害罪による保護の対象から外そうとする動きもあったが，2006（平成18）年の刑法改正以降，同罪においても罰金刑が選択可能となっているからあまり実益はない）。

9.2 業務妨害罪

なお，近時においては**修正積極説**とよばれる見解も主張されており，基本は限定積極説と同様の価値判断に立ちつつ，権力的公務であっても偽計による場合だけは業務妨害罪による保護を受けられるとする。拳銃を携帯している警察官といえども，うそ電話をかけられたら通常のデスクワーカーと変わらない，という趣旨であろう。たしかに，そのような価値判断は十分に理解できるが，うそ電話のケースにおいては，そもそも警察官がうそ電話の主に対して直接，権力的作用を及ぼしうる段階にない，つまり，はじめから非権力的公務が妨害されているにすぎないのではないか，という疑問がある。実際の適用においては，限定積極説とほとんど差がないというべきであろう。

2. 判　例

古い判例は，公務は業務にあたらないと解していたようである（大判大正4・5・21刑録21輯663頁，最大判昭和26・7・18刑集5巻8号1491頁〔ただし，権力的公務を威力で妨害した事案〕など。もっとも，それ以前の大判明治42・2・19刑録15輯120頁は，執行裁判所における競売に対する偽計業務妨害罪を認めていた）。しかし，その後の判例は，国鉄職員の鉄道輸送業務が業務にあたると認めたうえ（最判昭和35・11・18刑集14巻13号1713頁），威力により国鉄職員の運輸業務を妨害した場合に，国鉄業務の非権力性などを理由として業務妨害罪の成立を認め（最大判昭和41・11・30刑集20巻9号1076頁），県議会委員会の条例案採決を威力で妨害した場合に，強制力を行使する権力的公務ではないという理由から同罪を肯定した（最決昭和62・3・12刑集41巻2号140頁。それ以前にも，衆議院本会議の議事を威力で妨害した場合に，非権力的公務であることを理由に同罪を肯定した東京地判昭和48・9・6刑月5巻9号1315頁，国税調査官の税務調査のための出張行為を威力で妨害した場合に，民間企業における出張業務と差がないから業務にあたるとした京都地判昭和61・5・23判タ608号137頁がある）。また近時の判例にも，公職選挙法上の立候補届出受理事務を偽計・威力を用いて妨害した場合に，強制力を行使する権力的公務でないことを理由として業務にあたるとしたもの（最決平成12・2・17刑集54巻2号38頁），段ボール小屋を撤去する環境整備工事が強制力を行使する権力的公務でないから業務にあたるとしたもの（前掲最決平成14・9・30）がある。その一方で判例は，日本電信電話公社職員や国鉄職員の非権力的公務を暴行・脅迫により妨害した場合に公務執行妨

害罪の成立を認めている（最判昭和 53・6・29 刑集 32 巻 4 号 816 頁，最決昭和 59・5・8 刑集 38 巻 7 号 2621 頁）。これらを総合すると，判例は限定積極説ないしこれに近い立場を採用していると思われる。

なお，近時の裁判例においては，**犯罪の虚偽通報**等が偽計業務妨害罪に該当しうるかが問題とされている（この問題を提起した初期の裁判例として，横浜地判平成 14・9・5 判タ 1140 号 280 頁など）。たとえば，インターネットの掲示板に無差別殺人の虚偽予告を行い，これを閲覧した者からの通報を介して警察が警戒出動した，という事案で権力的公務を含めて偽計業務妨害罪による保護の対象になる，とした裁判例がある（東京高判平成 21・3・12 判タ 1304 号 302 頁）。権力的公務であっても偽計による場合には業務妨害罪の保護対象となる，という趣旨ならば修正積極説に近いが，通報を受けた警察官らが書込み者に対して実力による強力な排除作用を及ぼせるわけでもないから（名古屋高金沢支判平成 30・10・30 LEX/DB25561935 参照），限定積極説によったとしても同様の結論をとることが可能であろう。また，妨害された業務が何であるのかについても争いがあるが，現に行われた警戒出動そのものは何ら支障を生じておらず，むしろ，虚偽予告がなければ行いえたであろう別の業務が妨害されたととらえるべきである。そして，もしこのような解釈が分かりにくく，被害の実態を的確にあらわしえていないと考えるならば，もはや，無用な職務を偽計等により行わせたという職務強要型の犯罪を新設するほかなかろう。

9.2.3 電子計算機損壊等業務妨害罪

人の業務に使用する電子計算機もしくはその用に供する電磁的記録を損壊し，もしくは人の業務に使用する電子計算機に虚偽の情報もしくは不正な指令を与え，またはその他の方法により，電子計算機に使用目的に沿うべき動作をさせず，または使用目的に反する動作をさせて，人の業務を妨害した者は，5 年以下の拘禁刑または 100 万円以下の罰金に処する（234 条の 2 第 1 項）。未遂を罰する（同条 2 項）。

本罪は 1987（昭和 62）年の刑法改正により新設されたものであり，法定刑が通常の業務妨害罪より重いのは，その態様が類型的に見て重大な妨害結果を生ぜしめるからである。

9.2 業務妨害罪

　本罪の客体である「**電子計算機**」とは，ある程度広範な事務を自動的に処理する機能を備えたものをいう。たとえば，パチンコ台に取り付けられたロムを不正なものと交換した事案においては，ロムは単純な制御作用があるにすぎず，制御の及ぶ範囲も当該パチンコ台にとどまるとして，本罪にいう電子計算機に該当しないと解されている（福岡高判平成 12・9・21 判時 1731 号 131 頁）。

　本罪の手段は①損壊，②虚偽情報・不正指令付与，③その他の方法の 3 つである。①は物理的破壊にとどまらず，たとえば，放送会社のウェブサイト内の天気予報画像を消去し，わいせつ画像に置き換えた場合でも該当しうる（大阪地判平成 9・10・3 判タ 980 号 285 頁）。②は虚偽データの入力，コンピュータ・ウイルスへの感染（・発症）などである。③は電源や通信回線の切断などである。

　本罪では電子計算機の動作阻害という**中間結果**が要求されており，業務妨害罪が危険犯だからといって，この中間結果なしに本罪の既遂を認めることはできない。反対にいえば，このような縛りがあるからこそ，2011（平成 23）年の刑法改正により未遂犯処罰規定が設けられたとも解しうる。

　本罪の結果である「業務を妨害した」とは，中間結果である電子計算機の動作阻害を通じて，電子計算機による業務の遂行に障害を生じさせうる状態を引き起こしたことを意味する。単に電子計算機を無権限で使用したとか，そこから情報を不正に入手したというだけでは足りず，あくまで，電子計算機によって本来遂行しようとした業務への妨害が標準とされなければならない。危険犯と解されているが，侵害犯とする学説が有力であるのは通常の業務妨害罪と同様である。

第 **10** 章

財産犯総説・窃盗罪

10.1 財産犯総説

10.1.1 客体による区分

1. 財　　物

　刑法各則のうち，理論的にも実務的にも，そして，各種試験においても最も重要であるのが**財産犯**である（刑法典の第2編中，第36～40章に規定されている）。私が学生のころは，教授がシラバスに書いた授業計画と現実の授業進度とが大きくずれることも多かった。刑法各論では，教授が財産犯に時間を費やしすぎて，財産犯の途中で通年の授業が終わってしまったこともあった。もちろん，それが正しかったというつもりはないが，実際問題，たとえば，司法試験に財産犯が出ない年はないわけだから，その教授が財産犯の解説に長時間を割いた気持ちはよく分かる。みなさんも，刑法各論を学ぶにあたっては，まずもって財産犯の理解を十分なものとすべきであろう。

　さて，財産犯の規定は刑法典中に多数存在するが，それらはいくつかの仕方で区分することが可能である。まずは客体による区分であり，**財物**（単に**物**ということもある）を客体とする財産犯を**財物罪**とよぶ。この財物罪は1項に規

定されていることが多いため，**1項犯罪**と表現することもある。さらに，財物は**動産**と**不動産**に分けられ，不動産侵奪罪（235条の2）のように，不動産のみを客体とする財物罪も存在する。

2. 財産上の利益

　財物と並ぶ財産犯のもうひとつの客体は**財産上の利益**である。債権や担保権の取得といった積極的な利得のみならず，それと裏腹の，債務免除のような消極的利得も含む。このような財産上の利益を客体とする財産犯を**利得罪**とよぶ。2項に規定されていることが多いため，**2項犯罪**と表現することもある。

　これまでの話をまとめてひとつの例で表現すると，たとえば，相手を「あなたは法律上，私に1万円支払う義務がありますよ」とだまして1万円をもらったら財物に対する詐欺罪（1項詐欺罪。246条1項）が成立するのに対し，「あなたから借りた1万円は昨晩返しましたよ。酔っぱらっていて忘れているだけじゃないですか」とだまして1万円を返さずに済ましたら財産上の利益に対する詐欺罪（2項詐欺罪。同条2項）が成立することになる。

10.1.2　保護態様による区分

1. 個別財産に対する罪

　次に保護態様による区分であり，財産を構成する個別具体の権利ないしその客体を保護する財産犯を**個別財産に対する罪**という。現行刑法上は，ほぼすべての財産犯がこれである（一部に異説もある）。

2. 全体財産に対する罪

　もうひとつは**全体財産に対する罪**であり，被害者の財産状態を全体として悪化させるタイプの財産犯である。背任罪（247条）がこれにあたると解されている。

　すべての財産犯を，個別財産に対する罪と全体財産に対する罪のいずれか一方に統一してしまう，という立法形態が絶対にありえないわけではない。もっとも，個別具体の財産構成要素が害されていればただちに成立しうる犯罪と，むしろ，個々的な要素はともかく大きく見れば損をさせられているときに成立しうる犯罪とを使い分けるほうが，財産の合理的・効率的保護という観点からは優れているように思われる。

10.1.3 行為態様による区分

1. 毀 棄 罪

さらに，行為態様による区分も可能である。まず，被害者がその財産から獲得しうる効用を喪失させてしまう**毀棄罪**が考えられる。

2. 領 得 罪

反対に，行為者がその財産を得ることで何らかの効用を獲得しようとする**領得罪**もある（なお，盗品等関与罪〔256条〕を**間接領得罪**とよぶこともあるが，盗品等関与罪は特殊な性質を有しているからあまり適切な用語法とはいえない）。この領得罪を基礎づける主観面を**不法領得の意思**とよぶ。

たとえば，ケーキ屋に展示してある大きなチョコレートケーキをかじってしまったとしよう。このとき，単にそのケーキ屋の主人が嫌いで営業妨害のためケーキをダメにしてやろうと考えていたのであれば，これは毀棄罪（261条の器物損壊罪）にあたる。これに対し，甘いものに目がなく我慢できずに食べてしまったのであれば，むしろ領得罪（235条の窃盗罪）が成立する。

問題は，なぜ領得罪のほうが毀棄罪よりも刑が重いかである。実際，窃盗罪のほうが器物損壊罪よりも刑が重い。学説ではいくつかの説明方法が主張されているが，最大公約数的にまとめると，不法領得の意思が動機として悪質だということであろう。同じくケーキをかじったといっても，営業妨害のためならほかにもいろいろなやり方があり，たまたまケーキに目が行ったというにすぎない。しかし，甘党の人間が我慢できずにケーキを食べたというのなら，標的としてはもはや「ケーキ一択」であり，被害者のケーキという特定の財産に対してより強い衝動が向けられてしまっているのである。

なお，毀棄罪と領得罪の区別は条文の文言だけを見て行うことはできず（たとえば，235条の「窃取」という文言だけを見て，そこに不法領得の意思が含意されているかを判別することはできない），むしろ法定刑を含めた財産犯の体系全体を視野に入れつつ，不法領得の意思を要求することが合理的であるかという観点から行わなければならない。

10.1.4 その他の区分

1. 移転罪と非移転罪

その他の区分として（占有）移転罪と非移転罪がある。客体が被害者から行為者へと移転することを要求するのが**移転罪**，そうでないのが**非移転罪**である。

たとえば，人から1万円をだまし取る246条1項の詐欺罪は，被害者の所持から行為者の所持へと1万円札が移ってくるから移転罪である。これに対し，人をだまして1万円の債務免除をさせる同条2項の詐欺罪は，①1万円の債権と債務は単一のコインの裏表にすぎず，被害者が1万円の債権を失い行為者が1万円の債務免除を得たのなら，コインが移っているのと同じだから移転罪である，という説と，②そういう説明はただの擬制であり，被害者の対応する負担のもとに，行為者が一定の利得を不法に得ているにすぎないから非移転罪である，という説とが対立している。

いずれの説にも説得力があるが，条文理解の明快さという観点からは，同一の条文の1項と2項は基本的に同一の構造を有しており，ただ客体が財物か財産上の利益かという違いがあるにすぎない，という①の説のほうが優れているように思われる。

2. 盗取罪と交付罪

客体の移転が被害者の意思に反する場合を**盗取罪**，そうでない場合を**交付罪**という。もちろん，被害者がその瑕疵なき意思に基づいて客体を移転させていれば，そもそも財産犯としての不法が欠落するから交付罪もまた成立しようがない。したがって，交付罪はあくまで被害者の客体移転意思に瑕疵がある場合を捕捉していることになる。

たとえば，人を脅して金を取るというケースにも2パターンがあり，①拳銃を突き付けて相手を完全に無力化し，もはや財布が裸の状態で置かれているのと変わらない状態にしたうえ，そこから金をもらうというパターンなら盗取罪（236条1項の強盗罪）である。これに対し，②金を渡さないと痛い目に遭わせるぞと相手に告げ，相手が「痛い目に遭わずに済む＞金を渡さずに済む」という利益衡量に基づき，進んで金を渡してきたのなら交付罪（249条1項の恐喝罪）である。どちらも財産に対して独特の危険性を有しており，いずれか一方の不法が常に大きいと評価することはできないが，ここで強盗のほうが恐喝よ

りも不法が大きいとされるのは，手段がきわめて強力であり被害者の状態変化
が著しいからであろう。

10.2 窃 盗 罪

10.2.1 保 護 法 益

1. 学　　　説

　他人の財物を窃取した者は，窃盗の罪とし，10年以下の拘禁刑または50万
円以下の罰金に処する（235条）。未遂を罰する（243条）。

　最も古典的な犯罪のひとつであり，条文を素直に読むと，他人の所有物（「他
人の財物」）をその意に反して，その支配（占有）下から自己の支配下に移す
（「窃取した」）ことにより成立する盗取罪の原則型と解しうる。もちろん，窃盗
犯人からさらに窃盗するような場合には，所有者と占有者が一致しなくなる。
しかし，そのような場合であってもやはり，さらなる窃盗によって所有権の本
質的な機能である返還請求が妨害されるという意味において，**所有権**を第一次
的な保護法益と解しえよう。この場合，最初の窃盗犯人の占有も侵害されては
いるものの，その要保護性は「所有者の返還請求に応えなければならない」こ
と，つまり，もっぱら所有権自体の要保護性から導かれているにすぎない。し
たがって，占有はせいぜい第二次的な保護法益であるか，あるいは，（その侵
害が）窃盗罪の粗暴犯としての性格を基礎づける行為態様にすぎないことにな
る。

　このように，235条は所有権の保護を基幹としているわけであるが，その一
方において，刑法には242条という特別の規定もまた設けられている。すなわ
ち，「自己の財物であっても，他人が占有し，又は公務所の命令により他人が
看守するものであるときは，この章〔刑法第36章〕の罪については，他人の
財物とみなす」というのである。自己の所有物を他人の所有物とみなしてしま
うという強力な効果を定めており，242条が適用される（所有者による財物の取
戻しの）場合には窃盗罪の保護法益から所有権が外れ，もともとは第二次的な
保護法益ないし行為態様にすぎなかったはずの**占有**（や看守）が一躍，唯一無
二の保護法益となる。以下，分かりやすくするため，242条を適用せずとも窃
盗罪となりうる場合を235条の窃盗罪，242条を適用してはじめて窃盗罪とな

10.2 窃盗罪

りうる場合を242条の窃盗罪とよぼう。

学説の多くはこの242条の強力な効果を前に，それが適用される局面を限定すべきではないかを議論している。具体的には，同条の「他人が占有し」を限定解釈し，その結果として，所有権に代わって保護法益の地位を占める占有を単なる事実上の所持状態全般ではなく，特別な内容のものに限るべきではないかを議論しているのである。しかも，242条は窃盗や不動産侵奪，強盗罪系に適用されるだけでなく，251条で刑法第37章の「詐欺及び恐喝の罪」にも準用されているから，議論の射程は窃盗罪にとどまるものではない（他方，毀棄罪系には準用されていないことも見落としてはならない）。

所持説は，こういう議論をしないという割り切った立場である。すなわち，占有を限定解釈する必要などなく，文字どおり所持一般ととらえればよいとする。したがって，所持説によれば，242条が適用される局面においては，窃盗罪の保護法益は所有権ではなく，端的に財物の所持そのものだということになる（所持説の一部は，235条の「他人の」が「他人の所持する」という意味であり，242条は注意〔確認〕規定にすぎないというが，非常に不自然な読み方であるばかりか，注意規定が他所で準用されているというのは合理的な説明がつかない。実際にも最決昭和52・3・25刑集31巻2号96頁は，森林法が刑法242条を準用していないことを理由に，自己所有の松の木を伐採搬出する行為につき森林窃盗罪の成立を否定している）。では，なぜ所持のような単なる事実状態が，所有権という基幹的な法的利益にとってかわられるのか。所持説によれば，法律関係が複雑化し，所有権の所在が一義的に明らかでない今日の社会においては，むしろ，財物が事実上誰の手元にあるかを標準として刑法的保護を及ぼすことに積極的意義があるとされる。そして，ひとたびこのことを認めたならば，所持という現状の維持それ自体が重要な保護価値を獲得し，それによって**自力救済の禁止**（国家による実力の独占，裁判の強制）が達成されるのだから，たとえ行為者＝所有者とはっきり分かる場合であっても，なお窃盗罪の成立を肯定すべきである。もちろん，社会通念上許容されるべき自己物の穏当な取戻しも観念しえなくはないが，それもまたいったんは窃盗罪の構成要件に該当するとしたうえ，違法性を阻却することで可罰性から解放してやればよいことになる。

平穏占有説は所持説の正常進化版である。まず，人が財物を所持している状

態そのものが要保護性を有しうる，というのは所持説のいうとおりである。た
だし，それだけでは，窃盗犯人が既遂に達したのち，正当防衛も不可能な段階
まで逃げ切ったら，その財物に対する所持を窃盗罪で保護してもらえることに
なり，かえって社会の安全を害する。そこで，所持が平穏かつ安定的なものと
なり，財物を取り戻したいのなら実体的な権利関係を訴訟の場で争うべきだと
いえる段階に至ってはじめて，これを窃盗罪により保護することとすべきであ
る。平穏占有説はこのようにいうのである。したがって，242条の「他人が占
有し」は，「他人が平穏に占有し」とやや限定的に解釈されることになる。た
だし，教科書によっては，この，所持説の正常進化版である平穏占有説のほう
を端的に所持説（占有説）と表記していることもある。そういう教科書は，も
ともとの所持説が窃盗直後の窃盗犯人の所持をも保護法益とする点で行き過ぎ
だと考え，もともとの所持説を最初から紹介していないことが多い。

　以上に対し，242条をもっと限定的に解釈して占有の保護価値を所有権に近
づけよう，という対極的な発想もある。すなわち**本権説**は，同条の「他人が占
有し」を「他人が民事法上正当な（行為者に対抗しうる）権原に基づいて占有
し」というように限定解釈し，窃盗罪の保護法益は同権原（これを本権という）
に基づく占有だと主張する（説の名前は教科書によってまちまちだが，同じ主張
を**修正本権説**と表記しているものも多い）。では，なぜ本権説は事実状態に飽き
足らず，所有権とまではいわないにしても，民事法上の実体的な権利義務関係
に踏み込み，あくまで要保護性のある権原を希求するのか。本権説はいう。所
持説や平穏占有説が保護しようとする，実体的な権利義務関係から切り離され
た現状も，もちろん重要な法的利益ではある。ただ，それは実力行使により社
会の安全を乱すことを処罰する犯罪の保護法益であり，決して財産犯の保護法
益ではない。友人が正当な理由もなく，試験の前日になっても貸したノートを
返してくれないから，留守中に友人宅に忍び込んでノートを取り返したという
とき，「なぜ人の家に忍び込むような手段を用いたのだ」と責めることはでき
ても，「なぜ友人の意に反してノートを返させたのだ」と責めるべきではない。
そもそも返すべきだからである。さらに，所持説や平穏占有説によるときは，
同じく窃盗罪といいながら，235条と242条とで罪質が分裂する（235条は財産
を侵す罪，242条は社会の安全を侵す罪となってしまう）こと，反対に242条の窃

10.2 窃盗罪

盗罪においても，結局は違法性阻却の段階で民事法上の実体的な権利義務関係に踏み込まざるをえないこと，も深刻な問題といえよう。

中間説は本権説を少し妥協させた内容である。窃盗罪の成否を判断するのは刑事裁判所であるが，実際には，財物をめぐる権利義務関係が別途，民事裁判所で争われていることも多い。そうすると，本権説を前提にするときは，民事裁判の確定を待ってから刑事裁判を行うか，それとも，刑事裁判所が民事裁判所の判断を先取りしてから窃盗罪の成否を判断しなければならない。わが国に前者のような制度はないから必然的に後者となり，結果として権利義務関係の判断が刑事と民事とで齟齬しうることとなるが，いくら理論的には問題がないといっても，裁判所の内部で権利義務関係につき見解の対立があるのは喜ばしいことではない（事実認定については証明ルールに差があるからずれても仕方がなく，それゆえ，刑事裁判所に対して事実認定の責務を免除することはできないが，法の解釈・適用については別異に解する余地がある）。そこで刑事裁判所としては，占有に正当な権原があるという，民事法の解釈・適用に関する確定的な判断までは行わず，ただ，正当な権原があるとも解しうるというグレーな状態にとどめ，その段階で窃盗罪を成立させることも可とすべきである。中間説はこのことを称して，「窃盗罪の保護法益は一見合理的な理由がある占有だ」というのである（そのため，中間説は**合理的占有説**などとよばれることもある）。みなさんは単なる妥協の産物であり分かりにくいと感じたかもしれないが，実は242条自体が「公務所の命令により他人が看守する」という，権利義務関係をペンディングにした場合の窃盗罪による要保護性を肯定する文言を用いており，中間説はむしろ立法者の意思に沿ったものといえるかもしれない。

さて，ここまでいろいろな説を見てきたが，みなさんはどれが妥当だと感じたであろうか。中間説はまどろっこしいからいっそのこと本権説にすべきだ，占有保護は社会の安全を守るためだけのものではなく，占有にはそれ自体として財産的価値があるのだから所持説や平穏占有説のほうがよい，そもそも242条には端的に「他人が占有し」としか書かれていないのだから，限定解釈する契機などなく所持説が唯一正しい等々，さまざまな意見が出てくるであろう。結論からいえばいずれの説をとってもかまわないが，答案を書く際には，①その説を妥当と考える理由と，②極端な結論を避けるための調整作業を構成要件

該当性と違法性阻却のどちらで行うかにより，考慮すべき事情や考慮の仕方に
どのような違いが生じてくるかを明らかにするようにしてほしい。

2. 判　　例

　古く大審院は，恩給法により担保に供することが禁止された恩給年金証書を
担保として債権者に交付した債務者がこれを窃取もしくは詐取した事案におい
て，窃盗罪・詐欺罪の規定は占有者が適法にその占有権を所有者に対抗しうる
場合に限って適用されるべきだ，として両罪の成立を否定していた（大判大正
7・9・25刑録24輯1219頁）。本権説をとったものといえよう（実質的に同旨の
判示として，大判大正12・6・9刑集2巻508頁参照）。

　これに対して戦後，最高裁は所持説のほうへシフトした。すなわち，債権者
に担保として差し入れた国鉄年金証書を債務者が詐取した事案において，前掲
大判大正7・9・25を変更して詐欺罪の成立を肯定したのである（最判昭和
34・8・28刑集13巻10号2906頁。それ以前にも最判昭和24・2・8刑集3巻2号
83頁は，窃盗犯人から盗品を喝取した事案で所持説的口吻を漏らしつつ恐喝罪を認
め，最判昭和24・2・15刑集3巻2号175頁は，禁制品である元軍用アルコールを
だまし取った事案で所持説的口吻を漏らしつつ詐欺罪を認めたが，そもそも242条
の適用局面ではないことに注意を要する）。ほかにも，譲渡担保権者がその目的
物であり管財人が保管する自動車を持ち去った事案において，自動車の所有権
の帰属が民事裁判によらなければ確定しがたい状態であったとしても，他人の
事実上の支配下にある自動車を運び去った行為は窃盗罪にあたるとしたもの
（最判昭和35・4・26刑集14巻6号748頁），自動車金融業者である債権者が，債
務者との間に買戻約款付自動車売買契約を締結して金員を貸し付け，債務者が
買戻権を喪失した直後に，ひそかに作製したスペアキーを利用して債務者に無
断で自動車を引き揚げたという事案において，自動車は借主の事実上の支配内
にあったことが明らかであるから，かりに被告人にその所有権があったとして
も，被告人の引揚行為は，242条にいう他人の占有に属する物を窃取したもの
として窃盗罪を構成するというべきであり，かつ，その行為は，社会通念上借
主に受忍を求める限度を超えた違法なものというほかはない，としたもの（最
決平成元・7・7刑集43巻7号607頁）などがある。

　所持説を最も明快に展開したと思われるのが最後の前掲最決平成元・7・7

であり，まずは同説に基づいて広く窃盗罪の構成要件該当性を肯定したうえ，あとの処罰範囲の調整は違法性阻却の段階で行うべき旨が述べられている。これは，原判決（大阪高判昭和59・7・3刑集43巻7号631頁参照）が中間説に基づいて同罪の成立を肯定していたのと対照的である。みなさんは「結局，窃盗罪になるならどちらでもよいではないか」と思うかもしれない。しかし，違法性阻却の段階まで下ろすと，窃盗罪の不法とは無関係なもろもろのマイナスまで算入されてしまうから（たとえば，取り戻すときに住居侵入をした，被害者を殴ったなど），同罪の成立を否定することは飛躍的に困難となる点に注意すべきである。

　とはいえ，判例が所持説を今日に至るまで，すべての局面において堅持していると評価しうるかには疑問もある（そもそも，これまで所持説をとるものとして紹介してきた判例の事案がすべて，中間説によっても同じ結論になるという指摘もある）。たとえば，近時の詐欺罪に関する判例は，同罪の構成要件該当性を判断するにあたり，請負契約の解釈に立ち入って，詐取したとされる工事完成払金を受領する民事法上の権利の有無を詳細に検討している（最判平成13・7・19刑集55巻5号371頁）。（欺罔による）金銭債務の履行強制のケースであり，所有者による財物の取戻しではないから，242条やその解釈をめぐるここまでの議論がそのまま適用されるわけではない。もっとも，判例が自力救済というだけでなく，「被害者が支払いを適法に拒めるか」という民事法上の実体的な権利義務関係まで見ようとしている点で，発想においては本権説に親和的なものといえよう。

10.2.2 客　体

1. 財物の意義

　窃盗罪の客体は「他人の財物」であり，このうち，「他人の」の意義については10.2.1で解説した。そこで，残るのは「財物」のほうであるが，こちらについても争いがある。

　有体性説は，財物は固体・液体・気体から構成される，財産的価値のある有体物であるという。条文の文言に素直な解釈といえよう。

　管理可能性説は，財物は有体物に限られず，可動的かつ管理可能なものであ

ればこれに含まれるという。典型的には，電気のようなエネルギーが想定されている。

　有体物が財産の主たる構成要素であった昔と異なり，今日においては無体物もまた重要な財産的意義を有するのであるから，有体性説では狭すぎるとする管理可能性説の発想もよく理解できる。しかし，いったん管理可能性などという茫漠とした概念だけで財物の範囲を画そうとしたならば，たとえ管理の形態を物理的なものに限定したとしても，財物の意義が際限なく拡張されてしまうおそれを否定できない。そもそも，財物にあたらないことを前提に財産上の利益として保護されることとなった債権なども，帳簿に載せれば物理的に管理可能であり財物にあたることとなりかねない（つまり，2項が注意〔確認〕規定となってしまい，立法者があえて2項のない犯罪を設けていることを合理的に説明しえない）。やはり，あくまで財物は有体物のみを指すものとしたうえ，保護対象の拡張は立法によって行うのが筋であろう。

　そもそも，管理可能性説が主張されることとなったきっかけは旧刑法下の**電気窃盗事件**であった。すなわち，大審院は電気の無断使用につき，電気が可動的かつ管理可能であることを理由に窃盗罪が成立するとしたのである（大判明治36・5・21刑録9輯874頁）。もっとも，その後，現行刑法は245条において電気を財物とみなしている。「みなす」という文言は財物でないものを財物として扱うという趣旨であること，245条が注意規定にすぎないとすれば横領罪にいう「物」に同条が準用されていないことを合理的に説明しえないこと，管理可能性説から無体物を財物とした判例がほかに現れていないことなどにかんがみると，少なくとも今日の判例はむしろ有体性説を前提にしていると解してよいであろう。

2. その他の限定

　不動産は財物に含まれるか。一般には含まれると解されるが，不動産に対する窃盗罪である不動産侵奪罪（235条の2）が別途，設けられていることにかんがみると，不動産は窃盗罪（235条）にいう財物からは除かれるというべきであろう。

　無主物や人体の一部が財物にあたらないのは当然のこととして（人体から分離されれば財物にあたりうる一方，遺骨や遺髪については納棺物領得罪〔190条後

段〕によってのみ保護される。大判大正 4・6・24 刑録 21 輯 886 頁），麻薬や覚醒剤，銃砲刀剣類等，私人による所有が一般に禁止されている**禁制品**は財物にあたるか。学説では一般に，許可等を得て例外的に所有しうることを理由として，禁制品も財物にあたると解されている。もっとも，民事法上の所有権概念に厳格に従属して，そのような迂遠な説明方法をとる必然性はないし，そもそも許可を得ていない人からは盗み放題なのかという疑問もある。むしろ，刑法上の所有権を独自に想定し，客体の利用や処分に関する全面的な支配の可能性と，それが（適式な手続きを経ない限り没収等されないという意味において）法的な要保護性を備えていれば足りると解しつつ，禁制品もこれらをみたすから財物にあたると説明すべきであろう。

　財物というために**経済的価値**が必要か。財産犯の規定により保護すべきであるかどうかと，市場でそれなりの値が付くかどうかとは，たしかに連動する場合が多いけれども，完全に一致しているわけではない（財物性を肯定した判例として，無効な約束手形につき大判明治 43・2・15 刑録 16 輯 256 頁，政党中央指令綴につき最判昭和 25・8・29 刑集 4 巻 9 号 1585 頁，使用済の収入印紙につき最決昭和 30・8・9 刑集 9 巻 9 号 2008 頁参照）。たとえば，息子が幼児のころ，父の日に折り紙で作ってくれた果物様の（？）塊は，ネットオークションに出して値が付くわけがないけれども当然に財物であり，私の部屋から盗めば窃盗罪が成立しうる。他方，経済的価値のみならず主観的価値もないものについては，財物にあたらないと解すべきであろう。裁判例が財物性を否定したものとして，メモ用紙 1 枚（大阪高判昭和 43・3・4 判タ 221 号 224 頁），ちり紙 13 枚（東京高判昭和 45・4・6 判タ 255 号 235 頁），はずれ馬券（札幌簡判昭和 51・12・6 判時 848 号 128 頁）などがある。

10.2.3　占　　有

1. 占有の意義

　窃盗罪における占有は財物に対する**事実的支配**を意味するものと解されている（242 条の窃盗罪における占有は唯一無二の保護法益であるから，所有権を第一次的な保護法益とする 235 条の窃盗罪におけるよりも限定すべきだという学説もあるが，要件論自体を操作するのは技巧的にすぎる。占有の「強さ」が同じならば 242

条の窃盗罪の刑を軽くするなど，量刑上の考慮にとどめるべきであろう）。そして，この事実的支配はさらに，占有の事実と占有の意思という2つの側面から構成されるといわれている。

占有の事実とは，財物が客観的に見て人の勢力圏内に置かれている，という外観をとらえたものである。この側面だけを強調すると，たとえば，実際には忘れ物であっても，すぐ近くに人がいてその人が一時的に脇に置いているだけだと周囲の人々が思うような状況があれば，忘れ主の忘れ物に対する事実的支配は残存しており，忘れ物を持ち去れば窃盗罪が成立しうることになる。

占有の意思とは，財物が人の設定した特定の利用過程に置かれている，という主観面をとらえたものである（ただし，この意思は包括的なもので足り，自宅内で物の所在を見失った〔大判大正15・10・8刑集5巻440頁〕とか，倉庫保管責任者が倉庫所蔵品の存在を知らなかった〔東京高判昭和31・5・29高刑裁特3巻11号586頁〕というときでも，もちろん肯定されうる。また，この意思は幼児や責任無能力者〔名古屋高判昭和31・3・5高刑裁特3巻6号252頁〕にも観念されうる消極的な要件である）。この側面だけを強調すると，たとえば，ある人があとで取りに来るつもりで自転車を無施錠のまま公道の端に停め，そのまま電車に乗って遠くまで飲みに行き，ついには深夜になって，誰がどう見ても放置自転車としか思えない状況になったとしても，その人が依然としてその場所を「マイ自転車置き場」と考えていたなら事実的支配は残存していることになる。

みなさんもすぐに気づいたと思うが，事実的支配を認定するにあたって一方の側面だけを考慮したのでは結論が明らかにおかしくなる。両側面を総合的に考慮し，社会通念上，窃盗罪による保護にふさわしい実体があると評価しうるかを慎重に判断しなければならない。というだけでは玉虫色にすぎるから，総合的考慮の中身をもう少し具体的に説明すると，やはり，まずは占有の意思が基礎に置かれるべきであろう（そもそも，飲酒酩酊により物の置き忘れ場所を失念してしまった事案で占有を否定した裁判例として，仙台高判昭和30・4・26高刑集8巻3号423頁，東京高判昭和36・8・8高刑集14巻5号316頁）。占有の事実のほうを基礎に置くときは，窃盗罪の粗暴犯としての性格——他人のパーソナルスペースに侵入するという性質——のみが一面的に強調され，「使おうと思っていたものが使えなくなってしまった」という財産犯としての性格が覆い

10.2 窃盗罪

隠されてしまう。しかし，その一方において，占有の意思は人の恣意的な利用過程を過剰に保護するおそれを内包しているから，社会通念に照らし，そのような利用過程に窃盗罪を成立させるだけの要保護性があるかを見極めなければならない。そして，この要保護性の判断は原則として財物の置かれた外形的な状況を標準に行われるから，ここで占有の事実が考慮されることになるのである（公道の端ではだめだろうが，単に簡易な柵で囲ってあるだけであっても，鉄道会社の設置した自転車置き場なら要保護性が肯定されよう）。

判例で特に目立つのは**忘れ物**を持ち去った事案である。この場合，占有の意思は失われてしまったともいえるが，それが一時的なものにすぎず，ただちに元の利用過程に戻すことが可能な段階であれば，いまだ占有の意思は残っているととらえるほうが実体にかなっている。他方，占有の事実については，元の利用過程自体に要保護性が認められるのであれば，同じく肯定することができよう。判例も基本的には同様の発想に基づいていると解され，たとえば，被害者の自転車が，雇人が夜の店の戸締りの際，屋内に取り込むことを失念したため，被害者方に属する物件の置き場所と認められる隣家の公道上の看板柱そばに立てかけられてあり，被告人が深夜にこれを持ち去った事案で占有を認めたもの（福岡高判昭和30・4・25 高刑集 8 巻 3 号 418 頁），バスに乗るために行列していた被害者がバスを待つ間にカメラを脇に置き，行列の移動につれて改札口近くに進んだのち，カメラを置き忘れたことに気づきただちに引き返したところ，すでにカメラは持ち去られていたが，その間，時間にして 5 分，距離にして約 20m 離れたにすぎなかった事案で占有を認めたもの（最判昭和 32・11・8 刑集 11 巻 12 号 3061 頁），被害者がスーパーマーケットの 6 階のベンチに財布を置き忘れたまま地下 1 階に移動し，約 10 分後にそのことに気づいて引き返したが，その間に被告人が財布を持ち去っていた，という事案で占有を否定したもの（東京高判平成 3・4・1 判時 1400 号 128 頁），被害者が公園のベンチにポシェットを置き忘れたままその場を離れ，公園出口の横断歩道橋を渡って約200m 離れた駅の改札口付近まで 2 分ほど歩いたところで置き忘れに気づき，走って戻ったがすでになくなっていた事案で，実際には，隣のベンチから被害者の様子をうかがっていた被告人が，被害者がベンチから約 27m 離れた同歩道橋の階段踊り場まで行ったのを見たときに，ポシェットを持ち去ったという

場合に占有を認めたもの（最決平成 16・8・25 刑集 58 巻 6 号 515 頁），被害者が公道上に財布を落とし，それに気づかないまま徒歩で駅に向かったところ，落とした約 1 分後，自転車で現場を通りかかった被告人が財布を領得した事案で占有を否定したもの（東京高判平成 29・10・18 東高刑時報 68 巻 1 ～ 12 号 125 頁）などがある。もっとも，ただちに元の利用過程に戻すことが可能な段階で忘れ物を領得されたと証拠により認定するのは困難な場合も多く，実際には，被害者がどこで忘れ物に気づき，いつ取りに戻った（らなくなっていた）のかを認定したうえ，その時点においてさえいまだ前記段階と評価しうるという，やや回りくどい判断をしなければならないこともあろう（前掲最判昭和 32・11・8 はその典型例である一方，前掲東京高判平成 3・4・1 のように，回りくどい判断もできなければあきらめるしかない）。

　他方，占有の意思が疑いなく存在する事案においては，被害者の設定した財物の利用過程が恣意的なものでないか，社会通念に照らして十分な要保護性が認められるか，という占有の事実にかかる側面が慎重に検討されている。たとえば，誰も見張っていない堂宇に安置されている仏像を領得した事案で占有を認めたもの（大判大正 3・10・21 刑録 20 輯 1898 頁），関東大震災が発生したため，被害者が布団その他を道路上に搬出して一時他所に避難したところ，被告人がこれを持ち去った事案で占有を認めたもの（大判大正 13・6・10 刑集 3 巻 473 頁），所有者が列車を待つ間に電報を打ちに行くため，乗客の列の中にボストンバッグ等を置いて約 10 分間その場を離れた間，これを領得した事案で占有を認めたもの（東京高判昭和 30・3・31 高刑裁特 2 巻 7 号 242 頁），縁日ごとに営業する露店業者が閉店後，輪巻きにして一時，道端に置いていた電線を持ち去った事案で占有を認めたもの（東京高判昭和 30・5・13 高刑裁特 2 巻 11 号 519 頁），海中に落とした物について，落とし主の意を受けた者が被告人らに位置を指示して引揚げを依頼したが，被告人らはそれを発見したにもかかわらず不発見を装って持ち去った事案で占有を認めたもの（最決昭和 32・1・24 刑集 11 巻 1 号 270 頁），被害者が駅構内の待合室の一隅に旅行鞄を置いたまま，食事のため約 203m 離れた同じ駅構内の食堂へ行った間，同鞄を領得した事案で占有を認めたもの（名古屋高判昭和 52・5・10 判時 852 号 124 頁），事実上，市場に来る客の自転車置き場ともなっている人道専用橋上に被害者が自転車を置いていったん

10.2　窃盗罪　　　**145**

帰宅し，自転車は無施錠のまま約14時間を経過して午前3時半ごろまで同所に置かれていたところ，被告人が自転車を持ち去った事案で占有を認めたもの（福岡高判昭和58・2・28判時1083号156頁），ファーストフード店地下1階で清掃を行っていた被害者が，携帯電話機を約10m離れた収納棚に置いておいたところ，これを領得された事案で占有を認めたもの（東京高判平成21・7・1判タ1308号308頁），コンビニエンスストアに接した歩道上の植込み部分（自転車等の放置禁止区域）に無施錠で置かれた被害者の自転車を被告人が持ち去った事案で，犯行時点は被害者が被害場所を離れて1時間余りが経過したところであったという場合に占有を否定したもの（東京高判平成24・4・11東高刑時報63巻1〜12号60頁），有料の自転車駐輪場である建物の敷地の一部ではあるが，駐輪施設そのものではない空き地に被害者が自転車を無施錠のまま停め，そのまま4日後まで戻らなかったところ，停めてから半日ほどが経過した時点で被告人が自転車を持ち去っていた事案で占有を否定したもの（東京高判平成24・10・17東高刑時報63巻1〜12号211頁）などがある。

2. 占有の帰属

占有が誰に**帰属**するかに関してはいくつかの論点がある。

第1に，そもそも財物に対する排他的支配性が疑われる場合において，何人かに対する占有の帰属が認められうるか。判例には，神社の境内の外に出た神社所有の鹿について，神社に帰還する習性があるから飼主である神社の占有を認めたもの（大判大正5・5・1刑録22輯672頁），一般人の自由な立入りが可能な列車内に遺留された毛布につき管理者の占有を否定したもの（大判大正15・11・2刑集5巻491頁），所有者によって8年間飼育訓練され，運動のため放されると夕方には家の庭に帰って来る猟犬につき，出遊中でも占有を認めたもの（最判昭和32・7・16刑集11巻7号1829頁），河川敷地内に存し，移動の可能性がある砂利等につき，河川を管理する地方行政庁の占有を否定したもの（最判昭和32・10・15刑集11巻10号2597頁），網生けすから湖に逃げ出し，付近の雑建網内に入った鯉につき，飼養主の占有を否定したもの（最決昭和56・2・20刑集35巻1号15頁）などがある。

第2に，もともと財物を占有していた者がこれを喪失した場合において，当該領域の管理・支配者に占有が移るのはいかなる条件のもとでか。判例には，

宿泊客が旅館のトイレに置き忘れた財布につき旅館主に占有を認めたもの（大判大正 8・4・4 刑録 25 輯 382 頁），宿泊者が旅館の脱衣場に置き忘れた腕時計につき旅館主に占有を認めたもの（札幌高判昭和 28・5・7 高刑判特 32 号 26 頁），通話者が公衆電話機内に存置させておいた硬貨につき電話局長等の占有を認めたもの（東京高判昭和 33・3・10 判タ 80 号 73 頁），ゴルフ場内人工池のロストボールにつきゴルフ場管理者に占有を認めたもの（最決昭和 62・4・10 刑集 41 巻 3 号 221 頁），スーパーのセルフレジに客が置き忘れた財布につき店長の占有を認めたもの（東京高判令和 4・7・12 高刑速（令 4）192 頁）などがある。

第 3 に，単一の財物に対して複数人が占有を有しているかに見える場合において，占有の帰属関係をいかにして決すべきか。判例には，雇人が店頭にある主人の所有物を持ち去った事案で窃盗罪を認めたもの（大判大正 3・3・6 新聞 929 号 28 頁），商店の店員が自己の勤務する店舗の商品を入質し，遊興費に充てた事案で窃盗罪を認めたもの（大判大正 7・2・6 刑録 24 輯 32 頁），銀行支配人心得が，頭取・常務取締役と共同して銀行金庫で保管している有価証券を，勝手に金庫から取り出して自分のものにした事案で窃盗罪を認めたもの（大判大正 8・4・5 刑録 25 輯 489 頁），倉庫番が倉庫内の物品を勝手に持ち出して売却した事案で窃盗罪を認めたもの（大判大正 12・11・9 刑集 2 巻 778 頁），旅館の宿泊客が旅館の浴衣，下駄等を着用したまま立ち去った事案で窃盗罪を認めたもの（最決昭和 31・1・19 刑集 10 巻 1 号 67 頁）などがある。上位者が下位者に管理を任せたなどの事情が認定しえれば横領罪となろう。

他方，**封緘物**に関しては，内容物だけを抜き取った場合に窃盗罪を認める判例（大判明治 45・4・26 刑録 18 輯 536 頁，最決昭和 32・4・25 刑集 11 巻 4 号 1427 頁）と，封緘物全体を領得した場合に横領罪を認める判例（大判大正 7・11・19 刑録 24 輯 1365 頁，東京地判昭和 41・11・25 判タ 200 号 177 頁）がある。矛盾しているという批判もあるが，あえて封緘したうえで他人に託した者の合理的期待という観点から，かろうじて正当化しうるように思われる（したがって，内容物の性質上，当然に封緘が必要であり，「あえて封緘した」とは評価しえない場合，たとえば，すっぽんを生きたまま飲食店に届けるため厳重に箱を縛って運送業者に託した事例においては，すっぽんを領得した運送業者に窃盗罪の成立する余地はないであろう）。このとき，内容物を窃取する手段として全体を横領したのであ

10.2 窃盗罪

れば，横領罪は窃盗罪に吸収されることになる。

3. 死者の占有

いうまでもないことであるが，死者に占有は認められない。これが大原則である。もちろん，被害者を殺害したうえ，その着衣をまさぐって財布を抜き取るような，強盗殺人罪（240 条後段）が成立しうるケースにおいては死者に占有が認められているようにも見えなくはない。しかし，厳密に考えると，そこでは死者に占有が認められているわけではない。そうではなく，被害者を殺害するという究極の反抗抑圧手段を通じてその占有を喪失させたうえ，行為者がこれを取得しているだけである。あとは，このような占有取得プロセスのうち，どこまでが強盗殺人罪の保護範囲に含まれるか——たとえば，殺害から長時間が経過したのち，現場から遠く離れた被害者宅に立ち入って財物を持ち去るなど，「間延び」したケースであっても強盗殺人といえるか——が問題として残されるにとどまる（被害者を松山におびき出して殺害し，その所持する金品や居室の鍵を奪い，ただちに上京して，その鍵を利用して被害者方に侵入し，現金，預金通帳などを奪うことを共謀し，現実には，殺害翌日に被害者方で鍵や契約書などを取得した事案において，強盗殺人罪を認めた裁判例として東京高判昭和 57・1・21 刑月 14 巻 1 ＝ 2 号 1 頁参照。その他の関連裁判例として，仙台高判昭和 31・6・13 高刑裁特 3 巻 24 号 1149 頁〔被害者殺害の翌々日の金員奪取につき否定〕，札幌高判昭和 32・7・11 判時 124 号 27 頁，東京高判昭和 53・9・13 判時 916 号 104 頁，東京高判昭和 60・4・24 判タ 577 号 91 頁，名古屋高判平成 23・2・23 高刑速（平 23）204 頁などがある）。

ところが判例は，一定の範囲で**死者の占有**を肯定してきた。もちろん，被害者の死亡と無関係な第三者が死体から財物を領得しても，遺失物等横領罪（254 条）が成立するにとどまる（震災のため道路上に散在している焼死者から，その身に着けている物を奪った事案につき，大判大正 13・3・28 新聞 2247 号 22 頁）。これに対し，被害者を殺害した直後，その身に着けていた物を奪取する意思を生じ，これを領得した場合においては，被害者からその財物の占有を離脱させた自己の行為を利用して同財物を奪取した一連の被告人の行為が，これを全体的に考察して，他人の財物に対する所持を侵害したものというべきである，として窃盗罪を認めている（最判昭和 41・4・8 刑集 20 巻 4 号 207 頁。傷害致死後の金銭奪

取に窃盗罪を認めたそれ以前の判例として，大判昭和 16・11・11 刑集 20 巻 598 頁参照）。

　現実の裁判例としては，深夜に被害者を殺害したのち，知人と飲酒したり旅館に宿泊したりするなどし，殺害から 9 時間後に，殺害現場である被害者の居室に戻って預金通帳を奪った事案（東京地判昭和 37・12・3 判時 323 号 33 頁。占有を否定），自宅で同棲相手を殺害した 2 時間後に死体を海中に投棄し，殺害 3 時間後に指輪を，86 時間後に腕時計を殺害現場で領得した事案（東京高判昭和 39・6・8 高刑集 17 巻 5 号 446 頁。占有を肯定），被害者宅で被害者を殺害した直後に現金などを領得し，被害者宅に施錠してその鍵を保管しながら，殺害の 16 時間後と 49 時間後にステレオ等を持ち出した事案（福岡高判昭和 43・6・14 下刑集 10 巻 6 号 592 頁。占有を肯定），被害者宅で被害者を殺害し，殺害の 2 日後に死体を解体して，その翌々日にかけて被告人方に運んで隠匿し，殺害から 5 日後に現金を，10 日後に整理ダンス等を持ち出した事案（新潟地判昭和 60・7・2 判時 1160 号 167 頁。占有を否定），強盗殺人の犯人が殺害の 4 日後に，殺害場所とは異なる被害者の居室において，新たな財物奪取の意思に基づき財物を持ち出した事案（東京地判平成 10・6・5 判タ 1008 号 277 頁。占有を肯定）などがある。

　たしかに，被害者を殺害した犯人が当初から財物奪取意思を有していたかどうかや，犯人が財物を持ち去った時点で被害者がまだ生きていたかどうかは，証拠上ただちに明らかとならないケースが多いであろう。そこで，前者の場合にはせめて窃盗罪で，後者の場合には，少なくとも証明が類型的に困難な被害者死亡直後の時点において，せめて被害者を死亡させた犯人（ないし経緯を知悉する途中関与者）との関係では窃盗罪で，それぞれ処罰したいという要請は理解しえないではない。あるいは別の角度から，先行する犯罪が被害者を死に至らしめるほどのより悪質なものであった場合に（他方，先行する致死行為が違法性や責任を欠く場合にどうなるかは不明である），占有を侵す罪が成立しえずかえって刑が軽くなるのは背理だという学説もある。しかし，そうはいっても窃盗罪は個人の財産に対する罪なのであり，財産の帰属する個人がすでに死亡してその主体たりえないのであれば，もはや同罪は成立しえないものと解するほうが一貫していよう。

10.2.4 窃　　取

　窃盗罪の実行行為である「**窃取**」とは，他人の占有する財物をその意思に反して自己または第三者の占有下に移転させることをいう。「窃」という漢字のもともとの意味に反し，ひそかに行われる必要はない。

　特に論争的であるのは「意思に反して」の部分であり，被害者が財物の占有移転に一定の**条件**を付していると解されるとき，この条件をかいくぐって占有を移転させる行為のうち，いかなる範囲のものが「意思に反して」といいうるかが問題となる。学説には両極端の見解として，占有移転条件をかいくぐるのは詐欺罪の不法であるから常に「意思に反して」とはいえない，という立場と，窃盗罪はむしろ詐欺罪の受け皿としての機能をもつから，欺罔があれば詐欺罪となる場合に欺罔なしで占有移転させれば常に「意思に反して」といえる，という立場とが存在する。もっとも，いずれも行き過ぎの感があり，欺罔があれば詐欺罪となりうる場合のうち，被害者による確認措置（交付判断）の省略が社会通念に照らして合理的と判断されうるケースにおいてのみ，「意思に反して」と評価して窃盗罪による保護を及ぼすのが妥当であろう。したがって，たとえば，客が箱に代金を入れて野菜を持って行くシステムの無人野菜売り場から代金を入れずに野菜を持ち去れば窃盗罪になるが，八百屋の主人が勝手に対価をもらえると思い込んで野菜の持去りを黙認しているにすぎなければ同罪とはならない。

　判例には，体感器を身体に装着し，メダルの不正取得の機会をうかがいながらパチスロ機で遊戯した場合に，取得したメダルにつき，それが体感器の操作の結果，取得されたものであるか否かを問わず，窃盗罪を認めたもの（最決平成 19・4・13 刑集 61 巻 3 号 340 頁），監視から共犯者のゴト行為を隠ぺいする目的をもって，通常の方法によりパチスロ機で遊戯した場合に，みずから取得したメダルにつき窃盗罪を否定したもの（最決平成 21・6・29 刑集 63 巻 5 号 461 頁），振り込め詐欺の被害金が自己名義の預金口座に振替送金された場合に，キャッシュカード等を用いて ATM から引き出した現金につき窃盗罪を認めたもの（名古屋高判平成 24・7・5 高刑速（平 24）207 頁）などがある。判例は特にパチスロ店におけるメダルの不正取得の類型においては，「**通常の遊戯方法**」の範囲内にある限り窃盗罪を否定するもののようであるが，それも煎じ詰めれば，

150　　　　　　　第10章　財産犯総説・窃盗罪

「通常の遊戯方法」にまでいちいち介入・禁止したいのなら店側が個別に積極的な確認措置をとれ，という趣旨であろう。

10.2.5　不法領得の意思

1. 総　　説

　犯罪の故意のほかに，特別の主観的要件として，**不法領得の意思**を要求する犯罪を**領得罪**という。領得罪にはさまざまな種類があり，その種類ごとに不法領得の意思の内容が異なって解されることもある。窃盗罪は領得罪の代表例であり，ここでは特に窃盗罪における不法領得の意思の内容について解説する。

　不法領得の意思は2つの要素から構成されるものと解されている。第1に権利者排除意思，第2に利用処分意思である。学説には，不法領得の意思が「窃取」という文言に含まれるというものと，条文には書かれていないが解釈により要請されるというものとが存在するが，あまり生産的な争いとはいえない。むしろ，不法領得の意思の具体的内容やその体系的位置づけのほうが肝要である。

　第1の**権利者排除意思**は，端的に排除意思といわれることもあり，**財物の一時使用**（寸借，**使用窃盗**ともよばれる）を不可罰とするための要素である。たとえば，遠くに珍しい鳥がいるので，すぐ横の芝生にシートを敷いて寝ている人のそばに置かれている双眼鏡を失敬し，しばし鳥を観察したのち，双眼鏡をそっと元の位置に戻しておいた，そして，丁寧に扱ったので双眼鏡の状態も元のままである，という事例を考えてみよう。このとき，行為者は他人の財物をその占有下から自己の占有下に移す意思があるから窃盗罪の故意を有している。しかし，このような行為まで，双眼鏡を完全に持ち逃げしてしまう行為と同じ犯罪として処罰するのはいかにも不当である。そこで，このような事例においては，行為者に故意はあるものの，財物を爾後も被害者の占有下から排除し続ける意思がないから窃盗罪は成立しない，と説明すべきである。この意思こそが権利者排除意思にほかならず，行為者の主観面が被害者のこうむる損害を拡大させる危険性を基礎づけているから主観的違法要素といえる。学説にはこの権利者排除意思を不要とするものもあるが，「当罰的な一時使用も観念しえ，窃盗罪を使うのでは重すぎるが，ほかに罪がないから仕方なく窃盗罪で処罰す

る」というのなら，むしろ（窃盗罪より軽い）一時使用罪の立法を主張すべきであろう。

第2の**利用処分意思**は，窃盗罪を**毀棄罪**から区別するための要素である。たとえば，友人の鞄から「刑法各論」の講義ノートをひそかに抜き取り，自宅に持ち帰ったとして，行為者がそのノートを使って試験勉強をするつもりだったのなら利用処分意思があるから窃盗罪が成立するが，自分は「刑法各論」の単位を修得済みであり，ただ友人の試験勉強を邪魔して単位をとらせないためにそうしたのなら，利用処分意思がないから器物損壊罪（261条）が成立するにとどまることになる（隠匿することも器物損壊罪にあたる）。学説には利用処分意思を不要とするもの，反対に，利用処分意思を利欲犯の要請ととらえるものも存在するが，いずれも極端にすぎる。前者をとる場合，毀棄が占有移転をともなうかどうかで不合理な刑の格差が生じてしまう一方，後者をとる場合，たとえ行為者が客体を何らかの方法で利用するつもりであっても，その利用方法がペットショップから動物を持ち去り自然に帰してやるなど，行為者の利欲的動機のあらわれと評価しがたければ窃盗罪が成立しえなくなってしまう。やはり，利用処分意思は客体を特定の利用過程に載せようとする動機として幅広くとらえたうえ，そのような動機があれば行為者の関心が客体に集中し，これを奪おうとする衝動の強化されることが窃盗罪の重い刑を基礎づけるのだ，と説明すべきであろう。そして，このように理解された利用処分意思が不法と責任のいずれに属するかは，みなさんが刑法総論において採用した犯罪論の体系がいかなるものであるかによって決まる。

2. 権利者排除意思

まずは典型的な一時使用にかかる判例として，一時使用の意思で自転車を無断利用した場合に窃盗罪を否定したもの（大判大正9・2・4刑録26輯26頁），乗り捨ての意思で他人の船を無断使用した場合に窃盗罪を肯定したもの（最判昭和26・7・13刑集5巻8号1437頁），盗品の運搬に利用するため，他人の自動車を夜間無断で使用してはこれを翌朝までに元の位置に戻しておく，ということを繰り返していた場合に窃盗罪を肯定したもの（最決昭和43・9・17判時534号85頁），自転車を無断で使用し，約2km離れた場所まで行って不同意性交を犯し，その後，自転車を元の場所に戻そうと考えていた場合に窃盗罪を否定

したもの（京都地判昭和51・12・17判時847号112頁），数時間にわたって乗り回す意思で，駐車場から他人所有の自動車を無断で乗り出した場合に窃盗罪を肯定したもの（最決昭和55・10・30刑集34巻5号357頁），遺失物等横領罪に関してではあるが，市営住宅の駐輪場に遺留された盗難自転車をコンビニエンスストアに行く際に使用し，1時間程度たってから元の場所に戻すつもりであった場合に不法領得の意思を認めたもの（福岡高判令和3・3・29高刑速（令3）524頁。ただし，現実には約12時間にわたって無断使用を続けており，このことをとらえて遺失物等横領罪を適用する余地もある事案）などがある。このようなケースにおいて権利者排除意思の有無を判定する際には，行為者の意思内容が現実のものとなる可能性と，そうなった暁に被害者がこうむる財物の利用可能性侵害の大きさが重要なメルクマールとなる。したがって，たとえば，予定使用時間が長いとか，被害者にすぐ利用する予定がある，財物の価値が高かったり毀損するおそれが強かったりする，などといった事情があれば権利者排除意思が肯定されやすくなろう。

　次に，被害者による客体の利用可能性が物理的には短時間しか害されないかに見えるものの，被害者の設定していた利用過程がシステム化された特定のものであり，そのような利用過程には戻すつもりがないというケースにおいては，やはり権利者排除意思を肯定することが妥当である。判例には，パチンコ玉を景品交換の手段とするため，磁石を用いて遊技場のパチンコ機械から玉を取った場合に窃盗罪を肯定したもの（最決昭和31・8・22刑集10巻8号1260頁），商品の返品を装い，代金相当額の交付を受ける意思のもとに，商品を売り場から持ち出した場合に窃盗罪を肯定したもの（大阪地判昭和63・12・22判タ707号267頁），スーパーマーケットにおいて，のちにレジで代金を支払う意思のもと，商品として陳列されていた魚の切り身1点を口腔内に入れて嚥下したが，それは一連の過程を撮影して動画投稿サイトに投稿するためであった，という場合に権利者排除意思を認めたもの（名古屋高判令和3・12・14高刑速（令3）501頁）などがある。これらの事案においては，被害者がシステム化していた財物の利用の流れが確固として存在しており，被告人に，少なくともそのような流れからは財物を確定的に離脱させる意思の認められることが決定的だったと思われる。

10.2 窃盗罪

さらに，客体の価値が実質的にはそこに化体された**情報**のほうに存在しており，たとえば，重要情報の載った書類をコピーしてすぐに元に戻すなど，客体そのものに対する被害者の利用可能性は速やかに回復されるものの，情報の排他的使用という価値の本源が害されてしまっている，というケースにおいても権利者排除意思を肯定することができるか。裁判例の**趨勢**はこれを肯定しており，会社事務所の事務机から機密資料である名簿を，コピーしたのちただちに返還する意思で持ち出した場合に権利者排除意思を肯定したもの（東京地判昭和55・2・14刑月12巻1＝2号47頁），他社社員に渡してコピーさせるため，研究所の戸棚からファイルを取り出したが，利用後は返還する意思であった場合に権利者排除意思を肯定したもの（東京地判昭和59・6・15刑月16巻5＝6号459頁），コピーを作成して販売する目的で，住民基本台帳の閲覧用マイクロフィルム（区役所内の閲覧コーナーでの閲覧が許されるにとどまる）を区役所外に持ち出したが，複写後，ただちに返還する意思であった場合に権利者排除意思を肯定したもの（札幌地判平成5・6・28判タ838号268頁）などがある。本質は情報の不正取得であり，財物の占有取得を捕捉する窃盗罪で処罰するのは無理があるが，今日においては，このような情報は電子データ化されていること，不正競争防止法や不正アクセス禁止法等の罰則が整備されたことなどから，これらの裁判例の意義はあまり大きくないといえよう。

3. 利用処分意思

リーディングケースとして，尋常高等小学校の教員が校長を失脚させるため，その保管する教育勅語の謄本を持ち出し，自己の受持教室の天井裏に隠匿した事案で不法領得の意思を否定したもの（大判大正4・5・21刑録21輯663頁），競売を延期させる目的で，競売期日に裁判所において記録の閲覧を求め，隙を見て競売記録を持ち出し隠匿した事案で不法領得の意思を否定したもの（大判昭和9・12・22刑集13巻1789頁）などがある（その後の代表的な否定例として，東京高判昭和30・4・19高刑集8巻3号337頁〔自動車の所有名義変更を阻止するため，自動車登録原簿を備付場所から一時持ち出した〕，仙台高判昭和46・6・21高刑集24巻2号418頁〔仕返しのため海中に投棄する目的で，被害者宅からチェーンソーを持ち出した〕，福岡地小倉支判昭和62・8・26判時1251号143頁〔累が及ぶのを恐れ，廃棄する意思で覚醒剤を取り上げた〕など）。利用処分意思が否定され

る典型的なケースといえよう。

　また近年においても，被告人が支払督促制度を悪用して叔父の財産を不正に差し押さえ，強制執行することなどにより金員を得ようと考え，内容虚偽の支払督促を申し立てたうえ，共犯者が叔父方付近で待ち受け，叔父本人であるかのように装い，郵便配達員から支払督促正本等を受け取ったが，それを速やかに廃棄する意図であった事案で不法領得の意思を否定した判例が出されている（最決平成16・11・30刑集58巻8号1005頁。詐欺罪の事案であり，同罪は被害者の対応する損害のもと，行為者が不法に利得することを処罰する非領得罪だという学説もあるが，少数説であり，支配的な見解は同罪の不法領得の意思を窃盗罪と同様に理解している）。特に，被告人の**財産的利得目的**を認定しながら実質的には利用処分意思を否定したことは注目に値する（実際，原判決〔大阪高判平成16・3・5前掲刑集1040頁参照〕は，被告人らが支払督促正本等の本来の法的，経済的効用を発現させようとしていたことを理由に利用処分意思を肯定していた）。このような発想を一貫させると，たとえば，借金を帳消しにするため，借金の唯一の証拠である借用証書を廃棄する目的で，貸主の鞄から持ち去った場合にも窃盗罪は成立しないこととなろう。

　一方，利用処分意思は客体の本来的な用法に従うことや，経済的・社会的利得を目的とすることを要せず，たとえば，水増し投票をする目的で投票用紙を持ち出した場合（最判昭和33・4・17刑集12巻6号1079頁），木材を繋留するために電線を切り取った場合（最決昭和35・9・9刑集14巻11号1457頁），性的な目的で女性の下着を奪った場合（最決昭和37・6・26集刑143号201頁），中の身元書類を見たうえ，拾得者を装って接触を図るため，走行中の電車内で被害者のリュックサックから財布を抜き取った場合（東京高判平成19・3・16高刑速（平19）147頁），データを削除する目的でスマートフォンを持ち出した場合（東京高判平成30・9・28高刑速（平30）236頁）にも（同時に権利者排除意思がみたされる限り）窃盗罪が成立しうる。このこともまた，利用処分意思の意義や一般的定義に照らして当然といえよう。

　近年においてしばしば議論の対象とされているのは，行為者が財物を持ち去った動機が**犯跡隠蔽目的**や，犯行後ただちに自首し，**証拠品**として警察に提出する目的に存したケースである。

10.2 窃盗罪

155

まず前者については，行為者の関心が財物を一定の方法で利用するところにはおよそ存在しない以上，利用処分意思を否定することが一貫する（犯行の発覚を防ぐため，死体から貴金属を取り去った事案につき，東京地判昭和 62・10・6 判時 1259 号 137 頁参照）。例外的にこれを肯定する裁判例もあるが（東京高判平成 12・5・15 判時 1741 号 157 頁），実際には犯跡隠蔽が主たる目的ではなかった事案とも見ることができ，先例としての価値は高くないといえよう（一義的な犯跡隠蔽目的の事案で不法領得の意思を認めた大阪高判昭和 24・12・5 高刑判特 4 号 3 頁もあるが，古く，かつ実務の趨勢から逸脱した判断といえよう）。

次に後者については，みずからを有罪とし，刑務所に入るために必要な証拠として利用する，というのもあくまで財物の利用方法のひとつであり，それが本来的・一般的用法でないとか，経済的用法でないなどといった理由から利用処分意思を否定することはできない（神戸地判平成 15・10・9 裁判所ウェブサイト，広島高松江支判平成 21・4・17 高刑速（平 21）205 頁参照。なお，自首するためではないが，証拠収集目的の場合に不法領得の意思を認めた仙台高判平成 23・7・12 LEX/DB25472600 もある）。裁判例にはこれを否定したものもあるが（広島地判昭和 50・6・24 刑月 7 巻 6 号 692 頁），窃盗罪を否定したいのなら，むしろ権利者排除意思のほうのみを否定すべきだったように思われる。

なお，学説においては第三者に領得させる目的（**第三者領得意思**）もまた利用処分意思をみたしうるかも争われており，有力な学説は窃盗罪の利欲犯的性格を強調し，自己領得と価値的に同視しうる場合（たとえば，家族に領得させる場合）に限ってこれを肯定している。しかし，そもそも窃盗罪は常に利欲犯というわけではない。貧者に分け与えるため，高利貸しから金を盗む義賊もまた窃盗犯にほかならない。むしろ，第三者に客体を使わせるというのもひとつの特定された利用過程である以上，第三者領得意思もまた問題なく利用処分意思にあたるというべきであろう（最決昭和 31・7・3 刑集 10 巻 7 号 955 頁参照）。

10.2.6 未遂・既遂時期

窃盗罪の実行の着手時期に関しては刑法総論で詳しく勉強した（する）はずなので，ここではもっぱら既遂時期に関して解説を行う。

まずは既遂不法の内容そのものに関して，占有排除説と占有取得説の対立が

ある。後者の**占有取得説**のほうが分かりやすく，要するに，客体の占有を行為者が取得までしてはじめて窃盗罪が既遂に達する，と解する。これに対し，前者の**占有排除説**は，行為者が占有取得を目指しつつも，被害者から客体の占有を排除した時点で既遂に達する，と解する。いずれの見解も論理的には十分に成り立ちうるが，窃盗罪には未遂犯処罰規定が設けられていること，行為者が客体を自己の支配下に置くことにより，被害者による占有の回復が飛躍的に困難化することなどに照らすと，占有取得説のほうが妥当であるように思われる。判例も，明示的に一般論を展開しないまでも，基本的には同説を前提にしているといえる。

　問題はいかなる場合に占有を取得したものと評価しうるかであり，既遂を認めた判例には，万引きした靴下をいったん懐中に収めた事案（大判大正12・4・9刑集2巻330頁），機会を待って持ち去る目的で，他人の家の浴室内に指輪を隠した事案（大判大正12・7・3刑集2巻624頁），後刻拾う計画のもとに，鉄道機関助手らが列車から積み荷を突き落とした事案（最判昭和24・12・22刑集3巻12号2070頁），自動車窃盗の目的で，被害者の自動車を道路まで移動させてエンジンを始動させ，いつでも発進可能な状態にした事案（広島高判昭和45・5・28判タ255号275頁），スーパーマーケットで商品35点を買い物かごに入れたまま，レジを通過することなくレジの外側に持ち出した事案（東京高判平成4・10・28判タ823号252頁），フェンスで囲まれた工事現場内の自動販売機を損壊し，持ち運びの容易なコインホルダーを取り出した事案（東京高判平成5・2・25判タ823号254頁），大型店舗家電売場のテレビをレジで精算せず，トイレ内の洗面台下部の扉が付いた収納棚の中に入れた事案（東京高判平成21・12・22判タ1333号282頁），大型店舗内で相当に大きな形状の複数のプラモデル等をトイレの個室に持ち込み，バッグ等に詰めて携帯し持ち去ることが可能な状態に置いた事案（東京高判平成24・2・16東高刑時報63巻1〜12号31頁）などがある（他方，既遂否定例として，被告人らが〔障壁，守衛等を備えた〕工場の資材小屋から重量物を取り出し，工場の構外へ搬出すべく約170〜180m運搬したが，構内から出ないうちに発見された事案に関する大阪高判昭和29・5・4高刑集7巻4号591頁参照）。

　このように，占有取得の有無は一律に判断しうるものではなく，財物の大小

や置かれた場所，移動の容易性等，さまざまな事情を総合的に勘案しつつ，客体が行為者の設定した利用過程に載ったと評価しうるかを慎重に見極めなければならない。

10.2.7　罪　　数

　窃盗罪の罪数は原則として，侵害された占有の個数によって判断される。したがって，数人の所有物をしかしひとりが占有している場合においては，これを窃取して成立する窃盗罪は一罪である。235条の窃盗罪の第一次的な保護法益が所有権であることにかんがみると，この場合は数罪とすべきように思われるかもしれない。それも一理あるが，242条の窃盗罪との統一的処理を優先させたものといえよう。

　住居侵入罪（130条前段）と窃盗罪は牽連犯の関係に立つ。

　窃取したキャッシュカードを銀行のATMに挿入し，現金を引き出して領得すれば，当初のキャッシュカードに対する窃盗罪のほか，銀行の管理・支配する現金に対する新たな窃盗罪が成立し，両者は併合罪の関係に立つ。

10.3　不動産侵奪罪

10.3.1　意　　義

　他人の不動産を侵奪した者は，10年以下の拘禁刑に処する（235条の2）。未遂を罰する（243条）。

　本罪は1960（昭和35）年，境界損壊罪（262条の2）とともに新設されたものである。それ以前は，主に虚偽登記等の方法により不動産の占有を取得した場合を想定しつつ，窃盗罪を認める学説も存在したが，支配的な立場は，一般論としては財物に不動産が含まれることを承認しながらも，不動産に対する窃盗罪を否定していた。もっとも，戦後の社会的混乱の中で土地の不法占拠が横行したため，このような行為を正面から捕捉する構成要件が必要とされたのである。

　本罪は客体が不動産である点を除き，その基本的構造を窃盗罪と同じくするものと解されていることから，次のような帰結が導かれる。いずれも，「必ずしもそうではない」と推論にケチをつけることはできるが，みなさんには，こ

れが法律家の大方の共通了解なのだと受け止めてほしい。

第1に，窃盗罪における財物は**動産**に限定されることとなった。また，これは論理必然ではないものの，強盗罪においても同様に解するのが一般的である。したがって，たとえば，被害者にその反抗を抑圧する程度の暴行・脅迫を加え，その土地に産業廃棄物を投棄することを黙認させたような場合には，236条1項ではなく，不動産を利用するという財産上不法の利益を奪取したかどで，同条2項の強盗罪が成立することになる。

第2に，**登記名義**を不正に書き換えたような場合には，あくまで不動産の処分可能性という法律的支配を獲得したにとどまるから，不動産に対する事実的支配を奪取する罪である不動産侵奪罪は成立しない。ただ，不動産は文字どおり可動性を欠くことから，登記が適法になされている限り，所有権の登記名義人が事実上，不動産侵奪罪における占有者と一致することが多い。

第3に，窃盗罪が状態犯である以上，不動産侵奪罪もまた**状態犯**であり，行為者（または第三者）が客体の占有を取得して以降の，被害者に対する継続的な利用妨害は不動産侵奪罪の不法を構成しない（福岡高判昭和37・7・23高刑集15巻5号387頁，東京高判昭和53・3・29高刑集31巻1号48頁参照）。一部の学説は，不動産侵奪罪は不動産の利用妨害を捕捉する継続犯だというが，それは適当でない。ただ，占有取得時に同利用妨害を想定したことが権利者排除意思として，不動産侵奪罪の主観的不法要素を構成するにすぎない（なお，利用処分意思は当然に窃盗罪と不動産侵奪罪とで共通する）。

第4に，動産に対する共同占有を単独占有に移行させれば窃盗罪が成立するのと同様に，不動産に対する共同占有を**単独占有**に移行させても不動産侵奪罪が成立する。たとえば，駐車場として借りていた土地に無断で，撤去がきわめて困難な大量の産業廃棄物を投棄すれば不動産侵奪罪である。

第5に，第3で述べたことと一部重複するが，不法領得の意思は理論的には窃盗罪と不動産侵奪罪とで共通する。不動産侵奪罪において，権利者排除意思を欠けば不可罰な**使用侵奪**となり，利用処分意思を欠けば，土地なら器物損壊罪（261条），建物なら建造物損壊罪（260条前段）となる。

10.3.2 不動産の占有

「**不動産**」とは土地およびその定着物をいう。土地には地面のほか，地下，地上の空間も含まれる（隣地との境界を超え，家屋の2階部分を突出させて増築した事案で土地の侵奪を肯定した大阪地判昭和43・11・15判タ235号280頁参照）。

不動産侵奪罪においても窃盗罪におけるのと同様，占有とは**事実的支配**を意味し，これを濫用することで客体を事実上処分しうるような法律的支配を含まない。もっとも，動産と異なり，不動産は可動性を欠くことから，常時手元において監視等することは類型的にきわめて困難である一方，**所有権の登記名義**さえ有していれば，たとえ一時的に何人かの握持に帰することがあったとしても，裁判手続を通じて原状を回復することが容易である。そこで一般に，同登記名義を適法に有している限り，同時に事実的支配もまた認められると解されている（**未登記不動産**については原則どおり，現実に管理を及ぼしていることが事実的支配を基礎づける）。

なお，判例には，土地の所有者・登記名義人である会社が，代表者の夜逃げのため事実上廃業状態となり，当該土地を現実に支配・管理することが困難な状態になった事案において，当該土地に対する占有を喪失したとはいえない，としたものがある（最決平成11・12・9刑集53巻9号1117頁）。不動産に対する事実的支配の一般的判断方法がよくあらわれていると思われる。

10.3.3 侵 奪 行 為

1. 占有非先行型

「**侵奪**」とは，不動産に対する他人の占有を排除し，これを自己または第三者の占有に移すことをいう（最判平成12・12・15刑集54巻9号923頁）。そして，ある行為が侵奪にあたるか否かは，不動産の種類，占有侵害の方法・態様，占有期間の長短，原状回復の難易，占有排除および占有設定の意思の強弱，相手方に与えた損害の有無を総合的に判断し，社会通念に従って決定される（前掲最判平成12・12・15）。学説・実務上，占有非先行型と占有先行型に分けて議論するのが一般的である。

まず**占有非先行型**とは，行為者が侵奪前に当該不動産を占有していなかった場合である。このような場合に侵奪があったというためには，自己の新たな占

有状態を作出・設定することが必要である。たとえば，他人の土地を不法に占拠してその上に建築物を建てた場合（大阪高判昭和 31・12・11 高刑集 9 巻 12 号 1263 頁），他人の空家に住みついた場合（福岡高判昭和 37・8・22 高刑集 15 巻 5 号 405 頁），他人の農地を無断で耕作し播種した場合（新潟地相川支判昭和 39・1・10 下刑集 6 巻 1 = 2 号 25 頁），他人の土地を掘削して多量の産業廃棄物等を投棄した場合（大阪高判昭和 58・8・26 判時 1102 号 155 頁）などである。

なお，より近時においては，被告人が東京都の公園予定地に無権限でリサイクルショップを営み，その 2 ヵ月後，無権限で角材を土台とし，要所に角材の柱を立て，多数の角材等からなる屋根部分を接合し，周囲をビニールシート等で覆うなど，容易に倒壊しない骨組みを有する簡易建物を構築し，相当期間，立ち退き要求に応じなかった事案において，侵奪を肯定した判例がある（前掲最判平成 12・12・15）。占有移転が即時に行われ，爾後の利用妨害およびそれに対応する権利者排除意思と区別しやすい動産と異なり，不動産の場合には占有移転が長時間をかけて行われることも多く，そのせいで，爾後の利用妨害および権利者排除意思と明確に区別されずに認定されているのだと思われる。

2. 占有先行型

占有先行型とは，行為者が侵奪前から当該不動産を占有していた場合である。このような場合，単に占有を継続することはたとえ不法な占有であっても侵奪にあたらない。たとえば，使用貸借期間終了後も事実上居住を続けていた家屋に小規模の増築をしたときは，占有の状態を変更したにすぎず，占有を新たに奪取したとはいえないとされる（大阪高判昭和 41・8・9 高刑集 19 巻 5 号 535 頁）。

これに対し，占有の態様を質的に変更し，土地上に新たに容易には撤去できない永続的建造物を建てるなど，原状回復を困難にする行為は侵奪にあたる。たとえば，被害者の土地上に簡易な建築資材置き場を作っていた被告人が，台風により囲いが倒壊したのをきっかけに，土地の周囲にコンクリートブロック塀を構築し，その上をトタン板で覆い，建築資材などを置く倉庫として使用した場合（最決昭和 42・11・2 刑集 21 巻 9 号 1179 頁），被害者の土地につき一定の利用権限を有していた被告人が，これを超えて当該土地に大量の廃棄物を堆積させた場合（最決平成 11・12・9 刑集 53 巻 9 号 1117 頁），被害者がその所有する宅地を，転貸を禁止し，ただちに撤去可能な屋台営業だけを認めるとの約定で，

Aに無償で貸し渡したところ，Aは宅地上に仮設店舗を作り，飲食業を営んだ
のち，被告人に事情を伝えて本件土地を転貸したが，被告人は仮設店舗を改造
して風俗営業のための店舗を作った場合（最決平成12・12・15刑集54巻9号
1049頁）などがある。

　以上のような支配的見解に対し，一部の学説は，行為者が侵奪前から当該不
動産に対し，一定の利用権限を付与されるなど，濫用可能な支配権を所有者か
ら委託されている場合には，もはや**横領罪**の不法しか観念しえないのであり，
そのことは，たとえ所有者もまた登記名義などを通じて事実的支配を有してい
ると解したとしても変わらない，と主張している。たしかに，占有先行型にお
いては被害者にも「眼鏡違い」という意味における帰責性が認められるから，
行為者の不法を小さく見積もりたいという一部学説の感覚はよく理解できる。
しかし，所有者が登記名義を残したまま一時的に仮設店舗の営業を行為者に許
してやるなどというだけでは，その濫用が横領罪の不法を構成するにとどまる
ような，目的物の処分可能性にまでわたる支配権を行為者に認めることは困難
であろう。むしろ，他のマンション住民を信頼して無施錠のまま自転車をマン
ション自転車置き場に置いておいたところ，残念ながら住民に盗まれてしまっ
たというケースに近い。これは窃盗罪になるのだから，支配的見解のほうを妥
当とすべきであろう。

10.4　親族相盗例

10.4.1　意　　義

　配偶者，直系血族または同居の親族との間で235条の罪，235条の2の罪ま
たはこれらの罪の未遂罪を犯した者は，その刑を免除する（244条1項）。1項
に規定する親族以外の親族との間で犯した同項に規定する罪は，告訴がなけれ
ば公訴を提起することができない（同条2項）。1項・2項の規定は，親族でな
い共犯については，適用しない（同条3項）。なお，244条は詐欺罪・恐喝罪・
背任罪，横領罪にも準用されるが（251条，255条），強盗罪や毀棄罪への適用
はない。

　このような特例を一般に**親族相盗例**とよぶ。問題はなぜこのような特例が設
けられているかであり，一部の学説は，親族間においては財産関係が必ずしも

明確でないため違法性が減少するからだ，と解している。しかし，それならば244条に3項が設けられている理由が整合的に説明できない。やはり，**「法は家庭に入らず」**との法格言が示すとおり，親族間のいざこざの一定部分は家庭による自律的な処理にゆだねるほうが，国家刑罰権を介入させるよりも合理的に解消できるからだ，と説明せざるをえないであろう（最決平成20・2・18刑集62巻2号37頁参照）。そうすると，刑の免除は政策的な考慮に基づく**一身的刑罰阻却事由**であり（最判昭和25・12・12刑集4巻12号2543頁は親族相盗物も盗品等に関する罪にいう盗品等にあたるとした），親族でない共犯に影響しないのは当然ということになる。また，244条が適用されない場合に一定の親族関係が存しても，いったん刑罰のほうで処理することとなった以上，被告人に有利な量刑事情ともなりえない（最決平成24・10・9刑集66巻10号981頁参照）。

　もっとも，近年においては，家庭という一種の中間団体を法の立ち入れない聖域とすることが，かえって（女性や子どもをはじめとする）個人の自律を害しかねないとの懸念も強く聞かれるに至っている。このため，有力な学説は親族相盗例の効力を緩める，具体的には，一律の刑の免除をやめ，せいぜい親告罪化にとどめることを提案している。実際にも，被害者が告訴までしているということは，もはや家庭の紛争処理機能が不全に陥っているということであり，にもかかわらず，国家が「家庭で何とかしてください」といって手を引くのは多くの国民の理解を得がたいであろう（現状でも，2項とのバランス論から1項にも親告罪の趣旨を読み込む解釈が有力であるが，告訴したところで刑が免除されるのでは意味がないから，刑の免除のほうを何とかする必要がある）。

10.4.2　親族関係

　244条の「配偶者」に内縁関係の者は含まれない（最決平成18・8・30刑集60巻6号479頁）。「親族」とは，民法725条の「親族」の中から「配偶者，直系血族」を除いた「6親等内の傍系血族と3親等内の姻族」を指す。

　244条所定の親族関係は，窃盗犯人と占有者・所有者双方の間に存することが必要である（最決平成6・7・19刑集48巻5号190頁）。一部の学説は窃盗罪の保護法益があくまで占有であるとして，窃盗犯人と占有者の間に存すれば足りると主張している（古い判例としても，最判昭和24・5・21刑集3巻6号858頁）。

ただ，それ以前の大判昭和 12・4・8 刑集 16 巻 485 頁は所有者との間にも親族関係を要求していた）。しかし，それはあくまで 242 条の窃盗罪の話であろう。むしろ，本則である 235 条の窃盗罪を想定するときは，その第一次的な保護法益が所有権に求められ，その被害者が家庭外に及べば法が出ていくのが筋である以上，窃盗犯人と所有者の間にも存する必要があるように思われる。

10.4.3　親族関係の錯誤

244 条所定の親族関係が，実際にはないのにあると行為者が誤信していた場合，その罪責はどのように規律されるべきか。

この問題は同条の趣旨をいかに理解すべきかにかかっており，政策的考慮に基づく一身的処罰阻却事由ないし親告罪化であると考えるなら，**親族関係の錯誤**は罪責に影響を与えない（せいぜい量刑事情にとどまる）と解すべきであろう（大阪高判昭和 28・11・18 高刑集 6 巻 11 号 1603 頁参照。他方，刑を免除した例として福岡高判昭和 25・10・17 高刑集 3 巻 3 号 487 頁，広島高岡山支判昭和 28・2・17 高刑判特 31 号 67 頁がある）。行為者の認識がどうであれ，現実問題として家庭外にまで犯罪被害を及ぼしているならば，その葛藤処理を家庭のみにゆだねるわけにはいかないからである。

第11章

強盗罪の基本類型

11.1 総 説

　刑法は基本類型である強盗罪（236条）を規定するほか，拡張類型である準強盗として事後強盗罪（238条）と昏酔強盗罪（239条）を規定し，さらに，加重類型として強盗致死傷罪（240条）と強盗・不同意性交等罪・同致死罪（241条）を規定している。

　強盗罪は未遂を処罰する（243条）ほか，予備罪の規定（237条）まである。また，242条（他人の占有等にかかる自己物の特例）・245条（電気の財物みなし規定）は適用されるが，244条（親族相盗例）の適用はない。

11.2 1項強盗罪の構造

11.2.1 保護法益および客体

　暴行または脅迫を用いて他人の財物を強取した者は，強盗の罪とし，5年以上の有期拘禁刑に処する（236条1項）。未遂を罰する（243条）。

　保護法益は基本的に窃盗罪と共通するが，強度の暴行・脅迫を手段とする意味において，生命・身体・自由もまた保護法益の重要な構成要素といえる。

客体は窃盗罪と同じである。

11.2.2 行 為

1. 暴行・脅迫

　強盗罪の実行行為は，暴行または脅迫を用いて他人の財物を強取することである。手段としての暴行・脅迫が要請されていることが特徴的である。

　本罪における暴行・脅迫は，相手方の**反抗を抑圧**するに足りる程度のものであることが必要である。通常，財物を盗ろうと思っても，占有者による「ガード」が存在するため，そう簡単にはいかない。しかし，暴行・脅迫を加えて反抗を抑圧してしまえば，「ガード」は消滅し，財物が裸のまま置かれているのと差がなくなる。このような財物奪取の危険性の増加が，生命・身体・自由の危殆化と並んで，本罪における暴行・脅迫の不法内容を基礎づけている。学説には後者のみを一面的に強調するものもあるが，おもちゃの拳銃で脅しても強盗罪なのだから，説明としてやや不十分であるように思われる。

　反抗を抑圧するに足りるかどうかは，社会通念上一般に被害者の反抗を抑圧するに足りる程度のものかという客観的基準によって決せられるのであり，個別具体の事案における被害者の主観を基準とするのではない（最判昭和24・2・8刑集3巻2号75頁）。もちろん，被害者の性別や年齢，体格，身体障害の有無等は考慮に入れるべきであるが（そのほか，周囲の状況等も考慮されよう。強盗の肯定例として東京高判昭和29・10・7東高刑時報5巻9号380頁，否定例として東京高判昭和37・10・31東高刑時報13巻10号267頁，福岡高判平成29・9・19判タ1455号92頁参照），被害者に規範的に期待される抵抗力から外れた部分は捨象すべきであろう。したがって，たとえば，小心者のため弱い脅迫でも反抗を抑圧されてしまったという場合には，強盗罪ではなく，せいぜい恐喝罪（249条1項）しか成立させるべきではない。

　いわゆる**ひったくり**は，暴行が財物奪取の手段としての，被害者の反抗抑圧に向けられていないため強盗罪を構成しない（せいぜい窃盗罪と暴行罪にとどまる）。もっとも，例外的に，暴行が被害者の反抗抑圧に向けられており，かつ，その程度が強盗罪の要請する程度に達していれば，強盗罪の成立することがありうる。判例には，被告人が通行中の女性の所持しているハンドバッグを奪取

する目的をもって，みずから普通乗用自動車を運転して女性に近づき，自動車の窓から女性が所持するハンドバッグのさげひもをつかんで引っ張り，女性がこれを奪われまいとして離さなかったため，さらに奪取の目的を達成しようとして，さげひもをつかんだまま自動車を進行させ，ハンドバッグを離そうとしない女性を車もろとも引きずって路上に転倒させたり，あるいは道路わきの電柱に衝突させたりするなどの暴行を加え，よって女性に傷害を与えた事案で強盗致傷罪を認めたものがある（最決昭和45・12・22刑集24巻13号1882頁。それ以前の強盗肯定例として，東京高判昭和38・6・28高刑集16巻4号377頁）。一方，裁判例が暴行罪と窃盗罪を認めるにとどめた事案としては，被告人が深夜，一人歩きの女性を見て，そのハンドバッグを奪おうとして背後から襲いかかり，右手で女性の口，鼻を約30秒間にわたり塞いで転倒させ，女性が一瞬ひるんだ隙に女性の右腕にかけていた高級ブランドのハンドバッグを奪い取った，というものがある（岡山地判昭和45・9・1判時627号104頁。また，傷害罪と恐喝〔未遂〕罪の観念的競合とした裁判例として，札幌地判平成4・10・30判タ817号215頁参照）。

　暴行・脅迫は財物の占有者に向けられる必然性はなく，奪取につき障害となるべき者に向けられていれば足りる（大判大正元・9・6刑録18輯1211頁）。財物の占有者を守る警備員を殴り倒すなどのケースが典型的である（留守番をしていた10歳の子どもに暴行・脅迫を加え，財物を奪取した場合に強盗罪を認めた最判昭和22・11・26刑集1巻28頁もある）。

　窃盗犯人が実行に着手したのち，財物の占有を取得する前に家人等に発見され，そこで家人等に暴行・脅迫を加えて反抗を抑圧し，財物の占有を取得したのなら強盗罪である（**居直り強盗**ともいう）。問題は占有取得後，占有を確保し続けるべく暴行・脅迫を加えた場合であり，強盗罪説と事後強盗罪（2項強盗罪）説がある。判例は暴行・脅迫による財物奪取後，さらに暴行を加えて奪取を確保した場合に（事後強盗罪ではなく）強盗罪を認めており（最判昭和24・2・15刑集3巻2号164頁），**強盗罪説**をとっている。たしかに，占有の取得と確保は連続的かつ一体性を有しており，あわせて強盗罪で捕捉しようとする感覚はよく理解できる。しかし，事後強盗罪との区別が不明瞭になってしまうことから，**事後強盗罪説**にも強い説得力があるように思われる。

11.2 1項強盗罪の構造　　**167**

2. 強　　取

判例は**強取**と評価するために，被害者が現実に反抗を抑圧されたことを要求していない（最判昭和23・11・18刑集2巻12号1614頁）。もっとも，学説の多くはこれに反対し，あくまで現実の反抗抑圧を要求する。それは強盗罪の不法構造が，財物の占有を守る「ガード」を無に帰せしめるところに存在しているからである。したがって，たとえば，被害者が畏怖はしたものの合理的計算から財物を差し出したときは強盗未遂と恐喝既遂にしかならないし（大阪地判平成4・9・22判タ828号281頁は両罪を観念的競合とする），被害者が畏怖さえせず憐憫の情から財物を差し出したときは強盗未遂のみが成立しうることになる。

反対に，反抗抑圧から可能となった財物の占有移転は，被害者がそのことを認識していなくても強取と評価しうる。たとえば，屋内に侵入して家人にピストル等を突きつけ脅迫し，屋外に退出するに至るまでの間，家人の気づかないうちにそっと懐中時計を奪った場合も強盗罪である（最判昭和23・12・24刑集2巻14号1883頁）。他方，被害者が畏怖して逃走する際，落とした手袋を拾って領得したにとどまる場合は強盗罪ではない（名古屋高判昭和30・5・4高刑裁特2巻11号501頁）。そのような占有移転は反抗抑圧によって特に高められた危険の現実化とはいえないからである。

3. 暴行・脅迫後の領得意思

強盗罪は暴行・脅迫を手段として財物を奪取することをその不法内容とするから，暴行・脅迫後にはじめて財物奪取意思を生じ，これを実現した場合には強盗罪が成立しないのが本則である。一方，財物奪取意思を生じたのち，新たな暴行・脅迫を加えて被害者の反抗抑圧状態を維持・強化し，これを利用して財物を奪取したのなら強盗罪が成立しうる（東京高判昭和48・3・26高刑集26巻1号85頁，大阪高判平成元・3・3判タ712号248頁）。ただし，被害者がいったんは反抗を抑圧され，あるいは，少なくともそれに近い脆弱な状況に置かれている以上，新たな暴行・脅迫といっても一から強盗を行う場合より軽度のもので足りよう。

もっとも，判例のうちには，女性を強姦したのちに強盗の故意を生じ，女性の畏怖に乗じて金員を奪取した場合に（旧・強姦罪と）強盗罪を認めたもの（大判昭和19・11・24刑集23巻252頁，最判昭和24・12・24刑集3巻12号2114頁），

強姦の目的で被害者に暴行を加え，反抗不可能の状態に陥れたのち，被害者が差し出した金銭を受け取って逃走した場合に強盗罪を認めたもの（東京高判昭和 37・8・30 高刑集 15 巻 6 号 488 頁），強姦目的で被害者宅に押し入り，暴行・脅迫によりその反抗を抑圧したのち，被害者が男性であることに気づいたので金品奪取に切り替え，被害者を縛り上げて金品を奪った場合に強盗罪を認めたもの（東京高判昭和 57・8・6 判時 1083 号 150 頁），強制わいせつ目的で暴行・脅迫したのち，被害者の畏怖状態を利用して金員を領得した場合に強盗罪を認めたもの（大阪高判昭和 61・10・7 判時 1217 号 143 頁），強制わいせつ目的で被害者を緊縛したのち，新たに財物取得の意思を生じた犯人が，緊縛により反抗を抑圧されている状態に乗じて財物を取得した場合に，緊縛状態を解消しない限り強盗罪が成立するとしたもの（東京高判平成 20・3・19 判タ 1274 号 342 頁）などもある。一見すると，既存の反抗抑圧状態を解消しないという不作為をもって，ただちに新たな暴行・脅迫を認定しているかにも思われるが，被告人らの強制性交によって被害者が失神したものと誤信した状況下で行われた財物奪取につき，強盗罪の成立を否定して窃盗罪にとどめた裁判例（札幌高判平成 7・6・29 判時 1551 号 142 頁）をも勘案すると，単なる不作為で満足しているわけでもなかろう。おそらく，現場への滞留を新たな脅迫，緊縛の継続を暴行の継続そのものととらえているのであろうが，やや擬制的にすぎるように思われる（たとえば，もし絶対に解けない完全な緊縛だったとしたら，それは被害者が失神しているのと変わらないから，緊縛の継続をもって強盗を認める〔広島高岡山支判平成 25・7・31 高刑速（平 25）225 頁〕べきではない）。

11.2.3 未遂・既遂

強盗罪の既遂は財物の占有を取得した時点で認められる。奪取罪である窃盗罪と基本的に同じであるが，強度の暴行・脅迫が現実に死傷の結果をもたらしたときは（強盗致死傷罪，強盗殺傷人罪），そちらの不法を決定的なものと解して，いまだ財物の占有を取得していなくても既遂を認めるのが一般的である。

他方，実行の着手時期については，強盗罪が窃盗罪と異なり，財物の占有移転行為だけでなく，暴行・脅迫行為もまた実行行為に含むことにかんがみ，暴行・脅迫ないしその接着行為まで認定しなければ実行に着手したといえない，

と解するのが通例である。詳しくは刑法総論の議論を参照されたい。

11.2.4　罪　　数

　住居侵入罪と強盗罪は牽連犯の関係に立つ。

　1個の暴行・脅迫により複数人から財物を強取した場合には，数個の強盗罪が成立して観念的競合の関係に立つ。他方，数個の暴行・脅迫により1人から財物を強取した場合には，包括して1個の強盗罪が成立する。

　住居に侵入して窃盗後，家人から発見されたため，家人に暴行・脅迫を加えて別の財物を新たに強取した場合には，先行する窃盗罪は強盗罪に吸収され，強盗罪のみが成立する。

11.3　2項強盗罪の構造

11.3.1　保護法益および客体

1. 利益の不法性

　236条1項の方法により，財産上不法の利益を得，または他人にこれを得させた者も，同項と同様とする（236条2項）。未遂を罰する（243条）。

　通説的な見解によれば，2項強盗罪は客体が財物ではなく財産上の利益であるという違いを除き，1項強盗罪と理論的な構造を同じくする。ここにいう**財産上の利益**とは，有体性を欠くものの**移転性**を備える必要があり，代表例としては，債権の取得のような積極的利益のほか，債務の免除や支払いの猶予のような消極的利益があげられる。

　一方，**情報**や**役務**（サービス）は移転性を欠くから原則として財産上の利益に該当しない（行為者がある情報を知っても被害者がその情報を失うわけではないし，被害者にマッサージしてもらって行為者が気持ち良くなっても，被害者がその分，気持ち悪くなる訳ではない）。もっとも，有力な見解は**有償の役務**に関してのみ，これを無償で提供させることは実質的に債務免脱に等しいとして財産上の利益に含めている（したがって，有料のマッサージサービスは財産上の利益にあたる）。

　2項強盗罪は条文の文言上，「財産上不法の利益」の移転を要求しているが，ここにいう「不法」とは利益自体が不法なものであるという意味ではなく，あくまで利益を取得する手段が不法であるという意味であって，犯罪が違法行為

であることにかんがみれば限定機能を有していない。むしろ，論争的であるのは不法な利益が財産上の利益に含まれうるかである。

判例は，麻薬購入資金として被害者から預かった金銭の返還を免れるため，暴行を加えた事案において 2 項強盗罪を認めている（最判昭和 35・8・30 刑集 14 巻 10 号 1418 頁）。このような不法原因給付は返還請求しえず（民法 708 条），もし，その移転を民法上正当に拒絶しえないことが財産上の利益の要件であるならば，2 項強盗罪は成立しえないはずである。にもかかわらず判例は同罪を認めているのだから，つまるところ，民法上不法な利益もまた財産上の利益に含まれると解していることになる（そのほか，金を借りた闇金業者を殺害したが，貸付行為が公序良俗に反して無効であるか，利息制限法上完済され債務が存在しないとしても，債務免脱という利益は強盗利得罪の客体となる，とした大津地判平成 15・1・31 判タ 1134 号 311 頁参照）。ここには，窃盗罪の保護法益に関する所持説そのものではないが（242 条は「財物」についてしか規定していない），それに似た発想が伏在しているといえよう。反対にいうと，本権説的な発想を出発点とするならば，2 項強盗罪は成立しえないことになる。

2. 利益の具体性

財物と異なり財産上の利益は過度に拡張されがちであり，ある人が損をしてある人が得をしたという何となくの印象だけで刑罰が介入することとなりかねない。そこで，財産上の利益は財物と同視しうる程度に**具体的**な価値を有しなければならないとされる。このことはいくつかの裁判例をとおして明らかにされている。

第 1 に，両親を殺害して相続を開始させ，唯一の相続人として財産を承継しようとしたが，殺害に失敗した場合には 2 項強盗殺人未遂罪が成立しない（東京高判平成元・2・27 高刑集 42 巻 1 号 87 頁）。もっとも，裁判所が「任意の処分の観念を容れる余地がない」ことを理由として掲げるのは，強盗罪が非交付罪である以上，あまり説得力がない。むしろ，相続という法現象がもっぱら被相続人の死亡により生じるものであり，反抗抑圧による占有防御力の喪失が財産承継を可能化するわけではないから強盗罪の不法構造がみたされない，と説明すべきであろう。

第 2 に，個室マッサージ店の実質的経営者であった被害者を殺害し，同店舗

の経営を承継した場合には2項強盗殺人罪が成立しない（神戸地判平成17・4・26判時1904号152頁）。こちらも，被害者に暴行・脅迫を加えて反抗を抑圧し，経営権の譲渡を紙面で約させ，しかも，そのことによってただちに実質的な経営支配が可能になった等の事案であれば格別，そうではなく，事実上目の上のたんこぶがいなくなったから好きに立ち回って経営を支配しえた，というのなら同じく強盗罪の不法構造がみたされないと思われる。

　第3に，キャッシュカードの占有を確実に取得しうる状況のもと，被害者に暴行・脅迫を加えて暗証番号を聞き出した場合には2項強盗罪が成立しうる（東京高判平成21・11・16判時2103号158頁）。要は，ATMをとおして預貯金口座から預貯金の払戻しを受けうる地位が財産上の利益にあたると解されているのである。情報は財産上の利益にあたらないという原則との抵触が大いに問題となりうるが，暗証番号は情報ではあるけれども，キャッシュカードの所持とセットになることで生じる前記地位は，かろうじて移転性と具体性を有しうるように思われる。

11.3.2　行為・結果

　暴行・脅迫により財産上の利益を移転させることが必要であるが，財物の占有移転と異なり，財産上の利益の移転は一義的に認定することが困難である。そのことから，古くは，財産上の利益が移転されたというために，被害者による**交付行為**（**処分行為**ともいう）を要求する見解も主張されていた（大判明治43・6・17刑録16輯1210頁参照）。もっとも，強盗罪は交付罪ではないのであるから，2項の場合に限ってとはいえ，交付行為を要求する解釈は整合性を欠く。そこで今日においては，交付行為を要求しないという前提を置きつつも（大判昭和6・5・8刑集10巻205頁，最判昭和32・9・13刑集11巻9号2263頁），財産上の利益の移転を明確に認定するための解釈努力が続けられている。

　ここでしばしば議論の俎上にのぼるのが**債権者の殺害**である。金貸しを殺せば借金を帳消しにできるという財産上の利益を得られるから2項強盗殺人罪にあたる，といいうるかが問題とされているのである。

　まず，債権に関する証拠の不在などにより，債権者を殺害すれば事実上債務の履行を免れられるというケースでは，2項強盗殺人罪を認めることに支障は

ないであろう（殺害が未遂に終わった事案であるが，2項強盗殺人未遂罪を認めた判例として，前掲最判昭和32・9・13参照）。

これに対し，債権に関する証拠が十分に存在しており，相続人による債権行使は事実上確実に行われうるものの，殺害により少なくとも相当期間は債務の履行をせずに済んだ，というケースはどうであろうか。有力な学説は，単なる支払いの一時猶予が財産上の利益にあたるなら債権者の殺害が事実上常に2項強盗殺人罪になってしまう，と主張している。たしかに，そのような懸念は無視できないが，他方において，一時的な支払いの猶予がただちに財産上の利益に該当すると解さなければならない必然性まではなく，支払猶予が刑罰をもって回避しなければならないほどの財産的価値（損害）を構成する場合に限って財産上の利益に該当する，という解釈をとれば足りると思われる（2項詐欺罪に関してであるが，最判昭和30・4・8刑集9巻4号827頁は，すでに履行遅滞の状態にある債務者が一時債権者の督促を免れたからといって，ただそれだけのことで財産上の利益を得たものということはできない，と説示している）。実際，裁判例には，相続人による速やかな債権の行使を当分の間不可能にさせ，債権者による支払猶予の処分行為を受けたのと同視できるだけの利益を得たことで足りる，としたものがある（大阪高判昭和59・11・28高刑集37巻3号438頁）。

11.3.3 未遂・既遂

基本的に1項強盗罪と同様である。

有力な学説は，終局的に財物の占有移転が企図されているならば，そこに至るまでの過程は1項犯罪の未遂としてのみ評価しうる，と主張している。もっとも，最終的には被害者から金銭という財物を取得するためであっても，暴行・脅迫により被害者の反抗を抑圧したうえ，それが存在するだけで支払いを拒むことが事実上困難となる（内容虚偽の）借用証書を書かせたような場合には（やくざ者の仲間に譲渡するケースなどを考えてみよう），2項強盗罪の既遂を認める余地もあるように思われる（2項詐欺罪に関してであるが，詐欺賭博により債務を負担させた場合に既遂を認めた最決昭和43・10・24刑集22巻10号946頁参照）。

11.3.4 罪　　数

　同一の被害者に対し，1項強盗と2項強盗を行った場合には，包括してひとつの強盗罪が成立する。たとえば，債権者の殺害が2項強盗殺人罪を構成しうるケースにおいて，同時に債権者から所持金や身に着けていた貴金属，宝飾時計等を奪取する意図があった場合には，包括してひとつの強盗殺人罪となる。

　最も議論がさかんであってきたのは，財物の占有取得後，暴行・脅迫を加えて，その**代金支払**や**返還請求**を免れた場合において，いかなる擬律がなされるべきかである。

　第1の見解は，事後強盗罪（238条）の存在を根拠として，刑法はそれ以外の場合には財物取得後の暴行・脅迫を強盗罪の規定で処断するつもりがない，と解するものである。この見解によると，たとえば，財物を詐取したのち，だまされたことに気づいて財物の返還を迫る被害者に暴行・脅迫を加え，失神させたうえ行方をくらまし，追及を完全に免れた場合でも詐欺罪と暴行・脅迫罪しか成立しえないこととなり（神戸地判昭和34・9・25下刑集1巻9号2069頁参照），当罰性評価として十分でない。

　第2の見解は，暴行・脅迫について2項強盗罪を認めた上，最初に財物に対して成立していた詐欺罪等とは併合罪の関係に立つ，と解するものである（大分地判昭和52・9・26判時879号161頁参照）。こちらも，論理的には成立しうるものの，経済的観点からはひとつのコインの裏表にすぎない財物の所有・所持と，その代金・返還の受領を別個に刑法的保護の対象にしようとするものであり，単一の事実を被告人に対して不利に二重評価しているおそれがある。

　第3の見解は，第2の見解と同様，2つの犯罪が成立する余地を認めつつも，包括一罪として重い2項強盗罪のほうで処断される（重い2項強盗罪のほうに吸収される），と解するものである（最決昭和61・11・18刑集40巻7号523頁参照）。実務的にはこの見解を基礎とした処理が確立しており（先駆的には，大阪地判昭和57・7・9判タ486号183頁），学説でも支持者が多数であるが，問題はこの見解の射程である。たとえば，行為者が当初から暴行・脅迫を計算に入れていた場合はともかく，思いがけず追及されたため咄嗟に暴行・脅迫を加えて追っ手から免れた場合はどうか（当初は強盗の計画がなかった事案においても，包括一罪とした裁判例として大阪地判平成18・4・10判タ1221号317頁参照），もしそ

のような場合でもこの見解が妥当するとして，当初の財物取得と暴行・脅迫とが時間的・場所的に大きく離れていた場合はどうか（併合罪とした裁判例として，東京高判令和5・2・10〔研修904号81頁〕参照），などといった問題がある。難しいところであるが，あくまで保護すべき財産的実体がひとつしかなく，後行行為のほうが軽ければ一律に共罰的事後行為として扱われるのが通例であることにかんがみれば，いずれの場合においても包括一罪とするのが妥当であろう。

第 **12** 章

強盗罪の拡張類型（準強盗）

12.1 事後強盗罪

12.1.1 事後強盗罪の構造

窃盗が，財物を得てこれを取り返されることを防ぎ，逮捕を免れ，または罪跡を隠滅するために，暴行または脅迫をしたときは，強盗として論ずる（238条）。未遂を罰する（243条）。

条文を読めば明らかなとおり，窃盗が一定の目的をもって暴行・脅迫をしたとき，強盗として扱ってしまおうというのが**事後強盗罪**である。一部の学説は，泥棒といっても強盗と紙一重であり，うまく逃げおおせられないとなれば，邪魔な人間に暴行・脅迫するというのは確立した刑事学的類型であるから，これを強盗罪として重く処断することとしたのだ，と説明する。たしかにそのような面もあろうが，逃げ損ねて暴れるというのは窃盗に限られないこと，事後的な粗暴行為に対処するのに強盗罪を用いる必然性はないことなどから，説明としてあまり説得力がない。したがって，支配的な見解は，暴行・脅迫を手段として財物を奪取するのと，奪取した財物を暴行・脅迫により確保するのとでは不法構造に本質的な差異がないことに着目し，強盗として論ずることにしたの

だ，と説明している。

このような支配的見解によるならば，238条に規定する3つの目的のうち，1つ目の**取還防止目的**こそが本質的であることになる。そして**逮捕免脱目的**や**罪跡隠滅目的**は，むしろ，それらが達成されれば同時に取還防止目的も達成される，という関係性に基づいて規定されたのだと解することになる。一貫した分かりやすい解釈である反面，それならば事後強盗罪は暴行・脅迫時ではなく，財物の占有を確保しえた時点で既遂に達すると解すべきことになるが，それでは条文の構造に反する，当初の窃盗が未遂にとどまり財物を取得していないときは，暴行・脅迫をしても事後強盗罪は未遂にさえならないはずであるが，それでは未遂犯処罰規定が置かれた趣旨に反する，などといった疑問も提起されている。

このように，とかく238条は一貫した整合的解釈の困難な規定であるが，それだけに試験にはしばしば出題される。基本的には支配的見解に立ちつつ，妥当な結論が導かれるよう，必要な修正を——しかも，整合性を保つ努力をしていることを答案に示しながら——施していくことが求められよう。具体的には，事後強盗罪をめぐる各論点の解説を参照してほしい。

12.1.2 窃　　盗

238条の「**窃盗**」というためには，少なくとも窃盗罪の実行に着手している必要がある（大判昭和7・12・12刑集11巻1839頁。着手前の事案で事後強盗罪を否定した裁判例として，東京高判昭和24・12・10高刑集2巻3号292頁参照）。ただし，「強盗として論ずる」，つまり，強盗罪そのものではないが，強盗罪に対応する法的効果が生じるための解釈であるから，「窃盗」といえればただちに，その（所定の目的をともなった）暴行・脅迫が事後強盗罪の既遂を構成するわけではない。むしろ通説は，窃盗が未遂の場合には事後強盗罪も未遂にとどまると解している。

12.1.3 窃盗の機会

238条にいう暴行・脅迫は**窃盗の機会**，すなわち，窃盗の現場ないしその延長と評価しうる状態において行われる必要があると解されている。このような

12.1 事後強盗罪

状態が過ぎ，過去の窃盗とはまったく別個の機会に暴行・脅迫が行われたとすれば，そこには2項強盗罪を超えた特別の不法内容を見出すことができないからである。

問題は，具体的にいかなる場合に窃盗の機会と評価しうるかであるが，まずは**時間的・場所的近接性**が基礎となるべきであろう。もっとも，これは法律学ではよくとられる解釈方法論であるが，そもそも時間的・場所的近接性が重要とされる実質的根拠を問い，その根拠が妥当しうる範囲内においては，同様に窃盗の機会を肯定する余地を承認すべきである。

ここで，学説が実質的根拠として掲げるのが被害者による**追及可能性**である。事後強盗罪が強盗罪との構造的類似性から強盗として扱われることにかんがみると，被害者が（暴行・脅迫がなされなければ）容易かつただちに財物を取り返し，あるいは，それにつながることとなる逮捕をなしうることにより，強盗罪において前提とされる被害者の財物占有状態とパラレルに評価しうることが必要なのである。要は，被害者が財物を所持しているのと，いったんは奪われたがすぐに取り返せる状態にあるのとでは，価値的に見て同等であることが強盗罪と事後強盗罪の並行性を担保していると解するわけである。

判例も，被害者等から容易に発見されて，財物を取り返され，あるいは逮捕されうる状況が継続していたか否かを基準として，窃盗の機会といいうるかを判断している（最決平成14・2・14刑集56巻2号86頁）。近時の肯定例としては，被告人が昼ごろ，留守中の被害者宅に侵入し，窃盗ののち，行くあてがないため被害者宅の天井裏に隠れていたところ，帰宅した被害者の通報により駆けつけた警察官が午後6時過ぎに被告人を天井裏で発見したため，被告人が逮捕を免れる目的で，所持していたナイフで警察官の顔面を切りつけ傷害を負わせた事案（前掲最決平成14・2・14），被告人が大学の学生寮に侵入してノートパソコンを窃取したのち，関係者が不審者を探し回っていたところ，被告人を見つけて話しかけ，逃走した被告人を追いかけてそのリュックサックをつかんだが，被告人が逮捕を免れるため関係者の顔面を殴打し，傷害を負わせた事案（仙台地判平成28・3・17裁判所ウェブサイト）などがある。窃盗から相当の時間が経過しているものの，被告人が窃盗の現場に滞留しており，あるいは，数百メートルの場所的離隔があっても，閉鎖空間から追跡が開始され，それが途切れて

178　　　　　　第 12 章　強盗罪の拡張類型（準強盗）

いないなど，被害者による追及可能性の継続していたことが決定的であろう。

　反対に，窃盗犯人が被害者側の追跡を受けることなく，あるいは，受けたとしてもいったんは完全に振り切り，被害者側の支配領域から離脱して安全圏に入ったと評価しうるときは，もはや窃盗の機会とはいえないと解すべきであろう。これと同視しうる程度に，窃盗犯人と被害者側との対立・緊張関係が沈静化したものと評価しうるときも同様である。否定例としては，窃盗の現場から200m 離れた地点で，窃盗と無関係にたまたま警ら中の警察官から職務質問を受けたため，これに暴行を加えた事案（東京高判昭和 27・6・26 判特 34 号 86 頁），被告人が侵入窃盗しようとして被害者に発見逮捕され，その後，被害者は自室において被告人に対し，自分とともに警察へ行くよう約 1 時間にわたって説得を続け，被告人もようやくこれに応じて 2 人で警察署へ行く途中，被告人がやにわに逃走を企て，被害者に暴行を加えて傷害を負わせた事案（京都地判昭和51・10・15 刑月 8 巻 9 = 10 号 431 頁），被告人が午後 0 時 50 分ころ，金品窃取の目的で被害者方に侵入し，財布等を窃取したのち，侵入の数分後に戸外に出て，誰からも発見，追跡されることなく自転車で 1km 離れた公園に行ったが，財布中の現金が少なかったため再び被害者方に盗みに入ることとし，自転車で引き返して午後 1 時 20 分ころ，被害者方玄関の扉を開けたところ，室内に家人がいると気づき，扉を閉めて駐車場に出たが，家人に発見されたため，逮捕を免れる目的で，家人に所持していたナイフの刃先を示し，左右に振って近づき，家人がひるんで後退した隙を見て逃走した事案（最判平成 16・12・10 刑集58 巻 9 号 1047 頁），被告人が金品窃取の目的で隣人宅に侵入し，窃盗ののち，誰からも追跡されることなく自宅に戻ったが，自宅内で約 10 分ないし 15 分逡巡するうち，窃盗現場を立ち去った際に隣室から物音が聞こえたことから，隣人宅にいた家人に自己の窃盗が発覚したと考え，家人を殺害するしかないと決意し，再び隣人宅に戻って家人を殺害した事案（東京高判平成 17・8・16 高刑集58 巻 3 号 38 頁）などがある。

12.1.4　暴行・脅迫

　238 条にいう暴行・脅迫は必ずしも窃盗の被害者に向けられることを要せず，所定の目的を実現する障害となるべき者に向けられていれば足りる。典型的に

12.1 事後強盗罪

は，被害者のために追跡してきた第三者（大判昭和 8・6・5 刑集 12 巻 648 頁，福岡高判昭和 31・1・21 高刑集 9 巻 1 号 15 頁）や，被害者からの通報を受けて駆けつけた警察官（前掲最決平成 14・2・14）などがあげられよう。

暴行・脅迫は強盗罪におけるのと同様，被害者の反抗を抑圧するに足りる程度のものであることを要する。否定例としては，コンビニエンスストアで万引きした者が，追跡して逮捕しようとした空手の修行経験のある従業員に対し，襟元をつかんで押し返すなどの暴行を加えて負傷させた事案（福岡地判昭和 62・2・9 判時 1233 号 157 頁），窃盗罪の現行犯として逮捕され警察官に身柄を引き渡された者が，警察官が所持していた拳銃をホルスターのカバーを外すなどして抜き取ったうえ，その銃把を握り，これを奪われまいとして犯人の右手を押さえるなどした警察官との間で，多数回にわたって拳銃を強く引っ張り合うなどしたことにより警察官を負傷させた事案（大阪高判平成 16・2・19 判時 1878 号 155 頁）などがある。

12.1.5 目　　的

238 条には 3 つの目的が規定されており，ただ，窃盗の被害者に暴行・脅迫を加えて新たに財物を強取したときは，包括して強盗罪の一罪とすべきであろう（特に，窃盗が未遂にとどまる場合を居直り強盗ということもある）。

窃盗として財物の占有を取得したものの，これを確保したとまでは評価しえない段階において，被害者に暴行・脅迫を加えて占有を確保した場合，1 項強盗罪という見解もあるが，事後強盗罪との限界があいまいになることから，事後強盗罪という見解のほうを妥当とすべきである。

12.1.6 未遂・既遂

財物の返還請求権が財産上の利益と評価されうる以上，たとえば，窃盗犯人が被害者に暴行・脅迫を加えて逃げおおせ，事実上，財物の返還を免れれば 2 項強盗罪が成立しうる。ところが，事後強盗罪は同様の実体をもつ行為を暴行・脅迫の時点で強盗罪として扱うことを許容している。問題はその理由であるが，追及可能性の継続により，財物の占有が被害者のもとに容易に回復されうるところ，強度の暴行・脅迫によってそのチャンスが大きく減殺されること

が，そもそも財物を強取するのと同等の不法を基礎づけるものと解されているからであろう。

事後強盗罪の未遂・既遂は先行する窃盗の未遂・既遂によって決定されると解されている（最判昭和24・7・9刑集3巻8号1188頁）。もっとも，厳密に考えると，窃盗が未遂にとどまり財物の占有を取得しえなかった場合には，前述した，財物の占有回復可能性に対する攻撃を観念することができないから，そもそも強盗として論ずる基礎が欠け，事後強盗罪の未遂さえ成立しえないのではないかという疑問がある。実際，この結論を承認する学説もあるが，判例や条文から素直に想像される立場と著しく乖離してしまう。難しいところであるが，「財物の占有を取得し，占有回復可能性を攻撃しえた可能性」をもって，事後強盗罪の未遂を基礎づけるほかないであろう。

12.1.7 事後強盗の予備

強盗の目的でその準備をすれば強盗予備罪（237条）が成立するが，それでは，事後強盗の目的でその準備をした場合にも強盗予備罪は成立しうるのであろうか。この論点を**事後強盗の予備**とよぶ。

何も考えなければ，事後強盗は強盗として扱われるのだから，肯定説が論理必然だということになりそうである。しかし，学説上は否定説も有力である。その理由は大きく分けて2つある。第1に，形式論として，肯定説によると，予備罪の規定が目的とされる犯罪の規定の前に存在することになり，刑法典の基本的構造に反する。第2に，実質論として，事後強盗の予備は窃盗の予備の一バリエーションにすぎず，肯定説によるならば，本来は不可罰なはずの窃盗の予備が部分的に犯罪化されてしまう。

もっとも，いずれの理由についても説得的とは思われない。まず第1の理由については，事後強盗が強盗として扱われる以上，そもそも強盗予備罪にいう強盗に事後強盗が含まれていると解釈することも可能である。またこの点を措くとしても，たとえば，昏酔強盗罪の予備が可罰的であることには争いがないところ，同罪もまた強盗予備罪の後ろに規定されているのである。次に第2の理由についても，予備罪が成立するためには一定の客観的な準備行為が要求されるところ，窃盗の予備と事後強盗の予備とでは，たとえば，調達すべき道具

がかなり異なるから，単なる内心の抽象的な観察によることなく，不可罰な窃盗の予備と可罰的な事後強盗の予備とを区別することは十分に可能である。

こうして，肯定説のほうが形式的にも実質的にも妥当である。判例も肯定説をとっている（最決昭和 54・11・19 刑集 33 巻 7 号 710 頁。侵入盗を目論む者が窃盗のための 7 つ道具のほか，事後強盗のために模造拳銃や登山ナイフを携帯して徘徊していた事案）。

12.1.8 **事後強盗の共犯**

Y が窃盗ののち，238 条所定の目的をもって被害者に暴行・脅迫を加えれば事後強盗罪となる。問題は，この暴行・脅迫の段階ではじめて関与した X の擬律である。X は関与の段階で事情を知悉しているものの，あくまで先行する窃盗そのものには加功していないことから，ただちに事後強盗罪の共犯とすることができない。これがこの問題の肝であり，**事後強盗の共犯**という大きな論点を形成している（なお，ここからは刑法総論の議論になるが，判例や支配的な見解によれば，この共犯が共同正犯であろうと狭義の共犯であろうと結論に差はない）。

第 1 の見解は**承継的共犯説**である。窃盗と暴行・脅迫の結合犯である事後強盗罪において，途中から加担した者の罪責を問題にしているのだから，承継的共犯論を使って処理するのが最も自然だと考えるのである。この見解によるならば，X の罪責は承継的共犯論につきいかなる立場を採用するかで決まる。厳格な承継否定説をとると，いかに暴行・脅迫によって財物の占有回復可能性が脅かされようとも，それは現行法上，暴行・脅迫罪によって処罰するしかないのであるから（2 項強盗〔未遂〕罪が常に成立しうるわけではない），X はせいぜい暴行・脅迫罪の共犯となるにすぎない。他方，判例のような中間説をとると，事後強盗罪における窃盗と暴行・脅迫は強い一体性を有しており，これを単純に分離して評価するのは適当でないことから，X は事後強盗罪の共犯とされよう。

第 2 の見解は**身分犯説**である。事後強盗罪は窃盗を主体とする身分犯であり，X の罪責は 65 条によって規律されるべきだというのである。問題は，身分犯であるとして 65 条 1 項の身分犯（大阪高判昭和 62・7・17 判時 1253 号 141 頁）か，それとも **2 項**の身分犯（新潟地判昭和 42・12・5 下刑集 9 巻 12 号 1548 頁，

182　　　　　第 12 章　強盗罪の拡張類型（準強盗）

東京地判昭和 60・3・19 判時 1172 号 155 頁）かであるが，2 項の身分犯だとすると，窃盗以前の段階から関与した者まで事後強盗罪の共犯ではなく，暴行・脅迫罪の共犯にとどまることになるから明らかに妥当でない。身分犯とするなら，1 項の身分犯と解するしかないであろう。もっとも，詳しくは刑法総論の議論を復習してほしいが，1 項の身分犯とは保護法益を直接侵害しうる者が事実上限定されている場合に採用される法技術であるところ，事後強盗罪における暴行・脅迫により侵害される法益について，そのような限定は何ら存在しない。このように見てくると，身分犯説を採用することは困難であろう。

12.2　昏酔強盗罪

12.2.1　意　　義

　人を昏酔させてその財物を盗取した者は，強盗として論ずる（239 条）。未遂を罰する（243 条）。

　要するに，一時的に気を失わせてから物を盗ることであり，暴行・脅迫により相手方の反抗を抑圧し，財物の占有を守る障壁を無効化する強盗と価値的に見て同等であることから，強盗として扱われる。条文を見れば明らかなことであるが，学生のみなさんが間違いやすいポイントを 2 つあげると，まず，①**財物**のみが客体であり財産上の利益は含まれない，次に，②はじめから失神している人から財物を盗っても，それはせいぜい窃盗であり（名古屋高判昭和 29・10・28 高刑集 7 巻 11 号 1655 頁参照）昏酔強盗とはならない（この点，すでに失神している人に対しても不同意性交等罪や不同意わいせつ罪が成立しうるのと対照的である）。

12.2.2　行為・結果

　「**昏酔**させ」るとは，薬物やアルコールなどを使用することにより，人の意識作用に一時的または継続的な障害を生じさせ，財物の占有を守りえない状態に陥れることをいう。意識を喪失させる必要まではない（東京高判昭和 49・5・10 東高刑時報 25 巻 5 号 37 頁）。

　ただし，暴行概念のとらえ方によっては，薬物使用等の一部（たとえば，被害者の飲むジュースにこっそり睡眠薬を混入しておくなど）がそもそも暴行にあた

るから，その場合には1項強盗罪が成立しうることになる。他方，催眠術を使用する等のケースにおいては，どのような立場からも暴行にあたらず，それゆえ昏酔強盗罪のみが問題とされることになる。

12.2.3 罪　　数

被害者を昏酔させてその財物を盗ろうとしたが，昏酔に至らなかったため，暴行・脅迫を加えてその反抗を抑圧し，財物を盗れば昏酔強盗未遂と1項強盗であり，後者に吸収されると解すべきである。

なお，人の意識作用に障害を生じさせることは，傷害の一般的な定義に照らせば傷害にあたりうる。もっとも，そうすると，昏酔強盗罪が常に強盗致傷罪を構成することになり立法者の趣旨に反する。したがって，短時間で後遺症がなく，さらなる健康被害のリスクも認められないような意識傷害の惹起は，すでに昏酔強盗罪の不法により評価し尽くされており，それとは別に傷害を基礎づけえないと解すべきであろう。

12.3　強盗予備罪

12.3.1 意　　義

強盗の罪を犯す目的で，その予備をした者は，2年以下の拘禁刑に処する（237条）。

強盗は重大犯罪であり，その予備まで処罰されている。肯定例としては，強盗を共謀して，出刃包丁，ナイフ，懐中電灯を買い求め，これを携えて徘徊した事案（最判昭和24・12・24刑集3巻12号2088頁），強盗を計画し，凶器を携えて被害者宅の表戸を叩き，家人を起こした事案（最大判昭和29・1・20刑集8巻1号41頁），自己の着用しているズボンの革バンドで運転者の首を絞め，脅して金員を強取する目的でタクシーに乗り，犯行の機会をうかがった事案（東京高判昭和32・5・31東高刑時報8巻5号138頁）などがある。

12.3.2 刑法総論の関連論点

これは強盗予備罪に限った話ではないが，いくつかの関連論点が議論されている（なお，事後強盗の予備については12.1.7で解説した）。

第 12 章　強盗罪の拡張類型（準強盗）

1つ目は**他人予備**の成否である。みずから強盗する目的はないが，第三者が強盗する目的を有していることを知りつつ，そのための準備行為を行った場合にも強盗予備罪が成立しうるか，という問題である。

2つ目は**予備の中止**である。強盗予備罪はあくまで目的犯の既遂形式で規定されているところ，そこに中止未遂の規定（43条ただし書）を準用しうるか，という問題である。強盗罪の実行に着手する段階まで至れば中止減免の余地があるのに，それ以前の段階では反省して止めても刑はそのままというのではアンバランスではないか，という点が議論されている。

いずれの論点も刑法総論において勉強したと思うが，特に2つ目の論点に関しては，強盗予備罪だけ情状による刑の任意的免除がなく，アンバランスという声の強いことが特徴的である。

12.3.3 罪　　数

強盗予備罪を犯した者が，強盗罪の実行の着手にまで至れば，強盗未遂罪に吸収され別罪を構成しない。既遂に至った場合も同様である。

第13章

強盗罪の加重類型

13.1 強盗致死傷罪

13.1.1 結果的加重犯と故意犯

強盗が，人を負傷させたときは無期または6年以上の拘禁刑に処し，死亡させたときは死刑または無期拘禁刑に処する（240条）。未遂を罰する（243条）。

強盗の際に人の死傷結果が発生することは高い刑事学的類型性を備えており，これに対処するために設けられた加重類型である。したがって，主たる保護法益はむしろ生命・身体であり，財産のほうは従たる保護法益にとどまる。

240条が文言上，結果的加重犯の場合を含むことは明らかであるが，それに加えて，強盗が殺人や傷害の**故意**を有していた場合をも含むかが争われている。条文を素直に読めば否定説をとるのが自然であるが（大判明治43・10・27刑録16輯1764頁は殺意ある場合に強盗致死罪と殺人罪を認めていた），（その後の）判例は240条の人身犯的性格を重視し，殺意ある場合にも240条後段のみを適用している（大連判大正11・12・22刑集1巻815頁，最判昭和32・8・1刑集11巻8号2065頁）。通説もこれを支持する。

もっとも，人身犯的性格を重視するというだけでは結論を述べているにすぎ

186　　　　　　　　第13章　強盗罪の加重類型

ないから，学説ではより実質的な根拠をあげる努力がなされている。

　第1に，240条が刑事学的類型性に着目して設けられた規定であるとするならば，強盗が殺傷の故意まで有しているという典型的なケースを射程外とするのは一貫しない。

　第2に，純粋な結果的加重犯を定める規定は「よって」とか，「より」などといった表現を用いるのが通例であるが，240条ではそのような表現が用いられていない。

　第3に，たとえば，240条が殺意ある場合を含まないと解すると，強盗殺人犯は殺人罪と強盗罪の観念的競合として処断されることになり，殺意がない場合に強盗致死罪が成立することに比し，かえって刑の下限が軽くなってしまう。他方，これを避けるため，殺意ある場合に殺人罪と強盗致死罪の観念的競合とするならば，そもそも240条は殺意ある場合を含まないとする出発点と矛盾しよう。また，被害者の死亡という単一の事実を，行為者に対して不利に二重評価しているきらいもある。

　こうして，強盗が殺人や傷害の故意を有している場合にも，240条のみを適用するという解釈が妥当であろう。

13.1.2　主　　体

　主体は「**強盗**」であり，強盗罪の実行に着手した者を意味する。既遂に達している必要はないから（最判昭和23・6・12刑集2巻7号676頁），財物の占有等を取得するに至っていなくても，死傷の結果が生じれば240条の罪が成立する。ここにも240条の罪の保護法益として，財産が従たる地位しか有していないことがあらわれているといえよう。

　以上のコロラリーとして，事後強盗や昏酔強盗の犯人も主体に含まれる（大判昭和6・7・8刑集10巻319頁）反面，強盗予備の段階にとどまる犯人は主体に含まれない。

13.1.3　客　　体

　客体は強盗行為自体の被害者に限られない。たとえば，強盗犯人が逮捕を免れるため，警察官を負傷させた場合も240条前段の罪が成立する（前掲大判昭

13.1 強盗致死傷罪

和6・7・8）。もっとも，このような場合には，強盗も窃盗の一種であるとして，客体を事後強盗行為の被害者とする事後強盗致傷罪を認めることも可能であろう。

13.1.4 行　　為

240条の罪において，死傷結果を発生させるべき**原因行為**がいかなる範囲に及ぶかは，古くから学説・実務上さかんに議論されてきた重要論点である。

手段説は原因行為を最も狭く解する見解であり，強盗の手段である暴行・脅迫に限定する。一見，自然な解釈のようにも思われるが，文言上，そのように限定的に解さなければならない必然性はまったくない。むしろ，強盗から死傷の結果が生じがちな局面はほかにも多数存在することにかんがみると，それらをすべて240条の射程外に置くことは立法の趣旨にも反するように思われる。

拡張手段説は手段説をベースにしつつ，事後強盗罪所定の目的による暴行・脅迫にまで原因行為を拡張する見解である。この見解は，手段説によるだけでは，窃盗犯人が同目的で暴行・脅迫して人を死傷させれば240条の罪が成立するのに，強盗犯人が同じことをしても240条の罪が成立しないこととなり不均衡だ，という問題意識に基づいている。一理あるが，強盗も窃盗の一種であると解せば，いずれの場合にも240条の罪が成立することとなり不均衡はないから，結論としては手段説と大差ない。それゆえ，この見解もまた原因行為を狭く解しすぎているきらいがあろう。

機会説は判例の立場であり（大判昭和6・10・29刑集10巻511頁），原因行為は強盗の機会における暴行・脅迫であれば足りるという見解である。結論としては妥当であると思われるが，理論的には，原因行為は暴行・脅迫である必然性さえないはずである一方，強盗の機会というだけでは融通無碍であり，240条が設けられた趣旨に照らして，より具体的かつ明確な解釈を志向しなければならない。もちろん，そうはいっても一義的な線引きまではできないが，少なくとも，強盗罪の実行に着手されたことにより特に高められた危険の現実化として死傷の結果が生じていなければならないはずであり，この危険の高まりが認められる範囲を強盗の機会ととらえるのが整合的であろう。

判例としては，被告人がほか2名と共謀のうえ，A方においてAを殺害し

金品を強奪したのち，この犯行を目撃したBが被告人の顔を知っていることからこれを殺害しようと相談し，当初の犯行から約5時間後，BをA方近くの空家内に誘い出して殺害した事案において，B殺害につき通常の殺人罪を認めたもの（最判昭和23・3・9刑集2巻3号140頁），強盗犯人が侵入した家屋の表入口から逃走するにあたり，追跡してきた家人をその入口付近において日本刀で突き刺し，死亡させた事案で強盗殺人罪を認めたもの（最判昭和24・5・28刑集3巻6号873頁），前夜に強盗で得た盗品を船で運搬し，翌晩に陸揚げしようとする際，巡査に発見され，逮捕を免れる目的でこれを負傷させた事案で強盗傷人罪を否定したもの（最判昭和32・7・18刑集11巻7号1861頁），強盗に引き続き，その罪跡を隠滅するため，被害者に覚醒剤を注射して放置した結果，被害者が死亡した事案で強盗致死罪を認めたもの（東京高判平成23・1・25判時2161号143頁）などがある。

　一方，学説においては，240条の罪が成立しない講壇設例として，たとえば，強盗犯人が，以前から憎んでいた知り合いがたまたま通りかかったので，凶器を手にしているのを幸いにとこれを死傷させたケースや，強盗犯人どうしが分け前をめぐって仲間割れを起こし，一方が他方を死傷させたケースなどがあげられている。いずれにおいても，強盗罪の実行に着手したことで特に高められた危険が現実化しているわけではなく，単に，あまねく存在するリスクが強盗をきっかけに爆発したにすぎないのであるから，240条の罪が成立しないのは当然といえよう。

13.1.5　結　　果

　240条の罪が成立するためには，13.1.4で述べた原因行為から死傷の結果が生じている必要がある。そして，原因行為の限定が「強盗罪の実行に着手したことで特に高められた死傷の危険を有する行為であるか」という観点から行われるとすれば，原因行為と死傷結果との間の因果関係の内容としても，そのような高められた危険の現実化が要求されることになろう（因果関係の否定例として，札幌高函館支判昭和25・7・3高刑判特13号203頁，神戸地姫路支判昭和35・12・12判タ119号108頁，神戸地判平成14・3・19 LEX/DB28075157，横浜地判平成21・6・25判タ1308号312頁〔コンビニ店主が逮捕する目的で，自転車にま

13.1 強盗致死傷罪　189

たがった強盗犯人に跳びかかり，従業員が自転車の後輪を蹴ってこれを転倒させた際，店主が負傷した点について〕など）。これに対して一部の学説は，このような解釈を超え，結果的加重犯一般において基本犯と加重結果との間に特殊な連関を要求しようとする。詳しくは刑法総論の議論を参照されたい。

なお，240条前段にいう「**負傷**」が傷害罪における傷害と同義であるかもさかんに議論されている。すなわち，強盗は多少の傷害をともなうのが通例であり，軽微な傷害は立法者が強盗罪の法定刑を定めるにあたって織り込み済みであるとか，240条前段の罪の法定刑が非常に重いことにかんがみると（2004（平成16）年の刑法改正により自由刑の下限が7年から6年に引き下げられた結果，酌量減軽〔66条〕を施せば執行猶予を付しうるようになったが，依然として相当に重い刑といえる），そこにいう「負傷」から軽微な傷害は除くべきであるなどと主張されるのである。

判例は傷害の概念を統一的に解しているが（大判大正4・5・24刑録21輯661頁以降多数），裁判例の中にはこれを相対化し，日常生活において看過される程度のきわめて軽微な傷害は（204条の「傷害」に該当しえても）240条前段の「負傷」にはあたらないとするものもある（大阪地判昭和54・6・21判時948号128頁。その他の否定例として，大阪地判昭和34・4・23判時191号33頁，大阪地判平成16・11・17判タ1166号114頁参照）。学説の主流も，負傷を相当程度に重い傷害に限定している。

難しい問題であるが，たとえば，意識障害の一定範囲が昏酔強盗罪により包括評価されていると解するのとは異なり，負傷概念の限定解釈は「立法者はその程度の傷害なら強盗罪の法定刑で満足するだろう」という弱い推論にすぎない。また，刑が重すぎて執行猶予を付しえないという実際上の不都合も今日では解消されている。そうすると，判例のように傷害の概念自体は統一したうえ，あとは裁判所が量刑判断において軽微な傷害であることを十分に考慮する，という解決策もただちに不当とはいえないように思われる。

13.1.6 暴行の故意

240条の罪が成立するために，**暴行の故意**が必要であるかも争われている。具体的にいうと，死傷結果を発生させるべき原因行為を緩やかに解し，さらに，

因果関係についても特段の限定を施さない場合，240条の罪の成立範囲が過度に拡張しかねないから，論理必然というわけではないものの，せめて暴行の故意を要求することにより，主観面から成立範囲を絞ろうとする解釈が主張されているのである。

たしかに，法定刑が重い240条の罪の成立範囲を謙抑的に解釈しなければならない，というのはそのとおりである。しかし，条文上も，240条の罪の理論構造上も，特段の根拠をもたない主観的要件を突如として，ただ成立範囲を限定できるというだけで導入するのは整合性を欠く。判例も，被告人が被害者に対し，「金を出せ」等と申し向けて日本刀を突きつけたところ，被害者が日本刀にしがみつき救助を求め，被告人がその刀を引いたことにより被害者が右手のひら等を負傷した事案において，原因行為を脅迫とする強盗傷人罪を認め（最判昭和24・3・24刑集3巻3号376頁），被告人が被害者から金員を強取しようと企て，被害者運転のミニバイクの後部荷台にまたがって乗車し，登山ナイフを同人の右脇腹に突きつけて「倒れろ」と命じ，殺されるかもしれないと畏怖した被害者がバイクもろともその場に転倒し，負傷した事案で原因行為を脅迫とする強盗致傷罪を認めている（大阪高判昭和60・2・6高刑集38巻1号50頁）。

ただし，強盗罪が実行される実際上の形態に着目するならば，原因行為を脅迫とする240条の罪が認められた事案においても，暴行を原因行為と解することが不可能ではない場合が多い。人に日本刀を突きつけるのも（類似の事案で原因行為を暴行とした最決昭和28・2・19刑集7巻2号280頁参照），人から意思決定の自由を奪って転倒させるのも，暴行と評価することがただちに不可能とはいえないであろう。実際，判例の中には，被告人が被害者にナイフを突きつけ，「金を出せ」といいながら2，3回，被害者の首や顎のあたりにナイフを突き出し，金員を強奪しようとしたが，被害者の抵抗にあいその目的を遂げることができなかった事案において，ナイフの刃が被害者の首・顎に触れてかすったため擦過傷を負わせた場合に原因行為を暴行とする強盗致傷罪を認めたものもある（最判昭和33・4・17刑集12巻6号977頁）。

なお，たとえ暴行の故意を要しないとしても，犯人に認識されていない客体の死傷についてまで，240条の罪が成立しうるかは別途問題となりうる。もっとも，故意犯としてはともかく，結果的加重犯としてとらえられる事案におい

ては，条文の文言上も，240条の罪の不法構造上も，これを否定する理由はないであろう。裁判例にも，被告人がビル2階のエステ店において，店長ほか3名に対し，拳銃に見せかけたエアガンで脅迫し，現金を強取したが，同店の個室ベッドで仮眠していた被害者が強盗に気づき，難を逃れるため窓から路上に飛び降り，負傷した事案で強盗致傷罪を認めたものがある（東京地判平成15・3・6判タ1152号296頁）。

13.1.7 未遂・既遂

240条の罪の未遂と既遂はいかに区別されるべきか。

まず前提として，240条の罪のうち**結果的加重犯**としての類型に関しては，強盗の未遂・既遂によって区別するほかない。刑法総論の復習になるが，未遂という概念は故意犯においてしか観念しえないからである。もっとも，支配的な見解は，強盗が未遂であろうと死傷の結果が発生しさえすれば240条の罪が成立すると解しているので，結局，結果的加重犯としての240条の罪には未遂犯という形態が存在しないことになる（未遂犯処罰規定は無駄である）。

これに対し，240条の罪のうち**故意犯**としての類型に関しては，強盗の未遂・既遂によって区別することも，殺人・傷害の未遂・既遂によって区別することも，論理的には可能である（両者の組み合わせによりさらに立場は増える）。もっとも，支配的な見解は240条の罪の人身犯的性格を重視し，もっぱら殺人・傷害の未遂・既遂によって区別している（大判昭和4・5・16刑集8巻251頁）。つまり，強盗が未遂にとどまろうと，殺人・傷害が既遂に達しさえすれば，故意犯としての240条の罪の既遂が成立することになる。

ただし有力な見解は，論理必然の関係はないものの，故意犯としての類型のうち，**強盗傷人**のほうについては未遂が存在しないと主張している。強盗犯人が被害者の負傷を予見していたが実際には負傷しなかった，というケースは通常の強盗においてしばしば見られることであり，240条前段の罪の未遂という重い処断刑を用いる必要がない（通常の強盗罪にとどめるべきである），というのである。それほど争う価値のないところかもしれないが，重大な傷害を負わせる高度の危険性が存在し，しかし，殺意までは認定しえないという事案まで考えると，本当に強盗傷人未遂を観念しなくてよいかには疑問もあろう。

13.1.8 罪　　数

240条の罪の第一次的な保護法益は生命・身体であることから，その罪数もまた死傷した被害者の数が標準となる。すなわち，1個の強盗を行う際，複数人に暴行を加えて各人に死傷結果を発生させた場合，被害者の数だけの強盗致死傷罪が成立し，併合罪となる（最決昭和26・8・9刑集5巻9号1730頁）。他方，同一の場所・機会に数人から財物を強取し，そのうちの1人に傷害を負わせた場合は1個の強盗致傷罪が成立する（大阪地判昭和57・10・20判時1077号159頁）。

13.2　強盗・不同意性交等罪，同致死罪
13.2.1　意義および保護法益

強盗の罪もしくはその未遂罪を犯した者が177条の罪もしくはその未遂罪をも犯したとき，または同条の罪もしくはその未遂罪を犯した者が強盗の罪もしくはその未遂罪をも犯したときは，無期または7年以上の拘禁刑に処する（241条1項）。1項の場合のうち，その犯した罪がいずれも未遂罪であるときは，人を死傷させたときを除き，その刑を減軽することができる。ただし，自己の意思によりいずれかの犯罪を中止したときは，その刑を減軽し，または免除する（同条2項）。1項の罪にあたる行為により人を死亡させた者は，死刑または無期拘禁刑に処する（同条3項）。3項の罪のみ未遂を罰する（243条）。

強盗と不同意性交等はそれぞれが重大犯罪であるというだけでなく，同一の機会にあわせて実行されることも多い。そのため，両罪の先後関係を問わず（ただし2017（平成29）年改正前は，強姦→強盗であれば両罪の併合罪となるにすぎなかった），同一の機会にあわせて実行された場合の加重類型を結合犯として規定したものである。したがって，保護法益は被害者の性的自由（性的自己決定）と財産の双方となる。ただし3項の罪に限っては，主たる保護法益は生命と解されている。

13.2.2　主　　体

第1の主体は強盗犯人または強盗未遂犯人である。強盗には当然，事後強盗や昏酔強盗も含まれる。他方，強盗予備犯人が主体たりえないのは条文記載の

とおりである。

第2の主体は不同意性交等犯人または不同意性交等未遂犯人である。他方，監護者性交等犯人や監護者性交等未遂犯人が主体から外されているのは，強盗と同一の機会に実行されるという刑事学的類型性が認められないためである。

13.2.3 行　　為

強盗行為と不同意性交等行為の先後関係は問わない。ただし，両行為は同一の機会に行われることが必要と解されている。

13.2.4 結　　果

強盗・不同意性交等罪が既遂に達するためには，条文上，強盗と不同意性交等のいずれもが未遂にとどまっていてもかまわないものとされている。他方，同致死罪が成立するためには，強盗と不同意性交等のいずれかにあたる行為と死亡結果との間の因果関係が必要である。

なお，241条は被害者が**負傷**したにとどまる場合については規定していないため，このような場合の擬律につき争いがある。

有力な見解は，241条が致死の場合のみをとりあげて特に重く処罰していることにかんがみ，単に傷害の結果を生じさせたにすぎない場合は強盗・不同意性交等罪のみが成立するという（強盗強姦未遂罪にとどめた大判昭和8・6・29刑集12巻1269頁，強盗強姦罪にとどめたうえ，傷害を重要な量刑事情とした東京地判平成元・10・31判時1363号158頁，強盗・強制性交等罪は被害者に致傷の結果を生じたものも含むとした東京高判令和元・11・15高刑速（令元）330頁参照）。

たしかに傷害の程度はさまざまであり，生命に重大な危険を生じさせたり，重篤な後遺症をともなわせたり，はたまた，不可逆な植物状態に陥らせるなど死亡と境を接するものまである。これらを罪名のレベルで捨象するというのは通常は許されない解釈であろう。もっとも，他方において，法自体が致死の場合のみを規定するという異例の形態をとっていること，刑の上限が無期拘禁刑であり，重大な傷害であっても量刑上考慮するのに実際上の不都合はないことなどから，例外的に有力な見解も成り立ちうるように思われる。

13.2.5　主観的要件

行為者が**殺意**を有する場合の擬律についても争いがある。

結果的加重犯説は，241条3項があくまで結果的加重犯を規定したものであり（大判昭和10・5・13刑集14巻514頁参照），殺意がある場合には強盗・不同意性交等罪と強盗殺人罪の観念的競合になるとする。もっとも，このような解釈は強盗の二重評価となるおそれがあり，さはさりながら，強盗・不同意性交等罪と殺人罪の観念的競合とすると，今度は殺意がない場合に241条3項の罪が成立し，法定刑の下限が無期拘禁刑とより重くなってしまう不都合が生じる。それだからといって，241条3項の罪まで認めようとすると，そもそも結果的加重犯説の出発点と矛盾してしまう。

こうして**故意犯説**，つまり，241条3項が殺意ある場合まで含むとする解釈が妥当であろう。未遂犯処罰規定の機能は，殺人の部分が未遂に終わった場合に発揮されることになる。これは基本的に240条後段と共通する解釈であるが（いずれも条文上，「よって……死亡させた」という結果的加重犯特有の文言が用いられていない），241条3項においては条文上，原因行為が「第1項の罪に当たる行為」に限定されている点で相違している。

13.2.6　減　免　事　由

強盗・不同意性交等罪は条文上，結合関係にある両罪のいずれもが未遂にとどまる場合であっても，なお既遂に達するものとされている。つまり，通常は未遂となる場合が既遂にかさ上げされているのである（未遂犯処罰規定ははじめから設けられていない。なお，2017（平成29）年改正前は旧・強盗強姦罪に未遂犯処罰規定があったが，強盗既遂・強姦未遂の場合の処断刑の下限が強盗既遂罪より軽くなるという不都合が存在した）。

もっとも，両罪のいずれもが未遂にとどまり，かつ死傷の結果も生じていない場合には，違法性が低く，実質的に未遂と同様の処断を行うべきである。このような観点から，241条2項本文は刑の任意的減軽を認めている。さらに，未遂に終わった強盗と不同意性交等のいずれかにつき，自己の意思により中止したときは，同条同項ただし書が刑の必要的減免を定めている。これもまた，実質的には中止犯を認めたものといえよう。

13.2 強盗・不同意性交等罪，同致死罪 **195**

なお，241条3項の罪については未遂を観念することができ（未遂犯処罰規定もある），さらに中止犯の成立可能性もある。

13.2.7 罪　　数

強盗が行われた場所で複数の被害者に対して不同意性交等が行われたときは，被害者の数に応じた強盗・不同意性交等罪が成立し，併合罪となる（強盗強姦罪につき，最判昭和24・8・18集刑13号307頁参照）。

第14章

詐欺の罪

14.1 総　説

　詐欺の罪は，人を欺いて財物を交付させ，または財産上の利益を得，もしくは他人に得させる行為，および，これに準ずる行為を処罰する犯罪である。具体的には，1項詐欺罪（246条1項），2項詐欺罪（同条2項），準詐欺罪（248条），電子計算機使用詐欺罪（246条の2），これらの未遂罪（250条）が規定されている。

　詐欺罪の保護法益については窃盗罪におけるのと同様の議論がなされているが，判例は詐欺罪においては本権説寄りの立場を採用している。また，詐欺罪にも窃盗罪と同様，親族間の特例（244条）が準用される。

14.2 詐欺罪の構造

　詐欺罪の構造に関しては，いくつかの特殊な考え方が主張されている。

　窃盗罪の間接正犯説は，被害者の錯誤を利用した窃盗罪の間接正犯のうち，一部分を切り取って独立の犯罪類型としたのが詐欺罪だ，と分析する。しかし，詐欺罪で保護される被害者の錯誤のすべてが，窃盗罪の間接正犯を基礎づける

わけではない（たとえば，「この壺は将来値上がりするだろう」という錯誤は，欺罔により引き起こされたとき詐欺罪で保護されるかもしれないが，ただそういう錯誤者に壺を高値で売るだけの行為が〔代金に対する〕窃盗罪の間接正犯となるわけではない）。またこの点を措くとしても，なぜ詐欺罪のような「切り取り」方がなされるべきであるのか，その合理的な説明は不可能であろう。

不法利得罪説は，（242条が適用されない場合における，本来的な）窃盗罪が個々の財物の所有権を攻撃し，これをわがものとする犯罪であるのに対し，詐欺罪は被害者の対応する損害のもと，不法に利益を得ようとする犯罪である，と分析する。もちろん，この考え方が絶対に成り立たないわけではないし，もし刑法を全面改正して財産犯の規定を抜本的に見直すのであれば，その指導原理として有力な選択肢となるであろう。もっとも，他方において，この考え方は，移転罪という大きな括りのもとで共通する構造を有するものととらえられた財産犯群を，ただ客体の性質に応じて1項犯罪と2項犯罪に分類するという前提において，長年にわたり積み重ねられてきたわが国固有の議論を根底から破壊してしまいかねない。みなさんの関心に即していえば，明らかに「試験向き」ではないのである。

こうして，詐欺罪もまた**移転罪**という基本的な構造のもと，窃盗罪から独立した不法類型を構成し，かつ，客体が財物だけでなく財産上の利益も含む（しかも，財物に不動産も含まれる。大判明治36・6・1刑録9輯930頁），と単純に理解しておけば足りよう。

14.3　欺　罔　行　為

14.3.1　作為による欺罔と不作為による欺罔

人を欺いて財物を交付させた者は，10年以下の拘禁刑に処する（246条1項）。1項の方法により，財産上不法の利益を得，または他人にこれを得させた者も，同項と同様とする（同条2項）。未遂を罰する（250条）。

条文上，「欺罔行為→相手方の錯誤→錯誤に基づく交付行為→客体の移転」という4つの段階を経ることが因果関係の内容として必要である。裏側からいうと，途中が抜ければ詐欺罪は未遂にとどまる。たとえば，うそをついて相手をだまそうとしたところ，相手はうそを見抜いたものの，憐憫の情から財物を

渡してくれた，という場合はせいぜい詐欺未遂罪にとどまる。

　刑法総論で勉強したように，欺罔行為についても当然，作為の形態と不作為の形態を観念しうる。不作為形態を処罰するためには，行為者が保障人的地位を有することが必要である。また，不作為形態は具体的には，相手方が錯誤に陥る（錯誤が強化される）のを止めない場合に認められるはずであるが，通説的な立場はそれに限らず，単に相手方の錯誤を解消しない場合にも幅広く不作為形態を認めている。この，相手方の錯誤を解消する作為義務のことを**告知義務**とよんでいる。たとえば，買い物をしてレジで現金を支払った際，お釣りを多く渡されたことに気づいたが，これ幸いとそのまま受け取ってしまったら，信義則上，お釣りが多いと相手方に告知する作為義務があり，これに違反した不作為による欺罔が認められるものとされる（むろん，この場合に告知義務を否定する反対説もある）。そのほか，継続的な給付金の受給資格を喪失する事由が生じたのに届け出ず，振込みがなされたとか，生命保険契約締結の際に既往を隠していたなどというケースがあげられることもあるが，一定の事情を告知する旨の事前確約がとられるのが通常であり，これらのケースにおいては告知義務を認定することが比較的容易といえよう（不作為による欺罔の肯定例として，大判大正7・7・17刑録24輯939頁〔準禁治産者であることを黙秘して取引〕，大判昭和4・3・7刑集8巻107頁〔不動産を売却する際，抵当権の設定・登記を黙秘〕，大判昭和7・2・19刑集11巻85頁〔生命保険契約締結の際，生命にかかわる重症の子宮疾患を黙秘〕，否定例として，福岡高判昭和27・3・20判特19号72頁〔セメント購入の際，事業不振を不告知〕，最判昭和31・8・30判時90号26頁〔請負人の代理人として町と工事請負契約を締結し，工事代金を町から受領する際，請負人との内部関係において請負人に承諾させた請負金額を町に不告知〕，東京高判平成元・3・14判タ700号266頁〔不動産業者のように振る舞う者に対して土地を売却する際，国立公園内にあることからくる法的規制を不告知〕参照）。

　ただし，一見すると真実の不告知という不作為にも思われる行為が，意思表示の合理的解釈に基づき，虚偽の積極的告知という作為に評価替えされることもある。このような場合を**挙動による欺罔**（**推断的欺罔**）という。たとえば，手持ちもないのにラーメン屋で「ラーメン1つ！」と注文する行為は，一見すると金を持っていないことの不告知にとどまるようにも思われるが，厳密に考

えると，それは代金支払の債務をともなう双務契約の申し込みにほかならない
から，むしろ代金を支払うと積極的にうそをいっているのと同じことなのであ
る（最決昭和 43・6・6 刑集 22 巻 6 号 434 頁参照）。したがって，このような事例
においては告知義務を認定することなく，端的に作為による 1 項詐欺罪の成立
を肯定することができる。

　このような意思表示の合理的解釈は，当事者の置かれた立場や従前のやり取
り，意思表示の形態，客体の性質や価値など，諸般の事情を総合的に考慮して
行われるべきものである。しばしば，取引慣習上許容される「**駆け引き**」の範
囲内なら詐欺ではないといわれるが，その実体は，意思表示の合理的解釈に照
らして虚偽を告知したものとは評価しえず，真偽判断の責任がむしろ相手方に
存する点に求めることができよう。

14.3.2 直接性

　詐欺罪が成立するためには，交付行為によって直接的に，被害者側から行為
者側に客体が移転したといいうる必要がある（被害者に客体の占有を放棄させて
から領得する場合にも同罪が成立しうるであろうから，厳密には占有移転ではなく
占有喪失で足りる）。これを講学上，**直接性**の要件とよぶ。反対に，たとえば，
行為者が被害者にうそをいってだましたとしても，それが客体の占有を**弛緩**さ
せるにとどまり，いまだ占有の移転と認めるに足りず，行為者自身による（受
領〔受交付〕行為を超えた）積極的な占有移転行為を要するときは，むしろ窃盗
罪が成立しうる。この場合，直接性をみたす事態がはじめから目指されておら
ず，詐欺の故意が認められないことから，詐欺未遂罪も成立しえない。教科書
類においてしばしばあげられる例としては，店頭で「あっ，UFO だ！」と叫
んで店主の気をそらし，その隙に商品を自分のバッグに入れてしまう，という
ものがある。

　古い判例には，被告人が被害者方の玄関において虚言を弄し，現金を入れた
風呂敷包みを用意させ，被害者がこれを玄関に置いてトイレに行った隙に，被
告人がこれを持ち去った事案で詐欺罪を認めた原判決が，大審院判例（大判大
正 12・11・20 刑集 2 巻 816 頁）に反しないとしたものがあるが（最判昭和 26・
12・14 刑集 5 巻 13 号 2518 頁），むしろ窃盗罪とすべきであろう。そのほか，客

を装い試乗車を乗り逃げした事案において，窃盗罪ではなく詐欺罪を認めた裁判例もあるが（東京地八王子支判平成 3・8・28 判タ 768 号 249 頁），こちらは直接的に占有を移転させる交付行為があるから妥当であろう（被告人が代金を払ってくれると思い込み，店員が差し出したテレホンカードを店外に持ち出し，そのまま逃走した事案で詐欺罪を認めた東京高判平成 12・8・29 東高刑時報 51 巻 1 ～ 12 号 93 頁も参照）。また，近時の**カードすり替え型窃盗**（警察官・金融庁職員等を装って被害者宅を訪問し，虚言を弄して被害者にそのカードを封筒に入れさせたうえ，被害者に一時離席させ，その隙にあらかじめ用意しておいた封筒とすり替え，カードを不正に入手するなどといった事案類型）においては，窃盗罪を問題とするのが判例の一般的な立場である（先駆的な裁判例として，京都地判令和元・5・7 LEX/DB25563868 参照）。

　ただし，ここで注意を要するのは，要求される交付意思の内容を緩やかに解することで，直接性のみたされるケースが拡大しうることである。たとえば，交付意思の内容として何らかの財物ないし財産上の利益を移転させるというもので足り，行為者が現に取得した客体との一致が不要であるとすれば，現金を玄関に置いてトイレに行ったというケースにおいても，直接性を肯定して詐欺罪とすることが絶対に不可能とはいえない。離れたトイレに長時間かけて向かうことにより，現金を簡単に持ち去れる状態という財産上の利益を交付した，と評価する余地が生じるからである。

　なお，厳密には直接性の要件とは関係ないが，交付の相手方が無関係の第三者であってもよいのかも争われている。有力な見解は，第三者が行為者側の人間であるといいうるため，両者の間に特別な事情を要求しているが（大阪高判平成 12・8・24 判時 1736 号 130 頁参照），利用処分意思をめぐる一般論に照らすならば，そのような限定は不要であろう。ただ現実問題として，行為者も得をするようなケースがほとんどであるというにすぎない。判例には，被告人が「釜焚き」と称する儀式の料金を被害者からだまし取るため，支払いのできない被害者について，被害者が被告人の経営する薬局から商品を購入したように仮装してクレジット契約を締結させ，信販会社から被告人に振込送金させた事案において，詐欺罪を認めたものがある（最決平成 15・12・9 刑集 57 巻 11 号 1088 頁）。

14.4 交 付 行 為

14.4.1 被欺罔者，交付者，被害者の関係

　交付行為とは客体の占有を移転させる行為であり，相手方の**受領（受交付）行為**を前提とする場合もしない場合もある（物を実際に手渡すなら受領行為が前提となるし，振込送金なら受領行為なく占有が移転する）。交付行為は**処分行為**ともいわれる。

　学説においては一般に，被欺罔者と交付者は常に一致しているが，それと被害者が一致している必要はないと解されている。後者の，一致していない場合を**三角詐欺**とよび，被欺罔者＝交付者と被害者の間に一定の関係を要求する見解が有力である。もっとも，詐欺罪は偽りの合理的判断をさせられた被害者による自己加害的行為を処罰するものであるという理解から，被欺罔者＝交付者と被害者もまた一致している必要があるとする少数説も主張されている。

14.4.2 交付意思の要否

1. 学　　説

　詐欺罪における交付行為といえるために，いかなる内容の**交付意思**が必要であろうか。

　客体の占有移転を完全に認識していることを要する見解（**交付意思必要説**）は，錯誤が純粋に動機において存在する場合にのみ交付意思を肯定する。たとえば，実際には安い壺を高価なものと偽られ，その購入代金として現金100万円を支払ったというとき，被害者は1万円札100枚が自分のバッグから行為者のバッグに移動することを完璧に認識しており，ただ，「高価な壺だから」という動機に錯誤が存するにすぎないから交付意思が認められ，行為者は詐欺罪となる。これに対し，行為者が実際には高級魚が入っている魚箱を指さし，「その雑魚が入った魚箱を売ってくれ」とうそをいい，被害者がだまされて安い値段で魚箱を売ってしまったというときは，そもそも被害者が占有移転することとなる客体を正しく認識していないから交付行為が欠け，行為者に詐欺罪は成立しないことになる（せいぜい，被害者の錯誤を利用した窃盗罪の間接正犯にとどまる）。

　この反対の極として，現実に占有移転することとなる客体を認識している必

要などなく，ただ交付者が何らかの財物ないし財産上の利益を交付する認識を有してさえいれば交付行為として十分である，という見解（**交付意思不要説**）もある（後者の認識さえなければ詐欺とはなりえず，たとえば，財産的意義を欠く別種の書類とだまして契約書にサインさせる場合が考えられる）。これによれば先の魚箱の事例でも，被害者は少なくとも魚入りの魚箱という財物を交付する意識はあるから交付行為が認められ，行為者は詐欺罪となる。それどころか，たとえば，被害者の知らぬ間に，魚箱の底に被害者の財布がへばりついていれば，その財布についても交付行為が認められることになろうし，実際には財物の占有が移転しているのに，被害者は財産上の利益を交付する意思しかなかった（あるいはその逆），というケースにおいても交付行為が肯定されよう。

　現実に数多く主張されているのは両者の中間的な見解（**中間説**）であり，表現はさまざまであるが，交付行為があったといえるために，①客体の占有移転を少なくともその**外形**においては認識している必要があるとか，②占有移転する客体を**量的**に正しく認識している必要まではないが，**質的**には正しく認識していなければならないなどといわれている。もっとも，いずれについてもその真意は必ずしも明らかではない。①外形といっても，並べられた魚はその要素でないのに，へばりついた財布はその要素であるというのは恣意的だし，②量と質といっても，魚種の違いはなぜ量的な差異にとどまるのか，魚でなく牛肉，現金が入っていたら質的違いになるのかなど，原理的に回答不能の疑問が無限に出てくる。中間説を明確かつ首尾一貫したかたちで主張することは困難であろう。

　こうして交付意思必要説と交付意思不要説が残されることになるが，そのいずれが適切であるかは詐欺罪の不法構造に照らして判断されるべきであろう。すなわち，通常は客体の占有者がその占有を守る番人として機能するから，行為者がただ客体の占有を取得しようとしても阻まれてしまうことが多い。ところが，占有者に虚偽情報を入力し，誤った事実認識のもとで「客体の占有を移転させたほうがよい」という合理的判断をさせることに成功すれば，占有者はむしろ進んで客体を交付してきてくれる。これは要するに，番人を操ってむしろ自分の協力者に仕立て上げることを意味するから，客体の占有移転を引き起こす非常に高い危険性をもつ。この危険性こそが詐欺罪の不法を特徴づけてい

ると考えれば，交付者がその合理的判断に基づいて財物ないし財産上の利益を交付する行為に出て，それにより客体の占有が移転すれば足りるはずであるから，交付意思不要説のほうが妥当であるように思われる。交付意思必要説は詐欺罪の不法構造を超えて，同罪の成立に過剰な限定を課すものといわざるをえない（客体が財物であればいずれにせよ窃盗罪が成立しうるとして，1項詐欺罪においてのみ交付意思必要説をとることで詐欺の射程を窃盗とかぶりえないよう縮減する学説もあるが，詐欺と窃盗の競合領域を排除する必然性はなく〔より重い詐欺罪で処断されるだけである〕，そのために1項詐欺罪と2項詐欺罪の並行性を崩すのは倒錯した議論であろう）。

2. 判　例

　判例は一般に，交付意思必要説に立つものといわれている。たとえば，料亭で飲食，宿泊したのち，自動車で帰宅する知人を見送ると欺いて店先に出て，そのまま逃走した事案において，債務免脱の2項詐欺罪を認めるためには債権者を欺罔して債務免除の意思表示をさせる必要がある，と述べて同罪を否定したもの（最決昭和30・7・7刑集9巻9号1856頁。ただし傍論），温泉旅館に宿泊滞在したのち，女中に映画を見に行ってくると偽ってそのまま逃走した，という事案において，処分行為を否定して2項詐欺罪を否定したもの（東京高判昭和31・12・5東高刑時報7巻12号460頁），旅館に滞在したのち，「今晩必ず帰ってくるから」と偽って，宿泊料等の支払いの請求をさせなかった事案において，旅館主による支払一時猶予の意思表示を認めて2項詐欺罪を肯定したもの（東京高判昭和33・7・7裁特5巻8号313頁）などがある。

　もっとも，厳密に考えると，これらの判例は交付意思必要説と必ずしも整合的とはいえない。たとえば，踏み倒しの事案で被告人が現実に得ている財産上の利益は事実上の支払免脱であるにもかかわらず，支払いを一時猶予する認識しかない被害者に交付行為が認められているからである。さらにいえば，ただ店先に出ることを黙認させるとか，従業員に映画を見に行く話をするというだけでは，そもそも何らの財産上の利益も移転しないのであるから，交付意思不要説からでも交付行為など認められないはずである。むしろ，被告人が電気計量器に細工して指針を逆回転させ，検針員をだまして電気料金の支払いを免れた事案において，詐欺罪を認めた判例（大判昭和9・3・29刑集13巻335頁）を

も考慮するならば，判例は交付意思不要説と整合的であるとさえいいうるように思われる。

14.5　財産的損害

14.5.1　総　　説

　詐欺罪を特殊な構造をもつ犯罪ととらえる少数説をとらず，支配的な理解に立つならば，窃盗罪と詐欺罪の保護法益は同じである。とはいえ，物を無理やり奪う窃盗罪と異なり，詐欺罪，特に，（広い意味における）取引の動機・目的に瑕疵を生じさせるにとどまる類型においては，被害者が物を進んで行為者に渡しており，ただ，それによって達成しようとしていた別の目標が挫折させられたにすぎない。そして，人間はさまざまな動機から行動するのであり，動機は本質的に無限定である。しかし，そうすると，所期の取引目的が実現されなかったという一事をもって，ただちに窃盗罪と同じく，客体の財産的効用が侵害されたと評価することはできない。むしろ，その不実現が詐欺罪の法益侵害を基礎づけうるような取引目的を限定的に解さなければならない。この限定方法を探求するのが「詐欺罪における**財産的損害**」という論点の本質である。支配的な理解によれば，そもそも詐欺罪の成立に財産的損害は不要なのであるから，大変ミスリーディングな論点名であるといえよう。

　学説では**形式的個別財産説**と**実質的個別財産説**の対立という基本的な分析軸が提示されている。前者は「欺罔されなければ客体を交付しなかったであろう」といえる場合に常に「財産的損害」を肯定する見解，後者はさらに限定をかけようとする見解であるが，前者は結局，前記取引目的をいっさい限定しないことに帰するから，とりえない見解である。今日においては，原則としてすべての学説が実質的個別財産説をとりつつ，取引目的の限定の仕方について争っているといってよい。

14.5.2　交換比率の基礎を偽る類型

　「財産的損害」が問題となる事例類型はいくつかある。ドイツの学説から輸入してきたものもあれば，わが国の判例を参照して作られたものもある。各事例類型の解決方法もさまざまであり，以下に書くのは一例と考えていただきた

い。

第1に，**交換比率の基礎**を偽る類型である。要するに，被害者が「広告内容に反し，そんな陳腐な物だと知っていたら，こんな高額は支払わなかった」などと考える場合であり，原則として「財産的損害」を肯定する，つまり，取引目的の不実現を詐欺罪の法益侵害ととらえ，同目的を詐欺罪で保護することが許されよう。というのも，ある物を手に入れるのにいくらまで払うかというのは，客体の財産的効用の見誤りそのものだからである。したがって，たとえば，陳腐な電気あんま器を入手困難で高価な特殊治療器であるかのように偽り，陳腐な電気あんま器の市価で販売すれば詐欺罪である（最決昭和 34・9・28 刑集 13 巻 11 号 2993 頁）。一般に「**相当対価の給付**」とよばれる類型もだいたいこれにあてはまり，詐欺罪を認めた判例として，焼酎のアルコール濃度を高く偽ったラベルを貼り販売したが，価格は実際の含有量に相当するものであった事案（大判昭和 7・5・23 刑集 11 巻 665 頁），偽造した特配指令書を用いて公定代金を支払い，酒を購入した事案（最大判昭和 23・6・9 刑集 2 巻 7 号 653 頁），県知事に対して営農意思があるかのように偽り，未墾地の売渡しを受けた事案（最決昭和 51・4・1 刑集 30 巻 3 号 425 頁）などがある。

14.5.3　私的関心から特定された客体の利用過程を偽る類型

第2に，**私的関心**から特定された客体の利用過程を偽る類型である。公的な観点からの規制が及ばない限り，被害者は客体の利用過程を自由に決定しうるのであり，実際には異なる利用過程に載せるつもりであるのにこれを偽り，客体を交付させれば「財産的損害」を肯定しうる。たとえば，飢餓に苦しむ子どもたちへの食糧支援のための募金であると偽り，金を集めたが実際には自分がパチンコ代として使うつもりであった，という場合は詐欺罪である（最近メディアにおいて話題となっているのは，現実にはホストに貢ぐためであるにもかかわらず，生活が苦しいなどと偽って，自分に好意を抱かせた被害者から金銭をだまし取るケースである）。ただし，真実を知れば交付しなかったであろう動機が**公的観点**からくる規制に存するときは，不法がもっぱら公的規制の潜脱に求められるから「財産的損害」は否定される。医師を詐称して薬を買い取らせたり（大決昭和 3・12・21 刑集 7 巻 772 頁，広島高松江支判昭和 25・6・2 高刑判特 9 号

100頁），医師の証明書を偽造して薬局に示し，劇薬を購入したり（東京地判昭和37・11・29判タ140号117頁）しても詐欺罪ではない。

　難しいのは，公的観点からくる規制と同時に，私的な利益という観点から見ても，利用過程の特定を整合的に説明しうる場合である。たとえば，銀行で預金口座を開設し，預金通帳やキャッシュカードの交付を受けたが，それは振り込め詐欺やマネーロンダリングを行う組織に譲渡し，高額な対価を得るためであったというときは，銀行が実態を知れば口座の開設に応じなかったであろう理由が，もちろん第一次的には消極的・警察的な規制の存在に求められるものの，副次的には「預け入れられた資金を運用できないおそれがある」という私的利益の観点にも求められる以上，「財産的損害」を肯定し，預金通帳やキャッシュカードに対する1項詐欺罪を認めることができよう。判例には，他人名義で預金口座を開設し，それにともなって銀行から預金通帳の交付を受けた場合に1項詐欺罪を認めたもの（最決平成14・10・21刑集56巻8号670頁），住宅金融債権管理機構を欺罔し，不動産が第三者に正規に売却されるものと誤信させ，相当の金額を支払って根抵当権を放棄させた場合に2項詐欺罪を認めたもの（最決平成16・7・7刑集58巻5号309頁），第三者に譲渡する意思を秘して預金口座の開設を申し込み，銀行から自己名義の預金通帳・キャッシュカードの交付を受けた場合に1項詐欺罪を認めたもの（最決平成19・7・17刑集61巻5号521頁），第三者に無断譲渡する意図を秘し，自己名義でプリペイド式携帯電話機を購入した場合に1項詐欺（未遂）罪を認めたもの（東京高判平成24・12・13判タ1408号274頁〔販売店の店長が錯誤なく交付した〕），暴力団員が身分を秘して郵便局で口座開設を申し込み，自己名義の預金通帳・キャッシュカードの交付を受けた場合に1項詐欺罪を認めたもの（最決平成26・4・7刑集68巻4号715頁）などがある。

14.5.4　契約の履行から相手方に生ずべき特別の負担を秘匿する類型

　第3に，契約の履行から相手方に生ずべき**特別の負担**を秘匿する類型である。たとえば，実際にはダートトライアルのレースに参加するにもかかわらず，あたかも通常の道路を走行するのみであるかのように偽り，被害者から自動車を賃借したとしよう。このとき，被害者は「自動車を1日貸すくらいなら，雨の

14.5 財産的損害 207

日でも少ししつこい泥汚れが付く程度だろう」と思っているのだが，実際には自動車が激しく汚損されることになる。「自動車を1日貸す」という契約の履行から被害者に生ずべき特別の負担を偽っているわけだから，「財産的損害」を肯定することが可能であろう。ここでも，そのような契約の履行が公共的な観点からも規制されているという事情は，必ずしも「財産的損害」を否定する理由とはならない。たとえば，一般市民が住居として使用するかのように装い，実際には暴力団の組事務所として使用するつもりで不動産を賃借したというとき，暴力団排除という公共的な規制が及んでいるかどうかとは別に，爾後，やくざがらみのさまざまなトラブルを抱え込む強いおそれ自体が「財産的損害」を基礎づけうるというべきであろう（過激派アジトとしての使用意図を秘し，マンション一室を借り受けた事案で2項詐欺を認めた大阪地判平成17・3・29判タ1194号293頁参照）。

　判例には，自己に対する搭乗券を他の者に渡し，その者を搭乗させる意図であるのにこれを秘して，関西国際空港の係員らに対してその搭乗券の交付を請求し，これによりその交付を受けた場合に1項詐欺罪を認めたもの（最決平成22・7・29刑集64巻5号829頁），入会の際に暴力団関係者の同伴，紹介をしない旨誓約していたゴルフクラブの会員と意を通じ，暴力団員である被告人が身分を秘して，同伴者としての施設利用を申し込ませ，施設利用をした場合に2項詐欺罪を認めたもの（最決平成26・3・28刑集68巻3号646頁）などがある。なお，暴力団員が身分を秘してゴルフ場の施設利用をしたという類似の事案で欺罔行為を否定した判例もあるが（最判平成26・3・28刑集68巻3号582頁），暴力団排除活動が徹底されておらず，施設利用の申込みが当然に「申込者が暴力団関係者でない」ことまで表しているとは認められない，という特殊な事情があった。ゴルフ場側がやくざを黙認しているのなら，公共的規制の違反はともかく，「財産的損害」はない（したがって，それに向けられた欺罔行為もない）といわざるをえないが，今日では考えにくい前提であろう。

14.5.5 「交付の判断の基礎となる重要な事項」の意義

　近時の判例は詐欺罪の成立を認めるにあたり，「**交付の判断の基礎となる重要な事項**」という言い回しをよく使う。おそらく，というより確実にそのせい

であるが，司法試験受験生が書いた答案を添削していても，詐欺罪が出てくるとこの言い回しを用いているものが非常に多い。

たしかに，かつての受験生が予備校において指導されていたように，「判例同旨」と答案に書く必要まではもちろんないにしても，判例の立場を知っていること，そして，その旨を答案で報せることは決定的に重要である。しかし，それは決して，判例の特定の言い回しを答案で再現することと同義ではない。むしろ，「要するに判例はどのような発想に立っているか」という大まかな実質論を理解していることこそが求められるのである。しかも，この実質論をわきまえていることは，特定の言い回しと異なり，答案に書かなければと努める必要がない。勝手に匂い立ってくるからである。私の恩師はかつて，私が学生だったころ，「判例の実質をふまえた答案は，判例同旨などとわざわざ書かなくても，見る人が見ればすぐに分かるものだよ」とおっしゃっていたが，まったく同じ趣旨に出られていたものと思う。

みなさんも，どうしても「交付の判断の基礎となる重要な事項を偽るものであるから欺罔行為にあたる」と書きたければそうしてよいが，そう書く前に，相応の実質論，たとえば，偽らなければ交付しなかったであろうといえるか，「財産的損害」を生ずべき性質のものであるか，作為犯と評価しうるか，実行の着手にかかる基準をみたすか，等々を理由付きで展開しなければならない。少なくともこの部分だけは，どの刑法教師であっても同じ意見だと思う。

なお，近時の学説には，この「交付の判断の基礎となる重要な事項」に関する錯誤を，刑法総論で出てきた**法益関係的錯誤**とよぶものもある。刑法総論の復習になるが，この法益関係的錯誤とは，もともと，詐欺罪等の特別な構成要件が法益関係的錯誤以外の被害者の錯誤をも保護していることに着目し，それ以外の一般的な構成要件においては法益関係的錯誤のみを保護すべきだ，という文脈において登場した概念である。このような経緯をふまえると，こと詐欺罪で保護すべき被害者の錯誤を法益関係的錯誤とよぶことは，ややミスリーディングであるといえよう。

14.6 詐欺罪の諸形態

14.6.1 訴訟詐欺

訴訟詐欺とは，裁判所を欺いて勝訴判決を得，敗訴者から財物または財産上の利益を取得することをいう。これは詐欺罪を構成するであろうか。

否定説は，①民事訴訟においては弁論主義のもと，認定事実が真実に合致するかどうかは問われないのであるから，裁判所の錯誤を観念することができない，②敗訴者は自己の占有する客体を交付しているわけではなく，単に強制的に奪われているだけである，などといった理由をあげる。

もっとも，①当事者において争いのない事実を虚偽であっても裁判所が認定しなければならないことと，自由心証主義のもと，裁判所に虚偽情報を入力し，そうしなければ認定されたであろうものとは異なる事実を認定させうることとは両立可能であり，かつ，後者を欺罔行為と評価する解釈も十分に成り立ちうる。また，②詐欺罪の不法構造を，被害者を偽りの合理的判断に陥れ，一種の自己加害的行為へと誘引するところに求めるのであればともかく，一般に三角詐欺を肯定し，被欺罔者＝交付行為者と被害者とが異なってよいとするならば，訴訟詐欺だけを特別扱いするのは一貫しないであろう。

こうして肯定説が妥当である（大判明治 44・11・27 刑録 17 輯 2041 頁，大判大正 5・5・2 刑録 22 輯 681 頁参照）。あとは，交付権限を有する者を欺罔し，現に交付行為をさせたという関係を慎重に認定しなければならない（登記官吏に不動産を処分する権限はないし，債務名義の執行債務者以外の者の財産につき，裁判所書記官補・執行吏に処分権限はない。否定例として，最決昭和 42・12・21 刑集 21 巻 10 号 1453 頁，最判昭和 45・3・26 刑集 24 巻 3 号 55 頁参照）。

14.6.2 クレジットカードの不正使用

1. 自己名義カードの不正使用

クレジットカードで支払いをするというのは，信販会社と会員契約を締結した行為者（会員）が，その信販会社と加盟店契約を締結した店舗（加盟店）にクレジットカードを呈示して商品を購入する等すると，信販会社は加盟店に購入代金の立替払いを行い，後日，その金額を会員の預金口座から取り立てる仕組みを利用することを意味している。問題は，クレジットカードを不正に使用

して支払いが行われた場合において，いかなる範囲で詐欺罪が成立しうるかである。この問題は一般に，自己名義のクレジットカードを使用する類型と，他人名義のクレジットカードを使用する類型とに分けて議論されている。

　まずは**自己名義**のクレジットカードの不正使用である。これは要するに，支払意思や支払能力がないのにあるように偽る，という類型である。そして，クレジットカード取引の最大の特徴は，加盟店が会員の支払意思・能力に関心を有していない，ということである。というのも，加盟店はそれらの能力を確認することなく，信販会社から立替払いを受けることができるからである。むしろ，行為者の「だまし」により実質的な被害をこうむっているのは信販会社のほうなのである。

　そこで，学説においては三角詐欺説が有力である。すなわち，加盟店を被欺罔者＝交付行為者とし，信販会社を被害者ととらえるのである（加盟店の信販会社に対する立替払い請求権が交付権限を基礎づける）。もちろん，信販会社が現実に立替払いをするまで既遂時期を待たせていては遅くなりすぎるから，信販会社が立替払いの債務を負担した時点で2項詐欺罪が既遂に達したと解すべきであろう。

　これに対し，下級審裁判例は加盟店に対する通常の詐欺罪を認める傾向がある（福岡高判昭和56・9・21判タ464号178頁，東京高判昭和59・10・31判タ550号289頁，東京高判昭和59・11・19判タ544号251頁）。たしかに，このような処理ができれば簡便であろうが，ネックになるのは前述した加盟店の「無関心」である。そこで，このような下級審裁判例の傾向を支持する一部の学説は，たとえば，かりに加盟店が行為者の支払意思・能力の欠如を知悉しながら取引に応じれば，信義則上，信販会社から立替払いを受けられない可能性もあるのだから，加盟店もまた前記意思・能力の有無に真に「無関心」ではいられないはずだ，などと主張している。このような信義則違反のケースが有意に存在するのであれば，下級審裁判例のような理論構成も成り立ちうるように思われる。

2. 他人名義カードの不正使用

　一方，**他人名義**のクレジットカードの不正使用は比較的問題が少ない。というのも，加盟店にはカード利用者とカード会員の同一性を確認する義務が課されており，この義務を履行していないものと判断されれば，信販会社から立替

払いを受けられない可能性が生ずるからである。このため、他人に成りすまして他人名義のクレジットカードを使用し、商品を購入したりすれば加盟店に対する1項詐欺罪が成立するものと解される（東京高判昭和56・2・5判時1011号138頁、東京高判平成3・12・26判タ787号272頁。窃取したタクシー券を使用してタクシーに乗車した事案で詐欺罪を認めた秋田地判昭和59・4・13判時1136号161頁も参照）。

　それでは、カード利用者（行為者）に対し、カード会員（名義人）が利用の**許諾**を与えていればどうであろうか。この場合であっても、名義人以外の者がカードを利用することは契約上許されておらず、加盟店も利用者が名義人でないと知れば利用に応じないし、安易に応じればやはり立替払いを受けられない可能性が生じることから、加盟店に対する通常の詐欺罪が成立するというのが判例である（最決平成16・2・9刑集58巻2号89頁）。それはたしかにそのとおりであり、一貫している（いわんや、名義人がカード会社からの請求に応じないことを利用者が認識している場合をやである。大阪地判平成9・9・22判タ997号293頁）。

　しかし、たとえば、酒食の同席者にその場でカードを渡し、支払いを済まさせたらただちにカードを回収するとか、家族にカードを貸し、定型的な取引に利用させるなど、名義人本人がカードを利用しているのと価値的に同視しうるようなケースにおいては、そもそも契約違反とは評価されない余地もあろう。そうすると当然、詐欺罪も成立しないという結論になる。判例もこのようなケースにおいてまで詐欺罪とする趣旨ではないと思われる。

14.6.3 **キセル乗車**

　かつて、有人改札において切符や定期券の確認が行われていた時代においては、キセル乗車の詐欺罪該当性がさかんに議論された。この**キセル乗車**とは、乗車駅において1区間分のみの切符で改札に入り、途中の移動には対価を支払わず、下車駅においては、下車駅を区間に含む定期券で改札を出る、という違法な乗車方法を意味する。喫煙具であるキセルは、吸い口と雁首だけが金属でできており、その間の管部分は竹や木でできていたことから、乗車区間の両端のみ運賃を支払う行為がそれになぞらえられたのである。

詐欺罪不成立説（鉄道営業法29条の無賃乗車罪のみが成立しうるとする説。東京高判昭和35・2・22東高刑時報11巻2号43頁，広島高松江支判昭和51・12・6高刑集29巻4号651頁）は，乗車駅においては有効な切符を呈示しており乗越しの自由もあること，下車駅においては有効な定期券を呈示していること，を指摘する。しかし，いくら切符や定期券が有効であるといっても，「実はキセル乗車です」と正直にいったら乗車駅でも下車駅でも改札をとおしてくれないことは明らかであるから，単純に「改札係員はだまされていない」と言い切ることはできないであろう。

乗車駅基準説（大阪高判昭和44・8・7判時572号96頁）は，乗車駅の改札係員が被欺罔者＝交付行為者であるとする。その理由としては，不正乗車の目的で購入された切符は無効であり，それを有効なものであるかのごとく装うのは欺罔行為であること，改札内に入りさえすれば支障なく乗車・移動しうるという意味において，改札係員には有償の役務（運送労務）を提供する交付行為を観念しうること（ゆえに，2項詐欺罪が電車の動き始めで成立する），などがあげられている。一理あるが，純粋な主観のみで，正規に購入された切符を無効と判断するのは不自然ではないか，単に駅構内に入れることと，運送サービスを提供することとの間には懸隔があり，改札係員に後者の権限まで認めるのは無理ではないか，などといった疑問もある。

下車駅基準説（高速道路のキセル利用であるが，福井地判昭和56・8・31判時1022号144頁）は，下車駅の改札係員が被欺罔者＝交付行為者であるとする。既遂時期は遅くなるもののより自然な理論構成であり，定期券区間内から乗ってきた客だとだまされた結果，事実上，運賃支払債務を免れさせてしまった（ゆえに2項詐欺罪が，行為者が改札外の開放空間に出てしまったときに成立する），と整理するのである。この説の最大のアキレス腱は，立場によっては交付行為を観念しえなくなることであるが，「清算金の不存在を確認する」ことや，「かりに清算金が必要でも事実上支払わなくて済む状態に置く」こと自体が財産上の利益の移転意思を基礎づけうるのであるから，交付行為を認めることは十分に可能であろう。

なお，自動改札機や自動精算機を利用した**現代型**のキセル乗車については，電子計算機使用詐欺罪（246条の2）を認める裁判例も出されている（東京高判

平成24・10・30高刑速（平24）146頁など）。

14.6.4 誤振込みと詐欺
1. 学 説
　第三者が特段の原因関係なく，誤って行為者の銀行預金口座に振込送金（誤振込み）した場合において，行為者が銀行窓口で誤振込みである旨を告げることなく，行員に預金の払戻しを請求し，金銭の交付を受けた場合に（1項）詐欺罪が成立しうるか。この問題を「**誤振込みと詐欺**」という。

　この問題の肝は，まさに，**民事の最高裁判例**（最判平成8・4・26民集50巻5号1267頁）が，振込みの原因となる法律関係の有無にかかわらず，受取人と銀行との間に預金契約が成立し，受取人が銀行に対して預金債権を取得する，と解しているところにある。もちろん，刑法上の占有移転罪の成否にとっては，銀行が事実上，払戻請求に応じたであろうかだけが決定的である，と解する所持説的な発想に立てば，有効な預金債権が成立しようがしまいが関係ない，ということになろう。しかし，少なくとも詐欺罪においては，学説・実務ともに，本権説的な発想に依拠した解釈を展開することが多い。

　第1の見解は，民事の最高裁判例に逆らい，誤振込みの場合にはそもそも預金債権が成立しない，と主張する。このように解すれば，本権説的発想に依拠したとしても，なお詐欺罪の成立を肯定することが容易となる。しかし，いくら最高裁判例に反する解釈を主張することも自由だといっても，民法の素人が「誤振込みと詐欺」という局面に視野を限定しつつ，安易に大胆な民法解釈を展開することには慎重であるべきであろう。これに対して，たとえば，いわゆる振り込め詐欺の出し子が自己名義の口座から被害金を引き出す行為を，窃盗罪（や詐欺罪）で処罰することは民事判例との衝突を引き起こさない。そのような場合には民事判例自体が，預金の払戻請求を権利の濫用にあたると解しているからである（最判平成20・10・10民集62巻9号2361頁。今日では振り込め詐欺救済法〔犯罪利用預金口座等に係る資金による被害回復分配金の支払等に関する法律〕が預金債権の消滅手続そのものを定めている）。

　第2の見解は，たしかに預金債権は有効に成立するけれども，誤振込みの場合には，振込依頼人からの申し出と受取人の承諾のもと，振込依頼前の状態に

戻す「**組戻し**」という手続きをとることが一般的であり，そのための照会等に要する期間は銀行が払戻請求に応じないことも正当といえるから，銀行が払戻請求に即時に応じさせられたという意味における不法な占有移転は認められる，と主張する。しかし，誤振込みであることがはっきりしている場合，受取人が預金の払戻しを請求しているのであれば，もはや組戻し云々にかかる期間は要保護性を欠くのではなかろうか。また，たとえこの点を措くとしても，払戻時期のわずかな早まりをもって可罰的違法性を肯定しうるかには疑問がある（欺罔により請負代金を支払時期より早く受領したという事案において，詐欺罪が成立するというためには，欺罔手段を用いなかった場合に得られたであろう請負代金の支払いとは社会通念上別個の支払いにあたるといいうる程度の期間，支払時期を早めたものであることを要する，と述べて同罪を否定した最判平成13・7・19刑集55巻5号371頁参照）。せいぜい，振込依頼人が受取人の得た誤振込金に対し，所有権に基づく物権的返還請求権類似の優先弁済権を有すると解される範囲において，受取人に遺失物等横領罪（254条）が成立しうるにとどまると解すべきであろう。

　第3の見解は，**誤発信・誤記帳**のような，もっぱら銀行側の過誤による誤った入金処理であり，そもそも預金債権が成立しえないケースでないかの確認を行う利益を銀行が正当に有しており，「預金債権が有効に成立していない可能性の有意に存在する状況のもとで払戻請求に応じてしまう」ことが不法な占有移転を基礎づけうる，と主張する。技巧的かつやや苦しい理論構成であるが，詐欺罪の不法を認めるためにはこのように解するしかないであろう。ただし，銀行が誤振込み，すなわち，預金契約の成立する場合であるとすでに認識しているケースにおいては，いくら組戻し等の余地があっても，もはや詐欺罪は成立しえなくなることに注意を要する。

　なお，以上においては「誤振込みと詐欺」という表題のもと，銀行窓口で行員を欺罔するような，詐欺罪が問題となるケースを念頭に置いてきた。一方，ATMで誤振込金を引き出すような，**窃盗罪**が問題となるケースも考えられる。かりに第3の見解から詐欺罪の不法を認めうるならば，窃盗罪の不法も同様に肯定することができよう。ただし，詐欺罪であれ窃盗罪であれ，客体は誤振込金額に相当する金銭に限られ，預金債権が有効に成立していることが明らかな

14.6 詐欺罪の諸形態 **215**

部分については除かれると解すべきであろう（その結果，もともと10万円が入っていた預金口座に100万円が誤振込みされ，行為者がそのうち10万円だけおろしたというときは，詐欺罪も窃盗罪も成立しえないことになる）。

2. 判 例

　判例は第2と第3の見解を並列的に考慮しつつ，銀行にとって，払戻請求を受けた預金が誤った振り込みによるものか否かは，ただちにその支払いに応ずるか否かを決するうえで重要な事柄であり，受取人においても，自己の口座に誤った振込みがあることを知った場合には，銀行に確認・照会の措置を講じさせるため，誤った振込みがあった旨を銀行に告知すべき信義則上の義務がある，として不作為による1項詐欺罪を認めた（最決平成15・3・12刑集57巻3号322頁）。その射程は必ずしも明らかではないが，誤振込みであることが明らかである場合にまで，組戻しの余地を探るための措置をとる利益を銀行側に認め，その侵害を理由に詐欺罪の不法を肯定するのは行き過ぎであろう。他方，詐欺罪を預金債権が有効に成立していない可能性のある場合に限って認めるのなら，払戻請求が有効な預金債権の成立を前提とする以上，そもそも作為による欺罔を肯定しうるのではないかという疑問もある。

　なお，詐欺罪に関するものではないが，町が被告人の銀行預金口座に誤って臨時特別給付金を振込入金したところ，被告人がデビットカード情報を利用して，オンラインカジノサービスの決済代行業者に対し，誤振込金で利用料金の支払いを行った（オンラインカジノサービスを利用しうる地位を得た），という事案において，受取人である被告人には誤振込みである旨の告知義務があり，これに違反して正当な権利行使であるという「虚偽の情報を与えた」として，**電子計算機使用詐欺罪**（246条の2）を認めた裁判例もある（山口地判令和5・2・28 LEX/DB25594479。広島高判令和6・6・11 LEX/DB25620093により被告人側の控訴棄却）。もっとも，この事案においては，預金債権が有効に成立する誤振込みであると銀行側が確知しており，そもそも告知して銀行に何をさせるのかという疑問がある。銀行に誤発信・誤記帳でないかを調査する正当な利益がある事案とは本質的に異なるというべきであろう。

14.6.5　国家的法益に対する詐欺

　国家的法益に対する**詐欺罪**が成立しうるか。これは，国や地方公共団体の財産をだまし取った場合に詐欺罪となりうるか，という問題である。

　一部の学説は**定型性**という概念を持ち出し，これを否定する。詐欺罪とはあくまで私人どうしの取引に不正な手段が用いられた場合を捕捉するものであり，この定型から外れる場合は同罪の埒外だというのである。しかし，定型性というだけでは十分な理論的根拠を欠くイメージ論にとどまり，そこから具体的な解釈論的帰結を引き出すべきではない。むしろ，国等が公法人として財産権の主体となりうる局面においては，詐欺罪を認めるほうが当罰性評価としても実態に合うように思われる（たとえば，農業振興の観点から，営農意思をもつ者に対してだけ国有地を安く払い下げる事業が行われているとき，同意思がないのにあると偽って国有地を購入するケースを考えよ。最決昭和51・4・1刑集30巻3号425頁参照）。

　これと対照的なのが欺罔的手段をともなう**脱税**である。これも（2項詐欺罪の）構成要件に該当しえ，ただ，各種税法の罰則が法条競合により優先するという見解もある。しかし，徴税権は典型的な統治権能のひとつであって，国等が公法人として取引の主体になり，財産権を行使しているのとはわけが違う。そもそも脱税は詐欺罪の構成要件に該当しえないと解すべきであろう（大判大正4・10・28刑録21輯1745頁）。

14.6.6　文書の不正取得

　文書，ことに，一定の**証明書**を欺罔的手段により不正に取得することが（1項）詐欺罪を構成しうるかも争われている。

　まず，交付した文書が想定したのとは異なる利用過程に置かれることとなり，そのことを事前に正しく認識していたならば交付しなかったであろうといえるとき，利用過程の限定がもっぱら公共的観点（とりわけ消極的・警察的観点）から行われているならば，「財産的損害」が欠け詐欺罪は成立しえないと解すべきであろう（「**財物**」にあたらないという見解もあるが，詐欺罪が成立しえない場合であっても盗めば窃盗罪になるのだから，解釈として一貫性を欠く）。詐欺罪が否定された判例としては，建物所有証明書（大判大正3・6・11刑録20輯1171頁），

14.6 詐欺罪の諸形態　　**217**

印鑑証明書（大判大正 12・7・14 刑集 2 巻 650 頁），旅券（最判昭和 27・12・25 刑集 6 巻 12 号 1387 頁），運転免許証（高松地丸亀支判昭和 38・9・16 下刑集 5 巻 9 ＝ 10 号 867 頁）などがある。157 条 2 項（免状等不実記載罪）がわざわざ軽い法定刑を定めていることを根拠とするものもあるが，かりにこの規定がなくても詐欺罪とはならないであろう。

　次に，利用過程の限定が私的利害の観点から（も）行われている場合には，「財産的損害」があり詐欺罪を肯定することができよう。文書（証明書）の性質が，これを所持することにより簡便に財産的利益を享受しうるなど，特定の者に対して経済的メリットを与えるために交付されるものであるケースが典型例である。詐欺罪が肯定された判例としては，戦後間もないころの配給関連の証明書類（最判昭和 24・11・17 刑集 3 巻 11 号 1808 頁，最判昭和 25・6・1 刑集 4 巻 6 号 909 頁），簡易生命保険証書（最決平成 12・3・27 刑集 54 巻 3 号 402 頁），国民健康保険被保険者証（最決平成 18・8・21 判タ 1227 号 184 頁）などがある（さらに，下級審の肯定例として，毛製品輸出証明書〔大阪高判昭和 42・11・29 判タ 221 号 226 頁〕，国民健康保険被保険者証〔大阪高判昭和 59・5・23 高刑集 37 巻 2 号 328 頁〕，住民基本台帳カード〔福岡高判平成 24・4・20 高刑速（平 24）233 頁，東京高判平成 27・1・29 東高刑時報 66 巻 1 ～ 12 号 1 頁〕などがある）。それぞれ，国が総量の限られた統制物資を配給するというメリット，国が保険事故の場合に保険の給付を行うというメリット，医療費負担の軽減というメリットを受領者に与えるものであり，「財産的損害」を基礎づけうるように思われる。

14.6.7 **不法原因給付と詐欺**

　民法 708 条は「不法な原因のために給付をした者は，その給付したものの返還を請求することができない。ただし，不法な原因が受益者についてのみ存したときは，この限りでない」と規定している。このため，たとえば，違法薬物を売ってやるとうそをいい，その代金と称して貴金属をだまし取っても，被害者はその貴金属の返還を請求しえない。そうすると，このような場合には被害者が損害を甘受するしかないと民法自身がいっているのだから，刑法が勝手に被害者を損害から守ってやろうとするのは勇み足であり，法秩序の統一性を害する。また，ここで刑法の介入を認めてしまうと，行為者は処罰を免れるため

かえって違法薬物を調達しなければならなくなり，本末転倒である。このようなことから，**不法原因給付**をだまし取っても詐欺罪にはならないという見解も主張されている。

しかし，このような見解は失当であろう。もともと被害者が有していた貴金属の所有や占有それ自体は民法も完全な要保護性を承認しているのであり，行為者がこれを欺罔的手段により奪うことは民法自身も正当とは評価しないはずである。また，行為者はあくまでうそをいって貴金属をだまし取ることについて処罰されるのであり，違法薬物をきちんと用意しなかったことについて処罰されるわけではないから，行為者が進退両難に陥るというのは詭弁にすぎない。一部の学説は詐欺罪を認めるために，うそをつくほうが一方的に悪いとして，民法 708 条ただし書を適用することにより返還請求権を肯定しようとするが，このような迂遠な解釈をとるまでもないと思われる。

判例も不法原因給付に対する詐欺罪を肯定しており，贈賄資金（大判明治 38・5・19 刑録 11 輯 552 頁），通貨偽造の資金または報酬等（大判明治 43・5・23 刑録 16 輯 906 頁），統制物資（最判昭和 25・7・4 刑集 4 巻 7 号 1168 頁），ヤミ米の代金（最判昭和 25・12・5 刑集 4 巻 12 号 2475 頁），売春するといってだまし取った前借金（最決昭和 33・9・1 刑集 12 巻 13 号 2833 頁）などの例がある。他方，たとえば，売春代金の支払いを欺罔的手段により免れる行為を 2 項詐欺罪で処罰する（名古屋高判昭和 30・12・13 判時 69 号 26 頁）のは失当であろう。本権説的発想に立てば，そもそも売春代金債権そのものが要保護性を欠くのであり，不法原因給付物に対する当初の所有や占有が完全な要保護性を有するのとは対照的だからである（否定例として，札幌高判昭和 27・11・20 高刑集 5 巻 11 号 2018 頁，福岡高判昭和 29・3・9 高刑判特 26 号 70 頁）。

14.7 **未遂・既遂**

詐欺罪の既遂時期は，受領者が客体の占有を取得したときであり，原則として窃盗罪等と同じである（ただし不動産に関しては，所有権移転の意思表示では足りず，現実の占有移転か所有権取得登記が必要とする大判大正 11・12・15 刑集 1 巻 763 頁参照）。

一方，未遂（実行の着手）時期については争いがあり，①詐欺罪の構成要件

は行為態様を欺罔に限定しているから，欺罔行為を開始してはじめて実行の着手が認められる，という見解と，②交付行為者の錯誤が中間結果として要求されているだけであり行為態様の限定はないから，実行の着手の一般理論に従い，密接性と危険性が認められる限りで未遂時期をさかのぼらせてよい，という見解とが対立している。この対立の詳細な理論構造については刑法総論を復習してほしいが，実際上は結論に大差ないといえる。

14.8 罪　　数

　1個の欺罔行為により，同じ被害者から数回にわたって客体の交付を受けたときは包括一罪となる（大判明治 43・1・28 刑録 16 輯 46 頁）。被害者が複数のときは，複数の詐欺罪が成立して観念的競合となる（大判明治 44・4・13 刑録 17 輯 552 頁）。ただし，これも刑法総論の復習になるが，街頭募金詐欺のような，個別の被害者に対する詐欺は認定しえないが全体として多額に上る詐欺をしたことは優に認定しうる，という特殊な事例類型においては包括一罪として処理する余地もある（最決平成 22・3・17 刑集 64 巻 2 号 111 頁）。

　新たな法益侵害をともなうときは別罪が成立し，原則として併合罪となる。たとえば，郵便貯金通帳を窃取または詐取し，これを利用して郵便局係員を欺き貯金の払戻しを受けた場合，通帳の窃盗罪または詐欺罪と貯金の詐欺罪が成立し，両者は併合罪となるし（最判昭和 25・2・24 刑集 4 巻 2 号 255 頁），消費者金融会社の係員を欺いて限度額付きのローンカードを交付させたうえ，これを用いて同社の ATM から現金を引き出した場合，カードの詐欺罪と現金の窃盗罪が成立し，両者は併合罪となる（最決平成 14・2・8 刑集 56 巻 2 号 71 頁。キャッシュカードの窃盗罪とカード利用による現金の窃盗罪を認めた裁判例として，東京高判昭和 55・3・3 判時 975 号 132 頁参照）。

　保険金詐欺の目的で家屋に放火し，保険会社から保険金をだまし取ったときは，放火罪と詐欺罪が併合罪となる。他方，偽造した文書を使って金をだまし取ったときは，偽造文書行使罪と詐欺罪が牽連犯となる（大判大正 4・3・2 刑録 21 輯 221 頁）。

14.9　準詐欺罪

　未成年者の知慮浅薄または人の心神耗弱に乗じて，その財物を交付させ，または財産上不法の利益を得，もしくは他人にこれを得させた者は，10年以下の拘禁刑に処する（248条）。未遂を罰する（250条）。

　たとえば，小さな子どもが高級腕時計を着けて遊んでいるとき，「このおもちゃと交換しないか」と持ち掛けて交換してもらう行為は，厳密には欺罔行為と評価することはできないものの，偽りの合理的判断をさせている点で同等の当罰性を有する。虚偽情報を入力するのが欺罔行為であるならば，利益に誤った価値づけをさせる（おもちゃで釣って，「おもちゃ＞高級腕時計」と判断させる）のが本罪の行為の本質である。

　「未成年者」とは，民法4条により満18歳未満の者をいう。「知慮浅薄」とは，知識が乏しく思慮の足りないことをいう。

　「心神耗弱」とは，必ずしも39条2項と同義ではない（大判明治45・7・16刑録18輯1087頁参照）。本罪においては不法を犯すのをやめようとする動機形成の能力が問題なのではなく，あくまで，外部的誘因により価値づけを誤る類型的に高度の可能性が俎上にのぼっているからである。また，心神喪失，すなわち，精神の障害により判断能力が完全に失われれば，客体が財物であることを前提として窃盗罪が成立しうるにとどまる。

　「乗じて」とは，誘惑につられやすい状態を利用することをいう。もっとも，このような状態の者に対しても，欺罔的手段を用いれば詐欺罪のほうが成立しうる（大判大正4・6・15刑録21輯818頁）。

14.10　電子計算機使用詐欺罪

14.10.1　総　説

　246条に規定するもののほか，人の事務処理に使用する電子計算機に虚偽の情報もしくは不正な指令を与えて財産権の得喪もしくは変更にかかる不実の電磁的記録を作り，または財産権の得喪もしくは変更にかかる虚偽の電磁的記録を人の事務処理の用に供して，財産上不法の利益を得，または他人にこれを得させた者は，10年以下の拘禁刑に処する（246条の2）。未遂を罰する（250条）。

　本罪は（2項）詐欺罪の**補充類型**である。すなわち，詐欺罪は人をだますこ

とを本質とする犯罪であるが，現代においては，さまざまな取引分野で人がコンピュータに取って代わられている。もちろん，それはコンピュータ設置者がコストカットという自己都合のため勝手にしていることだから，人がいなくなって詐欺罪が成立しえなくなっても我慢すべきである，という発想が絶対に成り立ちえないわけではない。もっとも，コンピュータ化は社会全体にとって大きな有用性をもたらしているという共通了解が形成されるにつれ，やはり詐欺罪に代わる刑罰規定を設けるべきであるという動きが強くなり，1987（昭和62）年の刑法改正で本罪が新設されることとなった。

　本罪の存在を前提にしたとしてもなお，人をコンピュータで代替したのは自己都合なのだから，コンピュータが人に置き換わったらだまされないであろうという場合には本罪を成立させるべきでない，という思考方向と，コンピュータ化の社会的有用性を強調し，人だったらだまされるであろうという場合には本罪も成立させるべきである，という思考方向とが成り立ちうる。

14.10.2 行　　為

1. 作 出 型

　行為は①246条の2前段の不実の電磁的記録の作出（**作出型**）と，②後段の虚偽の電磁的記録の供用（**供用型**）である。まずは①を扱う。

　「虚偽の情報」とは，電子計算機を使用する事務処理システムにおいて予定されている事務処理の目的に照らし，その内容が真実に反する情報をいう。「不正な指令」とは，事務処理の場面において与えられるべきでない指令をいう。

　「虚偽の情報」といいうるかが問題とされる類型としては，包括的権限者によるものと，与えられた情報それ自体を取り出して見れば正しく整合性がとれているものがある。後者が前提問題となり，判例には，窃取したクレジットカードの情報を送信し，名義人本人が電子マネーの購入を申し込んだとする情報を与え，名義人本人がこれを購入したとする電磁的記録を作り，電子マネーの利用権を取得した事案で本罪を認めたものがある（最決平成18・2・14刑集60巻2号165頁）。事務処理システムにおいては名義人本人による申込みだけが想定されている以上，たとえカード情報それ自体が正規のものであったとし

ても「虚偽の情報」といいえよう。

　他方，前者については，信用金庫の支店長が個人的な負債の返済に窮したため，支店係員に命じてオンラインシステムの端末機を操作させ，支店の保有する資金を自身の当座預金口座や債権者の普通預金口座に入金させた事案で本罪を認めた裁判例がある（東京高判平成 5・6・29 高刑集 46 巻 2 号 189 頁）。支店長のような包括的権限者は出入金の決裁権限も有するのであり，いわゆる不良貸付と同じく，濫用的ではあっても「虚偽の情報」を与えたとはいいがたいのではないかが問題となる。もっとも，事務処理システムにおいては，少なくとも実体をともなう出入金情報のみを想定した運用がなされていることから，ここでもやはり「虚偽の情報」ということができよう。

　財産権の得喪もしくは変更にかかる電磁的記録とは，財産権の得喪・変更が存在したという事実，または，その得喪・変更を生じさせるべき事実を記録した電磁的記録であって，一定の取引場面において，その作出により財産権の得喪・変更が行われるものをいう。プリペイドカードの残度数記録なども含まれるが，キャッシュカードの情報記録はこれにあたらない。

2. 供 用 型

　財産権の得喪もしくは変更にかかる虚偽の電磁的記録を人の事務処理の用に供するとは，行為者がその所持する内容虚偽の電磁的記録を他人の事務処理用の電子計算機に差し入れて使用させることをいう。

　自動改札機や自動精算機を利用した**キセル乗車**の事例において問題とされることが多く，たとえば，下車駅の自動改札機等において入場記録のない切符等を用い，無人駅等から乗車したものと誤信させることが虚偽の電磁的記録を人の事務処理の用に供することにあたるかが争われている。人ならば入場記録のない理由を問うところであるが（無人駅等から乗ったとうそをつけば詐欺罪となりうる），コンピュータはそれをしない。そして，コンピュータ化はコンピュータ設置者の自己都合にすぎないと考えれば，それにより生ずる無賃乗車リスクは鉄道会社が負担すべきであり，本罪は成立しえないという結論に赴きがちである。反対に，コンピュータ化はみなの利便性を向上させるから刑法も協力すべきだと考えれば，人がコンピュータに置き換わったことにより可罰範囲が縮減されるのは避けるべき事態であり，本罪を成立させる方向に進むことになろ

う。本罪を認める場合，入場記録のないことが事務処理の目的に照らし，無人駅等からの乗車という積極情報を化体している，と理解することになろう（東京地判平成 24・6・25 判タ 1384 号 363 頁参照）。

14.10.3　結　　果

　本罪は結果として，財産上不法の利益を得，または他人にこれを得させることを要求している。利益を取得するという積極的局面に限らず，債務を免れるという消極的局面であってもよい。たとえば，電話交換システムに対する不正信号を送出することにより不実の課金ファイルを作出させ，電話料金を免れる場合が考えられる（東京地判平成 7・2・13 判時 1529 号 158 頁）。

14.10.4　未遂・既遂

　本罪の既遂時期は，財産上不法の利益が取得された時点である。他方，実行の着手時期については，本罪が行為態様の限定された構成要件であるとの理解から，通常の構成要件とは異なる議論も展開されているところであるが，詳しくは刑法総論を復習してほしい。

14.10.5　罪　　数

　不正に作出したキャッシュカードを ATM で使用して預金口座残高を改変した場合のように，本罪の行為が同時に電磁的記録不正作出罪（161 条の 2 第 1 項）や不正作出電磁的記録供用罪（161 条の 2 第 3 項）にあたるときは，本罪との観念的競合になる。

第15章

恐喝の罪

15.1 総　説

恐喝の罪は，暴行・脅迫を内容とする恐喝行為により，人を畏怖させて財物を交付させ，または財産上不法の利益を得，もしくは他人にこれを得させることを処罰している。1項恐喝罪，2項恐喝罪，これらの未遂罪が規定されている。

保護法益は強盗罪と基本的に共通するが，人身犯としての性格は弱く，恐喝行為はむしろ詐欺罪における欺罔行為と価値的に近い。すなわち，虚偽情報を入力するか，より重要な保全利益を認識させるかの違いはあれ，交付行為者にその合理的判断として交付行為に出させるという特徴を共有しており，この特徴が財産侵害の高度の危険性を基礎づけるのである。

なお，恐喝の罪には親族間の特例（244条）が準用される（251条）。

15.2 成立要件

15.2.1 客　体

人を恐喝して財物を交付させた者は，10年以下の拘禁刑に処する（249条1

項)。1項の方法により，財産上不法の利益を得，または他人にこれを得させた者も，同項と同様とする（同条2項）。1項の罪・2項の罪とも，未遂を罰する（250条）。

構成要件上，「恐喝行為→交付行為者の畏怖→交付行為→客体の占有移転」という侵害経過が要求されている。人をだますという点を除き，詐欺罪と類似の不法構造をもち，客体も基本的に詐欺罪と同様である。したがって，たとえば，財物には不動産も含まれるし（大判明治44・12・4刑録17輯2095頁），支払いの請求を一時断念させただけでも2項恐喝罪が認められる（最決昭和43・12・11刑集22巻13号1469頁）。

ただし，恐喝罪は嫌がる者を無理やりに取引へ引き込み，客体の占有を移転させるという特徴をもつから，「財産的損害」は常に肯定される。ここが詐欺罪と異なるところであり，同罪においては，進んで客体の占有を移転させようとする者の目論見外れが財産の侵害と評価しうるか，という独自の論点として「財産的損害」を認定しなければならない。

15.2.2 行 為

行為は**恐喝**であり，客体の交付に向けられた，人を畏怖させるに足りる暴行または脅迫であって，その反抗を抑圧するに至らない程度のものをいう（最判昭和24・2・8刑集3巻2号75頁）。反抗抑圧に至る程度なら，むしろ，非交付（奪取）罪である強盗罪のほうが成立する。

学説には，恐喝罪が畏怖に基づく交付行為を要件とすることに着目し，**脅迫**のみが恐喝行為を構成すると解するものもある（東京高判昭和31・1・14高刑裁特3巻1＝2号8頁）。暴行はあくまで，「交付しないとさらなる暴行を加えるぞ」という趣旨の脅迫としてとらえ直すのである。なるほど一理あるが，通常は人の反抗を抑圧するに至らない程度の暴行を受けた者が，心理的抵抗力の極端な弱さから例外的に反抗を抑圧されてしまったとき，強盗罪ではなく恐喝罪を認める有力説からは，暴行もまた正面から恐喝行為の内容ととらえる必要があろう。

暴行はこのように，恐喝罪が「**ミニ強盗罪**」としての性質をもつ例外的な局面を除き，実質的には脅迫の一環としてとらえられる以上，直接，相手方の身

体に加えられるものに限らず，第三者や物に対するものであってもかまわない。

脅迫は脅迫罪（222条）におけるのと基本的に同じであるが，相手方または
その親族に対するものに限られない（大判大正11・11・22刑集1巻681頁）。ま
た，適法な内容の告知が脅迫罪にあたらないという見解の多くも，これが恐喝
罪における脅迫にあたりうる（大判大正8・7・9刑録25輯864頁，最判昭和29・
4・6刑集8巻4号407頁など）ことは認めている。他方，相手方を威圧したり
困惑させたりする言動にとどまるときは，なお脅迫にあたらない（大判昭和9・
1・29刑集13巻22頁参照）。もっとも，このような手段の利用を当罰的とする
立法例も考えられなくはない。

15.2.3　結　　果

恐喝罪は畏怖に基づく交付行為により客体の占有が移転させられることを要
求するのが本則であるから，畏怖せずに憐憫の情等から交付が行われたときは
未遂にとどまる。

詐欺罪と同じく，恐喝罪においても被恐喝者と被害者は同一でなくてよく，
両者が齟齬する場合を**三角恐喝**とよんでいる。ただし，これも詐欺罪における
のと同様，被恐喝者と交付行為者は一致している必要がある。

15.3　権利行使と恐喝

15.3.1　自己物を取り戻す場合

被害者が民事法上適法な権原なく占有する物を所有者が喝取したとき，恐喝
罪が成立しうるか。たとえば，試験日の1週間前までには必ず返すという約束
のもと，友だちに刑法各論の授業ノートを貸したものの，試験前日になっても
返してくれず，何度いっても聞かないため，やむをえず，「痛い目に遭いたく
なかったらすぐにノートを返せ」と脅して返させた，という事例が考えられる。

これは242条が適用（ないし準用）される（占有）移転罪の保護法益に関す
る議論の適用場面であり，説によって結論が異なってくる。たとえば，本権説
によると保護法益は民事法上適法な権原に基づく占有となるから恐喝罪の構成
要件該当性自体が欠けるのに対し（もちろん，暴行・脅迫罪の構成要件該当性は
残るから，無罪となるためには違法性が阻却されなければならない），所持説によ

ると保護法益は事実的な所持の状態となるから恐喝罪の構成要件該当性が認められ，あとは自救行為などの違法性阻却事由が問題となるにすぎない。

15.3.2 債務を弁済させる場合

　これに対し，恐喝行為により債務者である被害者に**金銭債務**を弁済させ，これを受領する場合には特別な問題が生じうる。というのも，特定物については民事法上適法な権原を欠く占有というものを観念しえ，それゆえ説によっては移転罪の法益侵害を否定する余地が存在するのに対し，たとえば，債務者は借りている10万円の返済が滞っているからといって，「財布の中の1万円札10枚分につき民事法上適法な占有権原を欠いている」ということにはならないし，ましてや電子マネーのように2項恐喝罪が問題となる場合には，そもそも物が金銭というレベルにおいてさえ観念しえないからである。

　もっとも，これらの場合においても，基本的には15.3.1で述べた保護法益論の背景にある発想に基づき，恐喝罪の構成要件該当性が判断されるべきであろう（したがって，本権説的発想によれば弁済を受領しても同罪の構成要件該当性が欠けるのに対し，所持説的発想によればそれが認められ，あとは違法性阻却の問題となる）。なるほど，債務者の財布の中身や財産上の利益につき，占有権原の有無を云々するのは的外れであろう。しかし，移転罪の保護法益を論ずる際に標準とされる占有権原とは，煎じ詰めれば，占有を移転させたい行為者に対し，これを拒む正当な理由を被害者が呈示しうるかの問題にほかならない。そうすると，債務者についても，少なくとも「10万円の支払いを請求されたら民事法上適法にこれを拒絶しうるか」を判断することは可能である以上，移転罪の保護法益論と通底する発想によって恐喝罪の構成要件該当性を決しうる。

　これに対して一部の学説は，債務者の，財布の中身に対する占有を不法なものとは評価しえない以上，たとえば，本権説によろうとも恐喝罪の構成要件該当性を肯定せざるをえず，弁済を拒みえないことは違法性阻却を広汎に認めることで配慮すれば足りるという。しかし，前述のように，金銭について正面から占有権原の有無を論じても非生産的であり，むしろ，そこで問われている判断の実質のほうに着目すべきである。しかも，債務弁済の実体が認められるとき，常に，かつ，恐喝罪についてだけ違法性阻却を肯定するというならば，そ

れは結局のところ，本権説から同罪の構成要件該当性を否定するのと何ら変わらないように思われる。

判例は大審院の時代には恐喝罪を否定する傾向にあったが（大連判大正2・12・23刑録19輯1502頁，大判昭和5・5・26刑集9巻342頁），最高裁の時代においては，被害者に対して3万円の債権を有する被告人が，要求に応じなければ身体に危害を加えるような態度を示し，6万円を脅し取ったという事案に関し，6万円全額について恐喝罪の成立を認めている（最判昭和30・10・14刑集9巻11号2173頁）。すなわち，他人に対して権利を有する者が，その権利を実行することは，その権利の範囲内でありかつその方法が社会通念上一般に忍容すべきものと認められる程度を超えない限り，何ら違法の問題を生じないけれども（現実の違法性阻却例として，東京高判昭和57・6・28判タ470号73頁，大阪地判平成17・5・25判タ1202号285頁），その範囲程度を逸脱するときは違法となり，恐喝罪の成立することがある，というのである。242条が適用される移転罪の保護法益に関し，判例が本権説から占有説へと変遷してきたことと平仄が合っており，基本的には15.3.1と同様の解決が採用されているといえよう。ただし，判例が詐欺罪においては本権説に近い発想をとっていることに照らすと，恐喝罪に関しても，客体を3万円にとどめるほうが整合的であるようにも思われる。

15.4 未遂・既遂

恐喝罪の既遂時期は原則として詐欺罪におけるのと同一である。また，たとえ客体の占有が取得されても，構成要件上予定された侵害経過をたどっていない，たとえば，畏怖ではなく憐憫の情等から交付行為が行われた場合には既遂とならない。

実行の着手時期については刑法総論を復習してほしい。これも詐欺罪と同じである。

15.5 罪　数

1個の恐喝行為により同一の被害者から，同一の機会に数回にわたって客体を喝取したときは包括一罪となる。被害者が複数のときは観念的競合となる。

15.5 罪　数

　公務員がその職務に関して賄賂を喝取したときは，収賄罪と恐喝罪の観念的競合となる（福岡高判昭和44・12・18判時584号110頁）。一方，被喝取者は贈賄罪になると解されているが，期待可能性がなく無罪であるとの説も有力である（同説によれば，この場合には必要的対向犯である収賄罪も成立しないとされる）。

　虚偽事実を告げて相手を脅すなど，欺罔と恐喝が併用された場合においては，おもちゃのナイフで脅迫するのと同じく，欺罔が恐喝の一手段とされているにすぎないから恐喝罪のみが成立する（最判昭和24・2・8刑集3巻2号83頁）。他方，交付行為の原因として錯誤と畏怖が競合している場合には，詐欺罪と恐喝罪の観念的競合とするのが判例である（大判昭和5・5・17刑集9巻303頁）。

　恐喝の手段として用いられた暴行・脅迫は，恐喝罪とは別に暴行罪・脅迫罪を構成しない（大判明治43・2・18刑録16輯276頁）。もっとも，被害者が負傷までしたときは独立に評価され，たとえば，恐喝罪と傷害罪の観念的競合となる（最判昭和23・7・29刑集2巻9号1062頁）。

第16章

横領の罪

16.1 総　説

16.1.1 意　義

横領の罪は，他人の占有しない他人の財物，または，公務所から保管を命じられている自己の財物を不法に領得する行為を処罰している。他人の占有を侵害しない代わりに，242条が準用されない。

具体的な規定としては，（単純）横領罪（252条），業務上横領罪（253条），遺失物等横領罪（254条）がある。いずれについても，未遂犯処罰規定のないことが特徴的である。

親族間の特例（244条）は横領の罪にも準用されている（255条）。

16.1.2 保護法益

横領の罪の保護法益は，第一次的には物に対する**所有権**である（質権者から質物を預かった者がこれを所有者〔債務者〕に返還した場合に横領罪を否定し，背任罪にとどめた大判明治44・10・13刑録17輯1698頁参照）。さらに（業務上）横領罪については，背信的側面を有することから，**委託信任関係**もまた副次的な

法益であると考えられている。ただし，自己物の場合（252条2項）は**物の保管の安全**という異質の保護法益が想定されている。

一方，学説には，横領罪の保護法益もまた窃盗罪等と同じく，あくまで物の**利用可能性**なのであり，委託信任関係は委託者の帰責性に基づく刑罰減少事由にすぎない，というものもある。物の利用可能性としては，自分で使うのも他人に使わせるのも本来は等価値であって，ただ，後者の場合は他人に利用過程から外されてしまうリスクをみずからとりに行っている分，保護価値が低くなるというわけである。しかし，そのような解釈によったのでは，横領の罪に242条に相当する規定がないことを説明しえない。また，遺失物等横領罪の不法内容を提供することも困難となるように思われる。

16.2 横領罪の構造

16.2.1 主　　体

自己の占有する他人の物を横領した者は，5年以下の拘禁刑に処する（252条1項）。自己の物であっても，公務所から保管を命ぜられた場合において，これを横領した者も，1項と同様とする（同条2項）。

委託物横領罪，**単純横領罪**などともいわれる。身分犯と解されており，主体は，委託信任関係に基づいて他人の物を占有する者，または，公務所の命令により物を保管する者である。もっとも，この身分が65条1項の身分であるのか，それとも2項の身分であるのかについては争いがあり，詳しくは刑法総論を参照されたい。

16.2.2 客　　体

客体は「物」すなわち財物であり，窃盗罪等におけるのと基本的に同一であるが，**不動産**も含まれる。一部の学説は比較法的研究に基づき，わが国においても横領罪の客体を物以外にまで拡張すべきだと主張しているが，立法論というべきであろう（債権証書を預かった者が債権を行使し，債務者から金銭を取得したことそのものは横領罪を構成しないとした大判明治42・11・25刑録15輯1672頁参照）。

16.2.3 委託信任関係

委託信任関係は明文で要求されているわけではないが，それなくしてたまたま自己の占有に帰属した物を領得する行為は，その当罰性にかんがみればむしろ遺失物等横領罪（254条）として軽く処罰すべきであることから（誤配物の領得を遺失物等横領罪とした大判大正6・10・15刑録23輯1113頁参照），解釈により委託物横領罪の成立要件とされている。

委託信任関係は契約を基礎として発生するのみならず（使用貸借，賃貸借，委任，寄託など），信義則が根拠とされる場合もある。たとえば，売買契約における売主が物を買主に引き渡すまでの間（所有権は移転済み），これを保管している状態もまた委託信任関係に基づく占有といえる（さらに，債権譲渡後，債務者に対する通知前に，債務者から支払われた金員を着服した場合に横領罪を認めた最決昭和33・5・1刑集12巻7号1286頁参照）。さらに，委託者の意思を介することなく，事務管理（東京高判昭和46・2・16判時636号92頁）や後見によって委託信任関係が生ずる場合も考えられる。一方，集金人が領得目的で集金した場合，原則は詐欺罪となろうが（千葉地判昭和58・11・11判時1128号160頁），集金業務が定型的なものであり外形上も通常の業務遂行と区別されないときは，委託信任関係を認めて（業務上）横領罪とする余地もあろう（東京高判昭和28・6・12高刑集6巻6号769頁）。

学説上議論がさかんなのは，**所有者以外**からの委託もまた要保護性を有するか，有するとしていかなる要件のもとにおいてか，という点である。たとえば，**盗品等の領得・盗品等の処分代金の領得**が横領罪を構成しうるであろうか。

窃盗犯人から盗品を預かったとか，盗品の換金を頼まれて換金した結果，代金を受け取ったとかいう場合において，その盗品や代金を領得する行為が横領罪となるためには，窃盗犯人からの委託信任関係が同罪による保護に値すると評価しうる必要がある。たしかに，所有者本人からの委託でなくとも，所有者から与えられた正当な権限に基づく委託であるなどの場合においては，横領罪における委託信任関係と認めるべきであろう。もっとも，他方において，委託信任関係が民事法上保護に値する利益を何ら担っていない極端なケースにおいては，これを横領罪によって保護することは財産犯としての本質に反するように思われる。このように考えると，盗品等の領得・盗品等の処分代金の領得は

16.2 横領罪の構造

横領罪を構成しないと解すべきであろう。

判例は盗品等の領得（大判昭和13・9・1刑集17巻648頁），盗品等の処分代金の領得（最判昭和36・10・10刑集15巻9号1580頁）ともに横領罪を認めているが（横領罪の否定例として，大判大正8・11・19刑録25輯1133頁，大判大正11・7・12刑集1巻393頁参照），妥当とは思われない。学説には，窃盗犯人の占有が保護されることとの均衡をあげて判例を支持するものもあるが，窃盗犯人の占有はこれを奪おうとする別の窃盗犯人との関係ではそもそも民事法上正当な権原に基づくものと評価されるのであるから，このような均衡論には理由がないというべきであろう。

なお，近時の判例は，農地の所有者たる譲渡人と譲受人との間で農地の売買契約が締結されたが，譲受人の委託に基づき，第三者の名義を用いて農地法所定の許可が取得され，当該第三者に所有権移転登記が経由された場合において，当該第三者が当該土地を不法に領得したとき，当該第三者に横領罪の成立を認めている（最判令和4・4・18刑集76巻4号191頁）。農地の所有者たる譲渡人からの委託権限の付与を根拠に非所有者からの委託信任関係を認めるとともに，委託関係の成立過程にある農地法違反がただちに公序良俗違反とまではいえないことも理由に委託信任関係の要保護性を肯定しており，妥当な方向性を示していると思われる。

16.2.4 占　　有

1．不動産の占有

横領罪にいう占有は，窃盗罪をはじめとする（占有）移転罪にいう占有とは本質的に異なる。移転罪にいう占有は法益として保護の対象であり，事実的な基体をもつものでなければならないから，客体に対する事実的な支配を意味するものと解されている。これに対し，横領罪にいう占有はあくまで，それを濫用することにより他人物の処分が可能となるおそれを生じさせる不法要素であり，当該他人物に対する事実的な支配には限られない。むしろ**法律上の支配**（大判大正4・4・9刑録21輯457頁），すなわち，法律上，自己が容易に他人物を処分しうる状態をも含む（倉荷証券の所持人に寄託物の占有を認め，同証券を利用して寄託物を売却する行為を横領罪とした大判大正7・10・19刑録24輯1274

頁参照)。

　このことがよくあらわれるのが**不動産の占有**である。すなわち，不動産の場合，所有権の登記名義人はその不動産を事実的に支配していなくとも，あるいはまた，真実の所有者でさえなかろうとも，不動産を売却する等，これを自由に処分しうる立場にある。これは法律上の支配の典型例であり，判例においても，不動産の所有権の登記名義人は横領罪にいう占有者と解されている（大判明治 44・2・3 刑録 17 輯 32 頁，最判昭和 30・12・26 刑集 9 巻 14 号 3053 頁)。また，このような発想を推し進めると，所有権の登記名義人でなくても，他人の不動産の登記済証や白紙委任状など，登記に必要な書類を委託されている者は，やはり横領罪にいう占有者と解すべきであろう（福岡高判昭和 53・4・24 判時 905号 123 頁)。

　もっとも，当然のことながら，**未登記不動産**については事実上の管理・支配者が横領罪にいう占有者にあたる（最決昭和 32・12・19 刑集 11 巻 13 号 3316 頁)。

2. 預金による金銭の占有

　銀行等に口座を開設し，これに対する預金債権を有していることにより，預金額に相当する金銭という物に対する占有を認めることができるか。この問題を**預金による金銭の占有**とよんでいる。ゼミで学生による報告を聞いていると，預金の占有という言葉が出てくることがしばしばあるが，これは間違いである。あくまで，本来は債権を有しているにすぎないはずなのに，そこに物に対する占有までをも見出しうるか，というのが本質的な問題だからである。

　たとえば，みなさんが友だちにこの本を 1000 円で売る契約を結んだとして，みなさんは友だちに 1000 円の代金債権を有するわけであるが，だからといって，友だちの財布の中にある千円札 1 枚分，あるいは百円玉 10 枚分という物に対し，みなさんが占有を有しているなどということにはならない。これが原則論である。しかし，このような原則論を貫徹すると，たとえば，サークルの会計担当であるみなさんがサークルの資金を口座に入れて保管しているとして，この資金を着服しようと思い立ち，いったん現金を引き出して自分の財布に入れれば横領罪となるのに，自分が有している他の銀行口座に振込入金しただけなら横領罪とならない，という異なる結論に至ってしまう。いずれも当罰性においてはまったく差がないのに，である。そこで出てくるのが預金による金銭

の占有という発想であり，社会的な実態として，金銭を銀行に預けるのはそれを金庫にしまうのと何ら異ならないことから，銀行が払戻しを拒む正当な理由をもたない限りにおいて，預金者には預金額に相当する金銭という物に対する占有があるとみなしてしまおう，と考えるのである（大判大正元・10・8刑録18輯1231頁参照）。こうして，振込入金したにとどまるサークルの会計担当者も無事に（⁉）横領罪となる。

　預金による金銭の占有という法形象は以上のような論証連鎖を経て認められるものであるから，（占有）移転罪の保護法益である占有についてまでただちに妥当するわけではない。むしろ，移転罪においては事実的支配が主眼とされることに照らすと，たとえば，被害者をだまして自己名義の口座に金銭を振り込ませた場合には，（その引出しが銀行等に対する詐欺・窃盗になりうることとは無関係に，）事実上，容易・即時・確実に金銭を引き出しうることを根拠に事実的支配が移転したとして，すでに振込みの段階で被害者に対する金銭の1項詐欺罪を認めることも不可能ではない。一方，預金口座の管理を任された者が不正に振込送金するなど，一度も現金が登場していないケースにおいても，前記論証連鎖を推し進めればやはり横領罪を認めることが不可能ではないように思われる。ただし，越権・濫用的な預金の利用を銀行が知ればこれを正当に拒絶しうるという意味において，銀行に前述した払戻しを拒む正当な理由があると解される限り，そもそも銀行に対する罪（窃盗罪，詐欺罪，電子計算機使用詐欺罪など）が成立する余地もあろう。

16.2.5　**物の他人性**

1. 金　　銭

　横領罪の客体である物は，公務所から保管を命じられている場合を除き（差し押さえられた場合にはそもそも公務員の占有に属する），「**他人の**」ものでなければならない。つまり，行為者以外の所有物でなければならないのである（大判明治44・4・17刑録17輯587頁は共有物も他人物にあたるとしている）。

　もっとも，ここで問題となるのが**使途を定めて寄託された金銭**である。すなわち，金銭は高度の流通性と代替性をもつことから，取引の安全にかんがみ，民事法上，所有と占有が一致するものと解されている。ところが，この解釈を

横領罪における物の他人性にそのまま推し及ぼすと，たとえば，サークルの合宿費が入った封筒を預かっている会計担当者がこれを無断で自己の飲食に費消しても横領罪にならない，なぜなら封筒の中身の金銭は占有者すなわち会計担当者の所有物だから，という明らかにおかしな結論が出てきてしまう。そこで学説や判例（大判昭和 9・4・23 刑集 13 巻 517 頁，最判昭和 26・5・25 刑集 5 巻 6 号 1186 頁）は，使途を定めて寄託された金銭については民事法の解釈から離れ，例外的に寄託者の所有物であり続けると解している。こうして，会計担当者は横領罪で処罰されうるのである。

とはいえ，そもそもなぜ民事法の解釈から離れてよいのであろうか。財産犯の規定はあくまで，民事法によって定まる財産権の内容を刑罰で厚く保護するためのものではなかったか。たしかに，それはそのとおりであろう。しかし，それは実体として，財産犯が「民事法上，財産的損害を受けたとされる者」を保護する効果をもたなければならないという趣旨にすぎず，たとえば，所有権という名称がはがされているかどうかとか，取引の安全という，権利の財産的保護価値の有無・程度とは別次元の考慮などは財産犯の解釈に際して重要でないはずである。そうすると，使途を定めて寄託された金銭についても，民事法上保護に値する，当該金銭に対する包括的な支配の権能という所有権の実体部分を，寄託者が（取引の安全を考慮する必要がない）受託者に対しては行使しうる以上（他方，消費寄託などの場合にはそうでないから，受託者が費消しても横領罪とはならない），横領罪にいう物の他人性を認めてよいように思われる。

なお，同様の発想から，**委託された行為に基づいて取得した金銭**についても，その所有権は委託者にあると解してよいであろう（大判大正 11・1・17 刑集 1 巻 1 頁〔商業使用人が主人のために取り立てた売掛代金〕，大判昭和 8・9・11 刑集 12 巻 1599 頁〔債権取立てを委任されて取り立てた金銭〕，最決昭和 28・4・16 刑集 7 巻 5 号 915 頁〔依頼されて物品を売却し，取得した代金〕など）。

2. 所有権留保・譲渡担保

所有権留保や**譲渡担保**において，法形式としては客体の非所有者が，しかし，実質的には担保に供されているにすぎない，自己の占有する客体をほしいままに処分した場合に横領罪が成立しうるか，という点も争われている。たとえば，行為者が被害者から自動車を購入する際，代金を割賦払いにするとともに，代

金完済までは所有権を被害者に残すこととし，自動車の引渡しを受けたが，行為者は金策に窮したため，代金完済前に自動車を第三者に売却した，という事例で行為者に横領罪が成立しうるであろうか。もちろん，契約の合理的解釈に基づき，客体の処分が許される場合もあろうが（クレジットカードで購入した生鮮食品はすぐに食べるのが当たり前である），問題はそうでない場合である。

判例（大判昭和 8・11・9 刑集 12 巻 1946 頁，大判昭和 9・7・19 刑集 13 巻 1043 頁，最決昭和 55・7・15 判時 972 号 129 頁）や通説的な見解は横領罪の成立を肯定する。これに対して有力な見解は，実質的に見れば所有者が担保権を侵害しているだけなのだから横領罪とすべきではない，と批判している。たしかに，所有権留保や譲渡担保が実社会においては担保的機能を果たしている，というのはそのとおりであろう。しかし，たとえば，先の事例で被害者に自動車の所有権を残すというのは，何も，取引の安全などといった民事法固有の政策的理由から，客体の包括的支配という意味における所有権の実体がないところに所有権というレッテルを貼っているだけ，というのでは決してない。そうではなく，むしろ，いざとなれば被害者が所有権を盾にして自動車への全面的支配を確立できる，という所有権の実体あってこその強力な担保的機能が企図されているのである（だからこそ，信用のない行為者でも自動車という高額品を後払いで売ってもらえるともいえる）。このように考えると，判例や通説的見解のほうが妥当であるように思われる。

反対に，債権者のほうが不正な処分をした場合においては，物の他人性が欠け，横領罪は成立しないと解すべきであろう。下級審裁判例には，被告人が被害者に金銭を貸し付けた際，担保のために，被害者から譲渡担保として被害者の土地所有権を譲渡され，所有権の移転登記を了したところ，被告人は第三者に対する債務の担保のために，その土地に根抵当権設定契約を締結し，その旨の登記を了したという事案で背任罪を認めたものがある（大阪高判昭和 55・7・29 判時 992 号 131 頁）。

3. 不法原因給付

物の委託が**不法原因給付**（民法 708 条）にあたる場合において（不法原因寄託と狭義の不法原因給付とを区別し，前者は同条にあたらないという見解もあるが，少数説である），受託者がこれをほしいままに処分する行為は横領罪を構成する

か。同条本文では，不法原因給付物の返還を請求しえない旨が規定されている
ため，物の他人性がみたされるかが問題となるのである。

　大審院から初期の最高裁判例にかけて，横領罪を認める立場が採用されてい
た（大判大正 4・10・8 刑録 21 輯 1578 頁，最判昭和 23・6・5 刑集 2 巻 7 号 641 頁，
最判昭和 36・10・10 刑集 15 巻 9 号 1580 頁）。返還請求権がないことと所有権を
失うこととは同値ではなく，不法原因給付物もまた依然として他人の物にほか
ならない，ということであろう。もっとも，その後，返還請求権がないことの
反射的効果として所有権が受託者に移る，とする民事判例が出された（最大判
昭和 45・10・21 民集 24 巻 11 号 1560 頁）。このこともあって，横領罪を否定す
る立場が学説上多数となり，刑事判例の分析としても，もはやかつての（横領
罪を認める）立場は維持されていない，という理解が有力化している（実際，
この民事判例以降，不法原因給付物につき横領罪を認めた裁判例は出されていない）。

　16.2.5(1) で述べたように，横領罪における物の他人性が民事法における所有
権の解釈と完全に一致しなければならないわけではない。しかし，そうだとし
ても，民事法が物に対する包括的支配という意味における所有権の実体的保護
価値をおよそ承認していないところには，刑法とて横領罪による保護を及ぼす
べきではないであろう。そして先の民事判例によれば，委託者にはもはや物の
支配にかかる何らの保護価値も与えられないのであるから，受託者がその物を
ほしいままに処分しても横領罪は成立しない，とする多数説を支持すべきであ
る。

4. 二 重 売 買

　物を売却したのち，それを買主に引き渡し，あるいは所有権移転登記を了す
る前に，第三者に再び売却してしまうことを**二重売買**とよび，売主や第三者の
可罰性が議論されている（横領罪が成立しうるとして，いつ既遂に達するかについ
ては 16.3 を参照）。

　第 1 の問題は売主の罪責である。民法上は，原則として売買契約の成立によ
り所有権が買主に移転するものとされているが（民法 176 条），物の他人性を肯
定し，横領罪による保護を及ぼすためには，単なるラベルにとどまらず，物に
対する包括的支配という所有権の実体的保護価値まで買主に移転したものと評
価しうる必要がある。そうすると，代金の全額または大部分の支払いが済んで

いるとか，（不動産なら）登記に必要な書類の授受がなされている，あるいは，売買契約締結時の所有権移転が当事者の合理的意思解釈により特に契約の要素になっていると解される，などといった事情が要求されよう（動産の二重売買において横領罪を認めた大判明治 30・10・29 刑録 3 輯 9 巻 139 頁，名古屋高判昭和 29・2・25 判特 33 号 72 頁，不動産につき同罪を認めた大判明治 44・2・3 刑録 17 輯 32 頁，最判昭和 30・12・26 刑集 9 巻 14 号 3053 頁，福岡高判昭和 47・11・22 判タ 289 号 292 頁参照）。

　第 2 の問題は第三者の罪責である。動産なら既遂時期が早いから盗品等有償譲受け罪が問題となろうが（大判大正 2・6・12 刑録 19 輯 714 頁），不動産なら横領罪の共犯が問題となりうる。まず，最初の売買につき単純悪意者である場合，第三者は民法 177 条が承認する自由競争秩序の枠内で行動していると評価しうるから，横領罪の共犯は成立しないと解すべきであろう（最判昭和 31・6・26 刑集 10 巻 6 号 874 頁。売主に成立する横領罪の既遂時期を早めた場合，第三者につき盗品関与罪の成否も問題となりうるが，同じ理由で否定すべきである）。次に，第三者が背信的悪意者である場合，民法 177 条の「第三者」にあたらないと解されるから，今度は横領罪の共犯とすることに支障はないと思われる（前掲福岡高判昭和 47・11・22）。

　第 3 の問題は再び売主の罪責であり，今度は買主に対する横領罪の成否ではなく，最初の売買につき善意の第三者に対する詐欺罪の成否である（肯定例として，東京高判昭和 48・11・20 判タ 304 号 267 頁）。もっとも，たとえ売主が自身を所有者であると偽ったとしても，第三者に対抗要件を備えさせさえすれば真に所有者であった場合と同様の効果を生じさせることができ，かつそれは容易であるから，「財産的損害」が欠け，詐欺罪の不法は（未遂を含めて）みたされないように思われる。

16.2.6 行為・結果

1．総　説

　横領の意義については争いがあり，①委託の趣旨に反する権限逸脱行為であるとして，不法領得の意思を不要とする**越権行為説**と，②不法領得の意思を必要とし，これを発現するいっさいの行為であるとする**領得行為説**（大判大正 6・

7・14 刑録 23 輯 886 頁，大判昭和 8・7・5 刑集 12 巻 1101 頁，最判昭和 27・10・17 集刑 68 号 361 頁）とが対立している。たしかに，①がいうとおり，権限の範囲内の行為を横領とすべきではなかろう。もっとも，他方において，いくら権限を逸脱するとしても，たとえば，客体を単に毀棄するだけの行為を横領と評価してよいわけではない。それだけでは，占有侵害を欠くという意味において，ただ犯情が軽い毀棄罪の実体しか認められないからである。むしろ，横領と認めるためには権限の逸脱に加えて，客体を自己の財産秩序に組み込もうとする意思が要求されるべきであろう。このように理解された②が妥当であり，そこで想定される不法領得の意思は（占有）移転罪にいう不法領得の意思と完全に同一ではないことに注意を要する。

　横領の例としては，費消，着服，拐帯，抑留などの事実行為のほか，売却，入質，貸与，贈与，抵当権設定などの法律行為があげられる。横領を肯定した判例には，他人の動産を第三者に売却する意思を表示し，いまだ第三者が買受けの意思を表示していない段階（前掲大判大正 2・6・12），他人の不動産について所有権を主張する民事訴訟を提起した事案（大判昭和 8・10・19 刑集 12 巻 1828 頁），他人の不動産について虚偽の抵当権設定に基づき不実の仮登記を行った事案（最決平成 21・3・26 刑集 63 巻 3 号 291 頁）などがある。また不作為による場合であってもよく，たとえば，警察官が職務上保管すべき他人の物について領置手続なしに保管を続ければ不作為による横領である（大判昭和 10・3・25 刑集 14 巻 325 頁）。

　第三者に領得させる意思も不法領得の意思に含まれる（大判大正 12・12・1 刑集 2 巻 895 頁）。もっとも，移転罪におけるのと同じく，行為者と第三者との間に特殊の関係が存在し，行為者自身が領得するのと同視しうる場合に限る見解も有力である（判例が不法領得の意思を認めたのもそのような場合がほとんどであるとの指摘もある）。

　なお，横領結果の意義については 16.3 で説明する。

2. 不法領得の意思

　横領罪にいう**不法領得の意思**とは，判例によれば，他人の物の占有者が委託の任務に背いて，その物につき権限がないのに所有者でなければできないような処分をする意思とされる（最判昭和 24・3・8 刑集 3 巻 3 号 276 頁）。

16.2 横領罪の構造

移転罪における不法領得の意思は権利者排除意思と利用処分意思から構成されていた。すなわち，同罪においては（適法な権原に基づくかどうかはともかく）客体の占有＝利用可能性が保護法益であり，そのことを前提として，将来にわたっても客体の利用可能性を侵害し続けるつもりであるという主観的不法要素としての権利者排除意思と，客体を（被害者のものとは別の）特定の利用過程に置きたいという責任要素としての利用処分意思が要求されたのである（ただし，不法・責任という体系的位置づけは刑法総論の立場によって変わりうる）。これに対して横領罪は，あくまで客体に対する包括的な支配の権能としての所有権を保護するものであり，そうだとすれば，不法領得の意思としても，そのような所有権を行為者側に移す意思，いわば，客体を行為者（または第三者）の財産目録に転記する意思を要求すべきであろう。判例の言い回しはこの実体をよくあらわしているように思われる。

客体の一時使用（いわゆる**使用横領**）の横領罪としての可罰性もまた，同様の観点から解決されるべきである。たとえば，短時間の使用しか許されていない他人の自動車を8日間も乗り回したら，それはもはや自動車を自分の所有物として利用していることに帰するから横領罪となる（大阪高判昭和46・11・26判時665号102頁）。他方，自己が管理する会社の機密書類を（コピーのため）1時間だけ持ち出したというときは，客体そのものの所有権は会社に残されており，ただ書類に化体された情報の排他的利用が害されているにすぎないのではないか，という問題が生じることになる（東京地判昭和60・2・13判時1146号23頁は業務上横領罪を認めている）。

金銭の**一時流用**についても同様である。後日に補填する意思があっても横領罪とするのが判例であるが（大判明治42・6・10刑録15輯759頁，前掲大判大正11・1・17，前掲最判昭和24・3・8），ケースバイケースというべきであって，確実な補填の意思・能力が認められる場合には不法領得の意思が欠け，同罪は成立しないと解するのが妥当である。たしかに，流用された金銭という物それ自体は戻ってこないとしても，その金額に相当する別の金銭が戻ってきさえすれば何ら問題はない。金銭において重要なのはもっぱら金額の所有権であるから，それを委託者に，実質的に完全なかたちで留め置く意思があれば不法領得の意思は認められない。反対に，補填の確実性が欠けるとか，いっさい一時流用を

許さない旨の委託の趣旨に合理性が認められる場合には，不法領得の意思が肯定されよう（東京高判昭和31・8・9裁特3巻17号826頁。横領の穴をさらなる横領で埋めることを繰り返す，いわゆる**穴埋め横領**はいずれの観点からも不法領得の意思が認められる。大判昭和6・12・17刑集10巻789頁参照）。

　学説では，横領罪における不法領得の意思に関する判例の定義が，移転罪における不法領得の意思の内容である利用処分意思を含まないように見えることから，毀棄・隠匿目的の行為が横領罪になってしまうという批判がなされることがある（他人の物の隠匿を横領罪とした古い判例として，大判大正2・12・16刑録19輯1440頁）。しかし，横領罪と移転罪とでは不法領得の意思が本質的に異なるから，両者が一致しなければならないという前提からする批判はあまり生産的とはいえないであろう。しかも，そもそも毀棄・隠匿は原則として客体を何人の包括的支配からも排除しようとする行為であり，横領罪における不法領得の意思は実ははじめからみたされていない。もし毀棄・隠匿目的の行為を横領罪とすれば，（占有侵害を欠くという意味で）犯情の軽い毀棄・隠匿罪を不当に重く処罰することとなろう。

3. もっぱら本人のためにする意思

　学説・実務上，**もっぱら委託者本人のためにする意思**であった場合には不法領得の意思が否定される，という原則が承認されている（最判昭和28・12・25刑集7巻13号2721頁。大判大正15・4・20刑集5巻136頁も参照）。問題はその理論的な根拠であるが，それもやはり不法領得の意思の定義自体に求めるのが一貫しよう。すなわち，行為者が客体に対する包括的支配としての所有権の実体を本人に留め置こうとする意思を有している限り，たとえ利己的な動機（場合によっては本人に加害する動機）や法令違反が認められたとしても，なお不法領得の意思の定義がみたされないがゆえに横領罪不成立となる，と理解するのである。

　これに対して一部の見解は，①もっぱら本人図利の目的である場合には横領罪が成立しないとか，②法令違反は本人さえなしえないのだから常に「もっぱら本人のためにする意思」が否定される（最判昭和34・2・13刑集13巻2号101頁ほか，古い判例の流れ。ただし，最決平成13・11・5刑集55巻6号546頁により実質的に変更されたと解されている），などといった命題まで主張している。し

かし，まず，①は横領罪と，図利・加害目的を要件とする背任罪（247条）とを混同する議論であろう。たとえ，他人の金を預かっている者が「運用して増やしてやろう」という考えからであったとしても，委託の趣旨に反して勝手にハイリスクな投資を行えば横領罪とすべきである。次に②についても，横領罪の本質は他人物をわがものとすることであって，その物の使用・収益・処分方法を規制する別の観点が存在することは関係がないはずである。会社の将来を慮った役員が，自己の預かり保管する会社の金銭を「会社からの賄賂」として監督官庁の公務員に贈ることは，公務員の職務の不可買収性という観点から贈賄罪として禁止・処罰されるけれども，決して会社の金銭をわがものとしたわけではないから横領罪にはならない。

なお，判例には，会社の取締役経理部長が株の買占めの妨害工作を依頼するための費用として，自己の業務上保管する会社の資金から11億7500万円を拠出したという事案において，業務上横領罪を認めたものがある（前掲最決平成13・11・5）。この事案では経理部長が保身目的から私的流用に出ており結論は当然ともいえるが，あわせて，委託者の資金を使って法令違反を行ったかどうかと，もっぱら本人のためにする意思があったかどうかとは次元の異なる問題である，と説示されている点が特徴的である。

16.2.7 **親族相盗例**

親族間の特例（244条）は横領の罪にも準用される（255条）。紛争が親族間にとどまっている必要のあることから，親族関係は行為者と，委託者・所有者の双方との間に存在しなければならない（大判昭和6・11・17刑集10巻604頁）。

問題は，親族である**後見人**による横領にまで同特例が適用されるかである。判例は後見人制度の公的性格を重視することにより，未成年後見人（最決平成20・2・18刑集62巻2号37頁）・成年後見人（最決平成24・10・9刑集66巻10号981頁）ともに適用を否定している。

一方，このような発想に反対する立場は，罪刑法定主義の観点から親族である以上は適用を否定しえないとか，あくまで家庭裁判所を委託者と解することで適用を排除する道を探るほかない，などと主張している。しかし，そもそも，公権力の介入により（判断力を欠く）本人の保護を合理的に実現しようとする

のが後見人制度の本質である以上，公権力が介入すべきでないことを前提とする親族間の特例を適用するのは背理である（極論をいえば，適用するならはじめから親族を財産管理に関する後見人とすべきでない）。罪刑法定主義はあくまで不法類型を規律する原理であるから，親族内紛争処理の優先という純粋に刑事政策的観点からくる一身的刑罰阻却事由にはあてはまらない。家庭裁判所が選任する場合に可罰性を限定するというのも，その場合には公的性格がより強いとして一理なくはないが，やはり後見人制度の趣旨と親族間の特例の前提との矛盾・衝突は残る。

　このように見てくると，判例のように，一律に適用を否定するのが妥当であろう。そして，ひとたび適用を否定したならば，それは家庭ではなく法の側で葛藤処理を行うという決意表明にほかならないのであるから，親族であることは量刑上も酌むべき事情として考慮すべきでないと思われる（前掲最決平成24・10・9）。また同様の理由から，成年後見人以外の親族が横領に加功した場合にも親族間の特例を適用すべきではなかろう（東京高判平成25・10・18高刑速（平25）120頁）。

16.3　既 遂 時 期

　横領罪には未遂犯処罰規定がないため，既遂時期の画定がいっそう重要となる。

　横領とは不法領得の意思の発現であるとされるが，それは他人物に対する包括的支配者を僭称する意思という主観的不法要素であり，犯罪の客観面に関する不法要素としても，現実に所有権の侵害されたことが必要である。そして，それが既遂時期ともなる。

　まず動産に関しては，受託者が無断でその動産を売却する意思表示をすれば，その相手方が買受けの意思を示さなくても既遂となる（大判大正2・6・12刑録19輯714頁）。学説には，それだけでは所有権が危殆化されているにすぎず，実質的には（不可罰な）横領未遂の処罰に帰する，と批判するものもある。しかし，いったん売却の意思表示をされてしまえば，物の占有を回復して再び使用する等が困難化するという意味において，所有権の中核的な機能が現実に侵害されたものと評価しえよう（既遂の否定例として，岐阜地判令和元・6・7 LEX/

DB25563467）。

次に不動産に関しては，登記が対抗要件とされる場合，受託者がその不動産を売却する意思表示をしただけでは足りず，買主が登記を完了してはじめて既遂に達すると解するのが一般的である。登記が備わってはじめて所有権の所在が確定的に決定されるうえ，二重売買のケースを想起すれば理解しうるように，単なる売却の意思表示では登記の移転先がいまだ不分明だからである。

16.4 罪　　数

16.4.1 総　　説

複数の所有者から1個の委託信任関係に基づいて物を寄託された場合には横領罪一罪となる（大判大正5・10・7刑録22輯1505頁）。業務上の占有物と非業務上の占有物を1個の行為により横領したときは，業務上横領罪のみが成立する（単純横領罪は吸収される）。

寄託物の返還請求を欺罔的手段により免れるように，2項詐欺罪が横領罪の手段として用いられているときは，横領罪のみが成立すると解するのが一般的である（大判明治43・2・7刑録16輯175頁）。形式的に見れば法定刑の重い2項詐欺罪が優先して成立しそうにも思われるが，同罪の把握する不法内容に限って見れば，寄託者が寄託物の利用可能性をみずから受寄者にゆだねており，受寄者からの侵害に対する要保護性が低下しているから，同罪の不法内容が十分にみたされていないのである。反対にいうと，被害者が異なるがゆえに要保護性が低下しないケース，たとえば，受寄物につき処分権限があるように装って担保に供し，金銭を借り入れた事例では横領罪と詐欺罪が成立し，観念的競合となる（東京高判昭和42・4・28判タ210号222頁）。

偽造文書を行使して横領を行った場合，偽造文書行使罪と横領罪は牽連犯となる（大判大正11・9・19刑集1巻453頁）。他方，横領後，体裁を整えるために偽造文書を行使したときも包括一罪とする余地はあるが，同行使が横領の，新たな決意に基づく犯跡隠蔽行為などである場合には併合罪とすべきであろう（大判昭和7・3・22刑集11巻259頁）。

16.4.2 横領後の横領

いわゆる**横領後の横領**もさかんに議論されている問題である。たとえば，土地所有者から土地の一件書類を預かり土地を管理している者が，借金返済のため所有者に無断でその土地に抵当権を設定（・登記）し（第1行為），さらにその後，無断でその土地を売却し，所有権移転登記を完了した（第2行為）とき，2つの行為はいかなる範囲で横領罪としての可罰性を有するであろうか。なお，かりに第1行為が横領罪を構成するとしても，すでに公訴時効が完成しているものとする。

みなさんは実際のところ，なぜこのような問題を議論する必要があるのか疑問に感じたかもしれない。第2行為は明らかに横領罪であり，そのことだけで十分ではないか，と。しかし，次の3つの条件を付けると話は突然ややこしくなる。①抵当権の設定もまた所有権侵害にほかならず横領罪を構成しうる，②一度横領した物を再び横領することはできない，③たとえ検察官が第2行為のみを訴因に掲げたとしても，裁判所は訴因外の第1行為が横領罪を構成することを考慮して擬律を決しうる。しかも，まずいことに，かつての判例はこれら3つの条件を付けていたようである（最判昭和31・6・26刑集10巻6号874頁。それ以前にも，大判明治43・10・25刑録16輯1745頁参照）。そうすると，この犯人は横領罪で処罰できなくなってしまうのであろうか。

まず，①を否定するのは困難であろう。学説には，抵当権の設定は所有権侵害までともなうわけではないからせいぜい背任罪だ，というものもあるが，いざとなったら競売にかけられてしまう状態を作り出す行為は所有権侵害といわざるをえない。次に，③も否定するのは困難であろう。被告人・弁護人が訴因外の被告人の行為が可罰的であるとの所論をもって，訴因の可罰性を争う事態はいくらも考えられるのであり（訴因が盗品関与罪であるとき，被告人・弁護人が，訴因外の被告人の行為が本犯にあたることを主張するケースを考えよ），横領後の横領という局面のみを除外する理由はない。

こうして，残るのは②である。たしかに，横領が他人の所有物を自己物とする行為を意味するとすれば，いったん横領した物はもはや自己物なのであり，再び自己物とすることは原理的に考えられない，という立論も理解しえないではない。しかし，自己物というのは比喩的な表現にすぎず，実際に所有権が移

転するわけではない。あくまで，所有者であるかのように振る舞うことで所有権の機能を侵害することが，横領の（比喩的ではない）理論的意義なのである。また，一度横領されたらそれは裏切りであり，もはや委託信任関係が失われてしまう，という立論もある。分からなくはないが，従前の，物を預かる関係が外形上平穏なまま継続している限り，たとえ面従腹背であっても委託信任関係は維持されると解すべきであろう。要は，所有者からケーキを預かった者が，勝手にこれを一口食べたら横領だが，唾が付いたからもう自分のものであり（所有権の移転），所有者も食べたくないだろうから（委託信任関係の終了）二口目以降は横領にならない，などというのは馬鹿げた話なのである。

このように見てくると，①〜③のうち②だけは否定することができ，冒頭の事例の犯人は無事横領罪で処罰できることになる。ところが新しい判例（最大判平成 15・4・23 刑集 57 巻 4 号 467 頁）は，横領罪で処罰できるという結論を導くものの，②だけでなく③まで否定している。これはやや過剰な説明であるように思われる。

なお，学説においては，かりに第 1 行為が構成する横領罪につき公訴時効が完成しておらず，検察官が両方の行為を起訴した場合にいかなる処断がなされるかについても議論がなされている。借金の返済などといった同一の動機のもと，一連の流れで犯されたのなら包括一罪としてよいであろうが，別個の動機に基づく新たな決意として，あるいは，時間的に相当経過してから第 2 行為がなされたのであれば，併合罪とする余地もありえよう。

16.5 業務上横領罪

16.5.1 意　　義

業務上自己の占有する他人の物を横領した者は，10 年以下の拘禁刑に処する（253 条）。

本罪は単純横領罪の加重類型である。問題は加重の根拠であり，業務者に対しては非難可能性が高くなるとして，責任の重さに求める見解も主張されている。たしかに，そのような側面もあるであろうが，そもそも責任が重くなるのはそれに対応する不法が重いからだ，と考えるのが自然ではなかろうか。そして，社会生活上，業務者に対しては物を預けることが事実上要請される機会も

多く（金銭を銀行に預けずに生活したり，空港で荷物を預けずに空路で移動したりするのは困難である），その意味において，横領が占有侵害を欠くことを不法減少に際して重視しえない，という考慮が不法の重さの実体を構成しているといえよう。判例は不法加重の根拠を法益侵害の広汎化に求めているようであるが（大判大正3・6・17刑録20輯1245頁，大判昭和13・3・9刑集17巻181頁），それだけでは説明しきれないと思われる。

業務者の意義もこのような不法の加重という観点から明らかにされるべきであり，具体的には，委託を受けて他人の物を保管する事務を反覆・継続して行うものをいう（最判昭和25・3・24集刑16号895頁）。営利目的であることや職業としてなすことは必要でない（大判明治45・3・4刑録18輯244頁，大判大正6・12・3刑録23輯1470頁）。また，業務の法的根拠が要求されるわけでもなく，慣習に基づくものであってもよいし（前掲最判昭和25・3・24），事実上行っているにすぎないもの（最判昭和23・6・5刑集2巻7号647頁），取締法規違反などの違法性をともなうもの（大判大正9・4・13刑録26輯307頁）もただちには排除されない。付随事務（大判大正11・5・17刑集1巻282頁）・兼務（仙台高判昭和28・6・29高刑判特35号40頁）でもよいとされている。

16.5.2 共　犯

横領は，非占有者が行えば遺失物等横領罪，占有者が行えば委託物（単純）横領罪，業務上占有者が行えば業務上横領罪というように，次第に法定刑が重くなっていく。この意味において，業務上横領罪は二重の不真正（加減的）身分犯なのである。

非占有者が業務上占有者の横領に加功した場合，判例は非占有者の擬律について，65条1項により業務上横領罪の共犯が成立し，同条2項により単純横領罪の刑が科せられるとしている（大判明治44・8・25刑録17輯1510頁，最判昭和32・11・19刑集11巻12号3073頁。なお，公訴時効の期間も単純横領罪の法定刑を基準とした最判令和4・6・9刑集76巻5号613頁も参照）。もっとも，このような解釈には学説上批判が多く，詳しくは刑法総論の議論を参照されたい。

16.6 遺失物等横領罪

16.6.1 意 義

遺失物，漂流物その他占有を離れた他人の物を横領した者は，1年以下の拘禁刑または10万円以下の罰金もしくは科料に処する（254条）。

占有離脱物横領罪ともいう。他人物の所有者を僭称するという点では横領罪と同様の不法構造をもつが，委託信任関係を欠き，所有者がはじめから所有権の機能の大部分を享受しえない状態である点で，不法が非常に軽くなっている。

客体である「占有を離れた」物とは，占有者の意思によらずにその占有を離れ，いまだ何人の占有にも属していない物と，他人の委託に基づかずに行為者が占有するに至った物をいう。判例上，誤って払いすぎた金銭（大判明治43・12・2刑録16輯2129頁），郵便集配人が誤って配達した郵便物（大判大正6・10・15刑録23輯1113頁），古墳内の埋蔵物（大判昭和8・3・9刑集12巻232頁），養殖業者の網生けすから湖沼中に逃げ出した鯉（最決昭和56・2・20刑集35巻1号15頁）などの例がある。もちろん他人性が必要であり，無主物は客体から除かれる（大判大正11・11・3刑集1巻622頁〔漁業専用区域内の海草〕，最決昭和35・9・13判時243号7頁〔漁業権対象海域内のあさり貝〕）。

16.6.2 罪 数

遺失物等を横領後，これを損壊した場合，器物損壊罪は遺失物等横領罪の共罰的事後行為としてこれに吸収される。器物損壊罪のほうが法定刑が重いことからこの結論に反対する学説もあるが，そもそも遺失物等の損壊は遺失物等横領罪の法定刑を超えては処断すべきでないから，このような学説は不当な前提を置くものといえよう。

なお，遺失物である乗車券を横領した者が，これを清算所に提示して払戻しを受けた場合にも遺失物等横領罪の不可罰的事後行為とする裁判例がある（東京地判昭和36・6・14判時268号32頁，浦和地判昭和37・9・24下刑集4巻9＝10号879頁）。しかし，この場合には被害者が異なるのであるから，別途，詐欺罪を認めて併合罪とすべきであろう。

第17章

背任の罪

17.1 総　説

　背任の罪は，他人のためその事務を処理する者が，自己もしくは第三者の利益を図り，または本人に損害を加える目的で，その任務に背く行為をし，本人に財産上の損害を加える罪である（247条）。条文上，財産上の損害が要求されており，**全体財産に対する罪**に分類される。未遂犯処罰規定もある（250条）。親族間の特例も準用される（251条・244条）。また会社法960条以下には，背任罪の加重類型である**特別背任罪**が規定されている。背任罪の報道例の多くは，むしろこちらの加重類型といえよう。

　背任罪の本質が何であるかについては大きな対立が存在する。

　権限濫用説は，本人から与えられた代理権の濫用であるとする。すなわち，現代の複雑化した法律関係においては，本人がすべての法律的処分を自己の手で行うことには限界があり，（場合によっては本人より高度の専門的知見を有する）代理人を立て，自己に代わって法律的処分を行わせる必要がある。もっとも，この代理人が権限を濫用して本人に財産上の損害を加えることを処罰しなければ，代理制度の活用が躊躇されて社会的有用性が阻害されてしまう。そこ

17.1 総　説　　251

で設けられたのが背任罪の規定である。このように解するのである。条文上，
「その事務」とは他人の事務を意味すると解するのが自然であり，そうである
とすればこの権限濫用説に親和的といえよう。

　これに対して**背信説**は，本人との信任関係に違背して財産を侵害することで
あるとする。この説はたしかに条文の文言とやや親和性を欠くが，他方におい
て，権限濫用説による処罰の間隙ともいえる部分を埋められる利点がある。た
とえば，会社の担当者が管理を任されていた機密情報を競合他社に漏えいし，
報酬を得るような事実行為もまた当罰的であると思われるが，これは背信説に
よってはじめて背任罪となりうる。また法律行為であっても，たとえば，債権
を二重譲渡したうえ，第 2 譲受人のために通知を行い対抗要件を備えさせるな
ど，当罰的ではあるが横領罪に 2 項（財産上の利益の横領を処罰する規定）が
ないために他の財産犯でカバーするしかない場合において，背信説なら代理権の
濫用がなくても背任罪となしうる。

　権限濫用説と背信説は根本的に異なる発想から出発しており，両説を折衷し
て中間説を作るというのは原理的に困難である。そこで，背任罪には権限濫用
説によって可罰性が基礎づけられる部分と，背信説によって可罰性が基礎づけ
られる部分がともに含まれると解すべきである。要は両説を併用するというこ
とであるが，問題は，背信説をそのままのかたちで採用したのでは，それによ
り背任罪の成立する範囲が広くなりすぎる，ということである。たとえば，単
なる（図利・加害目的をともなう）債務不履行が背任罪となってしまいかねない。
そこで，背信説によればその違背が背任罪を基礎づけうるところの（本人と
の）信任関係を限定すべきである。すなわち，特定の客体（財産関係）につい
て本人のために管理を行わなければならないとき，その管理の適正さにかかる
信任関係の違背のみが，背信説をとおして背任罪を基礎づけると解すべきであ
ろう。学説には，本人との関係を対向関係と対内関係に区別し，後者だけが背
任罪になるというものもあるが，本人との信任関係に基づき，本人のために特
定の財産関係を適正管理しなければならない立場を対内関係とよぶのであれば，
実質的には同旨に出たものと考えられる。

17.2 主　　体

17.2.1 「他人の」の意義

　他人のためにその事務を処理する者が，自己もしくは第三者の利益を図りまたは本人に損害を加える目的で，その任務に背く行為をし，本人に財産上の損害を加えたときは，5年以下の拘禁刑または50万円以下の罰金に処する（247条）。未遂を罰する（250条）。

　本罪の主体は「他人のためにその事務を処理する者」であり，**他人の事務処理者**と略称される。背信説により本罪が基礎づけられるときは，自己の事務であっても，特定の財産関係につき他人のために適正管理しなければならない場合には他人の事務処理者といえる。「他人」はもちろん，自然人のほか法人，法人格なき団体，国・地方公共団体を含む。また補助者であっても事務処理者にあたりうるが，少なくとも自己の担当する事務でなければならない（被告人が自己の勤務する会社の機密資料を持ち出した事案において，被告人が同資料を保管秘匿すべき任務を負担していなかったことを理由に背任罪を否定した神戸地判昭和56・3・27判時1012号35頁参照）。

　他人の事務処理者の肯定例としては，被告人が電話加入権を被害者に譲渡したのち，名義変更手続前に二重譲渡した事案（大判昭和7・10・31刑集11巻1541頁。未遂。ただし，被告人は被害者から名義書換を具体的に委任されていた），被告人が指名債権を二重譲渡し，第2譲受人に対して，債務者をして債権の支払いをなさしめた事案（名古屋高判昭和28・2・26判特33号9頁），被告人が自己の土地に対する抵当権設定契約を被害者との間で締結し，登記に必要な書類を被害者に交付したものの，登記が完了していなかったことから，事情を知らない第三者との間で同土地に対する抵当権設定契約を締結し，登記を完了した事案（最判昭和31・12・7刑集10巻12号1592頁。いわゆる**二重抵当**），被告人が，県知事の許可が下りることを条件として，自分の農地を被害者に売り渡す契約を締結し，被害者から代金を受け取ったものの，被告人が許可前に，自己の借金の担保としてその土地に無断で抵当権を設定・登記した事案（最決昭和38・7・9刑集17巻6号608頁。農地でなければ所有権が被害者に移転して横領罪となる），質権設定者が裁判所に虚偽の訴えを起こして除権判決を得，質権を失効させた事案（最決平成15・3・18刑集57巻3号356頁）などがある。他方，否定例とし

ては，被告人の会社と被害者の会社がマンションの工事請負契約を締結した際，住宅金融公社から指定口座に振り込まれた融資金を請負工事代金の支払いに充当することにしていたにもかかわらず，被告人が同公社からの融資金の振込先として別の口座を指定し，被害者の会社に工事請負代金が支払われないようにした事案（広島地判平成14・3・20判タ1116号297頁）などがある（鉱業権の二重譲渡に関する大判大正8・7・15新聞1605号21頁もあるが，古く，先例的価値は疑わしい）。

　肯定例は他人のための事務であることを理由としており，背信説の発想が取り入れられていることは明らかである。もっとも，それは無制限にではなく，否定例を見れば分かるように，何か特定の財産関係について適正管理を義務づけられているというのでなしに，ただ金銭債務の誠実な履行を裏切ったというだけでは，他人の事務処理者とはされていないことに注意を要する。一方，学説には，特に二重抵当のケースを想定しつつ，登記協力義務は「他人の事務」でないが担保価値保全任務はそうであるとして，背信説なしに判例を正当化しようとするものもある。しかし，同任務も結局は自己の事務であって，名称を他人の事務と統一させているだけではないかという疑問があろう（人に物を貸したらそのままきれいに使ってほしいし，借主が無茶をし始めたら口をはさみたいものだが，このとき目的物保全任務といえば，借主のそのままきれいに使う任務が他人〔貸主〕の事務となるわけではない）。

17.2.2 「事務」の意義

　事務の内容に関し，それが①**包括的・裁量的事務**でなければならないか，②**財産的事務**に限られるか，という点も争われている。

　①は権限濫用説から主張されるものであり，濫用したといえるためには，もともとの権限に裁量の幅があることが前提になるといわれるのである。もっとも，背信説の発想をも取り入れるときは，たとえば，二重抵当における抵当権設定者の登記協力義務のように，裁量の余地がない事務であっても背任罪の基礎とせざるをえないであろう。

　②は背任罪が財産犯であることからくる限定であり，肯定すべきであろう。もっとも，財産的事務といっても，金銭の管理のような狭い意味に理解すべき

ではなく，身上監護のような例外的ケースを除くだけの，あくまで広い意味に理解すべきである。たとえば，顧客名簿の管理を任されている従業員が会社への嫌がらせ目的でこれを漏えいしたら，それは財産的事務処理者による任務違背といえる。

17.3 行　　為

本罪の行為は「任務に背く行為」であり，**任務違背行為**と表現される。あくまで，法的に禁止された行為をなし，または法的に期待された行為をなさないことを意味する。**不良貸付**や**粉飾決算**などが代表例である。背信説の発想を取り入れるときは，必ずしも法律行為に限られない。

法的禁止・法的期待といっても，事務に裁量があるときはその内容が必ずしも一義的に定まるわけではなく，法令・通達・内規・各種規定・定款・業務内容・契約・委任の趣旨などを総合的に勘案し，社会通念上相当とされる事務処理であるか否かを判断するほかない。特に，経営者には裁量が認められ，著しく不合理な判断でない限り義務違反とはされない，という**経営判断の原則**が妥当する場合においては，任務違背行為が認められるケースは相当に限定されたものとなろう。ただし，それも最終的には本人が経営判断に関してどの程度の裁量を与えているかによるのであり，たとえば，融資業務に際して銀行の取締役に課される注意義務の程度は一般の株式会社取締役に比べて高い水準であり，経営判断原則が適用される余地は限定的なものにとどまるとした判例がある（最決平成 21・11・9 刑集 63 巻 9 号 1117 頁）。

17.4 財産上の損害

本罪は全体財産に対する罪であり，本人に「**財産上の損害**」が発生したことが必要である。この財産上の損害とは，既存の財産が減少したことに加え，将来得べかりし利益が得られなかったことを含む（最決昭和 58・5・24 刑集 37 巻 4 号 437 頁）。たとえ損失が出ても，即時・確実な反対給付が見込まれれば財産上の損害は否定される（融資先の弁済能力の外観を作り出し，銀行からの融資を継続させることを企図していた場合において，銀行に融資先が振り出した手形の保証をさせる行為が，手形の額面金額が融資先名義の銀行口座に入金されたとしても，

背任罪にあたるとした最決平成 8・2・6 刑集 50 巻 2 号 129 頁参照。入金により，手形の保証に見合う経済的利益が銀行に確定的に帰属したとはいえないことを理由とする）。また即時・確実性がなくても，そのリスクに見合うだけの大きさを反対給付が備えていれば，やはり財産上の損害はないといえる。

　いうまでもなく，法律上の権利を有していることと，権利行使の効果を現実に享受しうることとは別であるから，たとえば，経済的信用を欠く融資先に銀行が 1 億円の不良貸付を行った場合には，たとえ銀行が有効な 1 億円の債権を有していたとしても，実際には回収の見込みがない不良債権というのなら財産上の損害がある（定期預金債権の回収を不能ならしめる危険をもって，財産上の損害を肯定した最判昭和 37・2・13 刑集 16 巻 2 号 68 頁参照）。そもそも融資を実行した段階で損害を認定しうるのであるから（前掲最決昭和 58・5・24 参照），爾後，たまたま貸付金を全額回収しえても背任既遂の成否には消長を来さない。ただ実際上，立件されにくいというだけである。

17.5　図利・加害目的

　本罪は主観的要件として故意に加え，自己もしくは第三者の利益を図る目的または本人に損害を加える目的を要求している。これを**図利・加害目的**という。自己とは事務処理者自身を意味し，第三者は共犯者も含む。

　故意は当然に未必の故意を含むから，任務違背行為や財産上の損害について，確定的認識や意図までは不要である（大判大正 13・11・11 刑集 3 巻 788 頁，最決昭和 63・11・21 刑集 42 巻 9 号 1251 頁）。これに対して図利・加害目的は，行為者の動機に着目した要件である。問題はその動機の具体的な限定の仕方である。

　積極的動機説は，条文の文言に素直に，図利・加害が行為者の積極的な動機となっているときにはじめて図利・加害目的を認める。最も自然な解釈であることに疑いはないが，他方において，検察官が図利・加害という積極的動機を証明しえない限り，無罪とせざるをえないという大きな欠陥がある。動機は十分に解明しえないが，重大な任務違背行為があり財産上の損害も深刻であるというときは，やはり背任罪で処罰すべき実体があるといわざるをえないからである。

　これに対して**消極的動機説**は，主たる動機が本人図利にはなかった場合に図

利・加害目的を認める。つまり，積極的動機としての図利・加害は要件ではなく，前記場合の典型例としてあげられているにすぎない（図利・加害目的に必須ではないが，検察官が積極的な図利・加害動機を証明すれば，前記場合であることが裁判所にすぐ分かってもらえる）。この説はたしかに条文の文言と完全に整合的ではないが，具体的に妥当な処罰範囲を確保しうるものとして支持できる。判例もこの説に親和的なものとされている（大判大正 3・10・16 刑録 20 輯 1867 頁，最決平成 10・11・25 刑集 52 巻 8 号 570 頁，最決平成 17・10・7 刑集 59 巻 8 号 779 頁参照）。

　問題は，**本人図利**が主たる動機であった場合になぜ不可罰とすべきであるか，その実質的な根拠である。これが明らかにされてはじめて，その根拠に照らし，具体的なケースで図利・加害目的を否定すべきかを判断するという，法解釈の大原則である目的論的解釈を行うことが可能となる。難しい問題であるが，おそらくは，主たる動機が本人図利である場合には行為者の不法傾向性が欠けるという意味において，可罰的責任が阻却されるのだと解するしかないであろう。たとえば，できることならお金を増やしたいと思ってはいるものの，性向としてリスクを冒すことを極端に嫌う本人から（その意向に合わせた）資産運用を任されている行為者が，自身の合理的な判断に照らし，さすがにもう少しリスクをとったほうがよいと考えてややハイリスクな商品に手を出し，結果として財産上の損害を出してしまったというとき，任務違背行為や故意は肯定せざるをえない。しかし，この行為者はあくまで本人のお金を増やしてやりたいという一心で，しかも，それなりに合理的な範囲内で行動しているのであるから，本人財産に対する行為者の危険性が行為をとおして外部化しているとは評価しえない。それゆえ可罰的責任，したがって図利・加害目的が欠けることとなるのである。

　なお，やや細かい論点であるが，図利・加害目的にいう「利益」が財産的利益に限られるか，それとも，地位の保全や信用維持なども含まれるかも争われている（「損害」についても同様の争いが生じうる）。背任罪は財産犯であるから財産的利益に限るべきだ，とする見解にも傾聴すべき点はあろう。しかし，図利・加害目的が要件とされている実質的な趣旨にかんがみるならば，事務処理者が社会生活上，しばしば追求しがちであるような利益は，たとえ財産的なも

のでなくても含まれる，と解するほうが一貫する（前掲大判大正3・10・16，前掲最決昭和63・11・21参照）。特に，積極的動機説をとったときに緊要性をもつ論点といえる。

17.6 未遂・既遂

本罪には未遂犯処罰規定があるが，他人の事務処理者という身分を欠く者が，身分があるものと誤信しつつ行為した場合において，常に不可罰な不能犯とされるのか，それとも可罰的な未遂となりうるのかが争われている。詳しくは，**主体の不能**に関する刑法総論の議論を参照されたい。

17.7 共　　犯

本罪の共犯に関して学説・実務上争いがあるのは，不正融資の借り手など，**背任行為の相手方**にも本罪（ないし特別背任罪）の共同正犯が成立しうるかである。一部の学説は必要的共犯の理論を使って相手方を不可罰にしようとするが，同理論のあてはまる局面とは本質的に異なるため，その他の解決策が模索されている。

相手方につき本罪の共同正犯の成立を制限すべきとする発想は，煎じ詰めれば，社会通念上許容されるべき自由な経済活動への不当な制約の回避にある。資金繰りに困った経営者があの手この手で銀行から融資を引き出そうとするのは当然のことであり，そうであるからこそ，銀行側も融資の適否を判定するための慎重な手続きやマンパワーを用意している。そうすると，相手方からのはたらきかけが不正融資の一因をなしたことをもって，ただちに本罪の共同正犯となしたのでは社会の実態に合わない。むしろ，もっぱら銀行側の判断と責任において不正融資が行われたのだ，相手方はラッキーなだけであった，と評価するほうが妥当である（したがって，相手方は共同正犯以外の共犯形式にも該当しないと解すべきである）。

このような解釈は，社会通念上要請される行動準則を守った行為がそもそも不法類型に該当しないという刑法の一般理論の適用例であり，背任罪の不法に固有の内容を有していない。もっとも，不正融資の相手方の罪責が独立の論点としてさかんに争われている以上，前記行動準則が破られた，それゆえ，本罪

の共同正犯が成立すべきものとされるケースを具体的に提示すべきであろう。しばしばあげられるのは次の2つである。

第1に，貸し手と借り手の利害が一致してしまっており，借り手からのはたらきかけに対する貸し手側の防御壁が喪失しているケースである。本人を犠牲にして貸し手と借り手が共通の目的を実現しようとする場合であり，融資に応じないと借り手が倒産し，それまでの融資金が回収不能となってしまう（最決平成15・2・18刑集57巻2号161頁）とか，貸し手と借り手が相互融資により会社を存続させている（前掲最決平成17・10・7）などといった例がある。他方，いまだ貸し手と借り手の利害対立が残っていれば本罪の共同正犯とはならない（最判平成16・9・10刑集58巻6号524頁）。

第2に，経済合理性の観点から設定されている貸し手側の防御壁の「高さ」を超えるような，不相当に強いはたらきかけがなされるケースである。たとえば，融資担当者のスキャンダルを握ってゆするような行為まで想定して防御壁を設定することは不合理であり，そのような行為を借り手が用いることは社会通念上要請される行動準則に違背するのである。判例では，借り手が融資の申込みをしただけでなく，融資の前提となる再生スキームを提案するなど，融資の実現に積極的に加担したという事案がある（最決平成20・5・19刑集62巻6号1623頁）。特に，（ゴルフ場の）担保価値を大幅に水増しする不動産鑑定評価書を作らせたという欺罔的手段も用いられていることが重要であろう（前掲最決平成17・10・7においても，借り手が偽造文書を差し入れるなどしている）。

17.8 罪　　数

17.8.1　横領罪以外との関係

他人の事務処理者が本人を欺いて財物を交付させた場合，詐欺罪のみを認める見解もあるが（大判昭和7・6・29刑集11巻974頁，最判昭和28・5・8刑集7巻5号965頁），背任罪を否定する理由はない。両罪の観念的競合とすべきであろう。

不良貸付が振替入金等により実行された場合，「虚偽の情報」とまではいえないから電子計算機使用詐欺罪は成立しない。背任罪のみが成立しうる。

背任行為の内容が毀棄である場合，背任罪と毀棄罪は観念的競合とすべきで

ある（法条競合とする説もある）。

17.8.2 横領罪との関係

　背任罪の罪数関連で最も議論がさかんであってきたのは**横領罪との関係**である。すなわち，他人の事務処理者が本人から骨董品を寄託され，その販売を任されていたところ，自身の借金の返済に充てるため，骨董品の一部を自身のものとして売却し，その代金を着服してしまったとしよう。このとき，はたして背任罪が成立するのであろうか，それとも横領罪が成立するのであろうか。

　この事例においてはいずれの犯罪の構成要件要素もみたされるから，より重いほうの犯罪が優先して成立すると解すべきであろう（法条競合）。そして，業務上横領はもちろんのこと，単純横領であっても罰金刑を選択しえない分，背任罪より刑が重いといえるから，横領罪が優先して成立することになる（特別背任罪にまで視野を広げても，やはり罰金刑を選択しうる分，業務上横領罪より刑が軽いといえる）。

　これに対して古い学説は，背任罪の成立範囲と横領罪の成立範囲が重なり合わないという前提のもと，①権限の濫用が背任罪で逸脱が横領罪であるとか，②事実行為なら横領罪で法律行為なら背任罪である，③客体が財物なら横領罪で財物でないなら背任罪である，あるいは，④（物に対する）領得行為なら横領罪でその他の背信行為なら背任罪である，などと分析してきた。しかし，これらの学説は不当な前提から出発するものといえよう。たとえば，横領罪の成立要件が「背任罪の成立要件をみたさない」という限定によってゆがめられてしまうように思われる（反対に，背任罪の成立要件もまた「横領罪の成立要件をみたさない」という限定によってゆがめられてしまう）。

　なお，判例においては一般に，物の処分を行為者が自己の名義・計算で行えば横領，本人の名義・計算で行えばせいぜい背任，本人の名義であっても自己の計算で行えば横領，という結論になっている（大判昭和 9・7・19 刑集 13 巻 983 頁，大判昭和 10・7・3 刑集 14 巻 745 頁，最判昭和 33・10・10 刑集 12 巻 14 号 3246 頁，最判昭和 34・2・13 刑集 13 巻 2 号 101 頁，最決昭和 40・5・27 刑集 19 巻 4 号 396 頁）。ここにいう**名義**とは権利・義務の帰属対象であり，**計算**とはむしろ経済的効果の帰属対象である。たしかに，外観上いくら法形式が整えられて

いようと，実質的に見て私的に流用されているのであれば横領とすべきであろう。しかし，それは「本人の物をあくまで本人のものとして処分していれば横領でないが，実質的に見て自己の包括的支配下に置く（わがものとする）意思なら横領である」という一般原則の適用例にすぎない。つまり，判例は横領罪の一般的成立要件を検討しているだけであって，背任罪との区別にかかる何か新たな基準を提示しているわけではないと解される。

第18章

盗品等に関する罪

18.1 保護法益・罪質

18.1.1 追求権説と本犯助長性説

盗品その他財産に対する罪にあたる行為によって領得された物を無償で譲り受けた者は，3年以下の拘禁刑に処する（256条1項）。1項に規定する物を運搬し，保管し，もしくは有償で譲り受け，またはその有償の処分のあっせんをした者は，10年以下の拘禁刑および50万円以下の罰金に処する（同条2項）。

1995（平成7）年の刑法一部改正による現代語化以前は，1項の物を贓物，無償譲受けを収受，保管を寄蔵，有償譲受けを故買，有償処分のあっせんを牙保と規定していた。また，本罪の前提となる「財産に対する罪」を**本犯**という。

贓物という言葉が法文で用いられていたころは，その定義規定もなく，本罪は本犯が作り出した違法な財産状態を維持することを処罰するものだ，という理解も主張されていた。これを**違法状態維持説**という。たとえば，業者から贈られた賄賂を公務員に頼まれて保管する行為も本罪となる余地があったのである。もっとも，現在の条文では客体が明確に規定されていることから，このような説はほとんど採用されていない。

262　　　　　　　　　　　第18章　盗品等に関する罪

　こうして今日においては，本罪の本質ないし保護法益に関し，追求権説と本犯助長性説の2つが対立しているといってよい。

　追求権説は，財産犯の被害者が客体につき有する回復請求権（追求権）の実現を困難化することを本罪の本質ととらえる。この説は本罪を本犯と同様，特定の客体に対する財産犯と理解することにより，財産犯の統一的かつ整合的な解釈を可能にするとともに，本罪の成立範囲を明確に限定しやすいという長所をもつ。もっとも，他方において，この説によるならば本犯より不法が軽いはずの本罪が，法定刑において本犯よりも重いケースの多数存在することを合理的に説明できないという短所もある。

　本犯助長性説は，本犯を事後的に援助することで本犯を助長・促進することを本罪の本質ととらえる。たとえば，仏像コレクターでもない限り，いくら（値段の割に）警備が薄いとはいえ仏像を盗んでも仕方がないのであるが，もしブラックマーケットが存在し，高価・迅速・秘密裏に買い取ってもらえるのであれば，仏像でも盗もうかという人が出てくるはずである。そこで，仏像の窃盗を抑止するためにブラックマーケットのほうを処罰するのが本罪である。このように理解するわけである。この説は本罪の法定刑が本犯より重くなりうることや，本罪の諸類型のうちに刑の格差が存することをうまく説明できる（無償譲受けが軽いのは，それが本犯を助長する効果が類型的に弱いからである）。しかし，この説は本罪を特定の客体に対する財産犯とはまったく異質の，世の財産全体に対する公共危険罪のようにとらえることとなるため，これまで蓄積されてきた財産犯論の知見から成立範囲を限定する契機を導きがたいという難点ももっている。

　このように，いずれの説も一長一短であることから，学説・実務ともどちらか一方のみに純化された解釈をとることは少なく，両説を併用して本罪の成立範囲を論ずるのが一般的である。もっとも，そうはいっても，A説に都合の良いときはA説を，B説の結論が妥当なときはB説を，などという便宜的な使い分けは許されない。そこで，大雑把な指針ではあるけれども，まずは刑の重さを出発点として本犯助長性説を基礎に据えつつ，法文上，あくまで特定の本犯の客体が対象とされていることも考慮して，少なくとも追求権の危殆化がない限り本罪は成立しえない，という消極的な限定をかけるのが妥当であると思

われる。

18.1.2 被害者を相手方とする場合

　本罪の罪質ないし保護法益に関連してさかんに議論されているのが，被害者を相手方とする本罪の成否である。たとえば，本犯と被害者の交渉を仲介し，いくらか金銭を支払ってでも客体を返してほしいという被害者の望みをかなえてやったブローカーは，はたして本罪（盗品等有償処分あっせん罪）で処罰されるのであろうか。

　判例はこのような場合，被害者による盗品等の**正常な回復**を困難にしたことを理由に本罪を認めている（運搬につき最決昭和27・7・10刑集6巻7号876頁，有償処分あっせんにつき最決平成14・7・1刑集56巻6号265頁）。もっとも，そこにいう正常な回復の具体的な意味は必ずしも明らかではない。やはり，本罪の罪質・保護法益に照らして目的論的に解釈するほかないであろう。

　まず，正常な回復といえるかを本犯助長性の有無に基づいて判断することは適当でない。本犯助長性というだけでは，被害者自身が本犯と直接交渉し，安くない代価のもとに客体を取り戻す行為ですら本罪に該当してしまうからである（学説には期待可能性が欠けるというものもあるが，国家が財産犯の被害者に対し，取戻しは裁判手続とで強制することがただちに無理強いとはいえないであろう）。

　そこで，むしろ追求権侵害のないことが正常な回復を基礎づけると解すべきであろう。もっとも，一部学説のように，有償であるとか（警察に通報しないなどの）条件付きであるなど，いわれなき負担をともなえばただちに正常な回復でなくなる，というのは行き過ぎである。客体が被害者にとってかけがえのないものであり，一定の条件を呑んででも戻ってくれば御の字であるという場合には，追求権は実現されていると評価せざるをえないからである（法律家が「そんな条件を呑むくらいなら返されないほうがましだ」というのは被害者に対する価値観の押しつけにほかならない）。したがって，正常な回復であるかは追求権の具体的な内容によって定まるのではなく，あくまで被害者自身による追求権行使と同視しうるかという観点から定められるべきであろう。すなわち，交渉の開始・終了や交渉に臨むスタンス，譲歩の限界などについて，被害者の価値観や意思決定に従属して行為する者は被害者のエージェント（代理人）にほか

ならないのであり，正常な回復を援けていることから本罪に該当しないが，本犯側の人間や独立的地位にあるブローカーなどは本罪で処罰されうると解すべきである（本罪〔有償譲受け〕の否定例として，東京高判昭和28・1・31東高刑時報3巻2号57頁）。

18.2 客　体

18.2.1 総　説

本罪の客体は盗品等，すなわち，**財産に対する罪にあたる行為によって領得された物**である。さらに，本罪の保護法益に照らし，本犯の被害者が法律上追求しうるものであることが必要である。もっとも，それは所有権に基づく物権的返還請求権に限られず，被害者が瑕疵ある意思表示を取り消せば返還を請求しうる，という広い意味における追求可能性が認められればよい（大判大正12・4・14刑集2巻339頁）。

収賄罪により得た賄賂，墳墓発掘罪により得た宝物（大判大正4・6・24刑録21輯886頁参照），密漁罪により得た魚（大判大正11・11・3刑集1巻622頁参照）などは本罪の客体とならない。

本犯は犯罪として成立している必要はなく，構成要件該当性と違法性を備えていれば足りる。たとえば，刑事未成年（41条）が窃取した財物も本罪の客体となりうる（大判明治44・12・18刑録17輯2208頁）。また，本犯につき公訴時効が完成していたり（大判明治42・4・15刑録15輯435頁），本犯に親族相盗例（244条）が適用され刑が免除されたり（大判大正5・7・13刑録22輯1267頁，最判昭和25・12・12刑集4巻12号2543頁）しても，なお本罪は成立しうる。

本罪の客体はあくまで物に限られているから，不動産は含むものの（ただし「運搬」はできない），財産上の利益は除かれる。

追求権侵害という観点よりすれば，即時取得（民法192条）され，盗品や遺失物のように，2年間の回復請求権（民法193条）の適用もない物については（民法193条が適用される場合に本罪を認めた最決昭和34・2・9刑集13巻1号76頁参照），本罪の客体とならない（大判大正6・5・23刑録23輯517頁）。加工（民法246条）により加工者が所有権を取得した場合も本罪の客体から外れる（加工にあたらないとした判例として，大判大正4・6・2刑録21輯721頁〔窃取した貴

金属を変形して金塊とした事案)，最判昭和 24・10・20 刑集 3 巻 10 号 1660 頁〔盗品である自転車の車輪とサドルを取り外して他の自転車に取り付けた事案〕参照)。

18.2.2 客体の同一性

盗品を売却して得た金銭など，もはや**同一性**の失われたものは本罪の客体とならない。もっとも，判例は横領した紙幣を両替して得た金銭（大判大正 2・3・25 刑録 19 輯 374 頁），詐取した小切手により支払いを受けた金銭（大判大正 11・2・28 刑集 1 巻 82 頁）につき客体にあたるとしている。

たしかに，金銭はその金額という価値にしか法的意義が認められないから，両替しても客体の同一性が失われないというのは理解できる。しかし，小切手と金銭とでは客体としての同一性を欠くといわざるをえないであろう。むしろ，支払いを受けること自体を金銭に対する新たな詐欺と見るべきである。

なお，当然ながら，たとえば，窃取した機密文書の写真コピーは原本と見分けがつかない場合であっても本罪の客体ではない。

18.2.3 不法原因給付物・禁制品

不法原因給付物および禁制品が本罪の客体となりうるかも学説上争われている。

不法原因給付物については，その所有権が給付者から受給者に移ると解されている以上（最大判昭和 45・10・21 民集 24 巻 11 号 1560 頁），本罪の客体から外れるというべきであろう。追求権侵害がない限り本罪は成立しないからである。ただし，民法 708 条ただし書が適用される場合には，給付者による返還請求が可能であるから別論である。

禁制品については，たしかに本犯の被害者にも所持や所有が禁止されているが，正当な理由を欠く第三者による領得や追求困難化からは保護されるべきであるため，本罪の客体になりうると思われる。

18.3 行　為

18.3.1 総　説

本罪はいくつかの行為類型から構成されているが，総論的な問題として，相

手方が本犯に限られるかが争われている。たとえば，何らかの理由により盗品を手に入れた者から，さらにその盗品を買い取る行為が盗品等有償譲受け罪になるか，という問題である。条文上の制約はないから原則として肯定してよいが，本罪の不法構造をみたす必要はあるから，前記「何らかの理由」が本犯からの窃取や喝取であるなど，買取行為が本犯助長性をもたない例外的な場合には否定すべきである（むしろ，本犯が追求可能性をもつ限り，本犯を被害者とする本罪が成立しうる）。さらに，いうまでもないことであるが，相手方から窃取や喝取した場合にも本犯助長性を欠くから本罪にあたらない。

18.3.2 各　　説

次に各論である。

無償譲受けとは，無償で盗品等の交付を受け，取得することをいう。保管と異なり，盗品等の（事実上の）処分権が移転することが必要である（一時使用目的の借用で否定した福岡高判昭和 28・9・8 高刑集 6 巻 9 号 1256 頁参照）。無利息消費貸借でも足りるが（大判大正 6・4・27 刑録 23 輯 451 頁），およそ前記移転が認められなければ「保管」該当性が検討されることになる。また，現実に盗品等の支配を獲得することが要求されるから，譲渡を約するだけでは足りない。

運搬とは，委託を受け，交付された盗品等の所在を移転させることをいい，有償・無償を問わない。委託の要件は本犯助長性の観点から設けられる一方，追求権の実現を有意に困難化していれば運搬の距離・時間は重要でない（最判昭和 33・10・24 刑集 12 巻 14 号 3368 頁）。

保管とは，委託を受け，盗品等の占有を得て管理することをいい（最判昭和 34・7・3 刑集 13 巻 7 号 1099 頁），有償・無償を問わない（大判大正 3・3・23 刑録 20 輯 326 頁）。委託が本犯助長性の観点から要求されるのは運搬と同じであり，追求権侵害の観点からは，保管を約するだけでは足りないことが導かれる（京都地判昭和 45・3・12 刑月 2 巻 3 号 258 頁）。

有償譲受けとは，有償で盗品等の交付を受け，その処分権を取得することをいう（大判大正 2・12・19 刑録 19 輯 1472 頁）。売買に限らず，交換や代物弁済などでもよい（大判大正 12・4・14 刑集 2 巻 336 頁）。ここでも，単なる約束では足りない（大判大正 12・1・25 刑集 2 巻 19 頁）。

有償処分のあっせんとは，自己の名義をもってすると否とを問わず（最判昭和24・1・11刑集3巻1号13頁），盗品等の有償処分を仲介することをいう。処分そのものは有償でなければならないが，仲介は有償であると無償であるとを問わない（最判昭和25・8・9刑集4巻8号1556頁）。判例はあっせん行為の時点で本罪が既遂に達すると解しているが（最判昭和23・11・9刑集2巻12号1504頁，最判昭和26・1・30刑集5巻1号117頁），これに反対する学説も多い。本罪の成立に追求権侵害を要求しつつ，他の行為類型との既遂時期の均衡をも考慮するならば，現実に有償処分がなされ，盗品等の支配が移転してはじめて既遂に達すると解すべきであろう。

18.4 盗品性の認識

本罪は故意犯であるから，故意の内容として，盗品性の少なくとも未必的な認識が必要である（最判昭和23・3・16刑集2巻3号227頁）。問題はそれが要求される具体的な時点であり，特に運搬・保管については，途中ではじめて盗品性の認識を得た場合でも本罪が成立しうるかが争われている。

判例はこのような場合であっても，盗品と知って以後の保管につき盗品等保管罪を認めている（最決昭和50・6・12刑集29巻6号365頁）。学説でも，同罪が**継続犯**であることを理由としてこれに賛成するものもある。しかし，継続犯といっても，それは委託を受けて管理を始めるという実行行為に対し，爾後の保管状態が刻一刻と帰属され続けるというだけであって，ただ保管状態の途中に盗品性を認識したというだけでは実行行為そのものが認められない（本罪〔保管〕の否定例として，大阪地判平成31・2・13 LEX/DB25562314）。保管状態を解消しないという不作為が実行行為だという見解もあるが，それにしても，委託者と情を通じ合わない限り本犯助長性が欠けよう。

18.5 罪 数

18.5.1 行為類型相互の関係

盗品等の運搬，保管，有償処分のあっせんなど，複数の行為類型がなされた場合であっても，ひとつの追求権侵害と見うる限りで包括一罪となる。ただし，（運搬・保管等した）盗品等をいったん依頼者に返還したのち，改めて有償処分

のあっせんをした場合のように，別個の追求権侵害と評価されるときは併合罪となる（最判昭和25・3・24刑集4巻3号407頁）。

18.5.2 本犯との関係

本犯の正犯・共同正犯は本罪では処罰されない（最判昭和24・10・1刑集3巻10号1629頁）。本犯の正犯が第三者と共同して本罪にあたる行為をした場合でも，当該第三者に本罪が成立しうるにとどまる（最決昭和35・12・22刑集14巻14号2198頁）。本罪の法定刑のほうが本犯より重いものでありうるにもかかわらず，このような解釈が採用されている理由は本犯助長性の欠如にある。あくまで，本犯以外の者が事後従犯的関与により本犯を孤立させないというメッセージを発することが本罪の本質を構成しているのである。したがって，たとえば，本犯につき公訴時効が完成しているからといって，本罪のほうで処罰することも許されない（本罪の不法をみたしえないのであるから，不可罰的事後行為という必要さえない）。

他方，本犯の狭義の共犯（教唆犯・幇助犯）は本罪の主体となりえ，両者は併合罪とされる（大判明治44・5・2刑録17輯745頁，大判大正4・4・29刑録21輯438頁，最判昭和24・7・30刑集3巻8号1418頁，最判昭和25・11・10集刑35号461頁，最判昭和28・3・6集刑75号435頁）。たしかに，本犯の正犯・共同正犯以外は本犯そのものとはいえないが，共同正犯と狭義の共犯が認定論上紙一重であるケースも多いことにかんがみると，本犯の狭義の共犯もまた本罪では処罰されないと解すべきであろう。

18.5.3 他罪との関係

本罪が成立するためには本犯が既遂に達している必要があるから，たとえば，これから窃盗を行おうとする者の依頼に応じて「獲物」の売却のあっせんをしても，いまだ本罪（盗品等有償処分あっせん罪）は成立せず，せいぜい窃盗罪の幇助犯にとどまる（最決昭和35・12・13刑集14巻13号1929頁）。

判例によれば，盗品等であることを秘して売却のあっせんをし，情を知らない買主から代金を受け取ることは，あっせんの当然の結果であるから詐欺罪にあたらず，本罪（盗品等有償処分あっせん罪）のみが成立する（大判大正8・11・

19 刑録 25 輯 1133 頁)。もっとも，買主が所有権を得られない可能性があること，買主の法益に対する攻撃は本罪の不法のみでは評価し尽くせないことに照らすと，このような解釈には疑問が残る。

なお，保管中の盗品を損壊した場合，器物損壊罪が本罪に吸収されるという裁判例がある（東京地八王子支判昭和 51・12・17 判時 844 号 112 頁）。

18.6 親族等の間の犯罪に関する特例

18.6.1 意　義

配偶者との間または直系血族，同居の親族もしくはこれらの者の配偶者との間で 256 条の罪を犯した者は，その刑を免除する（257 条 1 項）。1 項の規定は，親族でない共犯については，適用しない（同条 2 項）。

本罪が一定の親族間において行われた場合には，類型的に見て本犯を庇護する性格が強いことから，期待可能性の減少に着目して規定されたのが本特例である。したがって，このような責任減少の認められない，親族でない共犯には適用されないこととされている。

18.6.2 適用範囲

本犯の庇護という側面に照らすと，親族関係は行為者と本犯との間に存することが求められる。

問題は，本罪の犯人相互の間に親族関係がある場合にも本特例が適用されるかであるが，否定すべきであろう（最決昭和 38・11・8 刑集 17 巻 11 号 2357 頁）。条文の文言上はただちに適用を排除しえないものの，そのような刑事学的類型性を欠く場合にまで，期待可能性の減少を考慮した処罰阻却などという強烈な効果を与えるのは不均衡だからである。

第19章

毀棄・隠匿の罪

19.1 総　説

19.1.1 罪質と類型

　毀棄・隠匿の罪（258条以下）は物それ自体の無瑕疵性ではなく，あくまで所有者が享受すべき物の効用を保護する犯罪類型である。したがって，たとえば，今は亡き戦友から贈られた，腕の取れかかったぬいぐるみを所有者が現状のまま保存したいと考えているのであれば，これを修復しきれいにしてやった者には同罪の不法が認められうる。また毀棄・隠匿の罪の法定刑が領得罪に比して軽いのは，単に物の効用を侵害するというだけでは不法へ向かう動機づけとして類型的に弱く，責任が少ないと解されるためである。

　刑法には毀棄・隠匿の罪として，公用文書等毀棄罪（258条），私用文書等毀棄罪（259条），建造物等損壊罪（260条），器物損壊罪（261条），信書隠匿罪（263条），境界損壊罪（262条の2）が規定されている。

19.1.2 毀棄等の意義

　文書における**毀棄**，物における**損壊**，動物における**傷害**をまとめて**毀棄**とい

うのが一般的である（他方，**隠匿**は毀棄と並記するのが通例である）。

毀棄の意義に関し，客体の物理的破壊を要求する**物理的損壊説**も主張されているが，これでは本罪の成立範囲が狭くなりすぎる。そこで，通説は**効用侵害説**をとり，客体の効用を害するいっさいの行為を毀棄にあたるとしている。もっとも，たとえば，著名な骨董屋の主人が「あの壺は贋作だ」などと虚偽を述べ，壺の市場価値を著しく低下させたような場合にまで器物損壊罪を認めたのでは，条文の文言がもつ可能な意味を逸脱し，罪刑法定主義に反するおそれなしとしない。少なくとも，客体の周辺に物理力が作用したことを要求すべきであろう。たとえば，食器に放尿する行為と同じく，食器の傍に放尿して，「飛沫が付着したのではないか」との疑念を生じさせる行為は器物損壊罪となりうる一方，「あの店の食器に放尿してやった」と触れて回る行為は同罪にあたらないことになる。

以上のように解すると，隠匿もまた定義上，毀棄の概念に包摂されうることになる。信書隠匿罪は信書の毀棄の減軽規定として位置づけられ，その実質的な根拠が同罪の解釈において求められよう。

なお，毀棄罪を認めた判例には，食器に放尿した事案（大判明治42・4・16刑録15輯452頁），養魚地の鯉を流出させた事案（大判明治44・2・27刑録17輯197頁），競売物件の記録を持ち出して隠匿した事案（大判昭和9・12・22刑集13巻1789頁），組合事務所の看板を取り外したり，荷物から荷札を取り外したりした事案（最判昭和32・4・4刑集11巻4号1327頁），漁業組合らが捕獲し，収容していたイルカを，仕切網上部のロープを解き放って港外に逸走させた事案（静岡地沼津支判昭和56・3・12判時999号135頁），自動車のドアハンドルの内側やフェンダーの裏側に人糞を塗り付けた事案（東京高判平成12・8・30東高刑時報51巻1～12号96頁），パソコンにコンピュータ・ウイルスを感染させ，ハードディスク上のファイルを使用不能の状態にした事案（東京地判平成23・7・20判タ1393号366頁）などがある。

19.2 公用文書等毀棄罪

19.2.1 客　体

公務所の用に供する文書または電磁的記録を毀棄した者は，3月以上7年以

下の拘禁刑に処する（258条）。

客体の重要性にかんがみて器物損壊罪の刑を加重した規定である。

「公務所の用に供する文書」（**公用文書**）とは，公務所（7条2項）が使用し，または使用のため保管中の文書をいう（大判明治44・8・15刑録17輯1488頁）。偽造罪における公文書（155条）と異なり，作成者や作成名義人を問わない。さらに，毀棄罪の他の類型と異なり，物に対する所有権を保護する規定ではないから，他人の所有する文書である必要もない。

文書の要保護性にとって，その内容の真偽や完成・未完成の別，適法な手続きに従って作成されたか否かも重要ではない（偽造された徴税伝令書につき大判大正9・12・17刑録26輯921頁，警察官が作成中の弁解録取書につき最判昭和52・7・14刑集31巻4号713頁，違法な取調べのもとで作成されつつあった供述録取書につき最判昭和57・6・24刑集36巻5号646頁参照）。事実証明に関する文書である必然性もなく，たとえば，国鉄職員が白墨で記載した急告板も公用文書にあたる（最判昭和38・12・24刑集17巻12号2485頁）。

公務所の用に供する電磁的記録とは，公務所が使用し，または使用のため保管中の電磁的記録（7条の2）をいう。自動車登録ファイル，不動産登記ファイルなどが典型例としてあげられてきたが，今日では電子化が進むことによりいっそう増加している。

19.2.2 行　為

行為は「毀棄」である。破ったりしわくちゃにしたりするほか，記載事項を部分的に抹消（大判大正11・1・27刑集1巻16頁）・改ざん（大判大正10・9・24刑録27輯589頁，神戸地判平成3・9・19判タ797号269頁）したり，貼付された印紙を剝離（大判明治44・8・15刑録17輯1488頁）したりすることが例としてあげられる。他方，「電磁的記録」については，内容の消去や改ざん，読取不能とすることがあげられる。

19.3　私用文書等毀棄罪

権利または義務に関する他人の文書または電磁的記録を毀棄した者は，5年以下の拘禁刑に処する（259条）。親告罪である（264条）。

本罪もまた，客体の重要性にかんがみた器物損壊罪の加重類型である。しかも，文書等の他人性が要求されており，よりピュアな加重類型といえよう。もっとも，現実の適用例はきわめて少ない。

権利または義務に関する他人の文書（**私用文書**）とは，権利・義務の存否・得喪・変更などを証明するための他人所有の文書をいう。私文書偽造罪（159条）におけるのと異なり，単なる事実証明に関する文書は含まれない（同文書の毀棄は器物損壊罪にとどまる）。

私用文書該当性にとって，公文書か私文書か，他人名義か自己名義かは重要でない。有価証券も含まれる（最決昭和44・5・1刑集23巻6号907頁）。また条文上，所有権侵害が要求されることから，自己の物の損壊等に関する特例（262条）が適用される。

権利または義務に関する他人の電磁的記録とは，銀行の口座残高ファイルやプリペイドカードの磁気情報部分などである。厳密には所有権の観念を容れる余地がないものの，刑法上の所有権，すなわち，客体に対する包括的な支配であって民事法上要保護性をもつものと評価することは可能である。

本罪の行為である「毀棄」の意義は19.2.2と同様である。

19.4　建造物等損壊罪・同致死傷罪

19.4.1　客　　体

他人の建造物または艦船を損壊した者は，5年以下の拘禁刑に処する。よって人を死傷させた者は，傷害の罪と比較して，重い刑により処断する（260条）。

「**他人の**」とは他人所有という意味であり，自己の物の損壊等に関する特例（262条）が適用される。もっとも，ここにいう所有権の意義は民法における所有権概念と完全に一致している必要はなく，あくまで刑法上の所有権，すなわち，客体に対する包括的な支配であって民事法上保護に値するものであれば足りる。また，この刑法上の所有権の有無は刑事裁判所がその認定した事実に基づき，民事法をも解釈・適用して判定すべきものであって，民事裁判の帰趨により決せられるわけではない。判例も実質的にはこのことを承認しており，「他人の」というために，他人の所有権が将来，民事訴訟等で否定される可能性がないことまでは要しないとされる（最決昭和61・7・18刑集40巻5号438頁）。

「**建造物**」とは家屋その他これに類似する建築物をいい，屋根があり，壁または柱で支持されて土地に定着し，少なくともその内部に人が出入りすることができるものを指す（大判大正3・6・20刑録20輯1300頁）。テントやキャンピングカーが含まれないのは明らかであるが（棟上げを終わっただけで，まだ屋根・壁のない物件に関する否定例として，大判昭和4・10・14刑集8巻477頁），ときどき短答式試験に出されるので注意しよう。

雨戸や板戸のように，容易に取外しができるものは建造物の一部を構成しておらず，これを毀棄しても器物損壊罪にとどまるとされる（大判大正8・5・13刑録25輯632頁。反対に，敷居や鴨居は建造物の一部である。大判大正6・3・3新聞1240号31頁）。もっとも，容易といっても，取外しのために建造物そのものを毀損するおそれがあるとか，非常に特殊な工具を用いることが必須である，住居の玄関ドアのように，それを欠くと建造物の機能的効用が本質的に害されてしまうような部分であるなどといった場合においては，例外的に客体を建造物の一部と解し，その毀棄は建造物損壊罪を構成すると解すべきであろう（住居の玄関ドアにつき，最決平成19・3・20刑集61巻2号66頁）。特に最後の，建造物そのものの効用に影響を与えるドアについては，単に通常の部屋どうしを仕切るにすぎないドアと異なり，建造物損壊罪の客体と解するのが実務の一貫した立場だと思われる（仙台地判昭和45・3・30刑月2巻3号308頁，大阪高判平成5・7・7高刑集46巻2号220頁，福岡地判平成30・10・9LLI/DBL07351095など）。

「**艦船**」とは軍艦または船舶をいう。自力または他力による航行能力が必要と解されている（広島高判昭和28・9・9高刑集6巻12号1642頁）。

19.4.2　行　　為

「**損壊**」を肯定した判例には，建造物の壁や窓ガラス戸などに3回にわたり，1回につき500枚ないし2500枚のビラを糊で貼付した事案（最決昭和41・6・10刑集20巻5号374頁），公園の便所の外壁にペンキで大きく落書きし，外観・美観を著しく汚損して原状回復に相当の困難を生じさせた事案（最決平成18・1・17刑集60巻1号29頁）などがある。他方，否定した判例としては，駅長室の一部である室内の板壁や白壁の下部の腰板にビラ34枚を，室内ガラス窓や出入口のガラス戸などにビラ30枚を，糊でそれぞれ貼りつけた事案（最判昭

和 39・11・24 刑集 18 巻 9 号 610 頁）などがある。

　建造物を重機などで破壊してしまえば，これを建造物の損壊と評価することに支障はない。しかし，ビラ貼りや落書きが建造物そのものの効用を損ねたものと評価しうるかは，諸般の事情を総合的に考慮して決するほかない。たとえば，著名な建築家が設計した芸術的な建造物であれば，少しの落書きで台無しにしてしまうことも可能である一方（前掲最決昭和 41・6・10 の原判決である名古屋高判昭和 39・12・28 同刑集 420 頁参照は，建造物の本来の美観を害したことを強調して損壊を肯定している），ただ行政事務手続を粛々と行うためだけの建造物であれば，ビラの物理的・心理的な圧迫により出入り等に支障が生じるおそれまであってはじめて同様の評価が可能となろう。

　なお，建造物に限った話ではないが，損壊該当性を判断する際に**原状回復の容易性**が考慮されることが多い。これは，即時・容易かつ特段の費用負担なく原状に戻せるのであれば，刑罰が介入するまでもないという可罰的違法性の観点からくる考慮である。もっとも，クリスマスケーキが 12 月 26 日以降に本質的価値を損なうのと同様，わずかな時間的遅延が建造物の効用に深刻な影響を与えることもありうるから，こちらもケースバイケースといえよう。たとえば，オリンピック・パラリンピックや万博の開会式に使用するためだけに作られた建造物に，開会式の前夜，1 日で完全に消失する特殊な塗料を上空からまき散らす行為は当然，建造物損壊罪として可罰的であるように思われる。

19.4.3　結果的加重犯
　260 条後段の建造物等損壊致死傷罪は，同条前段の建造物等損壊罪の結果的加重犯である。結果的加重犯の一般的な理論構造については刑法総論の議論を参照されたい。

19.5　器物損壊等罪
19.5.1　客　　体
　258 条〜 260 条に規定するもののほか，他人の物を損壊し，または傷害した者は，3 年以下の拘禁刑または 30 万円以下の罰金もしくは科料に処する（261条）。親告罪である（264 条）。

本罪は条文に明定されているとおり，258〜260条の罪の補充類型である。したがって，これらの罪の客体以外の，すべての他人の物が本罪の客体となる。動植物はもちろん，不動産も含まれ，たとえば，勝手に地面を掘り返す行為は本罪にあたりうる（学校の校庭に杭を打ち込んだ事案で器物損壊罪を認めた最決昭和35・12・27刑集14巻14号2229頁参照）。また，違法に作製された物であっても本罪の客体となりうる（違法に施設せられた電話設備につき最判昭和25・3・17刑集4巻3号378頁，公職選挙法違反のポスターにつき最決昭和55・2・29刑集34巻2号56頁）。

自己の物の損壊等に関する特例（262条）が適用される。

19.5.2 行　　為

本罪の行為は「損壊」と「傷害」であるが，特に傷害は動物を客体とする場合を指し，意味は損壊と同様である。したがって，動物を殺傷することだけでなく，これを逃がしてしまうこともまた含まれうる。

19.6　信書隠匿罪

19.6.1 客　　体

他人の信書を隠匿した者は，6月以下の拘禁刑または10万円以下の罰金もしくは科料に処する（263条）。親告罪である（264条）。

本罪の客体である「**他人の信書**」とは，特定人から特定人に宛てられた意思を伝達する文書であって，他人の所有に属するものをいう。封緘の必要はなく，葉書であってもよい。

19.6.2 行　　為

本罪の行為は「**隠匿**」のみであり，かつ法定刑が非常に軽いことから，その整合的理解の方法が争われている。難しいところであるが，本罪にいう隠匿は通常の，毀棄の下位概念としての意味ではなく，それに至らない（被害者から一時的にかばんや携帯電話を取り上げた行為につき，損壊該当性を否定した大阪高判平成13・3・14高刑集54巻1号1頁参照），一時的に隠す行為のみを指すと解すべきであろう。そして，本来であれば不可罰であるはずの同行為が軽くとは

いえ処罰されているのは，信書が一般に，すぐその内容を了知することが期待される存在であるからだと説明されよう。したがって，行為が通常の隠匿のレベルに達すれば，むしろ261条の罪が成立しうると思われる。

19.7 境界損壊罪

19.7.1 意　義

境界標を損壊し，移動し，もしくは除去し，またはその他の方法により，土地の境界を認識することができないようにした者は，5年以下の拘禁刑または50万円以下の罰金に処する（262条の2）。

本罪は他の毀棄罪と罪質を異にし，保護法益は**土地の権利関係の明確性**である（1960（昭和35）年に不動産侵奪罪とともに新設）。したがって，たとえば，他人所有の境界標を傷つけて器物損壊罪となる場合であっても，権利者を異にする土地の限界線がいまだ明確なのであれば，なお本罪は成立しえない（最判昭和43・6・28刑集22巻6号569頁参照）。また本罪が成立しうる場合には，器物損壊罪と観念的競合の関係に立つ（東京高判昭和41・7・19高刑集19巻4号463頁）。

土地に関する権利は所有権に限られず，単なる利用権であってもよい。また，公法関係に基づくものであってもかまわない（東京高判昭和36・4・2下刑集5巻3＝4号194頁）。さらに，土地の境界は実体的な法律関係と完全に一致している必要はなく，実態として一般的な承認を受けていれば足りる（前掲東京高判昭和41・7・19，東京高判昭和61・3・31高刑集39巻1号24頁）。

19.7.2 成立要件

本罪にいう「**境界標**」は，川など自然に存在するものでもよい。また，他人の所有にかかるものである必然性もない。

本罪の行為は例示と「その他の方法」から構成されており，土地の境界を不明にする行為であれば何でも該当しそうである。もっとも，例示の趣旨にかんがみれば，「その他の方法」もまた例示に準じるような行為であることが要求され，境界標のほうに向けられた物理力の行使をともなわない，たとえば，境界を示した図面を破棄・改ざんする行為は含まれないとされている。

第 III 部

社会的法益に対する罪

第20章

放火・失火の罪

20.1 罪質・保護法益

　刑法は**公共危険犯**として，騒乱の罪（106条以下），放火・失火の罪（108条以下），出水・水利に関する罪（119条以下），往来を妨害する罪（124条以下），公衆の健康に対する罪（136条以下）を規定している。本来はこの順で解説すべきであろうが，学説・実務上も，そして，各種試験対策上も放火・失火の罪が最も重要であるから，まずはこちらから説明を加えることとしたい。

　さて，**放火・失火の罪**は公共危険犯の中でも，**火力**を手段として公共の安全を危殆化するところに特徴をもつ。具体的には，不特定または多数人の生命・身体・財産を脅かすという意味である。反対にいうと，特定少数人の法益を脅かすだけでは個人的法益に対する罪が並立しうるにすぎない。さらに，特に火力を手段とする場合が重要とされているのは，わが国において木造建築物が多く火事が起きやすいこと，火力は他の手段と異なり，拡大するにつれかえって勢いを増す性質を有していること，などの事情が認められるからである。

　ただし，放火・失火の罪において**個人的法益に対する罪**としての側面が完全に排除されているかといえば，必ずしもそうではない。たとえば，108条が

109 条より重いのは，たとえ特定少数人といえども，現住在者（現に建造物等を住居に使用していたり，現に建造物等にいたりする人）の法益を考慮せざるをえないからであるし，また，109 条・110 条において客体の所有権の所在が刑を分けているのも，個人の財産という法益に着目しているからであろう。

　放火・失火の罪の類型としては，①故意犯である放火罪，②結果的加重犯である延焼罪，③過失犯である失火罪，④その他の罪の 4 つがあげられる。さらに細かく見ていくと，①現住建造物等放火罪（108 条），非現住建造物等放火罪（109 条），建造物等以外放火罪（110 条）がある。このうち，抽象的危険犯である 108 条と 109 条 1 項の罪についてのみ，未遂（112 条），予備（113 条）が処罰される。次に，②延焼罪（111 条）は 109 条 2 項と 110 条 2 項の罪の結果的加重犯である。また，③単純な失火罪（116 条）と，業務上失火罪・重失火罪（117 条の 2）があり，客体による法定刑の差はないものの，抽象的危険犯と具体的危険犯に区別されている。そのほか，④消火妨害罪（114 条），激発物破裂罪（117 条），ガス漏出等罪（118 条）がある。

　客体による区別が多いが，罪数はあくまで発生した公共の危険の数が標準となる。

20.2　放火罪の基本概念

20.2.1　放　　火

　放火罪が成立するためには，「放火」して客体を「焼損」することが必要である。これは各種放火罪に共通する成立要件である。

　まず**放火**とは，客体の焼損を引き起こすすべての行為をいう。したがって，作為による場合だけでなく，消火の義務に違反して客体の焼損を防止しないという，不作為による場合も含まれる。さらに，実行の着手時期についても争いがあるが，詳しくは刑法総論の議論を参照されたい。

20.2.2　焼　　損

1．独立燃焼説

　判例および通説的な見解によれば，**焼損**とは，火が媒介物を離れて目的物が独立に燃焼を継続しうる状態になったことをいう（大判大正 7・3・15 刑録 24 輯

219 頁，最判昭和 23・11・2 刑集 2 巻 12 号 1443 頁，最判昭和 25・5・25 刑集 4 巻 5 号 854 頁，最決平成元・7・7 判時 1326 号 157 頁）。これを一般に**独立燃焼説**とよぶ。放火罪の法定刑の重さに比し，この説では既遂時期が早くなりすぎるようにも思われるが，木造建築物の多いわが国では，いったん出火すると燃え広がる可能性が類型的に見て相当高いこと，最初は火が小さくても，火力の性質上，燃焼の継続によりかえって勢力を拡大するおそれが強いことなどに照らすと，この説をもって妥当とすべきであろう。

　これに対して学説では，火力により目的物の効用が失われたことと解する**効用喪失説**や，目的物が燃え上がったことと解する**重要部分燃焼開始説**なども主張されている。しかし，まず前者については，効用喪失の存否を判断する基準をいかようにも定めうるところ（壁が少し焦げただけで毀棄したと評価することもできる反面，家屋というレベルで見ると半焼してはじめて本来の役に立たなくなったともいえる），そもそも財産犯の不法を規律する観点を持ち出すのは筋違いであるという疑問がある。次に後者についても，何が重要部分であるかはただちに明らかとならないのみならず，これを規律する観点自体が欠けているという問題がある（財産という観点から見て重要なのか，公共の安全という観点なのか，それとも，一般人の不安感という観点なのかが判然としない）。

2. 不燃性・難燃性建造物

　近年においてこの焼損の概念は，**不燃性・難燃性建造物**にも妥当しうるかが問題とされている。すなわち，このような建造物は独立燃焼に至ることがなくても，有毒ガスが発生して不特定多数人の生命・身体に危険を生じたり，少なくとも火力により毀損・効用を喪失したりすることはありうる。しかし，主として木造建築を想定しつつ考案された独立燃焼説をこのような建造物にもそのままあてはめると，多くの事例で放火罪が成立しえなくなり不当ではないか。このような議論がなされているのである。

　一部の学説は，このような建造物が増加する中，放火罪の成立範囲が狭くなりすぎることを避けるため，例外的に，たとえ独立燃焼がなくても，熱による酸化作用から公共の危険が生じれば焼損といいうるとか，このような建造物についてだけ効用喪失説をとるべきであるなどと主張している。もっとも，火が出ていないのに放火とか焼損というのは言葉の可能な意味を超え，罪刑法定主

義に違反するおそれがある。また，建造物の性質によって便宜的に説を使い分け，しかも，その目的が放火罪を成立させるためというのでは単なる必罰主義といえよう。裁判例も独立燃焼説を維持している（東京高判昭和 49・10・22 東高刑時報 25 巻 10 号 90 頁，東京地判昭和 59・6・22 判時 1131 号 156 頁）。

20.3 現住建造物等放火罪

20.3.1 総　　説

　放火して，現に人が住居に使用しまたは現に人がいる建造物，汽車，電車，艦船または鉱坑を焼損した者は，死刑または無期もしくは 5 年以上の拘禁刑に処する（108 条）。未遂（112 条）・予備（113 条。2 年以下の拘禁刑，ただし情状による刑の任意的免除）を罰する。

　特に重い法定刑が定められている類型であるが，その根拠は現住在者に対する高度の危険にあるとされている。

20.3.2 客　　体

1. 建 造 物 等

　本罪の客体としては，建造物，汽車，電車，艦船または鉱坑が掲げられているが，航空機やバスは除かれている。これに対しては立法論的な批判もある。

　「**建造物**」とは，家屋その他これに類する建築物であって，屋根があり壁または柱で支持されて土地に定着し，少なくともその内部に人が出入りできるものをいう（大判大正 3・6・20 刑録 20 輯 1300 頁）。したがって，単なる物置小屋（大判明治 41・12・15 刑録 14 輯 1102 頁）や納屋（大判昭和 13・8・22 新聞 4317 号 15 頁）も建造物である（他方，豚小屋が建造物にあたらないとした裁判例として，東京高判昭和 28・6・18 東高刑時報 4 巻 1 号 5 頁）。また，毀損しなければ取り外すことができない状態にある部分も建造物の一部といえる（最判昭和 25・12・14 刑集 4 巻 12 号 2548 頁）。畳や雨戸などは建造物の一部ではないことになる。一方，マンション内のエレベーターのかごは，毀損せずに取り外せるともいえるが，解体や搬出が容易ではなく，接合の程度が強いから建造物の一部である（前掲最決平成元・7・7）。

　「汽車」・「電車」とは，一定の軌道上を運行する交通機関をいい，その動力

（蒸気機関か電気か）によって区別される。「艦船」とは，軍艦および船舶をいう。「鉱坑」とは，炭坑など，地下の鉱物を採取するための坑道設備をいう。

2. 人の現住在性

本罪の客体には**現住性**または**現在性**が必要である。

本罪にいう「**人**」とは行為者（およびその共犯）以外の者を意味しており（大判昭和9・9・29刑集13巻1245頁，最判昭和32・6・21刑集11巻6号1700頁），他の者をすべて殺害したり（大判大正6・4・13刑録23輯312頁），放火につき同意を得たりすれば現住在性が失われる。

「**住居**」とは，人の起臥寝食の場所として日常使用されるものをいい，昼夜間断なく人が現在することを要しない（教員の宿直室がある学校校舎につき，大判大正2・12・24刑録19輯1517頁）。夜間の寝泊まりだけに使用される宿直室なども住居である。このような解釈の根拠は，現住性が現在性と並ぶ重大な不法を基礎づけるところに求められよう。すなわち，現住性が認められる場合には，典型的には就寝中であるなど，人が火災の危険に対して無防備な状態にある類型的に高度の可能性が存在し，それゆえ，現在性がある場合と同程度の危険を放火行為がもちうると考えられるのである（したがって，無防備とは真逆に思える派出所であっても，仮眠休憩施設が付いていれば現住性を肯定しうる。札幌地判平成6・2・7判タ873号288頁）。

このような根拠にかんがみると，当然，現在性がなくても現住性は肯定されうる。人が一時的に住居を不在にしていても現住性を認めるのに妨げはない（一人暮らしの学生が正月休みに帰省したら，突如として現住性が失われるというのは明らかに不当である）。現住性が争われ，結論として肯定された判例としては，妻が着の身着のままの状態で家出してから半日も経たないうちに自宅に放火した事案（横浜地判昭和58・7・20判時1108号138頁），自己の所有する家屋に対する競売手続を妨害するため，家屋に自己の経営する会社の従業員を交替で泊まり込ませていたが，保険金詐欺を企て，この従業員を沖縄旅行に連れ出し，旅行中に放火した事案（最決平成9・10・21刑集51巻9号755頁），被告人から一時的に避難する趣旨で実父が家出した建物であって，それまで40年以上にわたって実父が生活してきたものに放火した事案（長野地松本支判平成27・5・26 LEX/DB25540578）などがある。人が帰還を想定しており，なお住居として

20.3　現住建造物等放火罪　　　285

使用する意思の認められたことが重要であろう。

3.　建造物の一体性

　ひとつの建造物の一部に現住在部分があれば，その全部が一体として現住在建造物となり，かりに非現住在部分に放火したとしても 108 条の罪が成立しうる。これを**建造物の一体性**という。

　問題は，このような建造物の一体性をいかなる基準により判断すべきかである。しばしばあげられる考慮要素としては，①**物理的一体性**，②**機能的一体性**，③**延焼可能性**，の 3 つがある。

　②は，たとえば，学校校舎＝非現住在部分と守衛所（宿直室）＝現住在部分が校庭等を挟んで離れて建っていたとしても，守衛が夜間，校舎内を定期的に巡回する場合には両者が単一の建物内にあるのと機能的に見て差がないから，深夜，非巡回時間帯に校舎に放火したとしても 108 条の罪が成立しうる，という議論である。理解しえないではないが，108 条の罪に特有の不法とは人が建造物内で果たす社会的機能を害することではなく，あくまで火力の燃焼継続作用により建造物内の人に物理的な危険を及ぼすことであるから，現に離れて建っているという事実を無視することはできない。

　③は，反対に，108 条の罪の保護法益が危険にさらされるかという，目的論的解釈の手法により建造物の一体性を判断しようとする議論である。たしかに，同法益に対する危険がおよそ認められないのであれば 108 条の罪は成立しえない，というのは正しい解釈といえよう（耐火構造により他の区画に延焼しにくい建造物において特に問題となる）。しかし，罪刑法定主義の観点からすれば，その逆は必ずしも真ではない。すなわち，条文上はあくまで，放火して現住在建造物等を焼損することまでが要求されているのであるから，同法益に対する危険が認められたからといって，ただちに（放火したとか）現住建造物等を焼損したなどとはいえないのである。実際，住宅密集地域にありさえすれば，空き家もまた隣接する住居と一体となって現住建造物である，などというのは馬鹿げた結論であろう。

　こうして，建造物の一体性を判断する際には①，すなわち，その物理的な構造に照らして社会通念上ひとつの建造物と評価しうるか，という議論を援用するほかない。問題はその具体的な内実であるが，非現住在部分と現住在部分と

を行き来するのにオープンスペースを通る必要があるか，という観点から決するのも一考に値しよう。たとえば，私の研究室が入っている建物は4階の渡り廊下を通って隣の建物に移動できる構造となっているが，この渡り廊下はオープンスペースではないから両建物は一体性を有するといえる。他方，向かいの建物はすぐ近くに位置してはいるものの，いったん自動ドアを出て雨風にさらされながら20歩くらい進まなければたどり着けないから，一体性は認められないこととなろう。

　一体性を肯定した判例としては，人が現在する宿直室が別棟になっている無人の裁判所庁舎に放火した事案（大判大正3・6・9刑録20輯1147頁），劇場に接着して建設され，劇場の一部をなす便所に放火した事案（最判昭和24・2・22刑集3巻2号198頁），待合のいわゆる離れに放火した事案（最判昭和24・6・28刑集3巻7号1129頁），住宅と接続して建てられた木造瓦葺2階建倉庫に放火した事案（名古屋高金沢支判昭和28・12・24判特33号164頁），他区画へは容易に延焼しない耐火構造の，鉄筋コンクリート造3階建マンションの空室に放火（未遂）した事案（東京高判昭和58・6・20判時1105号153頁），本殿，拝殿，社務所等の建物が廻廊等で接続された平安神宮社殿の一部である祭具庫西側板壁付近に放火した事案（最決平成元・7・14刑集43巻7号641頁）などがある。他方，否定例としては，他区画へは容易に延焼しない構造の，鉄筋コンクリート10階建マンションの1階にある無人の医院に放火した事案（仙台地判昭和58・3・28判時1086号160頁），渡り廊下で宿泊棟と構造上連結された無人の研修棟に放火したが，渡り廊下に防火扉が設置されるなど，宿泊棟への延焼可能性が認められなかった事案（福岡地判平成14・1・17判タ1097号305頁）などがある。

20.3.3 罪　　数

　罪数は発生した公共の危険の数が標準となり（大判大正11・12・13刑集1巻754頁），放火行為が複数であったり，同時に109条・110条の客体を焼損したりしても，なお本罪（108条の罪）だけが成立する（大判明治42・11・19刑録15輯1645頁）。また，本罪の故意で（隣接する）他の客体に放火した場合には，むしろ本罪の未遂となる（大判大正3・10・2刑録20輯1789頁）。私が学生のころは，短答式試験でよく問われた知識である。

20.4 非現住建造物等放火罪 **287**

住居侵入罪と本罪とは牽連犯になる。人（の一部）を殺害後に放火すれば殺人罪と本罪は併合罪になる。火災保険金詐取目的で放火し，のちに火災保険金を詐取した場合には本罪と詐欺罪の併合罪である（大判昭和 5・12・12 刑集 9 巻 893 頁）。殺人目的で本罪を行った場合には本罪と殺人罪の観念的競合となる（東京地判平成 2・5・15 判タ 734 号 246 頁）。

本罪により**過失致死傷**の結果が生じた場合については争いがあり，本罪に吸収されるとする立場（熊本地判昭和 44・10・28 刑月 1 巻 10 号 1031 頁，東京高判平成 27・12・15 東高刑時報 66 巻 1 ～ 12 号 121 頁）と，両罪が観念的競合になるとする立場（東京地判平成 27・7・1 LEX/DB25541030）とが主張されている。過失犯であり法定刑が軽いといえども，現実に人が死傷（特に死亡）したという重大な法益侵害を独立に評価しないで済ませるのは不当であるから，後者の立場を支持すべきであろう。なお，最高裁は死亡結果を本罪の量刑事情として考慮することを認めており（最決平成 29・12・19 刑集 71 巻 10 号 606 頁），前者の立場に親和的とされることもあるが，観念的競合としても同様の考慮は可能であるから，いずれの立場に対しても中立的なものと評すべきである。

20.4 **非現住建造物等放火罪**

20.4.1 **総　　説**

本罪は，建造物等内部に存在し，または存在しうる人に対する危険を不法に含まないため，108 条の罪よりも法定刑が軽くなっている。

本罪は人身犯としての側面が後退している分，財産侵害の側面が前面に出てきており，建造物等の所有権の所在により，法定刑の軽重および危険犯の種別（抽象的危険犯か具体的危険犯か）が変わるという特徴をもつ。

20.4.2 **他人所有非現住建造物等放火罪**

放火して，現に人が住居に使用せず，かつ，現に人がいない建造物，艦船または鉱坑を焼損した者は，2 年以上の有期拘禁刑に処する（109 条 1 項）。未遂（112 条）・予備（113 条。2 年以下の拘禁刑，ただし情状による刑の任意的免除）を罰する。

注意点として，108 条の罪と異なり，汽車と電車が客体に含まれない。した

288　　　　　　　　　第 20 章　放火・失火の罪

がって，これらが現住在性を欠くときは 110 条の罪の問題となる。

20.4.3　自己所有非現住建造物等放火罪

1. 公共の危険の意義

　109 条 1 項の物が自己の所有にかかるときは，6 月以上 7 年以下の拘禁刑に
処する。ただし，公共の危険を生じなかったときは，罰しない（109 条 2 項）。
なお，109 条 1 項および 110 条 1 項に規定する物が自己の所有にかかるもので
あっても，差押えを受け，物権を負担し，賃貸し，配偶者居住権が設定され，
または保険に付したものである場合において，これを焼損したときは，他人の
物を焼損した者の例による（115 条。自己物の特例）。

　109 条 1 項の罪と異なり，本罪の成立には「**公共の危険**」の発生が必要であ
る。もっとも，109 条 2 項・110 条にいう公共の危険の意義については見解の
対立があり，108 条・109 条 1 項所定の物件に延焼する危険と狭く解する**限定
説**と，そのような危険に限らず，不特定または多数人の生命・身体・財産に対
する危険と広く解する**非限定説**が主張されている。

　条文上は特段の限定がなされておらず，その意味でいえば非限定説のほうが
自然であるが，限定説はその根拠として，①建造物等への延焼というかたちで
危険の発生経路を限定してはじめて，放火罪としての重い処罰にふさわしい不
法内容が確保されること，②延焼罪（111 条）が 109 条 2 項・110 条 2 項の結
果的加重犯として，108 条・109 条 1 項の物件への延焼を処罰していることと
整合すること，をあげる。

　もっとも，これらの根拠はいずれも説得力があるとはいいがたい。まず，①
たしかに，建造物等に延焼すれば類型的に見て広汎かつ高度の危険が生じがち
であるとはいえるが，それ以外の場合であっても同等の危険が生じることは十
分にありうる。実際，たとえば，周囲に乗客を乗せたバスや航空機が密集して
いる状況で放火するというのは危険きわまりない（ただし，反対にいうと，同等
とは評価しがたい危険，たとえば，財産しかも軽微ないし小範囲の財産に対する危
険しか認められない場合には公共の危険を否定すべきであろう）。次に，②立法者
はあくまで類型的危険に着目して結果的加重犯を設けることを決めるのであり，
同危険がなければ基本犯自体が成立しえないなどというのは暴論である。傷害

致死罪があるからといって，死亡のおそれがない軽傷なら傷害罪にもならない，というのは明らかに不当であろう。

このように見てくると，非限定説のほうが妥当である。判例も，古くは限定説をとっていたようであるが（大判明治44・4・24刑録17輯655頁），その後は非限定説をとる裁判例も存在した（名古屋地判昭和35・7・19下刑集2巻7＝8号1072頁，浦和地判平成2・11・22判タ752号244頁など）。そして，近年においては最高裁も非限定説をとることを明言している（最決平成15・4・14刑集57巻4号445頁）。

なお，公共の危険の意義に関しては，これを行為時における一般人の危険感によって判断するのか，それとも事後的・科学的な基準によって判断するのかという点も争われているが，詳しくは刑法総論の議論を参照されたい（公共の危険の肯定例として東京高判平成19・4・19高刑速（平19）199頁，否定例として広島高岡山支判昭和30・11・15裁特2巻22号1173頁，浦和地判平成2・11・22判時1374号141頁などがある）。

2. 公共の危険の認識の要否

109条2項・110条の罪の故意として，**公共の危険の認識**は必要であろうか。

判例は110条1項の罪について**認識不要説**に立っている（最判昭和60・3・28刑集39巻2号75頁。なお，大判昭和6・7・2刑集10巻303頁も参照）。その理由づけとしてまず考えられるのは，110条1項が「よって」という文言を用いており，結果的加重犯と解されることである（東京高判昭和53・3・20東高刑時報29巻3号46頁）。他方，109条2項・110条2項の罪については，前掲最判昭和60・3・28以前の裁判例ではあるが，認識不要説（高松高判昭和31・8・7裁特3巻16号799頁）だけでなく，**認識必要説**（名古屋高判昭和39・4・27判時399号22頁〔ただし傍論〕）に立つものも見られる。

もっとも，理論的観点から考察すれば，認識必要説しか成り立たないというべきであろう。そもそも結果的加重犯とは，加重結果の類型的危険性を含む基本犯の不法を，当該危険性の現実化により加重するという立法形式のことである。一方，109条2項・110条2項の罪においてはそもそも基本犯の不法が存在せず（ただ自己物を火で壊したというだけのことである），110条1項の罪においては基本犯の不法が財産侵害に尽きている（ただ他人物を火で壊したというだ

けのことである）のであるから，公共の危険を加重結果とする結果的加重犯を
観念しようがない。もちろん，結果的加重犯とは異なる新たな不法類型として
承認することが絶対に不可能とまではいえないが，現状の非常に重い法定刑を
正当化することは不可能であろう。

　なお，認識必要説に立つと，公共の危険の認識はあるものの，（その危険が
108条・109条1項の物件への延焼によるものであるとき，）108条・109条1項の
罪の（未必の）故意までは認められない，という微妙な心理状態を刑事裁判に
おいて認定することが求められることになる（108条・109条1項の罪の故意ま
で認められれば，むしろこれらの罪の未遂犯が成立してしまう）。そして，その困
難さが認識不要説の根拠とされることもある。もっとも，実際上困難であるか
らといって過大な処罰をしてよいことにはならないし，そもそもこの種の困難
さは侵害犯と危険犯（ないし結果的加重犯）の認定分けに際して日々生じてい
ると思われる。

20.5　**建造物等以外放火罪**

　放火して，108条・109条に規定する物以外の物を焼損し，よって公共の危
険を生じさせた者は，1年以上10年以下の拘禁刑に処する（110条1項）。1項
の物が自己の所有にかかるときは，1年以下の拘禁刑または10万円以下の罰
金に処する（同条2項）。自己物の特例（115条）が適用される。

　本罪も109条の罪と同様，所有権の所在により法定刑が区別され（ごみ箱上
の，所有権放棄されたハトロン紙に放火した事案で110条2項を適用した大阪地判
昭和41・9・19判タ200号180頁参照），財産侵害の側面が強調されているところ，
109条の罪とは異なり，常に公共の危険の発生が必要とされている点に特徴が
ある。

　本罪の客体である物については，財産侵害の有無が法定刑を大きく変更する
点にかんがみれば，一定の財産的価値を有するものに限定すべきであろう。ま
た本罪の法定刑の重さを考慮すると，たとえば，たばこやマッチ棒のような，
類型的に見て公共の危険を生じさせるに適さない物は客体から除くべきだと思
われる（約2頁分の新聞紙の半分くらいを焼損した事案につき，東京地判昭和40・
8・31判タ181号194頁参照）。

20.6 その他の類型

20.6.1 延焼罪

109条2項または110条2項の罪を犯し，よって108条または109条1項に規定する物に延焼させたときは，3月以上10年以下の拘禁刑に処する（111条1項）。110条2項の罪を犯し，よって同条1項に規定する物に延焼させたときは，3年以下の拘禁刑に処する（同条2項）。

本罪は自己所有物に対する放火罪を基本犯とし，現住建造物等またはその他の他人所有物への延焼を加重結果とする結果的加重犯である（自己物の特例〔115条〕が適用される場合も加重結果を構成しうるかは争われている）。延焼対象の重要性により，法定刑に差が設けられている（111条1項・2項）。また延焼は焼損を意味しており，対象がいまだ焼損の結果に至っていない場合には延焼とも評価しえない。

本罪は条文上当然のことながら109条2項・110条2項の罪の成立を前提としているから，たとえば，公共の危険の発生も同時に認定されなければならない。

20.6.2 失火罪

失火により，108条に規定する物または他人の所有にかかる109条に規定する物を焼損した者は，50万円以下の罰金に処する（116条1項）。失火により，109条に規定する物であって自己の所有にかかるものまたは110条に規定する物を焼損し，よって公共の危険を生じさせた者も，1項と同様とする（同条2項）。116条（または117条1項）の行為が業務上必要な注意を怠ったことによるとき，または重大な過失によるときは，3年以下の拘禁刑または150万円以下の罰金に処する（117条の2）。

本罪は過失犯処罰規定であり，加重類型として業務上失火罪と重失火罪が設けられている。

「**業務**」とは，職務として火気の安全に配慮すべき社会生活上の地位をいう（最決昭和60・10・21刑集39巻6号362頁）。火気そのものや火気の発生しやすい物質等を取り扱う職務のほか，出火防止を任務とする職務も含まれる。社会生活上の地位に基づくとは評価しえない，たとえば，家庭内の調理などは業務

にあたらない。

「**重大な過失**」とは不注意の程度が著しい場合をいう。肯定例として，盛夏晴天の日にガソリン給油所のガソリン缶の間近でライターを使用した事案（最判昭和 23・6・8 集刑 2 号 329 頁），石油ストーブの燃料として灯油の代わりに間違えてガソリンとオイルの混合油を使用した事案（東京高判平成元・2・20 判タ 697 号 269 頁）などがある。

20.6.3 消火妨害罪

火災の際に，消火用の物を隠匿し，もしくは損壊し，またはその他の方法により，消火を妨害した者は，1 年以上 10 年以下の拘禁刑に処する（114 条）。

本罪は消火活動を妨げることを処罰しており，「**火災の際に**」行われることが必要である。この要件は行為の不法を増大させるという意味において本罪の不法要素であるが，行為者自身が火災の発生に関わっている必要はない。また本罪も公共危険犯である以上，公共の危険を生じうる程度の火災であることが要求されよう。

「消火用の物」とは，消防車，消防ホース，消火器等のことであり，自己物であってもかまわない。

「その他の方法」とは，消火用の物の隠匿・損壊と類型的に見て同程度の消火妨害効果を有するものに限られ，たとえば，消火活動中の消防士に暴行を加える，水道を遮断する等が考えられる。

「消火を妨害した」といいうるためには所定の妨害行為がなされれば足り，現実に消火活動の妨害されたことを要しない。

放火犯人が本罪を犯した場合には放火罪に吸収される（松江地判昭和 52・9・20 判時 877 号 111 頁）。

20.6.4 激発物破裂罪・過失激発物破裂罪

火薬，ボイラーその他の激発すべき物を破裂させて，108 条に規定する物または他人の所有にかかる 109 条に規定する物を損壊した者は，放火の例による。109 条に規定する物であって自己の所有にかかるものまたは 110 条に規定する物を損壊し，よって公共の危険を生じさせた者も，同様とする（117 条 1 項）。

1項の行為が過失によるときは，失火の例による（同条2項）。（116条または）117条1項の行為が業務上必要な注意を怠ったことによるとき，または重大な過失によるときは，3年以下の拘禁刑または150万円以下の罰金に処する（117条の2）。

本罪は，激発物を破裂させて物を損壊する行為を，放火の罪・失火の罪に準ずるものとして，同様の要件・法定刑により処罰することとしたものである。

「激発すべき物」とは，急激に膨張・破裂して物を破壊する力を有する物をいう。条文に列挙された火薬，ボイラーのほか，高圧ガスボンベ，石油タンク，ガスタンク，密閉した室内に充満したガス（横浜地判昭和54・1・16判時925号134頁）などがある。

20.6.5　ガス漏出等罪・同致死傷罪

ガス，電気または蒸気を漏出させ，流出させ，または遮断し，よって人の生命，身体または財産に危険を生じさせた者は，3年以下の拘禁刑または10万円以下の罰金に処する（118条1項）。ガス，電気または蒸気を漏出させ，流出させ，または遮断し，よって人を死傷させた者は，傷害の罪と比較して，重い刑により処断する（同条2項）。

本罪は厳密にいうと公共危険犯ではなく，特定少数人に危険を及ぼしたりこれを死傷させたりするだけで成立しうる。もっとも，本罪の行為がしばしば不特定多数人に対しても危険を生じさせうるものであることから，公共危険犯として立法されている。

第21章

その他の公共危険犯

21.1 騒乱の罪

21.1.1 罪質・保護法益

多衆で集合して暴行または脅迫をした者は，騒乱の罪とし，次の区別に従って処断する。

一　首謀者は，1年以上10年以下の拘禁刑に処する。

二　他人を指揮し，または他人に率先して勢いを助けた者は，6月以上7年以下の拘禁刑に処する。

三　付和随行した者は，10万円以下の罰金に処する（106条）。

本罪の保護法益は公共の静謐（平和）である（最判昭和35・12・8刑集14巻13号1818頁）。また，本罪が成立しえない場合には集団的暴行・脅迫の罪（暴力行為等処罰法1条）が検討される。

21.1.2 多衆の意義

「**多衆**」とは，一地方における公共の平和，静謐を害するに足りる暴行・脅迫をなすに適当な多人数をいう（大判大正2・10・3刑録19輯910頁，前掲最判

昭和 35・12・8。また，新宿駅およびその一帯も一地方にあたる。最決昭和 59・12・21 刑集 38 巻 12 号 3071 頁）。内乱罪（77 条）と異なり，特定の目的をもっていることを要せず（大判明治 45・6・4 刑録 18 輯 815 頁），また，集団として組織化されている必要もない。首謀者が欠けてもよい（最判昭和 24・6・16 刑集 3 巻 7 号 1070 頁）。

本罪の主体は多衆という一種の団体ではなく，あくまで多衆を構成する個々人である。ただ，その個々人の行為態様が「多衆で集合して」というかたちで限定されているにすぎない。より理論的に表現するならば，21.1.3 で述べる共同意思に基づく団体の暴行・脅迫という不法について，その実現に寄与した点に関する個人責任を問うのが各号の規定にほかならない。したがって，個々人の処罰対象となる行為も暴行・脅迫そのものではなく，あくまで各号に規定された行為である（それゆえ，「首謀者」などというのも地位ではなく行為の定めである）。また同じ理由から，集団のメンバーが変わっていっても同一の共同意思によるものとの評価を妨げないが（前掲最決昭和 59・12・21），個々人の処罰対象行為以前に犯された団体の暴行・脅迫について個人責任を問うことは許されないというべきであろう。

21.1.3 暴行・脅迫の意義

本罪の行為は集団的な暴行・脅迫である。集合したのちに暴行・脅迫の意思が生じた場合でもよい（大判大正 4・11・6 刑録 21 輯 1897 頁）。暴行は対物暴行を含む最広義のものであり（前掲最判昭和 35・12・8），脅迫についても告知される害悪の内容を問わない。ただし，暴行・脅迫の程度に関しては，保護法益に照らし，一地方における公共の平和，静謐を害するに足りるものでなければならない（大判大正 12・4・7 刑集 2 巻 318 頁，前掲最判昭和 35・12・8）。

集団による暴行・脅迫と認められるためには，暴行・脅迫が集合した多衆の**共同意思**に基づくものであることが必要である。この共同意思は，多衆の合同力を恃んでみずから暴行・脅迫をなす意思ないしは多衆をしてこれをなさしめる意思と，このような暴行・脅迫に同意を表し，その合同力に加わる意思とに分かれ，集合した多衆が前者の意思を有する者と後者の意思を有する者とで構成されているとき，その多衆の共同意思が認められる（前掲最判昭和 35・12・8）。

21.1.4 共　　犯

　本罪は必要的共犯のひとつである**集団犯**であり，集団内での役割に応じて異なる法定刑が用意されているが，おのおのに対する通常の共犯規定（60条以下）の適用を排除するものでは必ずしもない（古い判例であるが，大判明治44・9・25刑録17輯1550頁は謀議参与者を不可罰としていた）。

　首謀者とは，騒乱行為を主唱・画策し，多衆をして，その合同力により暴行・脅迫をなさしめた者をいう（最判昭和28・5・21刑集7巻5号1053頁）。自身も暴行・脅迫を行ったり，現場で総括・指揮したりする必要はない。

　指揮者（他人を指揮した者）とは，騒乱行為への参加者の全部または一部を指揮した者をいう（大判昭和5・4・24刑集9巻265頁）。現場で具体的に指示を出す必要はない。**率先助勢者**（他人に率先して勢いを助けた者）とは，多衆に抜きん出て騒乱の勢いを増大させる行為をした者をいう（最決昭和53・9・4刑集32巻6号1077頁）。現場で行われると事前に行われるとを問わない。また，行為のときすでに多衆が集合し，共同意思を形成している必要はない。

　付和随行者（付和随行した者）とは，付和雷同的な騒乱の参加者をいう（大判大正4・10・30刑録21輯1763頁）。みずから暴行・脅迫をなす必要はない。

21.1.5 罪　　数

　本罪が成立する場合，暴行罪（208条）・脅迫罪（222条）は本罪に吸収される。

　騒乱行為の過程でそれ以外の罪を犯した場合には，いずれの罪も成立して観念的競合となる（大判大正11・12・11刑集1巻741頁，前掲最判昭和35・12・8）。

21.1.6 多衆不解散罪

　暴行または脅迫をするため多衆が集合した場合において，権限のある公務員から解散の命令を3回以上受けたにもかかわらず，なお解散しなかったときは，首謀者は3年以下の拘禁刑に処し，その他の者は10万円以下の罰金に処する（107条）。

　本罪は実質的には騒乱罪の予備段階を処罰する規定である（**真正不作為犯**と理解されている）。したがって，本罪ののちに騒乱行為がなされれば，本罪は騒乱罪に吸収される（大判大正4・11・2刑録21輯1831頁）。

解散命令の根拠規定は警察官職務執行法5条（警察官の制止権）と解するのが一般的である。また，3回目の解散命令ののち，解散に要する時間が経過した段階で本罪は既遂に達すると解されている。

106条をみたしえない程度にまで集団が解体されれば，もはや残余者にも本罪は成立しえないと解すべきであろう。このように，解散の有無は目的論的に判定されるべきである。

本罪にいう首謀者とはあくまで不解散について認定されるのであり，爾後に成立すべき騒乱罪における首謀者とは必ずしも一致しないことに注意を要する。

21.2 出水・水利に関する罪

21.2.1 総 説

出水・水利に関する罪（119条以下）は大別して，出水罪（119条〜122条，123条後段）と水利妨害罪（123条前段）からなる。このうち出水罪は水力による公共危険犯であるが，水利妨害罪は水利権に対する財産犯的性質をもち，手段が出水の危険をともなうことからあわせて規定されている。

出水罪は出水により生じた公共の危険の数だけ成立し，浸害の客体が数種にわたる場合は最も重い罪によって処断される（大判明治44・11・16刑録17輯1987頁）。

21.2.2 現住建造物等浸害罪

出水させて，現に人が住居に使用しまたは現に人がいる建造物，汽車，電車または鉱坑を浸害した者は，死刑または無期もしくは3年以上の拘禁刑に処する（119条）。

本罪は108条の罪に対応する浸害罪であるが，性質上，客体から艦船が除かれている。

「出水させて」とは，人によって管理・制圧されていた水力を解放して氾濫させることをいう。堤防を決壊させたり，水門を破壊したりするのがその例である。単に浸水の水量を増加させる場合も含む（大判明治44・11・16刑録17輯1984頁）。

「浸害」とは，水力による客体の流失，損壊，その他の効用喪失をいう。保

護法益に照らせば一時的なものであってもよい。

21.2.3 非現住建造物等浸害罪

出水させて，119条に規定する物以外の物を侵害し，よって公共の危険を生じさせた者は，1年以上10年以下の拘禁刑に処する（120条1項）。浸害した物が自己の所有にかかるときは，その物が差押えを受け，物権を負担し，賃貸し，配偶者居住権が設定され，または保険に付したものである場合に限り，1項の例による（同条2項）。

放火罪の場合と異なり，客体が非現住建造物等と建造物等以外に区別されていない。また，自己物の浸害が原則として処罰されない点，すべての類型が具体的危険犯とされている点にも注意を要する（後者について，ここでも放火罪と同じく，公共の危険が119条規定物件に浸害が波及する危険に限られるか，公共の危険の認識を要するか，の争いがある。大判明治44・6・22刑録17輯1242頁参照）。火力は燃え広がりつつさらに勢いを増す特徴をもつ点で，より広汎な処罰が要請されるのである。

21.2.4 水防妨害罪

水害の際に，水防用の物を隠匿し，もしくは損壊し，またはその他の方法により，水防を妨害した者は，1年以上10年以下の拘禁刑に処する（121条）。

本罪は114条の罪に対応する規定である。

「水害」とは，出水・浸害により公共の危険が生じ，または生じるおそれのある状態をいう。「水害の際に」は，水害が現に発生している場合のほか，まさに発生しようとしている場合も含む（この点で，公共の危険を生じさせうる程度の火災が現に起きていることを要する消火妨害罪と異なる）。

「水防を妨害した」といえるためには妨害行為がなされれば足り，実際に妨害されたことの認定を要しない。

21.2.5 過失建造物等浸害罪

過失により出水させて，119条に規定する物を浸害した者または120条に規定する物を浸害し，よって公共の危険を生じさせた者は，20万円以下の罰金

に処する（122条）。

本罪は116条の罪に対応する規定である。ただし，失火罪と異なり，客体が他人所有の非現住建造物等である場合にも公共の危険の発生が要求されている。また，業務上過失・重過失の加重規定も存在しない。

21.2.6　出水危険罪

堤防を決壊させ，水門を破壊し，その他出水させるべき行為をした者は，2年以下の拘禁刑または20万円以下の罰金に処する（123条後段）。

本罪は浸害罪（119条・120条）の予備ないし未遂罪に相当する規定である。

21.2.7　水利妨害罪

堤防を決壊させ，水門を破壊し，その他水利の妨害となるべき行為をした者は，2年以下の拘禁刑または20万円以下の罰金に処する（123条前段）。

本罪は水利権に対する財産犯としての性質をもち，ただ，その手段が公共危険犯と共通することからあわせて規定されている。したがって，本罪が成立するためには水利権を有する被害者が必要である（大判昭和7・4・11刑集11巻337頁）。ただし，その権利は慣習を根拠とするもので足りる（大判明治45・5・6刑録18輯567頁，前掲大判昭和7・4・11）。

「水利の妨害となるべき行為」とは水利権侵害の危険を有する行為をいい，堤防の決壊や水門の破壊は例示である。実際に水利権が妨害されたことは必要でない。

21.3　往来を妨害する罪

21.3.1　総　　説

往来を妨害する罪（124条以下）は，道路や鉄道などの交通施設・機関に工作を加え，交通の安全を害することを不法の本質とする。したがって，交通にかかわる公衆の生命・身体・財産などに危険を生じさせる公共危険犯ということになる。もっとも，航空交通など，現行刑法制定後に発達したものは特別法（航空法など）によって保護されている。

21.3.2 往来妨害罪・同致死傷罪

1. 往来妨害罪

陸路，水路または橋を損壊し，または閉塞して往来の妨害を生じさせた者は，2年以下の拘禁刑または20万円以下の罰金に処する（124条1項）。1項の罪を犯し，よって人を死傷させた者は，傷害の罪と比較して，重い刑により処断する（同条2項）。1項の罪の未遂を罰する（128条）。

往来妨害罪（124条1項）は陸上・水上の交通を妨害する罪である。往来の危険を生じさせることを要しないため，往来危険罪（125条）よりも刑が軽い。

「陸路」とは道路をいい，「水路」とは船舶などの航行の用に供される河川・運河・港口などをいう。「橋」には陸橋や桟橋などが含まれるが，鉄道交通は往来危険罪によって保護されているため，もっぱら鉄道交通に供される橋は除かれることに注意を要する（大判昭和11・11・6新聞4072号17頁）。

「損壊」は爆破行為などによる物理的損壊に限られる。心理的に通行困難とするにとどまる行為は含まれない。「閉塞」とは，障害物を置いて交通を遮断することをいう（肯定例として，最決昭和59・4・12刑集38巻6号2107頁）。

本罪の成立には往来の妨害という結果が必要である。その具体的な内容は通行の不可能化または著しい困難化である（否定例として，名古屋高判昭和35・4・25高刑集13巻4号279頁）。一般に具体的危険犯と解されているが，むしろ侵害犯というべきであろう。

2. 往来妨害致死傷罪

往来妨害致死傷罪（124条2項）は往来妨害罪の結果的加重犯である（肯定例として，最判昭和36・1・10刑集15巻1号1頁）。条文上，基本犯である往来妨害罪が既遂に達していることが必要である。

21.3.3 往来危険罪

鉄道もしくはその標識を損壊し，またはその他の方法により，汽車または電車の往来の危険を生じさせた者は，2年以上の有期拘禁刑に処する（125条1項）。灯台もしくは浮標を損壊し，またはその他の方法により，艦船の往来の危険を生じさせた者も，1項と同様とする（同条2項）。125条の罪の未遂を罰

する（128 条）。

往来危険罪（125 条）は，汽車・電車・艦船の往来の危険を生じさせることを不法の本質とする。

条文に列挙された方法は例示であり，いわゆる置石（線路上の継ぎ目に小石を挿入した事案につき，大判大正 13・10・23 刑集 3 巻 711 頁），虚偽の信号・標識を表示すること（大判大正 11・4・10 刑集 1 巻 216 頁），電車を暴走させること（最大判昭和 30・6・22 刑集 9 巻 8 号 1189 頁，最判昭和 36・12・1 刑集 15 巻 11 号 1807 頁），線路沿いの土地を掘削すること（最決平成 15・6・2 刑集 57 巻 6 号 749 頁）なども本罪の方法たりうる。

「汽車」・「電車」とは軌道上を走行する交通機関をいう。「艦船」とは水上の交通機関であり，軍艦および船舶をいう。

本罪は往来の危険を結果として要求する具体的危険犯である。その内実は，汽車・電車・艦船の衝突・脱線・転覆・沈没・破壊など，交通の安全を害するおそれのある状態であり，実害の発生は不要である（最判昭和 35・2・18 刑集 14 巻 2 号 138 頁）。

本罪の故意を認めるためには，往来の危険の発生につき認識・予見が必要である（前掲大判大正 13・10・23，前掲最判昭和 36・12・1）。

21.3.4 汽車転覆等罪・同致死罪

1. 汽車転覆等罪

現に人がいる汽車または電車を転覆させ，または破壊した者は，無期または 3 年以上の拘禁刑に処する（126 条 1 項）。現に人がいる艦船を転覆させ，沈没させ，または破壊した者も，1 項と同様とする（同条 2 項）。1 項・2 項の罪を犯し，よって人を死亡させた者は，死刑または無期拘禁刑に処する（同条 3 項）。1 項・2 項の罪の未遂を罰する（128 条）。

汽車転覆等罪（126 条 1 項・2 項）は現在性を根拠として特に重い処罰を定めている（抽象的危険犯）。現在者は乗客である必要はなく，また，実行の開始時に人が現在すれば足りるというのが判例である（大判大正 12・3・15 刑集 2 巻 210 頁）。もっとも，本罪の不法構造に照らせば，転覆等の段階で人が現在することのほうが重要であろう。

302　　　　第 21 章　その他の公共危険犯

　汽車・電車の「転覆」とは，汽車・電車を横転，転落させることをいい，単に脱線させるだけの場合を含まない。汽車・電車の「破壊」とは，汽車・電車の実質を害して，その交通機関としての機能の全部または一部を失わせる程度の損壊をいう（最判昭和 46・4・22 刑集 25 巻 3 号 530 頁。器物損壊罪にとどめた判例として，大判明治 44・11・10 刑録 17 輯 1868 頁）。艦船の「沈没」とは，船舶の主要な部分が水中に没した状態をいい，単なる座礁は含まれない。艦船の「破壊」とは，艦船の実質を害し，航行機関たる機能の全部または一部を不能にする程度の損壊をいう（大判昭和 2・10・18 刑集 6 巻 386 頁）。もっとも，船体自体に破損が生じていなくても，艦船を座礁させることがその破壊にあたる場合もある（最決昭和 55・12・9 刑集 34 巻 7 号 513 頁）。

2. 汽車転覆等致死罪

　汽車転覆等致死罪（126 条 3 項）は汽車転覆等罪の結果的加重犯である。条文上，基本犯である汽車転覆等罪が既遂に達している必要があり，汽車・電車・艦船の転覆・沈没・破壊が生じていなければ，たとえ人が死亡しても本罪は成立しえない（微妙な肯定例として，東京高判昭和 45・8・11 高刑集 23 巻 3 号 524 頁）。また致傷罪が規定されていないのは，汽車転覆等罪の法定刑が十分に重く，傷害罪がこれに吸収されると解されるからである（もっとも，傷害罪も成立して観念的競合の関係に立つとする説もある）。

　本罪にいう「人」とは，判例によれば，汽車等に現在するものに限られない（前掲最大判昭和 30・6・22）。条文の文言自体に特段の限定がなく，また，基本犯に内在する類型的危険性という観点から見ても判例は筋が通っているが，他方において，基本犯の客体に現在性が要求されていることとの不整合は残ろう。

　殺意がある場合，判例は殺人罪（199 条）と本罪の観念的競合になるとする（大判大正 7・11・25 刑録 24 輯 1425 頁）。しかし，それでは被害者の死亡結果を二重評価することになるため，本罪の法定刑の重さをも考慮し，本罪のみの成立を認める学説が有力である。一方，被害者が死亡するに至らなかった場合には，殺人未遂罪と本条 1 項・2 項の罪との観念的競合とすべきであろう。

21.3.5　往来危険による汽車転覆等罪

　125 条の罪を犯し，よって汽車もしくは電車を転覆させ，もしくは破壊し，

または艦船を転覆させ，沈没させ，もしくは破壊した者も，126条の例による（127条）。

　本罪は，往来危険罪（125条）を犯した結果，汽車等の転覆等をもたらした場合について，汽車転覆等罪（126条）と同様に処罰する規定である。往来危険罪の結果的加重犯であり，転覆等について故意を要しないにもかかわらず，故意犯と同様に処罰するという特殊性をもつ。

　本罪においては条文上，汽車等の現在性が要求されていない。判例も，無人電車を暴走させて，その脱線・破壊により付近にいた6名を死亡させた事案で本罪を認めているが（前掲最大判昭和30・6・22），学説では，126条の例によるのだから客体も同条と同じでなければならないとして，現在性を要求する立場が有力である。

　人を死亡させた場合に126条3項を適用しうるかも争われている。条文をそのままあてはめれば適用しうるはずであり，判例も適用を肯定している（前掲最大判昭和30・6・22）。もっとも，学説では死刑または無期拘禁刑という法定刑の重さに着目し，往来危険罪の故意しかない者に科しうる限界を超えているとして，適用を否定する立場も有力である。

21.3.6　過失往来危険罪

　過失により，汽車，電車もしくは艦船の往来の危険を生じさせ，または汽車もしくは電車を転覆させ，もしくは損壊し，もしくは艦船を転覆させ，沈没させ，もしくは破壊した者は，30万円以下の罰金に処する（129条1項）。その業務に従事する者が1項の罪を犯したときは，3年以下の拘禁刑または50万円以下の罰金に処する（同条2項）。

　本罪は大別して，過失往来危険罪の処罰規定，過失汽車転覆等罪の処罰規定，業務上過失の加重規定の3つからなっている。汽車等に現在性は要求されていない。

　「その業務に従事する者」とは，直接または間接に，汽車，電車，艦船の交通往来に従事する者をいう（大判昭和2・11・28刑集6巻472頁）。

21.4 公衆の健康に対する罪

21.4.1 総説——あへん煙に関する罪と飲料水に関する罪

刑法は公衆の健康に対する罪として，**あへん煙に関する罪**（136条以下）と**飲料水に関する罪**（142条以下）を規定している。もっとも，前者の罪はあへん法の規制により死文化しているから，以下ではもっぱら後者の罪について解説することとしたい。

21.4.2 飲料水に関する罪

1. 浄水汚染罪

人の飲料に供する浄水を汚染し，よって使用することができないようにした者は，6月以下の拘禁刑または10万円以下の罰金に処する（142条）。

「人の飲料に供する浄水」とは，人の飲料に供することが予定されている水であって，飲用に適する程度に清潔・清浄なものをいう。灌漑用水は人の飲料に供することが予定されていないため含まれない。また本罪が公共危険犯である以上，「人」とは不特定または多数人であることを要するが，他方において，水道汚染罪（143条）が別途設けられている以上，一家族の飲用に供されるにすぎない水瓶や井戸の浄水も本罪の客体にあたるというべきであろう（大判昭和8・6・5刑集12巻736頁）。

本罪の行為は汚染して使用できないようにすることであり，泥まみれにしたり放尿したりするのが典型例であるが，井戸水に食紅を投入するなど，心理的に飲用できなくすることも含む（最判昭和36・9・8刑集15巻8号1309頁）。なお，条文には「よって」とあるが，本罪は結果的加重犯ではなく故意犯であるから，行為者には使用できなくすることの認識・予見が必要である。

2. 水道汚染罪

水道により公衆に供給する飲料の浄水またはその水源を汚染し，よって使用することができないようにした者は，6月以上7年以下の拘禁刑に処する（143条）。

「水道」とは水を供給するための人工の設備であり，本罪の行為は142条にも該当しうる部分を含むが，本罪のほうが刑が加重されているのは被害がより広範囲に及びうるからである。

3. 浄水毒物等混入罪

人の飲料に供する浄水に毒物その他人の健康を害すべき物を混入した者は，3年以下の拘禁刑に処する（144条）。

「毒物」とは，化学的作用により人の健康を害する物質をいう。さらに，「人の健康を害すべき物」とはより広く，浄水に混入されて飲用されることで人の健康を害するいっさいのものをいう。病原菌や寄生虫が典型例といえよう。

なお，本罪は危険犯であるから実際に人の健康を害したことは要求されない（大判昭和3・10・15刑集7巻665頁）。

4. 浄水汚染等致死傷罪

142条〜144条の罪を犯し，よって人を死傷させた者は，傷害の罪と比較して，重い刑により処断する（145条）。

本罪は結果的加重犯であり，人の死傷につき故意あるときは，142条〜144条の罪と殺人罪（199条）・傷害罪（204条）の観念的競合となる。

5. 水道毒物等混入罪・同致死罪

水道により公衆に供給する飲料の浄水またはその水源に毒物その他人の健康を害すべき物を混入した者は，2年以上の有期拘禁刑に処する。よって人を死亡させた者は，死刑または無期もしくは5年以上の拘禁刑に処する（146条）。

本条は基本犯（前段）と結果的加重犯（後段）を同一の条文で規定したものである。加重結果が致傷である場合が規定されていないのは，基本犯の刑がすでに傷害罪（204条）よりも重いからであり，前記場合には基本犯のみが成立すると解される。

なお，結果的加重犯の法定刑は殺人罪（199条）と同一であるから，殺意ある場合にも結果的加重犯のみが成立すると解してよかろう。他方，殺人が未遂にとどまったときは，殺人未遂罪と基本犯との観念的競合となる。

6. 水道損壊罪・同閉塞罪

公衆の飲料に供する浄水の水道を損壊し，または閉塞した者は，1年以上10年以下の拘禁刑に処する（147条）。

罪質に照らし，単に損壊・閉塞したというのでは足りず，浄水の供給を不可能または著しく困難にする程度のものであることが要求されよう（大阪高判昭和49・6・12判時760号106頁）。

第**22**章

文書偽造の罪

22.1 総　説

22.1.1 偽造罪の種類

　刑法は公共の信用ないし取引等の安全に対する罪として，通貨偽造の罪（148条以下），文書偽造の罪（154条以下），有価証券偽造の罪（162条以下），支払用カード電磁的記録に関する罪（163条の2以下），印章偽造の罪（164条以下）という各種偽造罪を規定している。これらの罪は，客体の真正さに対する公共の信用により維持されている一定の制度に「**ただ乗り**」する行為を，当該行為がもたらす個別具体の害悪から切り離して一括処罰するものであり，典型的な**蓄積犯**ということができる。

　偽造の概念はおのおのの偽造罪により微妙に異なるが，その基幹となる部分は学説・実務上も最も重要な文書偽造罪の解釈において議論されていることから，まずは同罪について解説し，残部は次章で扱うこととしたい。

22.1.2 文書偽造罪の保護法益

1. 証拠犯罪説

　文書偽造罪の保護法益は何であろうか。この問いに答えるためには，そもそも文書という制度が何のためにあるのかを明らかにしなければならない。

　みなさんが誰かにお金を貸したとしよう。期限になっても相手がお金を返さないので請求したら，「いや，あれは俺にくれたんだろう」とか，「もう返したはずだ」などといって聞かない。このようなとき，法律を学んでいるみなさんは民事訴訟を提起することを想定し，前者なら「ほら，消費貸借契約書に署名しているだろう」，後者なら「じゃあ領収書を出せよ」などと主張するだろう。ここからも分かるように，文書は究極的には訴訟手続における事実認定に用いられる証拠としての機能を期待されてこの世に存在している。文書という制度は証拠確保のためにあるわけである（大判明治43・12・13刑録16輯2181頁参照）。学説には，文書偽造罪は**証拠犯罪**だというものもある。やや刺激的な表現であるが，煎じ詰めれば同じことを述べたものであろう。

　このように考えると，文書の偽造を放っておくことは到底許されない。矛盾する内容の契約書が無数に出てくる，借金を踏み倒したはずの相手がなぜか自分の署名入りの領収書を持っている，などといったことが常態化し，もはや事実認定の証拠として文書を用いることができなくなる。それなら証人を用意しようか，いや，それでは不安定にすぎるから動画に撮影しておこうか……こうして社会経済活動は著しく停滞させられる。そこで，文書の偽造は厳に禁じておくべきであり，その悪質さ，誘因性，社会的被害の深刻さに照らせば，重い刑罰を投入することも合理的なものとして許される。これこそが文書偽造罪の本質なのである。

2. 有形偽造と無形偽造

　問題は，刑罰をどの範囲で投入すべきかである。

　もちろん，文書制度が理想的に維持されている状態とは，署名している人間が実際にその文書を作っており，なおかつ文書の内容も真実に合致している，というものであろう。そこで，この理想状態を少しでも害せば処罰する，という立法もおよそ考えられないわけではない。実際，刑法は公文書については（特に重要であると見て）そうしている。しかし，私文書を含む文書一般にまで

308　　　　　　　　　　第 22 章　文書偽造の罪

視野を広げれば，そこまでの刑罰の介入は過剰にわたっているおそれが強い。むしろ，勝手に他人の名前を騙って文書を作る（これを**有形偽造**という）ことだけ処罰しておけば，十分に所期の効果を達成できるのではないか。というのも，自分の名前さえ文書に正しく表示しておいてくれれば，文書の内容にうそ偽りがあったとき，その点について問い詰める相手を社会は特定できるため，文書を作る人は責任追及を恐れて正しい内容とする動機づけをもつはずだからである。いいかえると，単に文書内容を偽る（これを**無形偽造**という）ことは文書一般においては刑罰の対象から外すべきである。このように，有形偽造を原則的な処罰対象とする立法形式を**形式主義**とよぶ（大判大正 4・9・21 刑録 21輯 1390 頁参照。反対に，無形偽造を原則的な処罰対象とする立法形式を**実質主義**とよぶ）。

　作成された文書が有形偽造文書か無形偽造文書かが争われることもある（大判明治 44・5・8 刑録 17 輯 817 頁，大判昭和 2・3・26 刑集 6 巻 114 頁，東京高判昭和 28・8・3 判特 39 号 71 頁）。たしかに，名義人を欺罔して間接正犯的に偽造を行わせるケースなどを考えると，いずれにせよ出来上がった文書は名義人の意に反するものであり，文書に表示された意思が名義人のものであるかという事実的な判断のみでは有形偽造文書と無形偽造文書を区別しえない。限界がややあいまいになることは避けられないが，前記意思の内容を構成する権利・義務ないし事実証明と社会通念上同種と評価しうるものを，名義人が認識していなければ有形偽造文書，認識していれば無形偽造文書と解するほかなかろう。

　文書偽造罪の保護法益および具体的な保護の態様は以上のようなものであり，個別の犯罪成立要件の解釈もこの基本的な指針に導かれていることに注意する必要がある。

22.1.3　文書偽造罪の類型

1.　客体による類型

　文書偽造罪の客体には，公務所または公務員の作成すべき公文書と，それ以外の私文書とがある。公文書については，詔書偽造等罪（154 条），公文書偽造等罪（155 条），虚偽公文書作成等罪（156 条），公正証書原本不実記載等罪（157条），偽造公文書行使等罪（158 条）がある。私文書については，私文書偽造等

罪（159条），虚偽診断書等作成罪（160条），偽造私文書等行使罪（161条）がある。

なお，電磁的記録（7条の2）を客体とする類型としては，電磁的記録不正作出罪・同供用罪（161条の2）がある。

2. 行為による類型

22.1.2(2)で述べたように，偽造には大別して有形偽造と無形偽造がある。原則として処罰されるのは有形偽造であり，無形偽造まで処罰される私文書は160条の罪だけである。ただし，私人であっても一定の場合に，間接正犯的な公文書無形偽造（虚偽公文書作成）が処罰されており，それが157条の罪である。

なお，文書を偽造しただけでは始まらないのであって，偽造された文書を行使してはじめて目論見が達成しうるのであるから，文書偽造の罪は偽造文書行使の罪の予備罪的な性質を併有している（ただし，吸収されるわけではなく，両罪が成立して牽連犯となる）。また，電磁的記録については文書における偽造の概念がそのままのかたちでは適用されず，不正作出・供用という行為として類型化されている。

22.2 文書偽造の罪の基本概念

22.2.1 文　　書

1. 文書の意義

ここからは文書偽造罪における基本概念，すなわち，各種文書偽造罪に共通して議論されている要件を概観する。

まず「**文書**」とは，文字または文字に代わるべき符号を用い，永続すべき状態において物体上に記載された意思または観念の表示をいう（大判明治43・9・30刑録16輯1572頁。入札用陶器への記載が文書にあたるとしたもの）。このような定義に基づき，文書の要件として，①**人の意思・観念の表示**，②**可視性・可読性**，③**永続性**が導かれる。また有形偽造を処罰する前提として，④**名義人の認識可能性**も必要となろう。

①そもそも文書とは，そこに人の意思・観念が表示されることにより事実認定の資料となりうるのであるから，単なる番号札や名刺などは文書とはいえない。ただし，いわゆる省略文書は文書と評価することができる。この**省略文書**

とは，人の意思・観念が一定の省略されたかたちで表示されているものであり，たとえば，郵便受付時刻証明書は「郵便局はこの郵便物をいついつに受領しました」という人の意思・観念を，ただ省略された形態で表示しているから文書の一である（大判明治43・5・13刑録16輯860頁。郵便局の日付印につき，大判昭和3・10・9刑集7巻683頁）。

②文書は聴覚をとおして認識される証拠である証言などと区別され，視覚をとおして認識可能という意味で可視性が必要とされる。また，表示された人の意思・観念をただちに了解しうるという意味で可読性も要求され，記録媒体や電磁的記録は文書とはいえないことになる（電磁的記録の保護規定が導入された1987（昭和62）年の刑法改正以前に，電磁的記録を文書とした最決昭和58・11・24刑集37巻9号1538頁が出されているが，今日的意義はない）。もっとも，認識・了解に一定の規則の共有が必要となることは障害とならず，点字や速記記号，暗号の類で書かれていても文書といいうる。また，機械を用いて拡大しなければ読み取れないほど小さな文字で書かれたものも文書である以上，機械を用いて文字等に置き換えなければならない各種コードも文書といってよいように思われる。

③文書の証拠としての最大の特徴の一つは，人の意思・観念というともすれば不安定な存在を永続的に固定化しうることである。ここから永続性の要件が導かれ，たとえば，砂浜に指で文字を書いても文書たりえないというのが私の学生時代によくあげられた例であった。一方，永続性といっても文字どおり半永久的に残っている必要まではなく，黒板にチョークで書いた文字であれば文書たりうるというのも学生のころによく聞かされた（最判昭和38・12・24刑集17巻12号2485頁は文書毀棄の判例である）。ちなみに，これらの例は今日の，若手の手になる教科書類においても用いられることがあるようであるが，そのうち別の例にとってかわられるのであろうか。

なお，物体（パソコンやタブレット）上に表示された**画像データ**が文書にあたるかも争われている。もちろん，電力供給が遮断されれば消えてしまうという意味で紙のような物理的固定はないが，安定的な電力供給はもはや社会の基本的なインフラのひとつであること，画像データが文書にあたりえないとなると今日における文書偽造罪の射程があまりにも狭くなってしまうことなどを考

慮すると，文書該当性を承認するほうが妥当であろう。ただし，これはあくまでも暫定的な解釈であって，他の犯罪類型にかかる立法の状況に照らすならば，ここでもやはり，表示されることとなる電磁的記録のほうに焦点を当てた立法的解決を図るのが本筋だと思われる。

　④誰かは分からないが次のような証言をしている，というのでは証拠たりえない。その内容が誤っていた（うそであった）とき，責任の持って行きようがなく，証言内容の真実性を担保する手段が存在しないからである。これと同様に，誰の意思・観念が表示されているかを文書から認識しえない場合（名義人不在のいわゆる怪文書の類），その内容がでたらめであった場合に責任の持って行きようがないから，その文書は証拠たりえず，したがって，文書偽造罪における文書としては保護されえない（大判昭和3・7・14刑集7巻490頁参照。一方，酒造会社名のある焼酎瓶に貼付された酒精含有量の表示ペーパーは，それ自体に名義人表示がなくても文書にあたるとした判例として，大判昭和7・5・23刑集11巻665頁）。これが名義人の認識可能性という要件の本質である。

　ここで注意を要するのは，この要件が，文書内容の真実性を担保する手段を確保するために立てられているにすぎず，実際にその手段を用いた結果，「ああ，そういう人の意思・観念の表示ということなら真実ではなさそうだな」と判断される場合であっても，なお充足されうるということである。判例では，架空人名義（最判昭和24・4・14刑集3巻4号541頁，最判昭和28・11・13刑集7巻11号2096頁，最判昭和36・3・30刑集15巻3号667頁。一方，一般論として名義人の実在を要求した古い判例として，大判明治45・2・1刑録18輯75頁）や死者名義（最判昭和26・5・11刑集5巻6号1102頁）の場合に文書性が肯定されている。

2. コピーの文書性

　22.2.1(1)で述べた文書の4要件に加え，**原本性**も必要だといわれることがある。すなわち，文書は原本であることを要し，単なる写しは文書ではないというわけである（もちろん，写しが原本と同一内容である旨の**認証文言**が入っている場合には，認証者が一からその写しを原本として作成しているのと同じであるから，文書たりうるのは当然である……が，試験にときどき出る）。その理由は2つあるが，よく考えれば当たり前のことである。

第22章　文書偽造の罪

　第1に，単なる写しには①人の意思・観念の表示がない。ただ，その写しを見た者が「このコピーの元になった文書がどこかに存在するのだろうな」と想像するだけである。

　第2に，かりに第1の点を措くとしても，単なる写しには④名義人の認識可能性がない。すなわち，かりに「当該写しと同一内容の原本が存在する」という人の意思・観念が写しに表示されていると解したとしても，それが誰であるかを写しから推知することはできないのである。

　ところが，判例（最判昭和51・4・30刑集30巻3号453頁）は**コピーの文書性**を肯定している。すなわち，文書偽造罪の客体となる文書を原本に限る根拠はなく，たとえ原本の写しであっても，原本と同一の意識内容を保有し，証明文書として原本と同一の社会的機能と信用性を有するものと認められる限り，文書に含まれるというのである。その結果，コピーは文書の一となり，しかも，コピーの名義人は原本の名義人になるとされる（その後の判例として，最決昭和54・5・30刑集33巻4号324頁，最決昭和58・2・25刑集37巻1号1頁，最決昭和61・6・27刑集40巻4号340頁。また，改ざんした文書をファクシミリで送信し，写しとして行使した場合に受信書面の文書性を肯定した裁判例として，広島高岡山支判平成8・5・22判時1572号150頁参照）。

　しかし，このような判例の立場は前述した，写しが文書たりえない2つの理由をまったく反駁しえていないうえ，そもそも事実認識として，コピーが原本と同一の社会的な「重み」を有しているというのは誤りであるように思われる。コピーが文書たりうるとすれば，せいぜい，コピーが精巧すぎて，これを見た者が原本と認識するような外観を備えているとか，コピー機の機能を用いて，しかし，あくまで原本を作成していると評価しうる（たとえば，私の授業の履修者が欠席届を出したいというので，紙で出してほしいといったら，その履修者はすぐ近くのコピー機を使って紙に出力させていたが，この欠席届はその履修者を名義人とする原本＝文書といえよう）場合に限られよう。

22.2.2　偽　　造

1. 定　　義

　文書偽造の罪においては，偽造・変造・虚偽作成・行使という4種類の行為

が定められている。これらのうち，まずは最も重要かつ基幹的な部分となる偽造，すなわち有形偽造の概念について解説する。

さて，「**偽造**」とは伝統的に，**作成権限**がないのに他人名義の文書を作成することと定義されてきた。もっとも，権限というのでは名義人との関係以外の観点からも制約される余地があることに加え，そもそも権限を付与すべき人物を観念しがたい通称使用のようなケースもあることにかんがみると，より分かりやすい定義を模索する必要がある。こうして今日においては，偽造を，**名義人と作成者の人格の同一性**を偽ることと定義するのが一般的になっている（最判昭和 59・2・17 刑集 38 巻 3 号 336 頁）。

それでは，この今日における偽造の定義にいう名義人と作成者とは，いったいどのように定義されるのであろうか。実は，名義人の定義について争いはなく，文書の内容から作成者と推知されるもの（文書から看取される作成者）ということで一致している。このように，名義人の定義は作成者の定義に依存しているのである。これで作成者の定義についても争いがなければ万事うまくいくのであるが，残念ながらそうは問屋がおろさない。作成者の定義については激しい対立が存在するのである。

2. 作成者の意義

作成者の意義に関する大きな対立は意思説と事実説の間にある。すなわち，**意思説**が文書に表示された意思・観念の主体ととらえるのに対し，**事実説**は文書を自分の手で物理的に作った者ととらえるのである。

このような定義を見る限り，原則的に正しいのは意思説のほうであろう。私が TA（ティーチング・アシスタント）の学生に頼んで「刑法各論」の休講掲示を作ってもらったとき，これを偽造文書というのは明らかにおかしいが，そのためには，休講掲示の作成者を私ととらえて名義人と一致させておく必要がある。つまり，私は学生を道具として自分の意思・観念を休講掲示に表示したのだ，と理解しなければならないのである。しかも，このような意思説は文書の証拠としての保護価値に着目する文書偽造罪の本質にも適合する。事実認定の資料として用いられる，文書に表示された意思・観念について，その内容がでたらめであった場合に責任の持って行きようを確保するのが文書偽造罪の役割だとすれば，あくまでその意思・観念の主体を偽造の成否の結節点とすべきだ

からである。実際，本書のこれまでの記述もこの意思説をベースにしている。

こう書くと，みなさんは次のように考えるであろう。意思説が明らかに正しいというのは分かったが，それなら対立は存在しないはずであり，事実説などはじめから教えなければよかったではないか，と。しかし，ことはそれほど単純ではない。意思説を愚直に適用していくと，直感的に偽造を肯定したくなるケースにおいてもこれを否定せざるをえなくなることがある。このような事態に直面したとき，さまざまな解決——意思説に内在する論理に基づいて修正を加える，諦めて偽造を否定する等々——が考えられるのであるが，一部の有力説は，例外的に事実説の発想を取り入れて偽造を肯定しようとするのである。その具体的な態様は，今後，現実の判例の事案を見ながら説明することとしよう。

3. 名義人の承諾

文書に表示された意思・観念の主体として文書から推知されることにつき，名義人が承諾すれば原則として偽造は否定される。それはとりもなおさず，名義人自身の意思・観念が文書に表示されていることを意味するからである。つまり，名義人と作成者は一致する。

もっとも，これまで判例は**名義人の承諾**があっても偽造の肯定される類型を承認してきた。たとえば，被告人が無免許運転中に取締りを受けた際，あらかじめ承諾を得ていた友人の氏名等を用いて交通事件原票中の供述書を作成したという事案において，その性質上，名義人以外の者が作成することが法令上許されない文書であることから私文書偽造罪を認めている（最決昭和56・4・8刑集35巻3号57頁）。下級審でも，運転免許証申請書（大阪地判昭和54・8・15判タ399号154頁），替え玉受験における大学入試答案（東京高判平成5・4・5判タ828号275頁。ただし傍論），一般旅券発給申請書（東京地判平成10・8・19判時1653号154頁。名義人を共謀共同正犯としている）などについて同様の結論がとられている（他方，農業協同組合の口座開設申込書・印鑑届につき偽造を否定したものとして，横浜地判平成29・3・24 LEX/DB25545645）。

問題は，名義人の承諾があっても例外的に偽造が認められる理由である。ここで参考になるのが，判例が作成という言葉を事実説的に用いているということである。交通事件原票中の供述書は名義人が直接記入しなければならない特

殊な文書であり，そうすると友人が違反者としてみずからその場で作る必要が
あるところ，実際にはそうしていない（被告人が友人になりすまして作ってい
る）から偽造になる，というわけである。もっとも，偽造概念の本質に照らし
て意思説が妥当といいながら，処罰したいときだけ突如として事実説が出現す
る，というのは便宜的にすぎよう。また実際上も，たとえば，被告人が手をけ
がしていたため同乗者に代筆してもらったが，被告人に責任逃れをするつもり
は毛頭なく，堂々と被告人自身の氏名等を用いさせた，という場合にまで偽造
となりかねず不当である。

　こうして意思説を貫徹しなければならないとすると，偽造は否定されざるを
えないのであろうか。それでも仕方がないという学説も有力である。もっとも，
同説の発想を維持しつつも，偽造を肯定する論理がまったく成り立ちえないわ
けではない。そもそも文書偽造罪とは，「証拠としての文書」という制度を保
護法益としていた。意思説も元はといえばそこから来ている。そうすると，同
罪の成立を肯定するためには，当該文書が証拠として事実認定に用いられる一
定の手続きを想定可能でなければならない。われわれはそのような手続きとし
て，これまで訴訟手続ないしこれに準じるものだけを想定してきたが，厳密に
考えると，それらに限定しなければならない論理的必然性までは存在しない。
むしろ，法令によって整備され，要保護性の高い手続きにおける事実認定，た
とえば，交通反則通告制度もまた含むべきではなかろうか。そして，そのよう
な手続きにおいては，そもそも交通違反者という属性が名義人に付着しており，
そのような名義人であってはじめて文書が証拠としての資格（証拠能力）を
もつところ，前掲最決昭和56・4・8の事案においては，実際に文書に表示され
た意思・観念の主体（作成者）は交通違反とは何ら関係のない友人だったのだ
から，名義人と作成者が一致せず偽造になるというわけである。

　ただし，かりにこのように解することができるとしても，私立大学入試にお
ける合否判定手続まで訴訟手続と同等の要保護性を認めてよいかには疑問があ
る。大学人として，入試の法的保護を薄めろというのは断腸の思いであるが，
やはり，替え玉受験はせいぜい別罪で取り締まるべきではなかろうか。

4.　通称の使用

　私の同業者には，本名ではなくペンネームを用いてエッセイを雑誌等に載せ

ている人がときどきいる。おそらく，芸能人も芸名を用いて出演契約書を作成
したりしているのではないか。しかし，ここまで偽造概念について学修してき
たみなさんはもうお分かりのことと思うが，本名を用いなかったら即偽造にな
るなどということはありえない。あくまで，文書の内容がでたらめであったと
き，問い詰める先が特定の人物（自然人の場合）として確保できればそれでよ
いのであって，本名も究極的には，その人物の身長や体重，髪型，趣味，指紋
などといったもろもろの属性のひとつにすぎない。ただ，人物の特定手段・可
能性は文書の性質や流通範囲に応じてさまざまであるところ，（本名でない）**通
称**を用いても正しく人物を特定できるのは，通称使用の可能性まで考慮するこ
とが社会通念上期待される性質の文書であり，かつ，その人物がしょっちゅう
テレビや雑誌に出ている誰もが知る有名人であるとか，通称が通有しているコ
ミュニティのみで流通することが予定されている，などといった場合に限られ
よう。とはいえ現実には，そのような場合は非常に多いと思われる（例外とし
て，受刑中に逃走し，義弟の氏名を使用して生活していた被告人が，無免許運転の
罪を犯して警察官の取調べを受けた際，その氏名を名乗り，その名義を使用し，義
弟の生年月日と本籍を告げて交通事件原票中の供述書を作成した事案において，私
文書偽造罪を認めた最決昭和 56・12・22 刑集 35 巻 9 号 953 頁参照。義弟の氏名を
被告人の通称となしうるのは限られた範囲にすぎず，警察は義弟の氏名から被告人
その人を正しく特定できない）。

　もっとも，通称が社会生活一般において広く定着している場合であっても，
判例は偽造にあたる余地を認めている。すなわち，密入国者である被告人が他
人である A 名義の外国人登録証明書を手に入れ，A の氏名を公私にわたる広
範囲の生活場面において一貫して使用し続けたため，A という氏名が被告人を
指称するものとして完全に定着していたところ，被告人が A 名義の再入国許
可を取得して出国しようとし，A 名義の再入国許可申請書を作成したという事
案において，名義人は適法に本邦に在留することを許されている A であり，
在留資格を有しない A こと被告人という作成者とは一致しないとして私文書
偽造罪を認めたのである（最判昭和 59・2・17 刑集 38 巻 3 号 336 頁）。

　学説にはこの結論に賛成し，再入国許可申請書という文書の性質上，通称で
はなく本名を用いることが要請されるからだ，と説明するものもある。しかし，

22.2 文書偽造の罪の基本概念

かりに被告人が外国人登録に際してはじめから通称を使用し，適法な在留資格を取得していたならば，たとえ再入国許可申請書を作成するにあたって通称を用いたとしても，なお偽造とはされないであろう。そうすると，ことの本質は実は通称使用の可否には存在しない。むしろ，同申請書が「公の手続内において用いられる文書」であって，その名義人に「適法に本邦に在留することを許されている」という属性が付着することにより，はじめて証拠能力を獲得しうるところに眼目があるのではなかろうか。そうすると，煎じ詰めれば22.2.2(3)と同様の問題が議論されていることになる。

なお，厳密には通称の使用と真逆の問題であるが，学生から「少なくとも本名を使えば偽造にならないのか」と質問されることがある（学生が「○○しても処罰されないか」と質問してくるときは，何か悪だくみをしているかもしれないから処罰範囲を広めに答えておく，というのは刑法教師あるあるである）。これに対する回答は，名義人と作成者の人格の不一致を生じさせる以上，本名使用につきこれを許す特段の事情が存在しない限り偽造になる，ということになる。実際，たとえば，高額の出演料を詐取するため，無名芸人が本名を用いて，同姓同名の芸名で活動している有名芸人の出演契約書を勝手に作成した，という場合には偽造とすべきであろう。

5. 偽名の使用

氏名が人格を特定する手がかりのひとつにすぎないとすれば，たとえ**偽名**を用いて文書を作成しても，特定の人格に正しく到達しうる特別の事情があれば偽造は否定される。もちろん，氏名は基本情報の最たるものであり，偽名を使っても人格特定作用に影響がないケースは限られるであろうが，文書の性質（何のためにその文書を作るのか）や流通範囲に照らし，本名を用いることへの期待（氏名による人格特定力）があまりない，ということは考えられる。いま，こんなことを授業で話すと問題であろうが，私の恩師は私が学生のころ，「小林君，不倫客の書いた宿泊台帳とか，借金を返せずに夜逃げした夫婦が田舎のパチンコ屋に住込みで働くときに出す履歴書なんて，本名は使わないものなんだよ」とおっしゃっていた。

なお，判例には，指名手配中の被告人が，素性が明らかになることを免れるため，偽名を用いて就職しようと考え，虚偽の氏名，生年月日，住所，経歴等

を記載し，自己の顔写真を貼付した履歴書・雇用契約書等を作成したという事案において，私文書偽造罪を認めたものがある（最決平成 11・12・20 刑集 53 巻 9 号 1495 頁）。あくまでこの事案においては，たとえ被告人の顔写真が貼りつけられていても，氏名等から別人格が特定されてしまうおそれがあったということであろう。一方，宅配便配達票の受取人欄に偽名で署名しても，人格の同一性に齟齬が発生するおそれはほとんど考えられないから，（他人の署名を）偽造したものとはいえない（京都地判令和 2・6・25 判時 2494 号 98 頁）。

6. 肩書・資格の冒用

　私は仕事柄，いわゆる査読を頼まれることがある。専門誌に投稿された論文を読んで審査報告書を作成するのであるが，私が箔をつけるため，そこに「法学博士　小林憲太郎」と署名したら偽造になるであろうか（恥ずかしながら，私は法学博士号をもっていない）。このように，一定の**肩書・資格**を偽ることがいかなる範囲で名義人と作成者の不一致をもたらすかが議論されている。

　通常の場合であれば，肩書・資格はむしろ文書内容を構成し，これらを偽ることは無形偽造の問題を生じさせるにとどまる。先の査読の例でいうと，出版社の人たちは私という人格を正しく特定したうえ，「なんだ，いままで知らなかったけど，この報告書を見ると小林は学位をもっているのだな」とだまされるだけであろう。一方，肩書・資格の冒用が別人格を作り出す例外的な場合においては，もちろん偽造を肯定する余地がある。これまで判例においては，このような例外的なケースが俎上に載せられてきた。

　まず，弁護士資格を有しない被告人が，第二東京弁護士会に所属する弁護士が自己と同姓同名であることを利用して，同弁護士であるかのように装っていたところ，被告人は，被告人を弁護士と信じていた者から弁護士報酬を得ようとして，弁護士の肩書を付した被告人の名で弁護士報酬金請求書等を作成した，という事案で私文書偽造罪を認めた判例がある（最決平成 5・10・5 刑集 47 巻 8 号 7 頁）。しかし，これは当然の結論であろう。たしかに，請求の相手方はその文書を見て，すぐに（偽弁護士である）被告人の顔を思い浮かべるであろうが，その文書の可能な流通範囲にいる多くの他者は，第二東京弁護士会に所属する本物の弁護士のほうを特定するはずだからである。これでは名義人と作成者が一致しない。

22.2 文書偽造の罪の基本概念 **319**

次に，被告人が，国際運転免許証の発給権限がない団体である「国際旅行連盟」から委託されて，「国際旅行連盟」と刻された，正規の国際運転免許証と酷似する文書を作成した，という事案で私文書偽造罪を認めた判例がある（最決平成15・10・6刑集57巻9号987頁）。これも当然の結論であるように思われる。被告人側は「団体の名称をきちんと表示しており，発給権限があるかのように偽るのは文書内容の話だから無形偽造にとどまる」といいたいのかもしれない。しかし，この文書を見た人は当然，（ジュネーブ条約に基づく国際運転免許証の）発給権限をもつ正規の団体を名義人として特定し，それは「国際旅行連盟」とは別人格であって，ただ，「よく知らなかったが，正規の団体は国際旅行連盟という名前なんだ」と誤解するだけであろう。本名を用いていても偽造となりうるのは 22.2.2(4) で述べた場合と同じである。

7. 代理・代表名義の冒用

Aを**代理・代表**する権限を有しないXが，「A代理人（代表）X」という顕名により文書を作成したら偽造になるか，なるとしていかなる範囲においてか。

ここで作成者がXであることは明らかであるから，問題は名義人が誰かである。

「X」説は，Xが代理権等を有しているというのは文書内容の話であり，肩書・資格の冒用と同じく，原則として無形偽造を構成するにとどまるという。たしかに，著名人のエージェントという肩書を箔付のために詐称したにとどまるケースでは，そのようにいいうるであろう（自分を大きく見せたい教授が「実は博士号をもっているんですよ」とうそを書くのと，クライアントを増やしたい弁護士が「実は大谷翔平の代理人をしているんですよ」とうそを書くのとでは，理論的に等価である）。しかし，通常のケース，すなわち，Xが「この文書はAが作成したものとして扱われる」ことを示す法形式として，前記顕名を行ったという場合においては，文書内容が不真正なものであったとき，責任の持って行きどころとしてXは登場しない。「X」説は代理・代表制度の本質と矛盾するように思われる。

「A代理人（代表）X」説は，架空人名義の文書として扱おうとする。そうすれば名義人と作成者が別人格となり偽造になる。しかし，そもそも「A代理人（代表）」の部分が単なる肩書ではなく，人格としての異質性を基礎づける実質

的な根拠は，煎じ詰めれば，同部分が「この文書はＡが作成したものとして
扱われる」と表明しているところにある。そうすると，このような架空人名義
の創出は迂遠であって，端的にＡその人を名義人ととらえるべきではなかろ
うか。

こうして「Ａ」説が妥当である（大判明治 42・6・10 刑録 15 輯 738 頁，最決昭
和 45・9・4 刑集 24 巻 10 号 1319 頁）。ただし，ここで注意を要するのは，「この
文書はＡが作成したものとして扱われる」こととなる理由が，表見代理など，
第三者保護の観点に求められる場合には作成者がＸのままであり，偽造とな
りうるということである。このような場合には，証拠としての文書という制度
において本質的な，文書に表示された意思・観念の主体はあくまでＸであって，
ただ民事実体法に固有の政策的考慮に基づき，Ａに不利な一定の法的効果を生
じさせているにすぎないからである。

22.2.3 変造・虚偽作成・行使

1. 変　　造

「**変造**」とは，既存の真正な文書の非本質的部分に変更を加えることをいう。
このうち，名義人でない者が行う有形変造は公文書・私文書を問わず処罰され
るが（154 条 2 項，155 条 2 項・3 項，159 条 2 項・3 項），名義人が行う無形変造
は公文書に限って処罰される（156 条）。

問題はいかなる部分が非本質的と判断されるかであるが，たとえば，債務者
から差し入れられた借用証書の金額欄を無断で書き換え，金額を増やした場合
には非本質的部分の変更であり有印私文書変造罪（159 条 2 項）が成立する（大
判明治 44・11・9 刑録 17 輯 1843 頁）。そのほかにも，変造にあたるとされたも
のとしては，債権証書中の 1 字を改めて内容を変更した事案（大判明治 45・2・
29 刑録 18 輯 231 頁），不動産登記済証の抵当権欄の登記順位番号を変更した事
案（大判昭和 2・7・8 法律学説判例評論全集 17 巻刑法 104 頁）などがある。

反対に，変造ではなく偽造とされたものとしては，外国人登録証明書に貼付
されている写真をはがして別人の写真を貼りつけた事案（最決昭和 31・3・6 刑
集 10 巻 3 号 282 頁），自動車運転免許証に貼付されている写真をはがして別人
の写真を貼りつけ，生年月日を改ざんした事案（最決昭和 35・1・12 刑集 14 巻

1号9頁）などがある。

2. 虚偽作成

「**虚偽作成**」とは，文書の作成権限を有する者が内容虚偽の文書を作成することをいう。無形偽造のことである。

虚偽作成は，公文書においては広く処罰されているが（156条・157条），私文書においては例外的にしか処罰されていない（160条）。

3. 行　使

「**行使**」とは，偽造文書を真正な文書として，または，内容虚偽の文書を内容真実の文書として，文書の内容を相手方に認識させ，あるいは認識可能な状態に置くことをいう。相手方は偽造等につき善意でなければならず，共犯者に偽造文書を提示しても行使にはあたらない（大判大正3・10・6刑録20輯1810頁）。また，悪意ある相手方の善意を誤信していた場合には行使の未遂となる（東京高判昭和53・2・8高刑集31巻1号1頁）。

相手方の範囲について，これを文書に関して利害関係を有する者に限る見解もある。もっとも，保護法益にかんがみるならば，その文書が証拠として一定の手続きにおける事実認定の資料とされうる限り，相手方を限定する必然性はなかろう。したがって，たとえば，公立高校の中途退学者が父親を安心させるため，偽造した卒業証書を同人に提示したら偽造公文書行使罪となる（最決昭和42・3・30刑集21巻2号447頁）。

行使の方法に制限はなく，提示・交付・送付といった一般的な態様のほか，文書の性質によっては，一定の場所に備え付けて閲覧可能な状態に置くことも行使にあたる（大判大正11・5・1刑集1巻252頁。これを**備付行使**という）。ただし，たとえば，偽造運転免許証を携帯して自動車を運転するというだけでは，いまだ他人の閲覧に供してその内容を認識しうる状態に置いたとはいえないから，行使にあたらない（最大判昭和44・6・18刑集23巻7号950頁。あたるとした古い判例として，最決昭和36・5・23刑集15巻5号812頁参照）。

相手方に文書内容を認識させるため，これを直接示す必要はなく，そのコピーを示したり（東京高判昭和52・2・28高刑集30巻1号108頁），スキャナーを通じて偽造文書をディスプレイに表示させたり（大阪地判平成8・7・8判タ960号293頁，札幌高判平成17・5・17高刑速（平17）343頁）するのでもよい。

そして，ひとたび行使をこのように解するのであれば，偽造の判断においても，予定されている行使の態様に応じて，真正な文書であると誤信させうる程度の外観を緩やかに解してよいように思われる。たとえば，直接手に取って見れば不真正な文書だとすぐに分かるが，スキャナーをとおして見れば真正な文書のように思える，という場合でも偽造となりえよう（前掲大阪地判平成8・7・8。メンディングテープを用いて運転免許証に紙片を貼りつけた。さらに，携帯電話で撮影し，画像を電子送信すれば本物に見える学生証の偽造につき，神戸地判平成30・5・11 LLI/DBL07350469 参照）。また，警察官等がフロントガラス越しに確認するという，駐車禁止除外指定車標章の本来的な用法をあわせ考慮して同標章の偽造を肯定した裁判例もある（東京地判平成22・9・6判時2112号139頁。紙片をビニール製ケースの上面と同標章との隙間から差し入れた）。偽造の成否は客観的形状を基本に判断すべしとする消極例もあるが（東京高判平成20・7・18判タ1306号311頁），当罰性を無視できずにコピーの偽造を肯定するのでは本末転倒だと思われる。

　なお，犯罪の成立に「**行使の目的**」が要求されている場合，そこにいう「行使」も同じ意味であるが，「行使の目的」自体の犯罪論体系上の位置づけについては刑法総論の議論を参照されたい。

22.3　公文書偽造・行使等罪

22.3.1　類　　型

　刑法は公文書を天皇の文書（詔書等）と一般の公文書に分け，偽変造（154条・155条），虚偽作成（156条），行使（158条）を処罰している。また，公文書の虚偽作成の間接正犯的形態も限定的に処罰される（157条）。

22.3.2　詔書偽造等罪

　行使の目的で，御璽，国璽もしくは御名を使用して詔書その他の文書を偽造し，または偽造した御璽，国璽もしくは御名を使用して詔書その他の文書を偽造した者は，無期または3年以上の拘禁刑に処する（154条1項）。御璽もしくは国璽を押しまたは御名を署した詔書その他の文書を変造した者も，1項と同様とする（同条2項）。

本罪は，天皇が国事行為（憲法7条）等の職務を行ううえで作成する文書の偽変造を特に重く処罰するものである。

「御璽」とは天皇の印章，「国璽」とは日本国の印章，「御名」とは天皇の署名をいう。

「詔書」とは，天皇が国事行為について意思を公示するために用いる文書であり，国会の召集詔書，衆議院の解散詔書などがある。「その他の文書」とは，詔書以外の，天皇を名義人とする文書をいい，法律の公布文書，内閣総理大臣の任命文書などがある。

22.3.3 公文書偽造等罪

1. 総　説

行使の目的で，公務所もしくは公務員の印章もしくは署名を使用して公務所もしくは公務員の作成すべき文書もしくは図画を偽造し，または偽造した公務所もしくは公務員の印章もしくは署名を使用して公務所もしくは公務員の作成すべき文書もしくは図画を偽造した者は，1年以上10年以下の拘禁刑に処する（155条1項）。公務所または公務員が押印しまたは署名した文書または図画を変造した者も，1項と同様とする（同条2項）。1項・2項に規定するもののほか，公務所もしくは公務員の作成すべき文書もしくは図画を偽造し，または公務所もしくは公務員が作成した文書もしくは図画を変造した者は，3年以下の拘禁刑または20万円以下の罰金に処する（同条3項）。

公文書は一般私文書に比して高い信用性が求められるため，公文書の偽変造は私文書の偽変造より重く処罰されている。

155条の罪は，細かくいうと，有印公文書偽造罪（1項），有印公文書変造罪（2項），無印公文書偽変造罪（3項）からなっている。**有印**とは条文にあるとおり，公務所・公務員の印章または署名が使用された場合をいい，この場合にはさらに高い信用性が求められることから，無印の場合よりも刑が重くなっている。

2. 客　体

客体は，公務所・公務員が職務上作成すべき文書（**公文書**）および図画（**公図画**）である。そのような外観を備えていれば足り，現実にその種の公文書・

公図画が存在しなくてもかまわない（たとえ中央省庁であっても，どういう課があって，どのような肩書の人が，いかなる文書・図画を職務として作成しているかを知悉する者はほぼいないであろう）。判例には，名義人たる公務所・公務員に職務上の作成権限がなくても偽造公文書にあたるとしたものがある（最判昭和28・2・20刑集7巻2号426頁）。

公文書の例はすぐに思いつくであろうが，公図画はなかなか想像しにくいかもしれない。教科書類では，法務局の土地台帳付属の地図などが例としてあげられることが多い（最決昭和45・6・30判時596号96頁。ほかにも，たばこ「光」の外箱が公図画にあたるとした判例として，最判昭和33・4・10刑集12巻5号743頁）。

3. 行　　為

行為は偽造および変造である。もっとも，公文書の作成に関与する者のうち，作成権限者または代決者を補助し，作成作業を事実上担当しているもの（これを**補助公務員**という）が補助の範囲を超えて（決裁を受けずに）公文書を作成したとき，いかなる範囲で偽変造を肯定しうるかはひとつの問題である。

一律に公文書偽造罪が成立するという見解もありえようが（大判大正5・12・16刑録22輯1905頁，最判昭和25・2・28刑集4巻2号268頁参照），今日の判例は制限的である（第三者図利目的から権限を濫用して，村長名義の文書を作成した場合に偽造を否定した最決昭和33・4・11刑集12巻5号886頁参照）。すなわち，市民課係長である被告人が，市長の代決者である市民課長の補助者として，一定の手続きに従って印鑑証明書を作成する事務を行っていたところ，あるとき，手続上必要な申請書の提出と手数料の納付をせずに，自己の用に供するため印鑑証明書を作成したという事案において，補助者も，その内容の正確性を確保することなど，その者への授権を基礎づける一定の基本的な条件に従う限度において作成権限を有している，としたうえで，被告人が作成した印鑑証明書は内容が正確であり，通常の申請手続を経由すれば当然に交付されるものであったから，被告人がこれを作成した行為は補助者としての作成権限を超えたものではない，と判示して公文書偽造罪の成立を否定したのである（最判昭和51・5・6刑集30巻4号591頁）。

このような説示を額面どおりに受け取り，文書の内容が真正なものであれば

22.3 公文書偽造・行使等罪 325

作成権限が認められるという趣旨だ，と理解したのでは有形偽造と無形偽造の混同を招きかねない。むしろ，いずれにせよ同一の文書が適法に作成されることとなったであろうから，実質的に見て何らの害悪も生じていないため不法が欠ける，という趣旨に理解すべきではなかろうか。ちょうど，みなさんも刑法総論で勉強した，結果回避可能性の議論（適法に行為してもいずれにせよ同じ結果になったのなら，その結果の惹起を不法とはなしえないという議論）と同じようなものである。

なお，有印・無印の区別につき，公務所・公務員の印章とは，公務所・公務員を表彰するものであり，公印・私印・職印・認印のいずれであるかを問わない（ただし，「公印省略」という形象は印章の表示にあたらない。東京高判昭和53・12・12判時918号133頁）。実在しないものであっても，一般人をして，公務所・公務員の印章と誤認させるに足る印影が表示されていれば十分である。また，公務所・公務員の署名は**記名**であっても足りる（大判大正4・10・20新聞1052号27頁）。

無印公文書の例は思いつきにくいかもしれないが，教科書類では物品税証紙などがあげられている。

4. 罪 数

155条の罪は原則として文書ごとに成立する。したがって，たとえば，自動車運転免許証については，免許の種類ごとに公文書偽造罪が成立することになる（東京高判昭和42・10・17高刑集20巻5号707頁，東京高判昭和52・5・23高刑集30巻2号226頁）。

公文書の偽変造（155条）と行使（158条）は牽連犯の関係に立つ。行使と詐欺（246条）も牽連犯である（最決昭和42・8・28刑集21巻7号863頁）。一方，印章・署名を偽造し，これを使用して公文書を偽造した場合，165条の罪は155条の罪に吸収される（最決昭和32・11・29集刑122号429頁）。

なお，以上は私文書についても同様であり，私文書偽造と同行使（大判昭和7・7・20刑集11巻1113頁），偽造私文書行使と詐欺（大判明治44・11・10刑録17輯1871頁）は牽連犯となる。また，詐欺ののちに偽造私文書を行使するという，ひとつの犯行計画の中で順序が入れ替わった事案で包括一罪を認めた裁判例もある（東京地判平成4・4・21判時1424号141頁）。

22.3.4 虚偽公文書作成等罪

1. 公文書無形偽造の間接正犯——学説

公務員が，その職務に関し，行使の目的で，虚偽の文書もしくは図画を作成し，または文書もしくは図画を変造したときは，印章または署名の有無により区別して，154条・155条の例による（156条）。

本罪に関する最大の論点とされているのは，公文書等の作成権限者以外の者による本罪の間接正犯がいかなる範囲で成立しうるかである（この論点を「**公文書無形偽造の間接正犯**」とよぶ）。とりわけ，①私人を主体とする場合と，②作成権限まではないものの，公文書等の作成業務に職務としてかかわる公務員を主体とする場合が争われている。

まず①については，刑法総論の復習になるが，間接正犯は成立しえないというべきであろう。理由はシンプルであり，間接正犯の創設的な処罰規定をもたないわが国の刑法においては，間接正犯の構成要件該当性は通常の正犯のそれと同一でなければならず，そうだとすれば，私人はこれをみたせないからである（何しろ，条文に「公務員が」と書いてある）。そうすると，私人はせいぜい本罪の教唆犯となりうるにすぎないが，学説にはこれさえも否定するものが多い。その中には，非故意行為に対する教唆犯は成立しないとか，公務員に故意がない場合には本罪の保護法益のひとつである，職務の公正さに対する信頼の毀損が存在しないなどといった原理論を展開するもののほか，刑法がわざわざ157条を設けて軽く処罰している以上，それ以外の場合は不可罰とすべきだというものも含まれている。しかし，原理論のほうはともかく，157条のそのような解釈はにわかには承服しがたい。むしろ，本罪の教唆犯のうち，特に当罰性の低い類型を157条で減刑したにとどまると解するほうが妥当ではなかろうか。

次に②については，少なくとも刑法総論の観点からは，間接正犯の成立を妨げる理由はないというべきであろう。学説には，作成権限者でない限り本罪の構成要件をみたせないというものもあるが，それは言いすぎだと思われる。条文には「公務員が」と，「その職務に関し」という限定が書かれているだけであり，「作成権限者が」とは一言も書かれていないからである（したがって，補助公務員は155条の罪の主体にも156条の罪の主体にもなりうる）。あとは前述したように，157条の存在によって特別に可罰性が阻却されないかが問題となり

うるが，さすがに，一般市民を想定した条文がこの局面で可罰性阻却効果をもつというのは著しく不自然であろう。

2. 判 例

　戦前の判例は，村の助役が情を知らない村長に虚偽の記載を行った文書へ署名させた，という事案において虚偽公文書作成罪を認めていた（大判昭和11・2・14刑集15巻113頁。類似の判断として，大判昭和15・4・2刑集19巻181頁）。その後，最高裁は，私人である被告人が，虚偽の事実を記載した証明願を村役場係員に提出し，村長名義の虚偽の証明書を作成させたという事案において，無形偽造の処罰が限定的であることや，157条が特に規定され，その法定刑が著しく軽いことを指摘し，公務員でない者が虚偽の公文書偽造の間接正犯であるときは，同条の場合以外には処罰しない趣旨であると述べて虚偽公文書作成罪の成立を否定した（最判昭和27・12・25刑集6巻12号1387頁）。その一方で，文書の起案等を担当する県の地方事務所建築係が，情を知らない所長をして，虚偽の記載をなした住宅現場審査申請書に記名・捺印させ，虚偽の現場審査合格書を作成させた，という事案においては虚偽公文書作成罪を認めている（最判昭和32・10・4刑集11巻10号2464頁）。

　これらの判例が整合的かつ一貫したものであるかについては学説でも争いがあるが，少なくとも，公文書無形偽造の間接正犯の成否を判断するに際し，156条の構成要件，具体的には，「公務員が」・「その職務に関し」という要件がみたされているか否かを第一次的な試金石にしている，という点では共通していると思われる。むしろ，判例において際立っているのは157条の理解であり，22.3.4(1)でも述べたように，私人が虚偽公文書作成罪の間接正犯となりえないというのを超えて，157条の存在が同罪の教唆犯としての可罰性さえ排除しているというのは疑問の余地があろう。

22.3.5 **公正証書原本不実記載等罪**

1. 総 説

　公務員に対し虚偽の申立てをして，登記簿，戸籍簿その他の権利もしくは義務に関する公正証書の原本に不実の記載をさせ，または権利もしくは義務に関する公正証書の原本として用いられる電磁的記録に不実の記録をさせた者は，

5年以下の拘禁刑または50万円以下の罰金に書する（157条1項）。公務員に対し虚偽の申立てをして，免状，鑑札または旅券に不実の記載をさせた者は，1年以下の拘禁刑または20万円以下の罰金に処する（同条2項）。1項の罪・2項の罪とも，未遂を罰する（同条3項）。

本罪は特殊な規定である。すなわち，作成権限を有する公務員に対して虚偽の申立てをし，所定の文書・電磁的記録に不実の記載・記録をさせる行為，いいかえれば，私人による虚偽の申立てという限定された手段による，特定の公文書の間接無形偽造を処罰しているのである。

虚偽公文書の作成という重大な結果をもたらしているにもかかわらず，本罪の法定刑が軽くなっている理由については諸説ある。本罪の客体となる文書は社会的重要性が低いという，不法の小ささから説明する説もあるが，あまり説得的ではなかろう。いずれの文書もさまざまな権利・義務関係の基礎となるものであり，非常に基幹的な性質を有している。所詮は私人の申立てによるものだから信用性が低いという人もいるが，それは文書作成の契機にすぎず，現実に文書を作成する段になったら，当然，公務員は職権に基づいて詳細な調査をすることが想定されよう。こうして，むしろ責任の小ささから説明する説のほうが妥当である。すなわち，公務所に何かを申請するという日常的にありふれた，定型的な行為は非常に誘惑的であり，犯罪性向の強くない者であってもついルールを逸脱してしまいがちであるという意味において，期待可能性が低いと解されるのである。

このように，本罪の法定刑の軽さが責任の低減から説明されるとすると，私人であっても，たとえば，夜間，市役所に忍び込み，文書作成の元となる資料をこっそり差し替えて，内容虚偽の文書を公務員に作成させたような場合には，本罪の客体となる文書であろうとなかろうと，虚偽公文書作成罪の教唆犯としての可罰性がただちには排除されないように思われる。

2. 客　　体

1項の客体につき，**権利・義務に関する公正証書の原本**とは，公務員が職務上作成し，権利義務に関する事実を証明する効力を有する文書をいう（最判昭和36・3・30刑集15巻3号605頁）。あくまで原本であって，謄本などは含まれない。条文に例示列挙された登記簿（建物登記簿につき大判明治43・11・8刑録

16 輯 1895 頁，商業登記簿につき大判大正 13・4・29 刑集 3 巻 383 頁）や戸籍簿の
ほか，土地台帳（前掲最判昭和 36・3・30），住民票（最判昭和 36・6・20 刑集 15
巻 6 号 984 頁，最決昭和 48・3・15 刑集 27 巻 2 号 115 頁），公正証書（最決昭和
37・3・1 刑集 16 巻 3 号 247 頁），船籍簿（最決平成 16・7・13 刑集 58 巻 5 号 476
頁）などが含まれる。転出証明書（福岡高判昭和 30・5・19 高刑集 8 巻 4 号 568
頁），自動車検査証（大阪高判昭和 30・6・20 高刑裁特 2 巻 14 号 715 頁）などにつ
いて古い否定例も見られるが，先例としての価値は疑わしい。一方，権利・義
務に関する公正証書の原本として用いられる電磁的記録としては，自動車登録
ファイル（1987（昭和 62）年の刑法改正前に，「原本」にあたるとした古い判例と
して，最決昭和 58・11・24 刑集 37 巻 9 号 1538 頁参照）や不動産登記ファイル，
商業登記ファイル，特許原簿ファイルなどがある。

　2 項の客体につき，「**免状**」とは，特定人に一定の行為を行う権利を付与す
る公務所・公務員の証明書をいう（大判明治 41・9・24 刑録 14 輯 797 頁）。運転
免許証などである。他方，外国人登録証明書は免状にあたらない（東京高判昭
和 33・7・15 東高刑時報 9 巻 7 号 201 頁）。「**鑑札**」とは，公務所の許可または公
務所への登録があったことを証明する証票で，公務所が作成して交付し，交付
を受けた者がこれを備え付け，または携帯することを要するものをいう。犬の
鑑札などはよく知られているが，質屋・古物商の許可証なども含まれる。「**旅
券**」とは，外国に渡航する人に対して発給される文書で，国籍等を証明し，旅
行に必要な保護等を関係官に要請する旨を記したものである。

3. 行　為

　行為は，公務員に虚偽の申立てをして（官公署による不動産登記の嘱託につき，
最決平成元・2・17 刑集 43 巻 2 号 81 頁），客体である公文書に不実の記載をさせ
ることである。

　「**虚偽**」・「**不実**」とは，申立て・記載が重要な点において真実に反すること
をいう。肯定例として，離婚の意思がないのに外形上離婚を装って離婚届を提
出し，戸籍簿の原本にその旨の記載をさせた事案（大判大正 8・6・6 刑録 25 輯
754 頁），登記名簿を有する者の承諾なしに，同人から売渡しを受けた事実がな
いのに，その旨の登記申請を行い，登記簿原本にその旨の記載をさせた事案
（最決昭和 35・1・11 刑集 14 巻 1 号 1 頁），仮装の株式払込に基づいて新株発行

による変更登記を申請し，商業登記簿原本にその旨の記載をさせた事案（最決平成3・2・28刑集45巻2号77頁。見せ金についてはほかにも，最決昭和40・6・24刑集19巻4号469頁，最決平成17・12・13刑集59巻10号1938頁参照）などがある（なお，いわゆる中間省略登記についても古い肯定例があるが〔大判大正8・12・23刑録25輯1491頁〕，このような慣行をもって虚偽・不実とすべきではなかろう）。他方，否定例としては，暴力団員が不動産業者と取引できないと考え，被告人に名義を借りて土地を買い受け，被告人が代表取締役を務める会社への土地所有権移転登記を了した事案（最判平成28・12・5刑集70巻8号749頁）などがある。

4. 罪　　　数

申請者が権限ある公務員と共謀のうえで虚偽の申立てをし，公正証書の原本に不実の記載がなされた場合，公務員には156条の罪が成立し，申請者は65条1項によりその共同正犯となる（大判明治44・4・27刑録17輯687頁）。昔から短答式試験によく出されるケースであるが，学説には，このような場合であっても責任が減少しているとして，申請者を本罪にとどめるものもある。

157条2項の罪はその性質上，不実記載された免状等の受交付を当然に想定しているから，別途，詐欺罪（246条）は成立しないものとされる（最判昭和27・12・25刑集6巻12号1387頁）。もっとも，詐欺罪の解釈にもよるけれども，同罪の財産犯的性格（「財産的損害」要件）に照らし，たとえ157条2項が規定されていなくても同罪が成立しえない場合が多いと思われる。

なお，本罪とその行使罪と詐欺罪は牽連犯となる（最決昭和42・8・28刑集21巻7号863頁。本罪と〔爾後の備付行使である〕偽造公文書行使罪を牽連犯とするのは大判明治42・11・25刑録15輯1667頁）。

22.3.6　偽造公文書行使等罪

154条から157条までの文書もしくは図画を行使し，または157条1項の電磁的記録を公正証書の原本としての用に供した者は，その文書もしくは図画を偽造し，もしくは変造し，虚偽の文書もしくは図画を作成し，または不実の記載もしくは記録をさせた者と同一の刑に処する（158条1項）。未遂を罰する（同条2項）。

本罪は，偽造公文書・虚偽公文書の行使を，客体ごとに，偽変造・虚偽作成・不実記載と同様に処罰するものである。

22.4 私文書偽造・行使等罪

22.4.1 私文書偽造等罪

1. 総　　説

行使の目的で，他人の印章もしくは署名を使用して権利，義務もしくは事実証明に関する文書もしくは図画を偽造し，または偽造した他人の印章もしくは署名を使用して権利，義務もしくは事実証明に関する文書もしくは図画を偽造した者は，3月以上5年以下の拘禁刑に処する（159条1項）。他人が押印または署名した権利，義務または事実証明に関する文書または図画を変造した者も，1項と同様とする（同条2項）。1項・2項に規定するもののほか，権利，義務または事実証明に関する文書または図画を偽造し，または変造した者は，1年以下の拘禁刑または10万円以下の罰金に処する（同条3項）。

本罪は私文書の偽変造を処罰するものである。**私文書**とは公文書以外のすべての文書であり，これまた短答式試験によく出されるところであるが，外国の公務所・公務員が職務上作成する文書も含まれる（最決昭和32・4・25刑集11巻4号1453頁）。また，本罪も有印の場合（1項・2項）のほうが，無印の場合（3項）よりも刑が重くなっている。

2. 客　　体

本罪の客体のうち，**権利・義務に関する文書**とは，私法上・公法上の権利・義務の発生・存続・変更・消滅の効果を生じさせることを目的とする意思表示を内容とする文書をいう。銀行の出金票（大判明治43・2・18刑録16輯189頁），借用証書（大判大正4・9・2新聞1043号31頁），催告書（大判昭和8・5・23刑集12巻608頁），弁論再開申立書（大判昭和14・2・9刑集18巻33頁），銀行の無記名定期預金証書（最決昭和31・12・27刑集10巻12号1798頁）などがあげられる。

事実証明に関する文書とは，実社会生活に交渉を有する事項を証明する文書をいう（大判大正9・12・24刑録26輯938頁，最決昭和33・9・16刑集12巻13号3031頁）。判例においてこれにあたるとされたものとしては，郵便局への転居届（大判明治44・10・13刑録17輯1713頁），衆議院議員候補者の推薦状（大判

大正 6・10・23 刑録 23 輯 1165 頁），選挙候補者推薦会への案内状（前掲大判大正 9・12・24），書画が真筆であることを証明する書画の箱書き（大判大正 14・10・10 刑集 4 巻 599 頁。なぜか昔，よく試験に出された），政党の機関誌に掲載された「祝発展，佐賀県労働基準局長○○」という広告文（前掲最決昭和 33・9・16），私立大学の学生成績原簿（東京地判昭和 56・11・6 判時 1043 号 151 頁，東京地判昭和 56・12・25 判タ 462 号 174 頁），自動車登録事項等証明書交付請求書（東京高判平成 2・2・20 判時 1342 号 157 頁），私立大学の入試答案（最決平成 6・11・29 刑集 48 巻 7 号 453 頁。替え玉受験が私文書偽造だというのはこれが前提になっている），一般旅券発給申請書（前掲東京地判平成 10・8・19），求職のための履歴書（前掲最決平成 11・12・20）などがある。

3. 行　　為

本罪の行為は偽造および変造であるが，その成否をめぐってはさかんに議論がなされており，詳細については 22.2.2 を参照されたい。

なお，有印私文書偽変造罪が成立するためには，他人の印章または署名を使用したことが必要である。署名には記名も含まれる。

22.4.2　**虚偽診断書等作成罪**

医師が公務所に提出すべき診断書，検案書または死亡証書に虚偽の記載をしたときは，3 年以下の拘禁刑または 30 万円以下の罰金に処する（160 条）。

本罪は私文書の無形偽造を例外的に処罰するものである。本罪の客体は公文書に準ずる公的性格を有しており，その内容の真実性自体を刑罰で担保する必要があるからである。

本罪は「**医師**」（歯科医師を含むと解されている）を主体とする身分犯であるが，その医師が同時に公務員であり，その職務として本罪の行為を行ったときは，むしろ虚偽公文書作成罪（156 条）が成立する（最判昭和 23・10・23 刑集 2 巻 11 号 1386 頁）。しばしば短答式試験に出される知識である。

本罪の客体のうち「診断書」とは，医師が診察の結果に関する判断を表示して，人の健康上の状態を証明するために作成する文書をいう（大判大正 6・3・14 刑録 23 輯 179 頁）。「検案書」とは死体について医学的所見を記載した文書であり，「死亡証書」とは一般の死亡診断書（生前から患者の診療に従事してい

た医師が，その患者が死亡したとき，死亡の事実を確認して作成する診断書）をいう。また「公務所に提出すべき」とは，公務所への提出が法令上義務づけられている場合に限らず，単に公務所への提出が予定されているにすぎない場合も含む。

　本罪の行為である虚偽記載とは，客観的事実に反するいっさいの記載をいう。病状，死因，死亡日時等である（死亡日時を1日早めた事案につき，大判昭和13・6・18刑集17巻484頁）。条文上明らかであるが，本罪は虚偽記載がなされれば成立し，実際に公務所に提出されたことは必要でない。

22.4.3　偽造私文書等行使罪

　159条・160条の文書または図画を行使した者は，その文書もしくは図画を偽造し，もしくは変造し，または虚偽の記載をした者と同一の刑に処する（161条1項）。未遂を罰する（同条2項）。

　本罪は公文書の場合と同じく，偽造私文書・虚偽診断書等の行使を客体ごとに，偽変造・虚偽記載と同等に処罰する。なお，虚偽診断書等の場合には，行使は公務所への提出を意味する。

22.5　電磁的記録不正作出罪・同供用罪

22.5.1　総　説

　161条の2の罪は，磁気ディスクやICメモリなどを不正な操作から保護するため，1987（昭和62）年の刑法改正により新設されたものである。保護法益は**電磁的記録の証明機能**とされる。

　本罪は，私電磁的記録不正作出罪（1項），公電磁的記録不正作出罪（2項），不正作出電磁的記録供用罪（3項）からなる。偽変造や虚偽作成ではなく，不正作出という概念が用いられているのは，電磁的記録に名義人を観念するのが困難な場合が多いことによる。もっとも，学説には，あくまで電磁的記録にも名義人を観念しつつ，作成者との人格の不一致をとらえて原則的な処罰対象とすべきだ，というものもある。たしかに，作出権限者がこれを濫用して私電磁的記録を作ったにすぎない場合にまで，全面的に可罰性を及ぼすためには電磁的記録の（文書に対する）独自性がより積極的に論証される必要があろう。

22.5.2 電磁的記録不正作出罪

1. 客　体

人の事務処理を誤らせる目的で，その事務処理の用に供する権利，義務または事実証明に関する電磁的記録を不正に作った者は，5年以下の拘禁刑または50万円以下の罰金に処する（161条の2第1項）。1項の罪が公務所または公務員により作られるべき電磁的記録にかかるときは，10年以下の拘禁刑または100万円以下の罰金に処する（同条2項）。

本罪の客体は，人の事務処理の用に供する権利・義務または事実証明に関する電磁的記録である。**電磁的記録**とは，電子的方式，磁気的方式その他人の知覚によっては認識することができない方式で作られる記録であって，電子計算機による情報処理の用に供されるものをいう（7条の2）。ただし，2001（平成13）年に新設された，163条の2以下の罪で保護されるものは本罪の客体から除かれることになる。

権利・義務に関する電磁的記録としては，銀行の預金元帳ファイルの残高記録，自動改札機用定期券の磁気記録などがあげられる。事実証明に関する電磁的記録としては，馬券の裏面の磁気ストライプ部分の記録（甲府地判平成元・3・31判時1311号160頁），パソコン通信のホストコンピュータ内の顧客データベースファイルの記録（京都地判平成9・5・9判時1613号157頁），会計帳簿ファイルの記録などがあげられる。一方，コンピュータ・プログラムは電磁的記録であっても，コンピュータに指令を発するものであるから本罪の客体にあたらない。

なお，**公電磁的記録**は高い信用性が求められることから，それ以外の私電磁的記録の場合よりも刑が加重されている。自動車登録ファイルの記録や不動産登記ファイルの記録などがその例である。

2. 行　為

本罪の行為である**不正作出**とは，作成権限なく，または，作成権限を濫用して（東京高判令和2・6・11高刑速（令2）180頁参照）（電磁的記録を）作成することをいう。もっとも，22.5.1で述べたように，文書偽造罪のアナロジーから，作成権限がない場合に限定する学説もある。

3. 目　的

本罪は故意に加え,「**人の事務処理を誤らせる目的**」を要求している。したがって,他人の電磁的記録を無断でコピーするような行為は本罪にあたらないことになる。

22.5.3　不正作出電磁的記録供用罪

不正に作られた権利,義務または事実証明に関する電磁的記録を,人の事務処理を誤らせる目的で,人の事務処理の用に供した者は,その電磁的記録を不正に作った者と同一の刑に処する（161条の2第3項）。未遂を罰する（同条4項）。

本罪の客体である,不正に作られた電磁的記録は供用者自身が作出したものでなくてもよいし,人の事務処理を誤らせる目的で作出されたものである必要もない。

本罪の行為である**供用**とは,他人が事務処理に用いるコンピュータで使用しうる状態に置くことをいう。また不正作出の場合と同様,人の事務処理を誤らせる目的が必要である。

22.5.4　罪　　数

不正作出罪と供用罪は牽連犯の関係に立つ。

第 **23** 章

その他の公共の信用
（取引等の安全）に対する罪

23.1 総　　説

　第 22 章において扱った罪のほか，刑法は通貨偽造の罪（148 条以下），有価証券偽造の罪（162 条以下），支払用カード電磁的記録に関する罪（163 条の 2 以下），印章偽造の罪（164 条以下）を，社会生活上重要な制度の基礎となる公共の信用（ないし取引等の安全）に対する罪として規定している。また，その罪質については学説上争いがあるものの，コンピュータ・プログラムに対する社会一般の者の信頼を保護するために，2011（平成 23）年の刑法改正で不正指令電磁的記録に関する罪（168 条の 2 以下）が新設された。

23.2 通貨偽造の罪

23.2.1 類型と保護法益

　刑法は通貨偽造の罪として，通貨偽造罪・同行使等罪（148 条），外国通貨偽造罪・同行使等罪（149 条），偽造通貨等収得罪（150 条），以上の未遂罪（151 条），収得後知情行使罪（152 条），通貨偽造等準備罪（153 条）を規定している。

　通貨偽造の罪の保護法益に関しては争いがある。

23.2 通貨偽造の罪

支配的な見解は，**通貨の真正に対する公共の信用**と解している。偽金を作ったり使ったりしてよいとなると，人々は不信に駆られ，通貨による決済を忌避するようになるであろう。通貨制度の崩壊である。しかし，これは社会的に見ると深刻なコストであり，このような，万人にとって著しく不合理な事態を避けるために，偽金を作ったり使ったりを刑罰で厳しく抑止しておく必要がある。たとえひとりの人間が一度きり，1枚だけ偽札を作ったり使ったりしただけの場合であってさえ，である。というのも，「それくらいなら通貨制度の崩壊には至りえないから」と，ひとたびこれを見逃したならば，誰に対しても許さざるをえず，しかし，全員が同じことをすればやはり通貨制度は崩壊してしまうからである（蓄積犯）。

これに対して少数説は，**国家の通貨発行権**（貨幣高権）が保護法益だと解している。この説によれば，通貨偽造の罪は国家的法益に対する罪ということになろう。具体的にいうと，国家はその裁量に基づき，通貨を発行するタイミングや量を決定することができ，それが国民生活に重大な影響を与える金融政策の基礎にもなっている。この，国家の基幹的な権限を実質的に簒奪する行為を処罰するのが通貨偽造の罪だというわけである。古い判例も，戦後の新円切換の際，国民ひとりにつき百円に相当する証紙を交付し，旧円に貼付させる方法がとられたところ，不正に証紙を入手して，この限度を超えて旧円に貼付したという事案において，通貨偽造罪を認めている（最判昭和22・12・17刑集1巻94頁）。本件で出来上がった通貨は完全に有効なのだから，処罰するためには少数説のほうをとる必要があろう。

いずれの立場が妥当であるかの決め手はないが，やはり条文全体の整合性という観点からは，通貨制度の維持そのものを危うくする行為を本来的な処罰対象ととらえる支配的な見解のほうが優れていよう。国家の通貨発行権とか金融政策の実効性などというのは保護法益として抽象的にすぎる。前記判例の事案においても，端的に，証紙の不正入手をとらえて別罪で処罰すべきではなかろうか。

338　　第 23 章　その他の公共の信用（取引等の安全）に対する罪

23.2.2　通貨偽造罪・同行使等罪

1. 通貨偽造罪

　行使の目的で，通用する貨幣，紙幣または銀行券を偽造し，または変造した者は，無期または 3 年以上の拘禁刑に処する（148 条 1 項）。未遂を罰する（151 条）。

　本罪の客体は通用する貨幣，紙幣または銀行券であり，3 つをあわせて**通貨**とよんでいる。「**通用する**」とはわが国において強制通用力を有することをいい，実社会ではお目にかかることのない旧札も客体に含まれる。貨幣・紙幣とは政府が発行する通貨をいい，銀行券とは，政府の認許によって特定の銀行が発行する貨幣代用証券をいう。現在では，要するに，政府が発行する硬貨と，日本銀行が発行する日本銀行券を意味している。

　本罪の行為は「行使の目的で」の偽変造である。

　行使の目的とは，偽変造したものを真正な通貨として，本来の用法に従い流通させる目的をいう。他人にそうさせる目的も行使の目的にあたる（最判昭和 34・6・30 刑集 13 巻 6 号 985 頁）。したがって，単に見せ金にするつもりの場合は行使の目的が欠ける。ただし，たとえ行使の目的を欠いても，通貨模造罪（通貨及証券模造取締法 1 条・2 条）として処罰されることはありうる。

　偽造とは，権限のない者が通貨に似た外観のものを作成すること，**変造**とは，権限のない者が真正な通貨に加工して通貨に似た外観のものを作成することをいう。いずれも，一般人をして真正な通貨と誤信させる程度の外観を備えることを要する（大判昭和 2・1・28 新聞 2664 号 10 頁，最判昭和 25・2・28 集刑 16 号 663 頁。この程度に達しない場合にも，やはり通貨模造罪となる）。なお，真正な通貨に加工したといっても，もはやその同一性を失わせた場合には偽造となる。

2. 偽造通貨行使等罪

　偽造または変造の貨幣，紙幣または銀行券を行使し，または行使の目的で人に交付し，もしくは輸入した者も，148 条 1 項と同様とする（148 条 2 項）。未遂を罰する（151 条）。

　本罪の客体は偽変造された通貨である。偽変造は行使の目的をともなわなくてもよいし，誰が偽変造したかも問わない。

　本罪の行為のうち「**行使**」とは，真正な通貨として流通に置くことをいう。

23.2 通貨偽造の罪

有償・無償，適法・違法を問わない（偽造外国通貨であるが，両替につき最決昭和32・4・25刑集11巻4号1480頁，賭博の賭金としての使用につき大判明治41・9・4刑録14輯755頁）。自動販売機での使用も行使にあたる（東京高判昭和53・3・22刑月10巻3号217頁）。一方，単に見せ金として示したとか，保管のため委託したにすぎない場合は行使にあたらない。次に「**交付**」とは，偽貨であることを告げて，または，偽貨であることを知る者に偽貨の占有を移転することをいう（大判明治43・3・10刑録16輯402頁）。有償・無償を問わないが，偽造の共同正犯者間で分配するにすぎない場合は，実質的に見て占有移転がないから交付にあたらない（行使を共謀した者どうしの偽貨の授受につき，東京高判昭和31・6・26高刑集9巻7号659頁）。最後に「**輸入**」とは，船によるときは陸揚げ，航空機によるときは取下ろしを要すると解されている。

通貨偽造罪（148条1項）と本罪は牽連犯となる。一方，本罪と詐欺罪（246条）の関係について判例は，詐欺罪が本罪に吸収され，本罪のみが成立するとしている（大判明治43・6・30刑録16輯1314頁）。これを支持する学説は，その理由として，本罪の刑が非常に重いこと，詐欺罪を成立させると152条の刑を軽くした立法者の趣旨が没却されてしまうこと，などをあげる。もっとも，いくら本罪の刑が重いといっても，まったく異なる保護法益に対する罪を吸収するというのは理屈が通りにくい。また，152条が詐欺罪としての処罰を排除する意義まで有していると考えれば，立法者の趣旨が没却されるという事態も生じない。本罪と詐欺罪を観念的競合とする余地もありうるであろう（以上の議論は，本罪が自動販売機等に対して犯された場合に成立しうる窃盗罪等にも同様に妥当する）。

23.2.3 外国通貨偽造罪・同行使等罪

行使の目的で，日本国内に流通している外国の貨幣，紙幣または銀行券を偽造し，または変造した者は，2年以上の有期拘禁刑に処する（149条1項）。偽造または変造の外国の貨幣，紙幣または銀行券を行使し，または行使の目的で人に交付し，もしくは輸入した者も，1項と同様とする（同条2項）。1項の罪・2項の罪とも，未遂を罰する（151条）。

「日本国内」とは日本の主権が及ぶ領域内をいうが，判例は日本国内の米軍

施設も含むという（最決昭和 28・5・25 刑集 7 巻 5 号 1128 頁）。また「流通している」とは，あくまで事実上流通していることを意味するにすぎない（この点で，「通用する」〔148 条 1 項〕とは異なる）。外国通貨が保護の対象だからである。

23.2.4　偽造通貨等収得罪

　行使の目的で，偽造または変造の貨幣，紙幣または銀行券を収得した者は，3 年以下の拘禁刑に処する（150 条）。未遂を罰する（151 条）。

　本罪の行為である「**収得**」とは，偽貨であることを知って取得するいっさいの行為をいう。偽貨を窃取・詐取する場合を含む（窃盗罪・詐欺罪とは観念的競合になる）。また，本罪と爾後の偽造通貨行使罪（148 条 2 項）とは牽連犯になる。

23.2.5　収得後知情行使等罪

　貨幣，紙幣または銀行券を収得した後に，それが偽造または変造のものであることを知って，これを行使し，または行使の目的で人に交付した者は，その額面価格の 3 倍以下の罰金または科料に処する。ただし，2000 円以下にすることはできない（152 条）。

　本罪は偽造通貨行使等罪（148 条 2 項），偽造外国通貨行使等罪（149 条 2 項）の減軽類型である。問題は減軽の実質的な根拠であり，損害を他人に付け替えようとするのは人の至情であるという，責任（期待可能性）の低さに求める見解も有力である。もっとも，そのようにいうだけでは，たとえば，雨の日に傘立てから自分の傘を盗まれた者が，仕方なく傘立てにあった他人の傘を盗み，これを差して帰ったという事例においては，到底同程度の減軽がなされえないことを説明できない。むしろ，通貨の流通性をより強化するため，収得時に偽貨でないかの確認にかかる負担を軽減しようとする，特別な政策的減軽規定と解すべきであろう（別途詐欺罪が成立しないのもこの政策的理由による）。そしてこのように解すると，偽貨を流通の過程においてでなく収得した場合（偽貨と知らずに窃取したり，遺失物として領得したりした場合）には本罪でなく，むしろ偽造通貨行使等罪等が成立することになる。

23.2.6 通貨偽造等準備罪

貨幣，紙幣または銀行券の偽造または変造の用に供する目的で，器械または原料を準備した者は，3月以上5年以下の拘禁刑に処する（153条）。

本罪は，通貨偽造罪（148条1項）および外国通貨偽造罪（149条1項）の予備行為のうち，**器械または原料の準備**のみを処罰するものである。したがって，職人を調達する行為などは本罪にあたらない。他人のために準備する場合も含む（大判昭和7・11・24刑集11巻1720頁）。

準備行為に関し，通貨偽造罪等の実行に適した準備がなされることは必要であるが，偽造等がただちに可能な程度にまで至っている必要はない（大判大正2・1・23刑録19輯28頁）。また，明文では偽変造の用に供する目的しか要求されていないものの，解釈により行使の目的も必要とされる（大判昭和4・10・15刑集8巻485頁）。

器械または原料の購入資金を提供する行為は本罪の幇助犯となる（大判昭和4・2・19刑集8巻84頁）。

本罪は爾後の通貨偽造の未遂・既遂に吸収される（大判明治44・7・21刑録17輯1475頁，大判大正5・12・21刑録22輯1925頁）。

23.3　有価証券偽造の罪

23.3.1　意　　義

有価証券は文書，特に権利・義務に関する文書の一種ではあるが，取引手段として特に重要である。そこで刑法は，文書偽造の罪の特別規定として有価証券偽造の罪（162条以下）を規定し，より重い刑を科するとともに，通貨の場合と同じく，偽変造された有価証券の交付や輸入をも処罰することとしている。

23.3.2　有価証券偽造罪・同虚偽記入罪

1. 客　　体

行使の目的で，公債証書，官庁の証券，会社の株券その他の有価証券を偽造し，または変造した者は，3月以上10年以下の拘禁刑に処する（162条1項）。行使の目的で，有価証券に虚偽の記入をした者も，1項と同様とする（同条2項）。

342　　第23章　その他の公共の信用（取引等の安全）に対する罪

　本罪の客体である**有価証券**とは，財産上の権利を表示した証券であって，その権利の行使に証券の占有を要するものをいう（大判明治42・3・16刑録15輯261頁，最判昭和32・7・25刑集11巻7号2037頁）。流通性を欠くものであってもよく，商法上の有価証券の概念より広い。約束手形（大判明治42・3・16刑録15輯261頁）・小切手（大判明治42・10・7刑録15輯1196頁），貨物引換証（大判大正10・2・2刑録27輯32頁）・船荷証券の類はもちろんのこと，定期乗車券（最判昭和32・7・25刑集11巻7号2037頁），入場券や商品券，勝馬投票券（東京高判昭和34・11・28高刑集12巻10号974頁），宝くじ（最決昭和33・1・16刑集12巻1号25頁）なども含まれる。なお，例示列挙された公債証書は国債・地方債に関する証券，官庁の証券は旧大蔵省証券，旧郵便為替証書（福岡高判昭和25・3・17高刑判特6号65頁）など，官庁を名義人とする有価証券，会社の株券は株式会社の発行する株主としての地位を表示する証券である。

　一方，本罪の客体である有価証券にあたらないものとしては預金通帳や貯金通帳（大判昭和6・3・11刑集10巻75頁）があげられる。これらは特定の権利や事実を証明する**証拠証券**にすぎず，他の証拠があれば権利行使が可能である。同様に，判例によればゴルフクラブの入会保証金預託証書も有価証券にあたらない（最決昭和55・12・22刑集34巻7号747頁）。他方，印紙や郵便切手も有価証券にあたらないが，それは金券として別に保護されている（郵便法の罰則等を参照）。

　なお，かつて，テレホンカードの磁気部分の通話可能度数を改ざんする行為について，券面上の可視的・可読的部分と一体をなすことを理由に有価証券偽造罪を認めた判例があるが（最決平成3・4・5刑集45巻4号171頁），2001（平成13）年の刑法改正により支払用カード電磁的記録不正作出等罪（163条の2）が新設されたため，先例としての意義を失っている。

2. 行　　為

　有価証券偽造罪（162条1項）の行為は，行使の目的での，有価証券の偽変造である。有価証券虚偽記入罪（162条2項）の行為は，行使の目的での，有価証券への虚偽記入である。

　偽造とは，作成権限のない者が他人名義の有価証券を作成することをいい，**変造**とは，真正な有価証券に権限なく変更を加えることをいう。いずれについ

23.3 有価証券偽造の罪

ても，一般人に真正な有価証券と誤信させる程度の外観を作り出すことを要するが，法定要件を完全に具備している必要はない（大判明治35・6・5刑録8輯42頁，東京高判昭和58・5・26東高刑時報34巻4＝5＝6号18頁。一般人は法定要件の知識をもたない）。なお，真正な有価証券の本質的部分に変更を加え，既存の有価証券との同一性を欠くものを作り出した場合には，変造ではなく偽造となることに注意を要する（たとえば，期限が過ぎた定期乗車券の終期に改ざんを加え，有効であるように見せかけた場合は偽造となろう。大判大正12・2・15刑集2巻78頁参照）。

虚偽記入とは，有価証券に真実に反する記載をすることをいい，通常の無形偽造の場合のほか，有価証券がいったん成立したのちの付随的証券行為については，例外的に有形偽造も含まれるというのが判例である（大判明治45・4・18刑録18輯477頁，大判大正2・6・12刑録19輯705頁，最決昭和32・1・17刑集11巻1号23頁）。もっとも，なぜここにおいてのみ，有形偽造を含めてよいのかは必ずしも明らかでない。他人名義の冒用はあくまで偽変造とすべきであろう。

3. 作成権限の濫用と逸脱

一般に，有価証券を作成する権限を有する者がその権限を**濫用**してこれを作成しても有価証券偽造罪とはならないが，その権限を**逸脱**してこれを作成すれば同罪となる，と解されている（大判大正11・12・6刑集1巻736頁。なお，取締役・支配人が贈賄目的・図利目的で本人名義の手形を振り出したという，権限濫用の事案で有価証券偽造罪を認めた古い判例として，大判明治45・7・4刑録18輯1009頁，大判大正3・12・17刑録20輯2426頁）。

判例としては，銀行の支配人が自己の利益のため，銀行名義の小切手を作成・交付した事案で有価証券偽造罪を否定したもの（大連判大正11・10・20刑集1巻558頁），漁業組合の参事として約束手形を発行する事務を担当していた者が，内規により必要とされていた専務理事の決裁を受けないで，組合長振出名義の約束手形を作成した事案で有価証券偽造罪を認めたもの（最決昭和43・6・25刑集22巻6号490頁）などがある。

なお，内部的制限の違反は権限逸脱といえども，民事法上は善意（・無過失）の第三者に対抗しえない場合が多いであろう。しかし，刑法上の要保護性はそのような，取引の安全という民事法に特有の考慮から切り離して判断して

344 第 23 章 その他の公共の信用（取引等の安全）に対する罪

よいと思われる（取締役の退任後，その辞任登記前に会社振出名義の約束手形を作成した事案において，有価証券偽造罪を認めた大判大正 15・2・24 刑集 5 巻 56 頁参照）。

23.3.3 偽造有価証券行使等罪

偽造もしくは変造の有価証券または虚偽の記入がある有価証券を行使し，または行使の目的で人に交付し，もしくは輸入した者は，3 月以上 10 年以下の拘禁刑に処する（163 条 1 項）。未遂を罰する（同条 2 項）。

本罪の客体である偽変造・虚偽記入された有価証券は，行為者自身が作成したものであることを要せず，また，行使の目的で作成されたものであることも要しない。

本罪の行為のうち，特に**行使**とは，偽造有価証券等を真正な，または内容真実の有価証券として使用することをいい，文書と同様，流通に置くことを要しない（大判明治 44・3・31 刑録 17 輯 482 頁）。偽造通貨の場合，見せ金では行使とならなかったが，本罪は見せ手形でも成立しうることになる。一方，偽造手形の善意取得者が後日偽造であることを知り，真実の署名をなした手形債務者に手形を呈示して弁済を求めることは，正当な権利の行使であるから本罪は成立しない（大判大正 3・11・28 刑録 20 輯 2277 頁）。

有価証券の偽変造・虚偽記入罪と本罪は牽連犯となり（大判明治 42・2・23 刑録 15 輯 127 頁），本罪と詐欺罪も牽連犯となる（大判大正 3・10・19 刑録 20 輯 1871 頁）。

23.4 支払用カード電磁的記録に関する罪

23.4.1 意 義

クレジットカードやプリペイドカードの情報を不正に取得し，これらを偽造する行為が頻発して社会問題化したことから，これに対処するため，2001（平成 13）年の刑法改正により，支払用カード電磁的記録に関する罪（163 条の 2 以下）が新設された。

23.4 支払用カード電磁的記録に関する罪

23.4.2 支払用カード電磁的記録不正作出等罪

1. 罪質・保護法益

人の財産上の事務処理を誤らせる目的で，その事務処理の用に供する電磁的記録であって，クレジットカードその他の代金または料金の支払用のカードを構成するものを不正に作った者は，10年以下の拘禁刑または100万円以下の罰金に処する。預貯金の引出用のカードを構成する電磁的記録を不正に作った者も，同様とする（163条の2第1項）。不正に作られた1項の電磁的記録を，同項の目的で，人の財産上の事務処理の用に供した者も，同項と同様とする（同条2項）。不正に作られた1項の電磁的記録をその構成部分とするカードを，同項の目的で，譲り渡し，貸し渡し，または輸入した者も，同項と同様とする（同条3項）。以上のすべてについて，未遂を罰する（163条の5）。

本罪は，支払用カード電磁的記録不正作出罪（1項），不正作出支払用カード電磁的記録供用罪（2項），不正電磁的記録カード譲渡し等罪（3項）の3つからなる。これらの罪の保護法益は，支払用カードを構成する電磁的記録の真正に対する社会的信頼と解されている。

2. 客　　体

1項の罪の客体は2つに分かれ，所定の電磁的記録であって，①クレジットカードその他の代金または料金の支払用のカードを構成するものと，②預貯金の引出用のカードを構成するものである。①にはプリペイドカード，デビットカード，カード型電子マネーなどが含まれる。②はいわゆるキャッシュカードである。①と②をあわせて支払用カードとよぶ。ただし，決済機能をもたないローンカードやポイントカードはこの支払用カードにあたらない。

2項の罪の客体は不正に作出された前記電磁的記録である。

3項の罪の客体は，不正に作出された前記電磁的記録をその構成部分とするカード（これを不正電磁的記録カードという）である。

3. 行　　為

不正作出とは，権限なく，または権限を濫用して，記録媒体上に電磁的記録を存在するに至らしめることをいう。当罰性の観点からは，電磁的記録をカードに組み込み，ただちに供用可能な状態に至っていることが必要であろう。なお，人の財産上の事務処理を誤らせる目的が要求されている（支払用カード電

346　　第 23 章　その他の公共の信用（取引等の安全）に対する罪

磁的記録だから「財産上の」という限定が付いている）。

　供用とは，不正に作出された支払用カードを構成する電磁的記録を，人の財産上の事務処理のため，それに使用される電子計算機において用いうる状態に置くことをいう。これについても前記目的が必要である。

　譲渡し・貸渡しとは，不正電磁的記録カードを人に引き渡す行為であって，処分権を与える場合が譲渡し，与えない場合が貸渡しである。相手方の知情の有無を問わない（知情の場合は 163 条の 3 の罪が成立しうるが，必要的共犯の理論により，本罪の共同正犯までは成立しないと解されている）。輸入とは，国外から国内に不正電磁的記録カードを搬入することをいう。ただし，カードが未完成品の場合には 163 条の 4 の罪が成立するにとどまる。

23.4.3　不正電磁的記録カード所持罪

　163 条の 2 第 1 項の目的（人の財産上の事務処理を誤らせる目的）で，同条 3 項のカードを所持した者は，5 年以下の拘禁刑または 50 万円以下の罰金に処する（163 条の 3）。

　一見すると過剰処罰のようにも思われるが，不正電磁的記録カードは反覆利用しうることから危険性が高く，その所持を処罰することとしたものである。

　所持とは，カードの保管につき事実上の支配関係を有していることをいう。またカードが未完成品の場合には，ここでも 163 条の 4 の罪が成立するにとどまる。他方，使用停止措置がとられるなどによりカードとしてただちに使用しえない場合であっても，なお本罪は成立しうる（広島高判平成 18・10・31 高刑速（平 18）279 頁）。

　本罪と 23.4.2 の罪とは牽連犯の関係に立つ。

23.4.4　支払用カード電磁的記録不正作出準備罪

　163 条の 2 第 1 項の犯罪行為の用に供する目的で，同項の電磁的記録の情報を取得した者は，3 年以下の拘禁刑または 50 万円以下の罰金に処する。情を知って，その情報を提供した者も，同様とする（163 条の 4 第 1 項）。不正に取得された 163 条の 2 第 1 項の電磁的記録の情報を，1 項の目的で保管した者も，同項と同様とする（同条 2 項）。1 項の目的で，器械または原料を準備した者も，

同項と同様とする（同条3項）。1項の罪の未遂を罰する（163条の5）。

　本罪は，支払用カード電磁的記録不正作出罪の予備を，電磁的記録情報の取得・提供・保管および器械・原料の準備に限って処罰するものである。取得・提供についてのみ，未遂が処罰されていることに注意を要する。

23.5　印章偽造の罪

23.5.1　意　　義

　印章偽造の罪は，印章・署名の偽造等を処罰するものである。保護法益は印章・署名の真正に対する公共の信用である。

　印章・署名の偽造等がそれ自体を目的として行われるケースは少なく，むしろ，文書や有価証券の偽造の手段として用いられるのが一般的である。この意味において，印章偽造の罪はこれらの偽造罪の準備行為を処罰する実践的意義も有しているといえよう（したがって，印章偽造の罪は文書ないし有価証券の偽造罪に吸収される）。

23.5.2　各要件の内容

1.　客　　体

　印章とは，人の同一性を表示するために使用される一定の象形をいう。雅号印（大判大正3・6・3刑録20輯1108頁）や花押（大判昭和12・12・14刑集16巻1603頁）のほか，印影のみならず印鑑自体も含まれる（大判明治43・11・21刑録16輯2093頁，大判大正3・10・30刑録20輯1980頁，最決昭和32・2・7刑集11巻2号530頁）。もっとも，学説においては，印鑑それ自体が人の同一性を証明するわけではないとして，印章を印影に限るものも有力である。

　署名とは，人が自己を表彰すべき文字をもって氏名その他の呼称を表記したものをいう（大判大正5・12・11刑録22輯1856頁）。この要件をみたす限り，商号（大判明治43・3・10刑録16輯414頁）・屋号（大判明治43・9・30刑録16輯1572頁）・雅号（大判大正2・3・10刑録19輯327頁）などの記載も署名にあたる。また自署に限らず，代筆や記名であってもよい（大判明治45・5・30刑録18輯790頁，大判大正2・9・5刑録19輯853頁）。ただし，いわゆる省略文書と評価しうる場合には，むしろ文書そのものとして保護される（たとえば，郵便局の

348　　第 23 章　その他の公共の信用（取引等の安全）に対する罪

日付印は「この郵便物はいついつに受領した」旨を表示する文書である。大判昭和
3・10・9 刑集 7 巻 683 頁）。

　判例において印章ないし署名にあたるとされたものとしては，書画の落款
（大判大正 14・10・10 刑集 4 巻 599 頁），絵画の署名，押印，封筒裏面の署名（大
判昭和 8・12・6 刑集 12 巻 2226 頁）などがある。

　記号とは，人の同一性以外の一定の事実を表示するものをいい（古い判例と
して，大判明治 42・9・23 刑録 15 輯 1155 頁，大判明治 43・6・20 刑録 16 輯 1225
頁），公務所の記号だけが保護されている。なお，現在の判例は文書に用いら
れるのとそうでないのとで印章と記号を分けているようであるが（大判大正 3・
11・4 刑録 20 輯 2008 頁，最判昭和 30・1・11 刑集 9 巻 1 号 25 頁），それでは保護
の対象が文書の場合と対応しなくなってしまうであろう。

2. 行　　為

　偽造とは，権限なく他人の印影，署名，記号を物体上に表示することをいう。
印章が印鑑を含むとすれば，偽造印鑑の作成も偽造にあたる。

　使用とは，偽造された印章等を，正当に表示された印章等として，他人の閲
覧に供しうべき状態に置くことをいう（大判大正 7・2・26 刑録 24 輯 121 頁，大
判昭和 16・10・9 刑集 20 巻 547 頁）。真正な印章等を不正に使用する場合と，偽
造された印章等を使用する場合が処罰の対象とされている。

23.5.3 類　　型

1. 御璽偽造罪・同不正使用等罪

　行使の目的で，御璽，国璽または御名を偽造した者は，2 年以上の有期拘禁
刑に処する（164 条 1 項）。御璽，国璽もしくは御名を不正に使用し，または偽
造した御璽，国璽もしくは御名を使用した者も，1 項と同様とする（同条 2 項）。
2 項の罪の未遂を罰する（168 条）。

2. 公印偽造罪・同不正使用等罪

　行使の目的で，公務所または公務員の印章または署名を偽造した者は，3 月
以上 5 年以下の拘禁刑に処する（165 条 1 項）。公務所もしくは公務員の印章も
しくは署名を不正に使用し，または偽造した公務所もしくは公務員の印章もし
くは署名を使用した者も，1 項と同様とする（同条 2 項）。2 項の罪の未遂を罰

する（168 条）。

3. 公記号偽造罪・同不正使用等罪

　行使の目的で，公務所の記号を偽造した者は，3 年以下の拘禁刑に処する（166 条 1 項）。公務所の記号を不正に使用し，または偽造した公務所の記号を使用した者も，1 項と同様とする（同条 2 項）。2 項の罪の未遂を罰する（168 条）。

4. 私印偽造罪・同不正使用等罪

　行使の目的で，他人の印章または署名を偽造した者は，3 年以下の拘禁刑に処する（167 条 1 項）。他人の印章もしくは署名を不正に使用し，または偽造した印章もしくは署名を使用した者も，1 項と同様とする（同条 2 項）。2 項の罪の未遂を罰する（168 条）。

　判例は本罪の印章に私記号を含めるが（大判大正 3・11・4 刑録 20 輯 2008 頁），印章と記号の区別を無に帰する解釈であり不当である。

　なお，本罪のうち偽造と使用は牽連犯となる（大判昭和 8・8・23 刑集 12 巻 1434 頁）。

23.6　不正指令電磁的記録に関する罪

23.6.1　意　　義

　168 条の 2・168 条の 3 の罪は「サイバー犯罪に関する条約」の国内担保法であり，コンピュータ・ウイルス対策として 2011（平成 23）年の刑法改正により新設されたものである。保護法益については争いがあるが，一般に，コンピュータ・プログラムの適正動作に対する社会一般の信頼と解されている。偽造罪の次に規定されているのもこのためである。

23.6.2　不正指令電磁的記録作成等罪

1. 客　　体

　正当な理由がないのに，人の電子計算機における実行の用に供する目的で，次に掲げる電磁的記録その他の記録を作成し，または提供した者は，3 年以下の拘禁刑または 50 万円以下の罰金に処する。

　一　人が電子計算機を使用するに際してその意図に沿うべき動作をさせず，またはその意図に反する動作をさせるべき不正な指令を与える電磁的記録

350 第23章 その他の公共の信用(取引等の安全)に対する罪

二 前号に掲げるもののほか，同号の不正な指令を記述した電磁的記録その
他の記録（168条の2第1項）

正当な理由がないのに，1項1号に掲げる電磁的記録を人の電子計算機にお
ける実行の用に供した者も，同項と同様とする（同条2項）。未遂を罰する（同
条3項）。

1項1号に規定する不正指令電磁的記録は**反意図性**のみならず**不正性**をも要
件としている。判例によれば，ウェブサイト閲覧者の同意なく，その電子計算
機を使用してマイニングを行わせるプログラムコードは反意図性をみたすもの
の，社会的に許容しえないものとはいえず，不正性をみたさないから不正指令
電磁的記録にあたらない（最判令和4・1・20刑集76巻1号1頁）。

なお，作成・提供については1項2号の客体も含まれる。これにあたるもの
としては，コンピュータ・ウイルスのプログラムコードをプリントアウトした
ものなどがあげられる。

2. 行　為

行為は作成・提供・供用である。作成・提供は供用目的で行われることを要
する。また，社会的に有用なプログラムの開発等，正当な理由がある場合は可
罰性が否定されるが，それは実質的には違法性阻却事由の存する場合を意味し
ており，「正当な理由がないのに」という文言がかりに挿入されていなくても
可罰範囲は変わらない。

作成とは，不正指令電磁的記録を新たに記録媒体上に存在するに至らしめる
ことをいう。

提供とは，情を知って不正指令電磁的記録を自己の支配下に移そうとする者
に対し，これをその支配下に移して事実上利用しうる状態に置くことをいう。

供用とは，情を知らない第三者のコンピュータで不正指令電磁的記録を実行
されうる状態に置くことをいう。メール添付，ウェブサイト上でダウンロード
させる等が考えられる。

23.6.3 不正指令電磁的記録取得等罪

正当な理由がないのに，168条の2第1項の目的（人の電子計算機における実
行の用に供する目的）で，同項各号に掲げる電磁的記録その他の記録を取得し，

23.6 不正指令電磁的記録に関する罪

または保管した者は，2年以下の拘禁刑または30万円以下の罰金に処する（168条の3）。

　取得とは，コンピュータ・ウイルスを自己の支配下に移すいっさいの行為をいう。保管とは，コンピュータ・ウイルスを自己の実力支配内に置いておくことをいう。いずれについても供用目的が必要である。

第**24**章

風俗に対する罪

24.1 総 説

風俗に対する罪は，性・経済・宗教生活における社会的風俗・慣習を害する罪である。具体的には，わいせつ・重婚の罪（174条以下），賭博・富くじに関する罪（185条以下），礼拝所・墳墓に関する罪（188条以下）が含まれる。

なお，刑法典第22章に規定される罪のうち，不同意性交等の罪は個人的法益に対する罪であるからここでは扱わない。

24.2 わいせつ・重婚の罪

24.2.1 罪質・保護法益

わいせつ・重婚の罪には，公然わいせつ罪（174条），わいせつ物頒布等罪（175条），淫行勧誘罪（182条），重婚罪（184条）がある。

判例によれば，これらの罪の保護法益は性秩序ないし健全な性的風俗とされる（最大判昭和32・3・13刑集11巻3号997頁）。もっとも，これに対しては，多数派の保守的な価値観を保護法益とするものであり法益保護主義に反する，という学説も有力である。そういった学説は，代わりとなる保護法益として，

24.2 わいせつ・重婚の罪　　353

見たくない人の見ない自由，青少年の健全育成，犠牲にされがちな女性の人格的尊厳（往々にして，わいせつ動画は女性蔑視的な内容を有しており，重婚は一夫多妻の形態をとりがちである）などをあげている。このような限定された保護法益への侵襲がない場合には，犯罪が成立しないことになろう。

24.2.2　わいせつの意義

　判例によれば，**わいせつ**とは，いたずらに性欲を興奮または刺激させ，かつ，普通人の正常な性的羞恥心を害し，善良な性的道義観念に反するものをいう（最判昭和26・5・10刑集5巻6号1026頁）。当初は，ある作品の一部にでもわいせつ性が認められれば足りると解されていたが（前掲最大判昭和32・3・13），その後，あくまで作品全体との関連においてわいせつ性を判断すべきとされるようになった（最大判昭和44・10・15刑集23巻10号1239頁）。それは畢竟，作品を全体として見たときに，主として好色的興味に訴えるものか否かの判断に帰着しよう（最判昭和55・11・28刑集34巻6号433頁）。実態としては処罰範囲が縮小してきている。

24.2.3　公然わいせつ罪

　公然とわいせつな行為をした者は，6月以下の拘禁刑もしくは30万円以下の罰金または拘留もしくは科料に処する（174条）。

　175条の罪と共通する不法を有するが，固定性や伝播性がないことから刑が軽くなっている。したがって，たとえば，人も「物」の一種であるとして，本罪の行為が同時に175条（わいせつ物公然陳列罪）にあたるなどとする解釈は成り立たない（最決昭和30・7・1刑集9巻9号1769頁）。

　「**公然と**」とは，不特定または多数人が認識しうる状態をいう（最決昭和32・5・22刑集11巻5号1526頁）。現に認識される必要まではない。また判例によれば，特定少数人の前でわいせつな行為をしたにとどまる場合であっても，それが不特定多数人を勧誘した結果であれば公然といえる（最決昭和31・3・6集刑112号601頁，最決昭和33・9・5刑集12巻13号2844頁）。もっとも，見たい人だけが集まって見ているのを処罰することに対しては，保護法益の観点から批判が強い（公然性の否定例として，静岡地沼津支判昭和42・6・24下刑集9巻

354　　　　　　　　第 24 章　風俗に対する罪

6 号 851 頁参照）。

　不同意わいせつ行為を公然と行った場合，保護法益が異なるから不同意わいせつ罪（176 条）も本罪も成立し，観念的競合となる（大判明治 43・11・17 刑録 16 輯 2010 頁参照）。

24.2.4　わいせつ物頒布等罪・わいせつ物有償頒布目的所持罪

1. 客　　体

　わいせつな文書，図画（とが），電磁的記録にかかる記録媒体その他の物を頒布（はんぷ）し，または公然と陳列した者は，2 年以下の拘禁刑もしくは 250 万円以下の罰金もしくは科料に処し，または拘禁刑および罰金を併科する。電気通信の送信によりわいせつな電磁的記録その他の記録を頒布した者も，同様とする（175 条 1 項）。有償で頒布する目的で，1 項の物を所持し，または同項の電磁的記録を保管した者も，同項と同様とする（同条 2 項）。

　本罪の客体のうち，電磁的記録にかかる記録媒体，電磁的記録その他の記録は 2011（平成 23）年の刑法改正により追加されたものである。

　「文書」はポルノ小説などであるが，今日において取締りの対象となることは考え難い。「図画」には未現像の映画フィルム（名古屋高判昭和 41・3・10 判時 443 号 58 頁），マスク処理を外して復元閲覧できる画像（岡山地判平成 9・12・15 判時 1641 号 158 頁）なども含まれる。わいせつ性の認識に一定の操作が要求されるものの，それが容易である場合には客体に含めてよい。また「その他の物」について，わいせつ画像データを記憶・蔵置させたパソコンネットのホストコンピュータのハードディスクをわいせつ物とした判例も存在したが（最決平成 13・7・16 刑集 55 巻 5 号 317 頁），前述した 2011（平成 23）年刑法改正後は，そもそも電磁的記録にかかる記録媒体に該当することとなった。

　「わいせつな電磁的記録」について，古くは，わいせつな画像データをわいせつ図画に含めた裁判例も存在したが（前掲岡山地判平成 9・12・15），前記改正後はわいせつな電磁的記録に該当することとなった。「その他の記録」は電磁的記録ではない画像等であり，このような有体物が実際に利用されることはあまり考えられない。

2. 行　　為

行為は頒布，公然陳列，所持，保管である。

頒布とは，物においては，不特定または多数の者に物を交付することをいう。また，不特定または多数の者に行う意思があれば，特定かつ少数の者に対するものであっても頒布にあたる（大判大正 6・5・19 刑録 23 輯 487 頁）。一方，記録においては，不特定または多数の者の記録媒体に記録を存在するに至らしめることをいう（最決平成 26・11・25 刑集 68 巻 9 号 1053 頁）。メールにわいせつ画像等のデータを添付したり，ウェブサイト上で同データをダウンロードさせたりする行為がこれにあたる。

公然陳列とは，わいせつ物のわいせつな内容を不特定または多数の者が認識しうる状態に置くことをいう（前掲最決平成 13・7・16）。現に認識しうるのが特定かつ少数の者のみであったとしても，それが不特定または多数人を勧誘した結果であれば公然陳列にあたる（最決昭和 33・9・5 刑集 12 巻 13 号 2844 頁）。また，わいせつな内容を認識するために一定の操作が閲覧者側に要求される場合でも，それが閲覧のために通常必要とされる簡単な操作にすぎないときは，公然陳列にあたる（前掲最決平成 13・7・16）。したがって，わいせつな画像データ等をサーバーに蔵置する行為も，わいせつな電磁的記録にかかる記録媒体の公然陳列といえる。この際，閲覧者側が同データをダウンロードすることを想定していれば，あわせて頒布罪も成立しうる。

所持・保管とは，おのおのの客体を自己の支配下に置くことをいう（物においては所持，電磁的記録においては保管である）。**有償頒布目的**が要求されており，販売に限らず有償での貸与も含まれる。ただし保護法益にかんがみ，国外で頒布する目的は除かれる（最判昭和 52・12・22 刑集 31 巻 7 号 1176 頁）。

3. 共　　犯

特に頒布罪に関しては**必要的共犯の理論**により，相手方が同罪の共犯として処罰されることはない。その根拠や詳細については刑法総論の議論を参照されたい。

24.2.5　淫行勧誘罪

営利の目的で，淫行の常習のない女子を勧誘して姦淫させた者は，3 年以下の拘禁刑または 30 万円以下の罰金に処する（183 条）。

356 第24章 風俗に対する罪

本罪の罪質について，女子の性的自由という個人的法益に対する罪と解する説もある。もっとも，営利の目的が要求されていることに照らすと，むしろ，売春のあっせん業を禁止処罰する社会的法益に対する罪と解するほうが妥当であろう。実際，本罪にあたる行為は売春防止法6条で規制され（売春周旋等罪），本罪は実践的な意義を失っている。

24.2.6 重 婚 罪

配偶者のある者が重ねて婚姻をしたときは，2年以下の拘禁刑に処する。その相手方となって婚姻をした者も，同様とする（184条）。

本罪の保護法益は形式的には一夫一婦制（民法732条）であるが，そもそもなぜそのような制度が法益たりうるのか自体について争いがある。他者と親密な関係を構築することや，これを法制度として整備することと，それが一対一であることとは同値ではなく，一夫一婦制は事実上の多数者である保守派の価値観にすぎないから，法によって保護すべき利益とはいえないというのである。このあたりは法哲学の授業で勉強していただきたい。

婚姻に事実婚は含まれないと解されているから，本罪が成立しうるのは，虚偽の離婚届を提出して再度婚姻するような（名古屋高判昭和36・11・8高刑集14巻8号563頁），非常にまれなケースだけである。

24.3 賭博・富くじに関する罪

24.3.1 意 義

賭博・富くじに関する罪は，偶然の事情に勝敗をかけて財物を得ようとする行為を処罰するものである。判例によれば，その保護法益は勤労によって財産を取得すべしという健全な経済的風俗とされる（最大判昭和25・11・22刑集4巻11号2380頁）。

これに対して学説では，このような発想が法益保護主義に違反し，むしろ他の保護法益を観念すべきであるという立場が有力である。すなわち，成熟した人格（大人）がその合理的判断に基づき，リスクを正しく認識しつつこれに自己の財産をさらすことは完全に許されており，刑罰の介入する契機が存在するとすれば，詐欺的賭博の禁止や反社会的勢力の資金源の遮断などに求めるほか

24.3 賭博・富くじに関する罪 357

ない，というのである。もっとも，このように解すると，少なくとも，たとえ
ば，大学生どうしが授業をさぼって賭けマージャンをするという，（私が学生
のころはしばしば見られた）行為を賭博罪で処罰することは許されないであろう。

　なお，競馬・競輪の類や宝くじ・サッカーくじなどは，特別法（競馬法，自
転車競技法など）によって許容されているから可罰性をもたない。このように，
公営のギャンブルが広汎に正当化されているという事態は，前記学説の正当性
を裏書きする側面を有しているように思われる（公営のギャンブルでも「身を持
ち崩す」人が多いとすれば，健全な経済的風俗にとっては大きな脅威であるから，
地方財政の健全化などという不確実なプラスで打ち消すことはできないであろう）。

24.3.2 賭 博 罪

　賭博をした者は，50 万円以下の罰金または科料に処する。ただし，一時の
娯楽に供する物を賭けたにとどまるときは，この限りでない（185 条）。

　「**賭博**」とは，偶然の勝敗により財物や財産上の利益の得喪を争う行為をい
う（単に予想の的中を争う賭事と，行為によって勝敗が決まる博戯を合わせた概念
である）。椀をかぶされたさいころの目を当てる場合のように，客観的には帰
結が決まっていても，当事者にとって主観的に偶然であれば足りる。また，当
事者に技量の差があってもただちに偶然性は否定されないが（大判昭和 6・5・
2 刑集 10 巻 197 頁），詐欺賭博のように，当事者の一方についてしか偶然性が
存在しないときは賭博といえず，本罪ではなく端的に詐欺罪が成立する（最判
昭和 26・5・8 刑集 5 巻 6 号 1004 頁）。私が学生のころは，短答式試験でときど
き問われた知識である。

　「**一時の娯楽に供する物**」とは，その場での飲食物の代金などである（大判
大正 2・11・19 刑録 19 輯 1253 頁）。一方，少額であっても，単純に金銭を賭け
る場合には可罰的とされる（大判大正 13・2・9 刑集 3 巻 95 頁）。これもまた，
昔は短答式試験でときどき聞かれたものであった。

　本罪は賭博行為が開始されれば既遂に達する（最判昭和 23・7・8 刑集 2 巻 8
号 822 頁）。勝敗が決すること，賭金の授受がなされたこと等は必要でない。

24.3.3 常習賭博罪

常習として賭博をした者は，3年以下の拘禁刑に処する（186条1項）。

本罪は，賭博が常習性の発現として行われた場合の加重類型である。

常習性とは，賭博を反覆累行する習癖をいう（大判大正3・4・6刑録20輯465頁。肯定例として，最決昭和54・10・26刑集33巻6号665頁）。常習性のあらわれと解される限り，1回だけの賭博でも本罪が成立しうる（大判大正4・9・16刑録21輯1315頁）。反対に，賭博行為が複数回なされたとしても，集合犯であるから本罪の一罪が成立しうるにすぎない（大判明治44・2・16刑録17輯83頁，最判昭和26・4・10刑集5巻5号825頁）。

なお，詳しくは刑法総論の議論を参照されたいが，判例によれば，常習者が単純賭博に加功した場合には常習賭博罪の共犯となる（大連判大正3・5・18刑録20輯932頁）。

24.3.4 賭博場開張等図利罪

賭博場を開張し，または博徒を結合して利益を図った者は，3月以上5年以下の拘禁刑に処する（186条2項）。

本条は賭博場開張図利罪と博徒結合図利罪を規定している。これらの罪はいずれも，広く賭博を助長する高い危険性をもつことから，刑が加重されている。

賭博場の開張とは，みずから主催者となり，その支配のもとに賭博の場所を開設することをいう（最判昭和25・9・14刑集4巻9号1652頁）。そこで実際に賭博が行われたことは必要でない（大判明治43・11・8刑録16輯1875頁）。物理的な意味における集合（場所的な集合）は必要でなく（事務所に備え付けた電話により賭博の申込みを受けた事案につき，最決昭和48・2・28刑集27巻1号68頁参照），電話やSNSを用いて賭博の申込みを集めるようなケースも含まれうる（携帯電話のアプリを用いた事案につき，大阪地判平成28・9・27 LEX/DB25544698参照。他方，否定例として福岡地判平成27・10・28 LEX/DB25541477がある）。一方，**利益を図る**とは，賭博に勝つことから得られる直接的な利益の意味ではなく，賭博場を開張することの対価として，参加者から寺銭や手数料をとるなどの意味である（最判昭和24・6・18刑集3巻7号1094頁）。開張者がみずからも賭博を行ったときは，本罪と賭博罪の併合罪となる（大判明治42・5・27刑

録 15 輯 665 頁)。

博徒とは常習的な賭博行為者をいい，**結合**とは，自己が中心となって博徒との間に一定の人的関係を結び，一定の区域内において随時賭博を行う便宜を供与することをいう（大判明治 43・10・11 刑録 16 輯 1689 頁）。こちらについても図利目的が必要である。

24.3.5　富くじ発売等罪

富くじを発売した者は，2 年以下の拘禁刑または 150 万円以下の罰金に処する（187 条 1 項）。富くじ発売の取次ぎをした者は，1 年以下の拘禁刑または100 万円以下の罰金に処する（同条 2 項）。1 項・2 項に規定するもののほか，富くじを授受した者は，20 万円以下の罰金または科料に処する（同条 3 項）。

富くじとは，あらかじめ番号札を発売して金銭その他の利益を集め，その後，抽選その他の偶然的な方法によって，購買者間に不平等な利益を分配する仕組みにおけるくじ札をいう（大判大正 3・11・17 刑録 20 輯 2139 頁）。偶然性という点において賭博と共通するが，発売者がそのリスクを負担しない点に特徴をもつ。購買者にさえ拠出した利益を喪失するリスクがない形態をとる場合には，本罪は成立しえない（大判大正 3・7・28 刑録 20 輯 1548 頁）。

行為は富くじの発売，発売の取次ぎ，富くじの授受である。それぞれ，多数人に対するくじ札の売出し，発売者と購買者間の売買のあっせん，富くじの購入および譲渡，を意味する。

24.4　礼拝所・墳墓に関する罪

24.4.1　意　　義

礼拝所・墳墓に関する罪は，公衆の宗教的感情および死者に対する敬虔感情を保護するものと解されている。特定の宗教的教義を保護するものではない。

たしかに，特に死者の葬送に関しては，文化人類学的にも，世界的に共通する「通過儀礼」としての性格を看取しうるとの指摘もある。もっとも，たとえそうであるとしても，同性格の具体的な発現形態は大きく異なりうるのであり，過度に抽象的な共通項を見出したところで現実の問題の解決には役立ちにくいであろう。また，かりにこの点を措き，さまざまな教義や文化を等しく保護す

るといってみたところで，実際には，わが国古来の伝統様式を宗教的・文化的異端者に押しつけることとなるおそれが強いから，解釈においてはこの点に十分な注意を払う必要がある（以前，ゼミ生を連れて刑務所見学に行ったことがあるが，ゼミ生が刑務所長に「宗教的な理由で食べられない物が恒常的に出されたらその受刑者は栄養失調になりませんか」と質問したところ，ごく当然のように「本人の意思で食べないのだから仕方がない」と回答されていた。更生指導に非常に熱心な刑務所長さんである。ちなみに，実際には食事に配慮がなされている）。そこで，一部の学説は保護法益として，特に死体の扱いに関しては，その人の生前の「死後はこのように扱ってもらいたい」という意思を想定しようとする。しかし，そのような意思も無制限に保護されるわけではなく，社会通念上保護に値すると判断される場合に限られるとすれば，やはり，社会通念の中身として同様の問題が生じよう。

難しい問題であり，憲法や法哲学の授業でぜひ勉強していただきたい。

24.4.2 礼拝所不敬罪

神祠，仏堂，墓所その他の礼拝所に対し，公然と不敬な行為をした者は，6月以下の拘禁刑または10万円以下の罰金に処する（188条1項）。

「礼拝所」とは，宗教的な崇敬の対象となっている場所をいう。既存の特定の宗教によることを要しない（原爆慰霊碑やひめゆりの塔なども含まれる）。ただし礼拝所そのものに限られ，社務所等の付属施設は含まれない。

「公然と」とは，不特定または多数人が認識しうる状態をいう。ただし判例によれば，結果として不特定多数者が覚知するに至りえれば足りる（深夜，通行人のいない共同墓地で墓碑約40本を押し倒した事案につき，最決昭和43・6・5刑集22巻6号427頁）。

「不敬な行為」とは，礼拝所の神聖を汚し，一般の宗教感情を害する行為をいう。墓所に対し，放尿するような格好をすることもこれにあたる（東京高判昭和27・8・5高刑集5巻8号1364頁）。

24.4.3 説教等妨害罪

説教，礼拝または葬式を妨害した者は，1年以下の拘禁刑または10万円以

下の罰金に処する（188 条 2 項）。

「妨害」とは，説教等に支障を生じさせるべきいっさいの行為をいい，現に説教等を行えなくすることまでは要しない（妨害の肯定例として，大判昭和 14・11・11 新聞 4493 号 5 頁，東京高判昭和 29・1・18 高刑判特 40 号 2 頁など）。

24.4.4　墳墓発掘罪

墳墓を発掘した者は，2 年以下の拘禁刑に処する（189 条）。

「墳墓」とは，人の死体，遺骨，遺品等を埋葬して記念・祭祀する場所をいう（名古屋高金沢支判昭和 26・10・24 高刑集 4 巻追録 1 頁）。人の死体には，死体の一部や人体の形状を具えた死胎も含まれる。他方，祭祀礼拝の対象でなくなった古墳は，もはや本罪にいう墳墓にはあたらない（大判昭和 9・6・13 刑集 13 巻 747 頁）。

「発掘」とは，墳墓の覆土の全部または一部を除去し，もしくは墓石等を破壊・解体して墳墓を損壊する行為をいい，墳墓内の棺桶・遺骨・死体等を外部に露出させることを要しない（最決昭和 39・3・11 刑集 18 巻 3 号 99 頁）。

24.4.5　死体損壊等罪

死体，遺骨，遺髪または棺に納めてある物を損壊し，遺棄し，または領得した者は，3 年以下の拘禁刑に処する（190 条）。

客体のうち，「死体」はその一部であってもよく（大判大正 14・10・16 刑集 4 巻 613 頁），また，人体の形状を具えた死胎も含まれる（大判明治 44・10・23 刑録 17 輯 1752 頁）。「遺骨」・「遺髪」は，死者の祭祀・記念のため保存し，または保存すべきものに限られ（大判明治 43・10・4 刑録 16 輯 1608 頁），所有権の対象物の意ではない。「棺に納めてある物」（納棺物）とは副葬品のことである。

行為のうち，「損壊」とは物理的破壊をいう（屍姦につき否定したものとして，最判昭和 23・11・16 刑集 2 巻 12 号 1535 頁）。「遺棄」とは，社会通念上是認されない態様で放棄することをいう。隠匿も遺棄に含まれると解されている。葬祭義務を負う者が放置した場合には不作為による遺棄となる（大判大正 6・11・24 刑録 23 輯 1302 号。否定例として，大判大正 13・3・14 刑集 3 巻 285 頁が有名である）。本罪には不保護が規定されていないこともこのような解釈を後押ししよ

う。「領得」とは，社会通念上是認されない事実的支配の獲得一般をいう。こ
れらのうち特に遺棄をめぐっては，近時，次の2点がさかんに議論されている。

第1に，**不作為による遺棄**が先行する作為による遺棄といかなる関係に立つ
かである。通常は作為による遺棄のみが成立し，不作為による遺棄は不可罰的
事後行為となろう（大阪地判平成25・3・22判タ1413号386頁参照）。もっとも，
不作為による遺棄も成立し，共罰的事後行為となるにすぎないという裁判例も
ある（大阪地判平成28・11・8 LLI/DBL07150974，大阪地判平成29・3・3 LEX/
DB25545976，大阪地判平成30・7・2 LEX/DB25449610参照）。この問題は本罪の
公訴時効の起算点と深く関係しており，たとえば，自宅で被害者を殺害後，そ
の死体をポリ袋に入れるなどして床下に隠匿し，そのまま長期間放置したとい
うとき，かりに「床下から死体を取り出して葬祭しなかった（葬祭者に引き渡
さなかった）」という不作為による遺棄が不可罰的事後行為にすぎないとすれ
ば，最初の隠匿行為＝作為による遺棄の終了した時点が起算点となり，かなり
早い段階で公訴時効が完成してしまうこととなろう（ただし，死体の腐敗・崩壊
が進行してもはや葬送の対象とならなくなったと評価されるに至れば，いずれにせ
よ不作為による遺棄は成立しえないことに注意する必要がある）。

第2に，**死体の隠匿**が葬祭の準備またはその一過程として行われたものでな
いというだけで遺棄に該当するのか，それとも，隠匿の態様自体が習俗上の埋
葬等と相容れない処置といえるものであってはじめて遺棄に該当するのか，で
ある。後者の立場をとると，たとえば，自室で出産後，間もなく死亡した嬰児
の死体を段ボール箱に入れて棚の上に置いて1日以上が経過したとしても，そ
の態様自体がいまだ習俗上の埋葬等と相容れない処置とは認められないから遺
棄にはあたらないことになる（最判令和5・3・24刑集77巻3号41頁）。ただ死
体を腐敗に任せるためだけの，作為による死体発見困難化であればただちに遺
棄にあたると解してよいようにも思われるが，本罪の保護法益があくまで死者
に対する一般的な宗教的感情や敬虔感情であることに照らすと，現に死体が置
かれている外形的状況自体が「穏当」なものである限り，本罪の不法を否定す
ることにも一理あろう。それは実際上，作為があっても葬祭義務違反という不
作為として統一的に把握し，葬祭義務の履行と相容れない段階に至ってはじめ
て既遂に達するという解釈に帰着する（同旨に理解しうる，隠匿による遺棄の否

定例として，福岡高判令和3・6・25高刑集73巻1号6頁参照）。

罪数について，死体等（特に納棺物）を領得した場合，財産犯は成立せず，死体等領得罪のみが成立する（256条の罪を否定した大判大正4・6・24刑録21輯886頁参照）。また，殺人罪（199条）や傷害致死罪（205条）と死体遺棄罪は併合罪となる（大判明治44・7・6刑録17輯1388頁，最判昭和34・2・19刑集13巻2号161頁）。

24.4.6 墳墓発掘死体損壊等罪

189条の罪を犯して，死体，遺骨，遺髪または棺に納めてある物を損壊し，遺棄し，または領得した者は，3月以上5年以下の拘禁刑に処する（191条）。

本罪は墳墓発掘罪（189条）と死体損壊等罪（190条）の結合犯であり，行為者がこの順に各構成要件を実現してはじめて本罪が成立しうる（190条の罪のみを認めたものとして，大判大正3・11・13刑録20輯2095頁，大判大正4・6・24刑録21輯886頁など）。

24.4.7 変死者密葬罪

検視を経ないで変死者を葬った者は，10万円以下の罰金または科料に処する（192条）。

本罪は，犯罪の発見を妨害する行為を処罰する警察的な規定であり，他の罪と保護法益や罪質を大きく異にする。

「変死者」とは，不自然な死を遂げ死因が不明の者をいう（大判大正9・12・24刑録26輯1437頁）。もっとも，学説においては，本罪があくまで検視という，警察的目的の実現手段そのものを保障しようとしていることにかんがみ，たとえば，犯罪により死亡したことが明らかな者も含める解釈が有力である。

第 IV 部
国家的法益に対する罪

第25章

国家の存立に対する罪

25.1 総　説

　国家の存立に対する罪は，**内乱に関する罪**と**外患に関する罪**に分かれる。内乱に関する罪は，国家の統治機構に対する国家の内部からの侵害を処罰するものである。外患に関する罪は，国家の統治機構に対する国家の外部からの侵害を処罰するものである。なお，外患というのはあまり聞き慣れない言葉であるが，国家の外部からの圧迫や攻撃を受けるおそれのことである。

25.2　内乱に関する罪

25.2.1　内乱罪

　国の統治機構を破壊し，またはその領土において国権を排除して権力を行使し，その他憲法の定める統治の基本秩序を壊乱することを目的として暴動をした者は，内乱の罪とし，次の区別に従って処断する。

　　一　首謀者は，死刑または無期拘禁刑に処する。

　　二　謀議に参与し，または群衆を指揮した者は無期または3年以上の拘禁刑に処し，その他諸般の職務に従事した者は1年以上10年以下の拘禁刑に

処する。

三　付和随行し，その他単に暴動に参加した者は，3年以下の拘禁刑に処する（77条1項）。

1項の罪の未遂を罰する（同条2項。ただし，1項3号に規定する者を除く）。

本罪の保護法益は，憲法が定める国家の統治機構の存立ないしその統治権である。

本罪は目的犯であり，「国の統治機構を破壊し」とは，憲法が定める代表民主制度等の統治の基本制度を廃止することをいう。また，「その領土において国権を排除して権力を行使し」とは，日本国の一部に独立国を作り，日本国の領土主権を排除することをいう。

行為である「暴動」とは，多数人による集団的な暴行・脅迫をいい，対物暴行はもちろん，放火などの行為も含む（暴動の内容を構成する殺人，放火等は本罪に吸収される。大判昭和10・10・24刑集14巻1267頁。5・15事件である）。

本罪は必要的共犯の一種である集団犯であり，集団内部の役割によって法定刑が区別されているが，外部者による総則共犯の成立を妨げない（ただし，幇助犯については79条に特別の規定がある）。

本罪の未遂は暴動開始後，いまだ一地方の平穏を害するに至らない段階で認められると解されている。

25.2.2　内乱予備・陰謀罪，内乱等幇助罪

内乱の予備または陰謀をした者は，1年以上10年以下の拘禁刑に処する（78条）。

兵器，資金もしくは食糧を供給し，またはその他の行為により，77条・78条の罪を幇助した者は，7年以下の拘禁刑に処する（79条）。

78条・79条の罪を犯した者であっても，暴動に至る前に自首したときは，その刑を免除する（80条）。

内乱の「予備」とは，内乱罪を実行する目的でその準備をすることをいう。他方，「陰謀」とは，2人以上の者が内乱罪の実行を具体的に計画して合意することをいう。

「その他の行為」の例としては，陰謀の場所提供などがあげられる。行為の

時点でただちに処罰可能とする説もあるが，独立共犯と解すべき積極的な根拠はないから，正犯（それは内乱予備・陰謀であってもよい）の成立を待つべきであろう。

内乱は甚大な被害をもたらしうるため抑止の必要性が大きい一方，その性質上，法定刑の加重による抑止力の向上には限界がある。このため，刑法は政策的観点から80条を設け，懐柔を図っているといえる。

25.3　外患に関する罪

25.3.1　外患誘致罪

外国と通謀して日本国に対し武力を行使させた者は，死刑に処する（81条）。未遂（87条）および予備・陰謀（88条。1年以上10年以下の拘禁刑）を罰する。

「外国」とは外国の政府等の国家機関をいい，外国の私的な団体は含まれない。「通謀」とは意思を疎通し，了解が成立することをいう。「武力を行使させ」るとは，軍事力の行使により日本国を攻撃させることをいう。

25.3.2　外患援助罪

日本国に対して外国から武力の行使があったときに，これに加担して，その軍務に服し，その他これに軍事上の利益を与えた者は，死刑または無期もしくは2年以上の拘禁刑に処する（82条）。未遂（87条）および予備・陰謀（88条。1年以上10年以下の拘禁刑）を罰する。

本罪は，外国からの武力行使という一定の状況を前提とする特殊な犯罪である。「軍務に服し」とは軍事上の行動をとることをいう。直接戦闘に参加する必要はない。「軍事上の利益を与えた」の具体例としては，武器・弾薬の供給，食糧の調達，情報の提供などがあげられる。

第26章

国交に関する罪

26.1　総　　説

　国交に関する罪の保護法益については，国際法秩序によって保護されるべき外国の利益とする見解と，日本国の外交上の利益とする見解とが対立している。煎じ詰めれば国家観の違いともいえるが，刑罰権の行使をはじめとする国家の侵害的行為の正当性が，あくまで国家を設立する社会契約に参加したとみなされる者の自由と安全を保障することに求められるとすれば，やはり後者の見解を妥当とすべきであろう。

26.2　外国国章損壊等罪

　外国に対して侮辱を加える目的で，その国の国旗その他の国章を損壊し，除去し，または汚損した者は，2年以下の拘禁刑または20万円以下の罰金に処する（92条1項）。外国政府の請求が訴訟条件とされる（同条2項）。

　国章とは，その国の権威を象徴する物件をいい，例示された国旗のほか，軍旗などがこれにあたる。当該外国の権威を象徴するものとして公的に掲揚されている必要があるが，当該外国と現に外交関係が存在することまでは要求され

ない。また，外国に含まれない超国家的機関（国際連合など）のものは保護の対象外である。

行為のうち「除去」とは，場所的に移転させ，あるいは見えないようにして，現位置における国章の効用を失わせることをいう（最決昭和40・4・16刑集19巻3号143頁）。

本罪は目的犯の形態で規定されているが，いわゆる「結果を目的とする犯罪」であって，そこにいう目的は，行為がもつ侮辱的意味の認識という故意と同値であると思われる。

本罪の罪質については，国章の財産的価値が一般に低いことに着目し，器物損壊等罪（261条）の減軽類型を設けたものであって，客体が他人の所有にかかるとしてもなお本罪のみが成立する，という見解も主張されている。しかし，国章が安価であるとは必ずしもいえないことに加え，そもそも保護法益をまったく異にする犯罪が減軽類型であるというのは著しく不自然である。国章が他人所有なら本罪と261条の罪の観念的競合とするとともに，自己所有でもなお本罪は成立しうると解すべきであろう。

26.3　私戦予備・陰謀罪

外国に対して私的に戦闘行為をする目的で，その予備または陰謀をした者は，3月以上5年以下の拘禁刑に処する。ただし，自首した者は，その刑を免除する（93条）。

「外国」とはあくまで国家としての外国であり，特定の外国人集団などは含まれない。「私的」な「戦闘行為」，すなわち私戦とは，日本国の国家意思によらない組織的な武力行為をいう。

本罪は予備・陰謀を処罰するにとどまり，現実に私戦を行うに至れば殺人罪や放火罪など，個々の犯罪として処罰されることになる。

本罪についても刑事政策的観点から，自首による刑の必要的免除が規定されている。本罪の法定刑がすでに相当重いこと，いったん私戦が開始されれば被害が甚大化するおそれがあり，未然防止の必要性が高いことなどが考慮されている。

26.4 中立命令違反罪

外国が交戦している際に，局外中立に関する命令に違反した者は，3年以下の拘禁刑または50万円以下の罰金に処する（94条）。

本罪は，外国が交戦しているという特別の状況のもとで，日本国の中立の立場に反して，交戦国の一方当事者の利益を図る行為を処罰するものである。

「局外中立に関する命令」とは，日本国がいずれの当事者にも加担しないことを宣言し，国民に対しても，どちらにも利益を与えてはならない旨を指示して発する命令をいう（ただし政令に限らず，法律も含むと解するのが通説である）。もっとも，具体的に何が禁止対象行為となるかは，局外中立命令の内容によってはじめて定まるという関係にある。この意味において，本罪は白地刑罰法規としての側面をもつ。

第27章

公務の執行を妨害する罪
(以下, 国家の作用に対する罪)

27.1 総　説

公務の執行を妨害する罪は, 公務員による公務の円滑な執行を阻害すること
を不法内容としている。具体的には, 公務執行妨害罪 (95条1項), 職務強要
罪・辞職強要罪 (同条2項), 封印等破棄罪 (96条), 強制執行妨害目的財産損
壊等罪 (96条の2), 強制執行行為妨害等罪 (96条の3), 強制執行関係売却妨
害罪 (96条の4), 加重封印等破棄等罪 (96条の5), 公契約関係競売等妨害罪
(96条の6第1項), 談合罪 (同条2項) が規定されている。

27.2 公務執行妨害罪

27.2.1 意　義

公務員が職務を執行するにあたり, これに対して暴行または脅迫を加えた者
は, 3年以下の拘禁刑または50万円以下の罰金に処する (95条1項)。

本罪は, 公務員による公務の作用を包括的に, 暴行・脅迫から保護するもの
である。保護法益はあくまで公務員ではなく公務, すなわち国または地方公共
団体の作用である (最判昭和28・10・2刑集7巻10号1883頁)。もっとも, 包括

27.2 公務執行妨害罪

的という割に，今日，公務の多くがコンピュータにより行われていることに照らすと，妨害手段を公務員に対する暴行・脅迫に限定するのはいかにも不自然である。他の手段による場合を業務妨害罪のほうでカバーしきれるとも限らない。新たな刑事立法が望まれるところであろう。

27.2.2 客　　体

客体は公務員であり，国または地方公共団体の職員その他法令により公務に従事する議員，委員その他の職員をいう（7条1項）。ただし，特別法により公務に従事する職員とみなされる，いわゆる**みなし公務員**も存在する。たくさんあるが，さまざまな政策的観点から，みなし公務員の範囲は流動的であるため，みなさんが将来，刑法の適用可能性を検討する際は，その時点でみなし公務員であるかをいちいち調査すべきである。

職員とは，法令上の根拠に基づき，国または地方公共団体の機関として公務に従事する者をいう。議員とは，国または地方公共団体の意思決定機関である合議体の構成員をいう。委員とは，法令に基づき任命，選挙，嘱託によって一定の公務を委任された非常勤の者をいう。

かつて大審院は，郵便集配人について，単に機械的・肉体的労務に従事する者であるから公務員ではない，としていた（大判大正8・4・2刑録25輯375頁）。これに対して最高裁は，郵便集配人は精神的労務に属する事務をもあわせ担当しているというが（最判昭和35・3・1刑集14巻3号209頁），そもそも前提がおかしいというべきであろう。公務の要保護性は機械的・肉体的労働であるかどうかと関係がなく，そうであるとすれば，そのような労働を担当する者もまた公務員にあたるとすべきである。

27.2.3 行　　為

1. 職務を執行するに当たり

本罪の行為は，公務員が「**職務を執行するに当たり**」という状況のもとでなされる必要がある。ここにも，本罪が公務員その人を保護する規定ではないことがあらわれている。

この要件に関しては，次の3点が議論されている。

374 第 27 章 公務の執行を妨害する罪（以下，国家の作用に対する罪）

第 1 に，**職務の範囲**である。学説には，業務妨害罪との「棲み分け」の観点から強制力を行使する権力的公務に限定するものや，本罪が国家意思への抵抗を本質とする点にかんがみ，もう少し広く，国家意思の強制という契機を含む公務に限定するものもある。本罪は，前者なら，機動隊に火炎瓶を投げつけるような行為が中核となるであろうし，後者なら，妨害を排除する実力はもたないが，逆らうと処罰されるという間接強制で保護された公務員もまた，本罪の射程に入ってくることになる。もっとも，いずれの立場も決定的な根拠を欠き，「本罪をそう解したい」という結論の言いかえにすぎないきらいがある。「ひろく公務員が取り扱う各種各様の事務のすべてが含まれる」とする判例を妥当とすべきであろう（最判昭和 53・6・29 刑集 32 巻 4 号 816 頁，最決昭和 59・5・8 刑集 38 巻 7 号 2621 頁）。

第 2 に，**職務執行の範囲**である。職務執行の範囲を抽象的・包括的にとらえてしまうと，本罪は公務員保護規定に変質してしまいかねないから，「職務の執行というのは，漫然と抽象的・包括的に捉えられるべきものではなく，具体的・個別的に特定されていることを要する」と解するのが本則である（最判昭和 45・12・22 刑集 24 巻 13 号 1821 頁）。すなわち，「具体的・個別的に特定された職務の執行を開始してからこれを終了するまでの時間的範囲およびまさに当該職務の執行を開始しようとしている場合のように当該職務の執行と時間的に接着しこれと切り離し得ない一体的関係にあるとみることができる範囲内の職務行為」に限定され，駅の会議室で点呼を終えて数十 m 離れた助役室へ事務引継ぎに赴こうとしている助役に暴行を加えた事案では，本罪の成立が否定されることになる（そのほかの否定例として，当直勤務の際，休憩中の警察官に関する大阪高判昭和 53・12・15 高刑集 31 巻 3 号 333 頁参照）。

ただし職務の性質によっては，実際上，職務執行の範囲は相当広がりうる。すなわち，統括的・管理的職務においては，職務の執行が一時中断ないし停止されているかのような外観を呈していたとしても，ある程度継続した一連の職務として把握することが相当な場合もありうるから，電報局の局長と次長が被告人の行動に対応するために書類作成の作業を中断した際，暴行を加えたとしても本罪が成立しうる（前掲最判昭和 53・6・29）。また，被告人らが県議会の委員会に陳情・抗議に赴き，委員長が回答文を朗読したところ，騒然となった

ため，委員長が休憩を宣言して退席しようとした際，被告人が審議打切りに抗議して委員長を殴打したという事案でも，委員長は委員会の議事を整理し秩序を保持する職責を有しており，休憩宣言により職務の執行を終えたものではなく，休憩宣言後も前記職責に基づき，委員会の秩序を保持し，紛議に対処するための職務を現に執行していたといえるから，本罪が成立しうることになる（最決平成元・3・10刑集43巻3号188頁）。

　条文上はあくまで「職務を執行するに当たり」と幅のある書き方がなされているのだから，厳密な意味における職務の執行中でなくても，これと密接に関連する範囲においては本罪の成立を認めることが可能であり，また，公務の十全な保護という観点からは望ましいといえよう。この密接関連性は基本的には時間的・場所的接着性の有無によって判定されようが，かりにそのような接着性があっても，職務執行以外の行為とも同等の蓋然性をもって結びつきうる中立的・日常的なものについては，例外的に密接関連性を否定すべきである（たとえば，公務員が職務執行中にトイレを我慢しており，終業のチャイムが鳴った直後にトイレに駆け込むのを，暴行・脅迫によって妨害しても本罪は成立しない）。本罪を否定した判例はこのようなものであったろう。反対に，統括的・管理的職務はその性質にかんがみ，一見すると終了したかに思われても，現実には（何かあれば対処するため待機しておく，というバックグラウンドでの形態も含めて）継続していると評価されうることが多い。前出の，委員長の職務などはその典型例であると思われる。

　第3に，**職務の適法性**である。本罪はあくまで公務員その人ではなく，公務そのものを保護する規定なのであるから，妨害の対象となる公務員の職務は要保護性を備えたもの，すなわち，適法なものでなければならないのが本則である（大判大正7・5・14刑録24輯605頁）。職務の適法性は書かれざる構成要件要素といわれることもあるが，本罪の趣旨そのものから導かれる要件である以上，すでに書かれている（「職務」に読み込める）とも解しえよう。そして，職務が適法となるための具体的な要件としては，①職務の執行が公務員の抽象的職務権限に属すること（警察官が入場料金の支払いをするよう警告することは抽象的職務権限に属さない。大判大正4・10・6刑録21輯1441頁），②公務員がその職務を行う具体的職務権限を有すること（警察官が刑訴法所定の要件を欠いたまま

376 第27章　公務の執行を妨害する罪（以下，国家の作用に対する罪）

被疑者を逮捕することは具体的職務権限を欠く），③法律上の手続または方式の重要部分を履践していること，の3つをあげるのが一般的である。もちろん，たとえ職務の適法性を欠いても暴行罪・脅迫罪の構成要件該当性は残りうるが，正当防衛等により違法性の阻却される余地がある。

　これらのうち，最も判断が難しいのは③である。判例には，収税官吏が所得税の検査の際に検査章を携帯していなかった事案で職務の適法性を肯定したもの（最判昭和27・3・28刑集6巻3号546頁。ただし，相手方は検査章の呈示を求めていなかった），県議会議長が緊急動議の提出された際，討論をいっさい省略して，動議を賛成多数で可決したものとして採決を図ろうとした事案で職務の適法性を肯定したもの（最大判昭和42・5・24刑集21巻4号505頁。法令上の適法要件を完全にはみたしていなかったとしても，刑法上は少なくとも暴行等による妨害から保護されるに値する，とする）などがある。また，特に警察官の職務執行に関しては，職務の適法性の肯定例として，逮捕状を緊急執行する際に罪名と逮捕状が発せられていることを告げただけであったが，単に罪名を告げれば被逮捕者が被疑事実の内容を了知しうる状況にあった事案（大阪高判昭和36・12・11下刑集3巻11＝12号1010頁），職務質問のために自動車の窓から手を差し入れ，エンジンキーを回転してスイッチを切った事案（最決昭和53・9・22刑集32巻6号1774頁）などがある。他方，否定例としては，単に逮捕状が発せられていることを告げただけで，被疑事実の要旨を告げずに逮捕しようとした事案（大阪高判昭和32・7・22高刑集10巻6号521頁，東京高判昭和34・4・30高刑集12巻5号486頁），職務質問のため，手首を持って無理やり連行するなどした事案（大分地判昭和44・10・24刑月1巻10号1023頁），巡回連絡の過程でペンションを訪れた際，そこで会った被告人を執拗に愚弄する態度を示した事案（鹿児島地判平成2・3・16判時1355号156頁），緊急逮捕の際に被疑事実などの理由や逮捕する旨を告げなかった事案（大阪地判平成3・3・7判タ771号278頁）などがある。

　これらの判例は基本的に支持しうるが，規範定立の段階において，職務の適法性を「暴行・脅迫による妨害から保護されるに値するか」という価値判断と同視するのはやや危険ではなかろうか。それではあまりにも広い範囲で本罪が成立しかねない。あくまで，邪魔をする者に刑罰を科してまでそのまま遂行さ

せるべき職務でなければならない，という観点から出発し，職務の適法性はせいぜい，「適法とする解釈も成り立ちえなくはない」という範囲まで拡張するにとどめるべきであろう。また，職務の適法性の具体的な判断基準に関しても，公務員が適法と認識したかを問う主観説（大判昭和7・3・24刑集11巻296頁参照），一般人なら適法と認識したであろうかを問う折衷説（前掲大判大正7・5・14参照），裁判所が客観的に判断する客観説（最決昭和41・4・14判時449号64頁参照）の対立，および，適法・違法を職務行為時の視点で判断する行為時標準説（前掲最決昭和41・4・14参照），裁判時に明らかとなった事情も含め，事後的・客観的に判断する裁判時標準説の対立が存在するが，あまり意味のない対立というべきであろう。端的に，問題となる個々の違法性阻却事由の趣旨に従って判断すれば足りる。

2. 暴行・脅迫

本罪における暴行・脅迫は，公務員による職務の執行を妨害するに足りる程度のものであることを要し，かつそれで十分である。したがって，暴行も直接公務員の身体に対して加えられる必要はなく，**間接暴行**や対物暴行であっても（最判昭和37・1・23刑集16巻1号11頁参照），公務員の身体に物理的な影響を与え，職務執行を妨害するに足りる程度のものでありさえすれば，本罪にいう暴行にあたる。このように，条文上は公務員に対する暴行が要求されているにもかかわらず，その内容が職務執行の妨害可能性という観点から相対化させられているのは，本罪の保護法益があくまで公務員その人ではなく公務のほうだからである。

本罪にいう暴行の肯定例としては，旧専売局事務官に対し，洋傘を構えて突きかかるような気勢を示したうえ，押収されてトラックに積み込まれた密造タバコを道路上に投げ捨てた事案（最判昭和26・3・20刑集5巻5号794頁），公務員が差し押さえて自動車に積み込んだ密造酒入りの容器を鉈で破壊し，内容物を流失させた事案（最判昭和33・10・14刑集12巻14号3264頁），覚醒剤取締法違反の現行犯逮捕の現場において，司法巡査に証拠物として差し押さえられた覚醒剤注射液入りアンプルを足で踏みつけて破壊した事案（最決昭和34・8・27刑集13巻10号2769頁）などがある。他方，否定例としては，交通違反の疑いで警察の取調べを受けた際，パトカーの車内に置いてあった警察官が作成中の

378 第 27 章 公務の執行を妨害する罪（以下，国家の作用に対する罪）

点数切符をやにわにつかみ取り，これを引き裂いた事案（秋田地判平成 9・9・2 判時 1635 号 158 頁）などがある。

なお，公務員の指揮に従い，その手足となって，公務員の職務の執行に密接不可分な関係において関与する補助者に加えられる暴行も本罪にいう暴行にあたるかが争われているが，ケースバイケースで判断するほかない。条文上は，暴行は公務員に加えられなければならないが，補助者に対する暴行が公務員に対する間接暴行として本罪をみたす余地は認められよう。たとえば，家屋明渡しの執行を委任された執行吏が労務者 6 名を指揮して強制執行に着手したところ，その家屋に住む被告人が労務者の頭部等を殴打し，さらに包丁を持ち出して「殺すぞ」といって脅迫した事案では本罪が認められる（最判昭和 41・3・24 刑集 20 巻 3 号 129 頁）。

27.2.4 故　　意

本罪における故意にも故意の一般理論が適用されるのは当然であるが，本罪が職務の適法性を要件とすることから，特に，行為者が職務を違法と誤信した（**適法性の錯誤**の）場合の擬律が争われている。

事実の錯誤説は，あくまで適法な職務のみが構成要件要素となる以上，適法性の錯誤は構成要件的錯誤として事実の錯誤に属するという。しかし，この説をとると，たとえば，逮捕の要件を身勝手に理解し，明らかに適法な逮捕であっても軽率に違法と誤信しただけで，暴行・脅迫により抵抗しても常に故意が阻却され無罪となってしまう，という難点がある。

違法性の錯誤説は，職務の適法・違法はあくまで評価の問題であるから，たとえば，客観的には適法な逮捕を誤信に基づいて違法と判断し，暴行・脅迫により抵抗することは違法性の錯誤にすぎないという。しかし，誤信といっても，主観的に認識した事実がかりに存在したとすれば職務を違法とするような性質のものであったなら（昔の刑事ドラマで見た逮捕状が縦書きであったため，呈示された横書きの逮捕状はその辺にあった書類を本物に見せかけただけのものであり，違法逮捕だと誤信して暴行・脅迫により抵抗したケースを考えよ），むしろ事実の錯誤ととらえるほうが実体に合っていよう。

こうして，職務の適法性を基礎づける事実の認識自体を欠く場合は事実の錯

誤，そのような事実の認識はあるが，その事実に対する評価を誤っているにすぎない場合は違法性の錯誤とする**二分説**が妥当である（おそらくはこの説に従い，被告人の認識事情のもとでは職務が違法であったとして，事実の錯誤とする大阪地判昭和 47・9・6 判タ 306 号 298 頁参照）。

27.2.5 既 遂 時 期

本罪は罪名から推察されるのとは異なり，あくまで暴行・脅迫を加えた段階でただちに既遂に達する構造となっている。すなわち，本罪は抽象的危険犯であり，現実に職務の執行が妨害されたという結果の発生は必要でない（最判昭和 25・10・20 刑集 4 巻 10 号 2115 頁）。既遂の肯定例としては，警察官に対する投石が耳のあたりをかすめたり，鉄兜や臀部に当たったりしたにすぎない事案（最判昭和 33・9・30 刑集 12 巻 13 号 3151 頁），パンフレットを丸めて職員の顔面に 2, 3 回突きつけ，1 回は顎に接触させるとともに，職員の椅子を揺さぶったりその手首を握ったりした事案（最判平成元・3・9 刑集 43 巻 3 号 95 頁）などがある。ただし繰り返しになるが，現実の妨害結果が不要であるとしても，妨害するに足りる程度の暴行・脅迫を認定することは必要である。

27.2.6 罪　　数

本罪の保護法益は公務員ではなく公務そのものであるから，罪数の標準は暴行・脅迫を加えられた公務員の数ではなく，あくまで妨害の対象となった公務の数である（最大判昭和 26・5・16 刑集 5 巻 6 号 1157 頁）。

本罪の手段となった暴行・脅迫は本罪に吸収され，別に暴行罪や脅迫罪を構成しない。また，同暴行・脅迫が他罪（殺人罪，強盗罪など）を構成するときは，本罪との観念的競合となる。

27.3　職務強要罪・辞職強要罪

公務員に，ある処分をさせ，もしくはさせないため，またはその職を辞させるために，暴行または脅迫を加えた者も，95 条 1 項と同様とする（95 条 2 項）。

本罪は強要罪（223 条）の特別類型であると同時に，暴行・脅迫を加えればただちに既遂に達し，未遂犯処罰規定が設けられていない。保護法益は，公務

380 第 27 章　公務の執行を妨害する罪（以下，国家の作用に対する罪）

員の将来における職務執行である。

　本罪は目的犯であり，はじめの 2 つの目的の場合を**職務強要罪**，最後の 1 つ
の目的の場合を**辞職強要罪**とよぶ。

　「処分」とは，広く公務員が職務上なしうる行為をいう（大判明治 43・1・31
刑録 16 輯 88 頁）。公務員から職務上の地位そのものを奪おうとする辞職強要罪
と並置されていることにかんがみ，職務権限外の事項であっても，当該公務員
の職務に関係のある処分であれば足りる（最判昭和 28・1・22 刑集 7 巻 1 号 8 頁）。

　「ある処分をさせ」るとは，一定の職務を強要することをいう。違法な処分
を強要する場合はもちろん，適法な処分を行わせる場合であっても，公務員に
正当な手続によらずに処分を行わせれば本罪が成立する（最判昭和 25・3・28
刑集 4 巻 3 号 425 頁）。

　「ある処分を……させない」とは，公務員に一定の処分の不作為を強要する
ことをいう。ただし，違法な処分まで本罪の保護法益に含めるのは妥当でない
から，違法な処分をさせないことは含まれないと解すべきであろう。

　「職を辞させる」とは，公務員をしてみずから退職させることをいう。

　本罪の手段として行われた暴行罪・脅迫罪，および，現実に妨害結果等が生
じた場合に成立しうる強要罪は，本罪に吸収され別罪を構成しない。

27.4　**封印等破棄罪**

27.4.1　意　　義

　公務員が施した封印もしくは差押えの表示を損壊し，またはその他の方法に
よりその封印もしくは差押えの表示にかかる命令もしくは処分を無効にした者
は，3 年以下の拘禁刑もしくは 250 万円以下の罰金に処し，またはこれを併科
する（96 条）。

　資産隠しや占有屋の横行を受けて，強制執行妨害への刑事法的対処の要請が
高まった結果，2011（平成 23）年の刑法改正により，96 条～ 96 条の 6 につい
て刑罰の大幅な拡充が行われた。

　本罪の保護法益は，封印・差押えの表示によって実現される強制執行の適正
かつ円滑な実施である。

27.4 封印等破棄罪　　381

27.4.2　客　　体

　本罪の客体は，公務員の施した封印または差押えの表示にかかる命令または処分である。2011（平成 23）年改正前は客体が封印や差押えの表示そのものとされていたため，たとえば，同表示消失後の行為を処罰しえなかった（最判昭和 29・11・9 刑集 8 巻 11 号 1742 頁）。

　「命令」とはあくまで裁判所による命令である。一方，「処分」とは執行官その他の公務員による差押えの処分のことである。

　「封印」とは，物の任意の処分を禁止するために，開披禁止の意思を表示して，公務員が職務上，動産・不動産に施した封緘その他の物的施設・設備をいう。公務員の印章が用いられていることは必要でない（大判大正 6・2・6 刑録 23 輯 35 頁）。「差押え」とは，公務員がその職務上保全すべき物を自己の占有に移す強制処分をいう。「差押えの表示」とは，公務員が職務上自己の保管に移すべき物に対し，占有を取得する強制処分をなすにあたり，占有取得を明示するために施す封印以外の表示をいう。ただし，譲渡禁止の仮処分や通行妨害禁止の仮処分は，債務者に対して一定の不作為を命ずるものにすぎないから，この処分の表示は差押えの表示に含まれない（大判大正 11・5・6 刑集 1 巻 261 頁）。

　なお，本罪は公務の執行を妨害する罪の一種であるから，封印・差押えの表示は適法なものでなければならない（占有者を誤認してなされた仮処分の執行を有効とし，本罪を認めた最決昭和 42・12・19 刑集 21 巻 10 号 1407 頁参照）。

27.4.3　行　　為

　本罪の行為は，封印もしくは差押えの表示を損壊し，またはその他の方法により客体を無効にすることである。

　「損壊」とは，封印または差押えの表示を物理的に毀損，破壊または除去し，その事実上の効力を滅却することをいう（大判昭和 7・4・2 刑集 11 巻 329 頁）。「その他の方法」とは，封印・差押えの表示自体を物理的方法で無効とするのではなく，その実質的な効果を滅失し，または減殺することをいう。たとえば，仮処分によって執行官が土地を占有し，立入禁止の表示札を立てたのを無視して耕作する行為（大判昭和 7・2・18 刑集 11 巻 42 頁），差押物件自体を搬出・売

382 第27章 公務の執行を妨害する罪（以下，国家の作用に対する罪）

却する行為（大判昭和12・5・28刑集16巻811頁），仮処分物件である建物を他人に賃貸し，その内部を改装してゲーム営業をさせる行為（最判昭和31・4・13刑集10巻4号554頁）がこれにあたる。

27.4.4 故　　意

本罪の故意に関しては，適法な封印・差押えの表示を違法なものと誤信した場合の擬律が議論されているが，事実の錯誤と違法性の錯誤に関する一般理論が適用されるべきであろう。判例には，被告人が仲裁人から債権者に債務を弁済したと聞いて，差押えは効力がなくなったと誤信し，封印・差押えの表示を損壊した場合に故意を阻却したもの（大決大正15・2・22刑集5巻97頁），市収税吏員の国税徴収法に基づく滞納処分の差押えに際し，差押調書中に重要な事項の記載を欠いているから，当該差押えおよび封印は法律上無効であると誤信した場合に故意を認めたもの（最判昭和32・10・3刑集11巻10号2413頁）などがある。

27.4.5 罪　　数

差押えのため封印をした財物を窃取・横領すれば，本罪と窃盗罪・横領罪との観念的競合となる（大判明治44・12・19刑録17輯2223頁，最決昭和36・12・26刑集15巻12号2046頁）。収税官吏から差押処分を受け，封印を施された容器から封印を破って帳簿類を取り出し，焼却した場合には封印破棄罪と公用文書毀棄罪の併合罪となる（最決昭和28・7・24刑集7巻7号1638頁）。

27.5　強制執行妨害目的財産損壊等罪

27.5.1 意　　義

強制執行を妨害する目的で，次の各号のいずれかに該当する行為をした者は，3年以下の拘禁刑もしくは250万円以下の罰金に処し，またはこれを併科する。情を知って，3号に規定する譲渡または権利の設定の相手方となった者も，同様とする。

　一　強制執行を受け，もしくは受けるべき財産を隠匿し，損壊し，もしくは
　　　その譲渡を仮装し，または債務の負担を仮装する行為

二 　強制執行を受け，または受けるべき財産について，その現状を改変して，
　　価格を減損し，または強制執行の費用を増大させる行為
三 　金銭執行を受けるべき財産について，無償その他の不利益な条件で，譲
　　渡をし，または権利の設定をする行為（96条の2）

2011（平成23）年の刑法改正前は，強制執行を免れる目的で，財物を隠匿し，
損壊し，もしくは仮装譲渡し，または仮装の債務を負担する行為を処罰してい
た。もっとも，これでは可罰範囲や法定刑が不足するとともに，条文の文言が
不明瞭であったことから，処罰の限界につき争いが生じていた。改正後は，主
として物に向けられた強制執行妨害行為を広く，重く処罰することとされた。

なお，本罪の保護法益は国家の作用としての**強制執行の適正な運用**である。
究極的には債権者の債権保護が主眼であるともいえるが（最判昭和35・6・24
刑集14巻8号1103頁），厳密にいうと，それは強制執行そのものの趣旨であっ
て本罪の趣旨ではない。

27.5.2 　主 　　体

2011（平成23）年の刑法改正前は，条文で「強制執行を免れる目的」が要求
されていたことから，本罪の主体を債務者等，自身が強制執行を受けるおそれ
のある者に限定する解釈が有力に主張されていた。改正法ではこの点の疑義を
除くため，「**強制執行を妨害する目的**」と書き改められ，本罪の主体を限定す
る解釈は根拠を失った。

27.5.3 　目 　　的

本罪は目的犯であり，「強制執行を妨害する目的」が必要である。すなわち，
一時的にであれ，強制執行の進行に支障を生じさせる目的が要求されている。
この強制執行には，民事執行法による強制執行や民事保全法による保全執行
（仮差押え・仮処分）のほか，国税徴収法による滞納処分も含まれる（このよう
な公法上の強制徴収については否定例も存在したが〔最決昭和29・4・28刑集8巻4
号596頁〕，2011（平成23）年改正に際して含まれることになったと解されている）。

当然のことではあるが，行為者の主観的な危険性のみをとらえて処罰するこ
とは許されないから，行為者が前記目的を有しているというだけでなく，**現実**

384 第27章　公務の執行を妨害する罪（以下，国家の作用に対する罪）

に**強制執行が行われるおそれ**が客観的に存在しなければならない（前掲最判昭和35・6・24）。問題は，執行名義が存在すれば前記おそれも当然に認められるとして，それ以外のいかなる場合に前記おそれが認められうるかである。

　この点について判例は，単に債権者がその債権の履行請求の訴訟を提起したというだけでは足りず，刑事訴訟の審理過程において，その基本たる債権の存在が肯定されなければならないとする（前掲最判昭和35・6・24）。したがって，実際には債務が存在しないのにもかかわらず，敗訴を恐れて本罪の行為を行っても，本罪は成立しないことになる。もっとも，学説には，債務不存在を争う合理的な理由（債権が存在する可能性）がある限り，たとえ債権の存在まで認定されていなくても前記おそれは認められうる，というものもある。執行妨害事案の悪質性にかんがみると，こちらの学説のほうが妥当であろう。

27.5.4　行　　為

1. 1　号

　本罪は所定の行為がなされればただちに既遂に達する抽象的危険犯であり，現実に強制執行が行われたり，それが妨害されたりしたかを問わない（最決昭和35・4・28刑集14巻6号836頁）。

　「財産」は動産・不動産のほか債権も含む。「隠匿」とは，財産の発見を不能または著しく困難にすることであり，自己の所有物を他人所有と偽るなど，所有関係を不明にする場合を含む（最決昭和39・3・31刑集18巻3号115頁）。「損壊」とは，財産を破壊し，またはその価値を減少・減失させることをいう。「譲渡を仮装」するとは，真に譲渡する意思がないのに，相手方と通謀して譲渡したような外観を作り出し，財産の所有名義を変更することである。「債務の負担を仮装する」とは，存在しない債務を負担したように装うことをいう。

　なお，仮装譲渡および仮装債務負担は3号の場合と異なり，相手方を論理的な前提とする必要的共犯ではない（第三者の名義を無断使用する場合も含まれる）。したがって，相手方も可罰的である旨の特別の規定がなくても，当然に本罪の共犯とすべきであろう（仮装債権者を共同正犯とした東京高判昭和49・5・28判時757号124頁参照）。

2. 2　号

たとえば，建物に無用の増改築を行ったり，土地に産廃を投棄したりする行為があげられる。

3. 3　号

「金銭執行」とは，金銭債権についての強制執行を意味する。

2号が物理的な手段によって強制執行の目的財産の価値を減少させる行為を処罰するのに対し，3号は法律行為を手段として引当財産に不足を生じさせる行為を処罰している。

3号の行為は相手方の存在を前提とする必要的共犯である。このため，相手方が可罰的であるかどうかにつき疑義が生じうるところ，これを可罰的であるとする旨の規定が置かれている。もっとも，詳しくは刑法総論の議論を参照されたいが，かりにこの規定がなくても相手方を共犯として処罰することは可能であろう。

27.6　強制執行行為妨害等罪

27.6.1　意　　義

偽計または威力を用いて，立入り，占有者の確認その他の強制執行の行為を妨害した者は，3年以下の拘禁刑もしくは250万円以下の罰金に処し，またはこれを併科する（96条の3第1項）。強制執行の申立てをさせずまたはその申立てを取り下げさせる目的で，申立権者またはその代理人に対して暴行または脅迫を加えた者も，1項と同様とする（同条2項）。

本罪は執行官や債権者等の，人に向けられた強制執行妨害行為を処罰するものである。

27.6.2　1 項 の 罪

1項の行為は一見すると業務妨害罪を構成するようにも思われるが，強制執行が強制力を行使する権力的公務であるとすれば，同罪は成立しえないことになる。この処罰の間隙をみたすのが1項の罪である。

「占有者の確認」とは，強制執行の相手方である占有者が誰であるかを識別・特定する行為をいう。「強制執行の行為」とは，強制執行の現場で行われる公務員の事実上の行為をいう。

386　第27章　公務の執行を妨害する罪（以下，国家の作用に対する罪）

「偽計」とは人の判断を誤らせるような策術をいい，建物の明渡執行の際，言語の通じない者を入居させるなどして，占有関係を不明にすることなどがあげられる。「威力」とは人の意思を制圧するに足る勢力を加えることをいい，敷地内に猛犬を放し飼いにすることなどがあげられる。

「妨害した」とは，強制執行の円滑な進行を不可能または著しく困難にすることをいう。

27.6.3　2 項 の 罪

本罪は目的犯であり，強制執行の申立てをさせず，またはその申立てを取り下げさせる目的が必要である。

「申立権者」とは，自己の名義で強制執行の申立てをする権利を有する者をいう。「その代理人」とは，申立権者の法定代理人・任意代理人を意味する。

本罪の行為は暴行・脅迫であり，これらが行われればただちに既遂に達する。現実に強制執行の申立てがされなかったり，取り下げられたりする必要はない。

27.7　強制執行関係売却妨害罪

27.7.1　意　　義

偽計または威力を用いて，強制執行において行われ，または行われるべき売却の公正を害すべき行為をした者は，3 年以下の拘禁刑もしくは 250 万円以下の罰金に処し，またはこれを併科する（96条の 4）。

本罪の保護法益は強制執行における売却の公正である。

27.7.2　客　　体

本罪の客体は強制執行における売却であり，その中核は競売と入札である。**競売**とは，売主が 2 人以上の者に口頭で買受条件の申込みを促し，最高額の申込みをした者に承諾を与えて売買契約を成立させることをいう。**入札**とは，競争契約について，2 人以上の参加者のうち最も有利な申込みをしたものを相手方として契約するため，文書によりその申込みの意思表示をさせることをいう。

なお，競売・入札以外に本罪の客体となる売却としては，特別売却（民事執行規則 51 条）があげられる。

27.7.3 行　　為

「偽計」とは，人の判断を誤らせる策術を用いることをいう。競売開始決定後に，当該不動産に短期賃貸借契約が締結されていた旨の内容虚偽の契約書を裁判所に提出することなどがあげられる（最決平成 10・7・14 刑集 52 巻 5 号 343 頁）。「威力」とは，人の自由意思を抑圧するような力を加えることをいう。裁判所に備え付けられた物件明細書等に暴力団員の肩書が入った名刺を挟み込むこと（松山地判平成 3・10・23 判タ 789 号 272 頁），入札終了後に落札者に対し，不動産の取得を断念するよう威迫して要求すること（最決平成 10・11・4 刑集 52 巻 8 号 542 頁）などがあげられる。

本条は「行われるべき」と規定していることから，競売開始決定前の行為にも適用される（2011（平成 23）年刑法改正前の条文では，競売開始決定後でなければ犯罪は成立しないと解されていた。最判昭和 41・9・16 刑集 20 巻 7 号 790 頁）。また「公正を害すべき行為」とは，強制執行における売却に不当な影響を及ぼす行為をいう。単純な業務妨害ではなく，公平な自由競争を阻害する性質をもつことが必要であろう。

本罪は抽象的危険犯であり，売却の公正を害すべき行為がなされればただちに既遂に達する。現実に売却の公正が害されたことは必要でない（ただし，現況調査に訪れた執行官に対して虚偽の事実を申し向け，内容虚偽の契約書類を提出した時点で既遂を認めつつ，虚偽の事実の陳述等に基づく競売手続が進行する限り，本罪は終了しないとした最決平成 18・12・13 刑集 60 巻 10 号 857 頁参照）。

27.8　加重封印等破棄等罪

報酬を得，または得させる目的で，人の債務に関して，96 条から 96 条の 4 までの罪を犯した者は，5 年以下の拘禁刑もしくは 500 万円以下の罰金に処し，またはこれを併科する（96 条の 5）。

本罪は 96 条から 96 条の 4 までの罪の加重類型であり（2011（平成 23）年に新設），いずれかの罪に該当する行為がなされることが前提である。

本罪は目的犯である。「報酬を得」るとはみずから利益を取得することであり，「得させる」とは第三者に利益を取得させることである。

本罪には「人の債務に関して」という要件が課されており，他人に対する強

388 第 27 章　公務の執行を妨害する罪（以下，国家の作用に対する罪）

制執行が行われる際，その強制執行に介入する趣旨をもたなければならない。したがって，債務者自身は本罪の主体とならない（ただし 65 条 2 項により，96 条から 96 条の 4 までの罪の共犯とはなりうる）。

27.9　公契約関係競売等妨害罪

27.9.1　意　　義

　偽計または威力を用いて，公の競売または入札で契約を締結するためのものの公正を害すべき行為をした者は，3 年以下の拘禁刑もしくは 250 万円以下の罰金に処し，またはこれを併科する（96 条の 6 第 1 項）。

　本罪の保護法益は，国またはこれに準ずる団体の実施する公共工事等の契約締結の公正である。

27.9.2　客　　体

　本罪の客体は「公の競売又は入札で契約を締結するためのもの」である。競売・入札ののち，落札者と国・地方公共団体等との間で改めて契約手続が行われる公共工事等の場合が想定されている。

　「公の競売又は入札」とは，国またはこれに準ずる団体の実施する競売または入札を意味する（ただし，公法人・公共団体であってもその事務が公務にあたらなければ含まれない。東京高判昭和 36・3・31 高刑集 14 巻 2 号 77 頁）。特に競売の具体例としては，国税徴収法による公売（同法 94 条），会計法における競り売り（同法 29 条の 3），地方自治法による競争入札（同法 234 条）などがあげられる。

　なお，本罪の保護法益にかんがみ，競売・入札は適法なものでなければならない。

27.9.3　行　　為

　「偽計」とは人の判断を誤らせる術策を用いることをいい，入札予定価額を漏えいする行為などがあげられる（最決昭和 37・2・9 刑集 16 巻 2 号 54 頁）。「威力」とは，人の自由意思を抑圧するような力を加えることをいう（指名競争入札に際し，他の指名業者に談合に応じるよう脅迫した事案につき，最決昭和 58・5・

9 刑集 37 巻 4 号 401 頁）。

「公正を害すべき行為」とは，公の競売・入札に不当な影響を及ぼす行為をいう。もっとも，談合は本条 2 項において独立に処罰されている。

本罪は抽象的危険犯であり，公正を害すべき行為がなされればただちに既遂に達する。現実に公正が害されたことは必要でない。

27.10 談 合 罪

27.10.1 意　　義

公正な価格を害しまたは不正な利益を得る目的で，談合した者も，96 条の 6 第 1 項と同様とする（96 条の 6 第 2 項）。

本罪は 1941（昭和 16）年の刑法改正により新設されたものである。保護法益は競売・入札の公正である。

競売・入札は本来，自由競争のもとに行われるべきものであるところ，参加者が通謀して価格協定等を結び，特定の参加者を特定の価額で競落者・落札者とするような行為が横行すると，権利者・発注者が経済的損失をこうむり，ひいては自由競争に基づく競売・入札制度そのものが破綻してしまいかねない。そこで，このような談合行為を処罰することとしたのが本罪である。

ただし，本罪の構成要件は世間一般でいわれている談合よりも狭く，独占禁止法 89 条 1 項 1 号の不当な取引制限の罪が談合をより広く処罰している（もちろん「一定の取引分野」〔法 2 条 6 項〕など，独禁法違反にのみ独自に課されている要件もある）。

27.10.2 目　　的

本罪は目的犯であり，公正な価格を害しまたは不正な利益を得る目的が必要である。

「**公正な価格**」とは，競売・入札において，公正な自由競争により形成されたであろう落札価格をいう（**競争価格説**。最決昭和 28・12・10 刑集 7 巻 12 号 2418 頁，最判昭和 32・7・19 刑集 11 巻 7 号 1966 頁）。実費と適正利潤の和のうち，最も高い（低い）ものをいうとする見解もあるが（**適正利潤価格説**。東京高判昭和 28・7・20 高刑判特 39 号 37 頁，東京高判昭和 32・5・24 高刑集 10 巻 4 号 361 頁，

390 第 27 章　公務の執行を妨害する罪（以下，国家の作用に対する罪）

大津地判昭和 43・8・27 下刑集 10 巻 8 号 866 頁），そのような和自体が自由競争を前提としなければ定められないであろう。

「公正な価格を害」するとは，公正な価格を引き下げ，または引き上げることをいう（引き上げた事案につき，最判昭和 31・4・24 刑集 10 巻 4 号 617 頁）。「不正な利益」とは，談合によって得る金銭その他の経済的利益をいう。ただし，社会通念上いわゆる祝儀の程度を超え，不当に高額なものであることを要する（最判昭和 32・1・22 刑集 11 巻 1 号 50 頁）。談合金がその典型例といえようが，「回し」という，落札者からの順次下請けによる利益分配なども含まれる（東京地判平成 6・3・7 判タ 874 号 291 頁）。

27.10.3　行　　為

本罪の行為は「**談合**」である。すなわち，競売・入札の参加者が通謀して，特定の参加者を競落者・落札者とするために，一定の価格以下または以上に入札または付け値しないという協定を結ぶことである（前掲最決昭和 28・12・10）。そして，談合がなされれば本罪はただちに既遂に達する（前掲最決昭和 28・12・10）。所定の目的が実現されなかったり，そもそも談合が破られたりしても本罪の成否に影響はない。

本罪は必要的共犯であるが，主体は参加者に限定されない（最決昭和 39・10・13 刑集 18 巻 8 号 507 頁）。反対に，参加者の全員が談合に加わっている必要もない（最判昭和 32・12・13 刑集 11 巻 13 号 3207 頁）。

なお，談合が偽計や威力によるものであった場合には，むしろ 96 条の 6 第 1 項の罪が成立しうる（旧・競売入札妨害罪につき，前掲最決昭和 58・5・9）。

第28章

逃走の罪

28.1 総説

　逃走の罪の保護法益は国の拘禁作用であり，被拘禁者自身が逃走する場合を捕捉する 97 条・98 条と，被拘禁者以外の者が被拘禁者を逃走させる場合を捕捉する 99 条・100 条・101 条が規定されている。2023（令和 5）年の刑法改正により前者の主体が拡張され（改正前は，97 条の主体が「裁判の執行により拘禁された既決又は未決の者」，98 条の主体がこれに加えて，「勾引状の執行を受けた者」であった），後者の客体と同じく，「**法令により拘禁された者**」となった。

　「法令により拘禁された者」の具体例としては，確定判決または勾留状の執行により刑事施設等に収容された刑確定者または被疑者・被告人のほか，執行を受けたが収容される前のもの，逮捕されたにとどまる被疑者，勾引状の執行を受けた証人，更生保護法の引致状の執行を受けた者，少年法の同行状の執行を受けた者，医療観察法による裁判所の決定に基づく入院者（他方，精神保健福祉法による措置入院者はあたらない）などがあげられる。少年院・少年鑑別所被収容者については争いがあるが（肯定例として，福岡高宮崎支判昭和 30・6・24 裁特 2 巻 12 号 628 頁），自由制限が純粋にパターナリスティックな観点に基

づくものではないことにかんがみると，「法令により拘禁された者」にあたると解すべきであろう。

なお，逃走の罪はそのすべての類型につき未遂が処罰される（102条）。実行の着手時期の詳細については刑法総論の議論を参照されたい。

28.2　単純逃走罪

法令により拘禁された者が逃走したときは，3年以下の拘禁刑に処する（97条）。

2023（令和5）年の刑法改正前は，法定刑が1年以下の懲役であった。これは期待可能性の低さを考慮したものであったが，情動行為のような場合と異なり，「逃げるな」という期待を向けうる強度は広汎な立法裁量によって決定しうる。こうして，改正後は3年以下の拘禁刑とされた。

「逃走した」とは，看守者の実力支配を脱したことをいう。したがって，追跡されている途中であればいまだ未遂にとどまる（福岡高判昭和29・1・12高刑集7巻1号1頁）。他方，街頭に逃げ出していったんその姿をくらましたら既遂に達する（東京高判昭和29・7・26東高刑時報5巻7号295頁）。

28.3　加重逃走罪

97条に規定する者が拘禁場もしくは拘束のための器具を損壊し，暴行もしくは脅迫をし，または2人以上通謀して，逃走したときは，3月以上5年以下の拘禁刑に処する（98条）。

本罪は特に逃走の危険を高める手段を用いた場合を加重処罰するものである。

「損壊」は物理的破壊を意味し，手錠を捨てて逃げるような場合は含まれない（広島高判昭和31・12・25高刑集9巻12号1336頁）。「暴行」・「脅迫」は看守者またはその協力者に対してなされる必要があるが，その身体に直接加えられる必要まではなく，間接暴行等であっても足りる。「通謀」は逃走するための意思連絡であり（必要的共犯），逃走の実行に着手しなかった者がいるときは逃走援助罪（100条）にとどまる（佐賀地判昭和35・6・27下刑集2巻5＝6号938頁）。

本罪の手段が毀棄罪にあたるときは本罪に吸収される（金沢地判昭和57・1・

13 刑月 14 巻 1 = 2 号 185 頁）。公務執行妨害罪（95 条 1 項）にあたるときも同様
である（宮崎地判昭和 52・10・18 刑月 9 巻 9 = 10 号 746 頁）。

28.4　被拘禁者奪取罪

法令により拘禁された者を奪取した者は，3 月以上 5 年以下の拘禁刑に処す
る（99 条）。

「奪取」とは，被拘禁者を現在の実力支配下から離脱させ，自己または第三
者の実力支配下に置くことをいう。単に離脱させたにとどまるときは，むしろ
逃走援助罪（100 条）または逃走罪（97 条・98 条）の共犯が成立する（ただし，
奪取したのちに被拘禁者の自由に任せた場合でも本罪にあたるという有力説もある）。

28.5　逃走援助罪

法令により拘禁された者を逃走させる目的で，器具を提供し，その他逃走を
容易にすべき行為をした者は，3 年以下の拘禁刑に処する（100 条 1 項）。1 項
の目的で，暴行または脅迫をした者は，3 月以上 5 年以下の拘禁刑に処する
（同条 2 項）。

本罪は逃走罪の**独立共犯**であり，被拘禁者が実際には逃走しなくても本罪は
既遂に達する（大判明治 28・2・21 刑録 1 輯 116 頁）。

2023（令和 5）年の刑法改正前は，責任減少の観点から逃走罪の法定刑が軽
かったため，被拘禁者と逃走援助者との共犯関係が，処断刑の均衡論を含めて
さかんに議論された（さらに，本条 2 項の既遂時期と，被拘禁者を奪取しようと暴
行・脅迫をした場合の 99 条の既遂時期とのずれについても，不均衡であるとの議論
がある）。もっとも，改正後は議論が沈静化している。

28.6　看守者等による逃走させる罪

法令により拘禁された者を看守しまたは護送する者がその拘禁された者を逃
走させたときは，1 年以上 10 年以下の拘禁刑に処する（101 条）。

本罪は身分犯であり，かつ，被拘禁者の現実の逃走が必要である。ただし，
この身分は行為時に存在すれば足り，逃走の事実は任務解除後に生じてもかま
わない（大判大正 2・5・22 刑録 19 輯 626 頁）。また，主体は厳密には公務員に

限られないものの，汚職の罪としての性格をもつと解されている。

　詳細は刑法総論の議論を参照されたいが，被拘禁者は本罪の共犯とはならないと解すべきであろう。看守者等の地位に結びついた，国の拘禁作用を容易かつ広範囲に害しうる特別な危険性の現実化としての逃走を，被拘禁者のほうは引き起こせないからである。

第**29**章

犯人蔵匿および
証拠隠滅の罪

29.1 総　説

犯人蔵匿および証拠隠滅の罪は国の刑事司法作用を保護法益とする。具体的には，①犯人蔵匿等罪（103条），②証拠隠滅等罪（104条），③証人等威迫罪（105条の2）が規定されている。

①は犯人等の特定・発見や身柄の確保を妨げる罪であり，②は刑事裁判における適正な証拠の利用を妨げる罪である。これらの罪は犯人の利益のために行われるという性質（**庇護罪的性格**）だけでなく，犯人に（を）陥れるために行われるという性質（**陥罪的性格**）をも併有している。大部分は前者であり，それゆえ前者のみを捕捉しようとする立法例もあるが，わが国の刑法はいずれの場合も等しく刑事司法作用が脅かされていると見て，ともに可罰的としている。

なお，①〜③はすべて抽象的危険犯と解されている。したがって，現実に刑事司法作用の実現が妨害されたことを要しない。要するに，「警察にバレて」しまっても既遂に達するが，反面において，刑事司法作用の円滑な運用を妨げうる程度の危険性は必要であり，たとえば，あまりにも稚拙ですぐに見破られてしまうような証拠の偽造は可罰的とはいえない。

最後に，①と②については**犯人自身が共犯となりうるか**も議論がさかんである。すなわち，犯人みずからが逃げ隠れするのは不可罰であるところ，第三者にかくまってほしいと頼んだら 103 条の罪の共犯となるのか，犯人が自身の刑事事件に関する証拠を廃棄するのは不可罰であるところ，第三者に廃棄を依頼したら 104 条の罪の共犯となるのか，などといった点について争いが存在するのである。判例・実務は一貫して，教唆犯の成立は認めつつ共同正犯としての評価には否定的である一方，学説においては教唆犯さえ認めない立場が有力である。この問題は共犯の処罰根拠論という表題のもと，刑法総論において議論されているため，詳細はそちらを参照されたい。

29.2 犯人蔵匿等罪

29.2.1 客 体

罰金以上の刑にあたる罪を犯した者または拘禁中に逃走した者を蔵匿し，または隠避させた者は，3 年以下の拘禁刑または 30 万円以下の罰金に処する（103 条）。

本罪の客体は「罰金以上の刑に当たる罪を犯した者又は拘禁中に逃走した者」である。

「罰金以上」とあるから，法定刑が拘留・科料のみの軽微な罪は除かれる。

「罪を犯した者」は**真犯人**に限られるか。条文の文言が断定形になっていること，無実の罪を着せられそうになっている者はむしろ被害者であり，これをかくまう等することを処罰するのは過剰であること等にかんがみると，真犯人に限るとする有力説にも一理ある。もっとも，他方において，たとえ神の目から見れば無実の者であっても，現に（適法に）捜査対象とされている者をかくまう等すれば，刑事司法作用の円滑な運用は真犯人の場合と変わりなく阻害されうる。また，そもそも真犯人であるかどうか自体が神ならぬ人間にとっては，刑事司法作用を十全にはたらかせることによってしか認定しえないのであるから，真犯人でないなら同作用を妨害してでもかくまってよいという発想そのものが倒錯している。こうして真犯人に限らず，犯罪の嫌疑によって捜査中の者も含めるのが妥当であろう（最判昭和 24・8・9 刑集 3 巻 9 号 1440 頁）。

「罪を犯した者」には，訴追・処罰の可能性がなくなった者は含まれない。

29.2 犯人蔵匿等罪　　　**397**

たとえば，公訴時効の完成，親告罪における告訴権の消滅，刑の廃止等である。このような者をかくまう等しても，刑事司法作用が妨害されるおそれはないからである。反対に，親告罪においていまだ告訴がなされていないなど，訴訟条件が欠けるだけである（交通反則通告制度の適用を受ける放置駐車違反において，反則金の納付期限が経過していない場合に関する福岡高判平成 13・11・20 高刑速（平 13）232 頁）とか，不起訴処分を受けたにすぎない（東京高判昭和 37・4・18 高刑集 15 巻 3 号 186 頁）などといった場合においては，処罰の可能性が残っているから「罪を犯した者」に含まれうる。

「罪を犯した者」に**死者**が含まれるか。死者についても訴追・処罰の可能性がないという点を強調すれば，含まれないとする見解にも説得力がある。もっとも，犯人が死亡しているというのも真犯人でないというのと同様，誰が犯人であるかを捜査してはじめて明らかになることであるから，その点が不分明の段階で，たとえば，警察官に自分が犯人だと虚偽の事実を申告すれば，たとえ犯人が死亡していたとしても犯人隠避罪が成立しうる（札幌高判平成 17・8・18 判時 1923 号 160 頁）。

なお，本罪のもうひとつの客体である「拘禁中に逃走した者」は，みずから逃走した者（97 条・98 条）だけでなく，奪取された者（99 条）も含む。

29.2.2　行　　為

本罪の行為のうち「**蔵匿**」とは，官憲による発見・逮捕を免れるための隠匿場所を提供してかくまうことをいう（大判明治 43・4・25 刑録 16 輯 739 頁，大判大正 4・12・16 刑録 21 輯 2103 頁）。一方，「**隠避**」とは，蔵匿以外の方法により官憲による発見・逮捕を免れさせるいっさいの行為をいう（大判昭和 5・9・18 刑集 9 巻 668 頁）。

隠避にあたるとされた例としては，逃走すべき地域を指示する行為（大判明治 35・5・19 刑録 8 輯 5 巻 147 頁），犯人に逃走するよう勧告する行為（大判明治 44・4・25 刑録 17 輯 659 頁），犯人が偽名を用いられるよう，他人の戸籍謄本等を供与する行為（大判大正 4・3・4 刑録 21 輯 231 頁），逮捕の義務のある警察官があえて逮捕を怠り逃走を許す行為（大判大正 6・9・27 刑録 23 輯 1027 頁），逃走資金を調達する行為（大判大正 12・2・15 刑集 2 巻 65 頁），犯人の留守宅の状

況や捜査の形勢を知らせる行為（前掲大判昭和5・9・18），犯人をハイヤーに乗せて潜伏予定場所まで送る行為（最判昭和35・3・17刑集14巻3号351頁），身代わり犯人を立てる行為（最決昭和35・7・18刑集14巻9号1189頁），参考人として捜査機関に対し，犯人が現場にいなかったと虚偽の供述をする行為（和歌山地判昭和36・8・21下刑集3巻7＝8号783頁），部下の検察官が犯した証拠隠滅罪に関し，地検の幹部検察官が嫌疑を消したり捜査を封じたりする工作を行う行為（大阪高判平成25・9・25判タ1408号293頁）などがあげられる（他方，否定例として，犯人の内妻に店舗購入資金を援助した事案に関する大阪高判昭和59・7・27高刑集37巻2号377頁参照）。

　学説上議論がさかんなのは，すでに身柄拘束されている犯人の**身代わり**を立てる行為まで犯人隠避罪に該当しうるかである。これを否定する見解も有力であり，その理由として，①本罪はあくまで犯人の身柄確保作用を保護しているのであり，すでに逮捕・勾留されている犯人にはそもそも保護法益を観念しようがないこと，②かりに釈放されてしまうことをとらえて身柄確保作用の侵害と評価しえたとしても，現実に身柄拘束が解かれなかった事案においては本罪を認めえないこと，をあげる。

　しかし，このような否定説には十分な理由がないというべきであろう。まず①については，本罪が犯人の特定作用まで保護していると解することは十分に可能である。蔵匿の場合であっても，それにより犯人を正しく特定しえなくなる点をとらえて該当性を認定することは許されるであろう。また，かりに犯人の身柄確保作用に限ってみたとしても，釈放されてしまうおそれをとらえて不法を見出すことは可能である。次に②についても，いまだ身柄拘束されていない犯人の隠避が，「そうしなければ犯人は確実に身柄拘束されていたであろう」といえなくても肯定されうる以上，すでに身柄拘束されている犯人が実際には釈放されなかったとしても，釈放されてしまうおそれのみをもって隠避を認定してよいはずであろう。

　判例も肯定説に立っており，殺人事件の被疑者として逮捕・勾留された暴力団組長の身代わり犯人として，組員が警察署に出頭し自己が犯人である旨の虚偽の供述をしたが，結局，組長は釈放されなかった事案において，罪を犯した者には犯人として逮捕・勾留されている者も含まれ，そのような者をして，現

になされている身柄の拘束を免れさせるような性質の行為も隠避にあたると述べ，犯人隠避罪を認めたもの（最決平成元・5・1刑集43巻5号405頁），被疑者が逮捕・勾留されたのち，参考人が取調べにおいて，被疑者が犯人であることを知りながら，犯人ではないと虚偽の供述をした事案において，供述内容に関する事前の口裏合わせを指摘して犯人隠避罪を認めたもの（最決平成29・3・27刑集71巻3号183頁）などがある。もちろん肯定説だからといって，子どもだましのうそで百戦錬磨の刑事を欺こうとするだけでは，抽象的危険犯といえども本罪の不法を肯定することはできないであろう。前出の判例が口裏合わせを重視しているのもこのためだと思われる。

29.2.3　故　　意

本罪の故意についても当然に故意の一般理論が適用されるが，本罪に特徴的なのは，認識の対象である構成要件要素に「**罰金以上の刑に当たる**」という，通常は行為者の頭に具体的に浮かばない事実が含まれていることである。そのことから，次のような錯誤が行為者にしばしば生じうる。

第1に，行為者が，たとえば，軽犯罪法違反にあたる事実しか認識していなければ，実際には重い犯罪にあたる事実が存在していても（犯人がのぞきをしたというのでかくまってやったら，実は他人の住居の庭に侵入してそうしていたなど），本罪の故意を阻却すべきである。このとき，かりに行為者が法定刑を誤解して罰金以上だと思い込んでいても（ただののぞきでも長期間刑務所に入れられるなど），それは幻覚犯であり可罰性を構成しない。

第2に，行為者が罰金以上の刑にあたる罪を構成する事実を認識しているものの，刑法の教授に質問したところ，すれ違いがあって「ああ，それは軽犯罪にすぎないよ」と回答されたため，安心して（⁉）犯人をかくまったという場合には，認識から本罪の構成要件該当事実が積極的に排除されているため，本罪の故意を阻却すべきである（念のため注記しておくと，刑法の教師がこのように楽観的な方向で間違った回答をすることはまずない。ときどき学生から「友だちに聞かれたんですけど，○○って罪になりますか」と質問されるが，実際には質問者本人のことであり，なおかつ，事実を有利に歪曲している可能性を考慮し，やや深刻な方向で回答するのがふつうである）。行為者が自分で六法をめくり，正し

い条文にたどり着いたものの，号数が細かすぎて隣の法定刑を見てしまい，罰金以上でないと誤信した場合も同様である。

以上に対し，第3に，行為者が法的知識の不足により，漠然と「それほど重い犯罪ではないだろう」と誤信したにすぎない場合においては，本罪の故意を認めるべきである。それは単なるあてはめの錯誤であり，ちょうど，（人の始期に関する一部露出説をとったとき，）母体から一部露出した赤ちゃんの頭部を叩いた行為者が，まだ人ではなく胎児だから処罰されないと誤信したのと同じである。判例も法定刑が罰金以上であることの認識を不要としており（最決昭和29・9・30刑集8巻9号1575頁），殺人犯人であるとか，何らかの重大な罪を犯した者であるといった程度の認識があれば本罪の故意を認めてよかろう。

29.2.4 既　　遂

本罪は抽象的危険犯であり，すでに捜査機関が犯人の所在を知っているとか（東京地判昭和52・7・18判時880号110頁），犯人が最終的に身柄拘束されてしまったなどという事情が存在しても，本罪の成否に影響はない。ただし，「隠避させた」という条文の文言に照らし，行為にもかかわらず犯人自身が逃避を拒絶するなどしたときは，本罪は成立しえないと解すべきであろう。

29.2.5 罪　　数

犯人を蔵匿かつ隠避させたときは本罪の包括一罪である。ただし，刑事司法作用は犯人ごとに独立して保護に値するから，共犯者数名を1個の行為で蔵匿し，隠避させたときは，共犯者ごとに本罪が成立し，観念的競合となる（最判昭和35・3・17刑集14巻3号351頁）。

29.3 証拠隠滅等罪

29.3.1 客　　体

他人の刑事事件に関する証拠を隠滅し，偽造し，もしくは変造し，または偽造もしくは変造の証拠を使用した者は，3年以下の拘禁刑または30万円以下の罰金に処する（104条）。

本罪の客体は**他人の刑事事件に関する証拠**である（現代語化改正前の文言であ

29.3 証拠隠滅等罪

る「刑事被告事件」の意義につき，大判明治 45・1・15 刑録 18 輯 1 頁参照）。自己の刑事事件に関する証拠であっても，これを隠滅等することは同程度に刑事司法作用を害するはずであるが，この場合には不可罰とされている。問題はその理由であり，有力説は犯人に罪証隠滅を思いとどまらせることが期待不可能であるという責任の欠缺をあげる。もっとも，そのような説明では，罪証隠滅動機が一般に責任を加重すると解されていることと平仄が合わなくなる（自己の刑事事件に関する証拠の偽造が同時に文書偽造にあたるとき，文書偽造罪の責任はむしろ重くなると解されている）。したがって，刑事訴追される側に対し，自己に不利益な証拠の保全を求めるのは刑事訴訟の構造に反するという，不法の欠缺のほうに理由を求めるべきであろう。

それでは，隠滅等した証拠が他人の刑事事件にも自己の刑事事件にも関するときはどうなるか。この問題については，端的に①他人の刑事事件に関する証拠にあたるとする見解，反対に②自己の刑事事件に関する証拠とする見解（大判昭和 7・12・10 刑集 11 巻 1817 頁，大判昭和 12・11・9 刑集 16 巻 1545 頁），③もっぱら他人のためにする意思である場合には他人の刑事事件に関する証拠とし，そうでない場合には本罪を否定する見解（大判大正 7・5・7 刑録 24 輯 555 頁，大判大正 8・3・31 刑録 25 輯 403 頁，広島高判昭和 30・6・4 高刑集 8 巻 4 号 585 頁）などが主張されている。これらのうち，動機を問題とする③は前記有力説と親和的といえよう。一方，不法の欠缺を理由とする立場からは，②がその趣旨を最も一貫させたものとなろう。

これと関連して，**共犯者を蔵匿・隠避する行為**の可罰性も議論されている。この行為の本罪としての可罰性は前記①〜③に従って判断される一方，103 条の罪としての可罰性についてはこれを肯定する傾向が強い（旭川地判昭和 57・9・29 判時 1070 号 157 頁）。もっとも，自己蔵匿・隠避の不可罰根拠が自己の刑事事件に関する証拠の隠滅等の不可罰根拠と本質的に共通しているとすれば，ここでも 103 条と 104 条の適用範囲は連動すべきであろう。

民事事件などの証拠は本罪の客体ではない（短答式試験にときどき出される）。また当然ではあるが，捜査開始前の刑事事件であっても本罪の対象となる（大判昭和 10・9・28 刑集 14 巻 997 頁）。証拠を隠滅しきって捜査の端緒さえ奪ってしまう，というのは本罪の保護法益に対する最大の攻撃ともいえるからである。

証拠は物証・人証を問わないし，情状に関するものでもよい。判例には，捜査段階において参考人を監禁するなどし，捜査機関への出頭を妨害した場合に本罪を認めたものがある（最決昭和 36・8・17 刑集 15 巻 7 号 1293 頁）。

29.3.2 行　　為

1. 意　　義

本罪の行為は証拠の隠滅・偽変造，偽変造証拠の使用である。

「**隠滅**」とは，証拠の顕出を妨げ，または，その証拠としての価値を減失・減少させる行為をいう。証拠物の破壊・隠匿（大判明治 43・3・25 刑録 16 輯 470 頁）のほか，証人・参考人となるべき者や共犯者を逃避させ，隠匿すること（前掲大判昭和 10・9・28，前掲最決昭和 36・8・17）も含まれる。

「**偽造**」とは，存在しない証拠を新たに作成することをいう。「**変造**」とは，真実の証拠に加工して，その証拠としての効果に変更を加えることをいう。証拠が文書等である場合，文書等の偽変造罪における偽変造の概念を本罪においても用いようとする学説もある。しかし，保護法益がまったく異なる以上，いくら同じ言葉が使用されているからといって，同義に理解しなければならない必然性はなかろう。したがって，たとえ名義人が内容虚偽の文書を作成した場合であっても，本罪の成立を妨げるものではない（仙台地気仙沼支判平成 3・7・25 判タ 789 号 275 頁参照）。

「**使用**」とは，偽変造の証拠を真正のものとして提出することをいう。裁判所に対してだけでなく，捜査機関に対して提出することも使用にあたる。また，求めに応じて提出する場合も使用にあたる（前掲大判昭和 12・11・9）。

2. 参考人の虚偽供述

参考人の虚偽供述が本罪（証拠偽造罪）にあたるかが争われている。たとえば，参考人が取調べに際し，捜査官に「犯人の顔を見たが A だった」とうそを述べたとき，本罪が成立しうるであろうか。

これを否定する立場にも複数のものがあるが，まずは形式論として，本罪は証拠方法自体の偽造の場合にしか成立しえず，証拠資料の偽りは対象外だという立場がある。しかし，そのような限定解釈には根拠がないし，供述調書等が作成されれば可罰性を否定しえなくなってしまう。

29.3 証拠隠滅等罪　　　**403**

そこで出てくるのが実質論であるが，その第 1 は偽証罪（169 条）との均衡論である。同罪が非常に限定された要件のもとにおいてのみ，うそつきによる刑事司法作用の妨害を処罰していることにかんがみ，それ以外の場合は不可罰だと解するのである（そのほか，本罪の場合には自白しても 170 条のような規定がないから，刑が免除されえず不均衡だといわれることもある）。しかし，同罪の法定刑は非常に重いから，それ以外は不可罰だという推論には飛躍がある。また，170 条などという高度に政策的な規定から，他罪に関する具体的な解釈を導き出すことにも無理があろう。

こうして，近時有力に主張されているのが実質論の第 2 であり，もし参考人の虚偽供述を本罪で処罰すると，参考人は捜査機関の立てたストーリーに沿おうと迎合的な供述を行うようになり，かえって真実発見が妨げられてしまうという。やや回りくどい説明のようにも見えるが，参考人心理の実態にはマッチしているのであろう。このような発想に立つと，たとえ供述調書が作成されてもやはり本罪は成立しない。他方において，参考人が積極的に捜査機関を誤導するため，みずからうその書かれた上申書を提出したとか，参考人が捜査官と一緒になって，みなが真実でないと知りつつ供述調書を作成したような場合には，本罪を成立させても前記弊害は存在しないといえよう。

判例の基本的な流れも，供述調書が作成された場合になお本罪不成立の結論を維持しつつ（千葉地判平成 7・6・2 判時 1535 号 144 頁。虚偽供述そのものにつき，最決昭和 28・10・19 刑集 7 巻 10 号 1945 頁参照），捜査官と参考人が相談しながら虚偽の供述内容を創作し，それを供述調書の形式にした事案で本罪を認めている（最決平成 28・3・31 刑集 70 巻 3 号 58 頁）。また，やや古い例であるが，刑事事件の証拠とするため民事事件で虚偽の認諾を行い，その旨の口頭弁論調書を裁判所書記官に作成させた事案（大判昭和 12・4・7 刑集 16 巻 517 頁），他人の刑事事件の参考人として検察官から上申書の作成・提出を求められ，虚偽の内容を記載した上申書を作成して検察官に提出した事案（東京高判昭和 40・3・29 高刑集 18 巻 2 号 126 頁）などにおいても本罪が認められている。前記弊害が生じない場合ととらえられよう。

なお，捜査官の真実と考えることがそのまま真実とされてしまうおそれが本罪不成立の根拠であるとすると，ゆがんだ真実供述義務を避け同様の弊害を防

止するため，参考人の虚偽供述は原則として犯人隠避罪も構成しないと解すべきであろう。

29.3.3 罪　　数

本罪の行為が同時に他人所有の証拠物の損壊にあたるときは，本罪と器物損壊罪（261条）の観念的競合となる。参考人の捜査機関への出頭を妨害するため，これを逮捕・監禁したり殺害したりすれば，本罪と220条の罪，本罪と199条の罪との観念的競合となる。

29.4　親族による犯罪に関する特例

29.4.1 意　　義

103条・104条の罪については，犯人または逃走した者の親族がこれらの者の利益のために犯したときは，その刑を免除することができる（105条）。

親族間で犯される犯人蔵匿や証拠隠滅は，その者をかばおうとしてなされたものである限り，人間の自然な情愛に基づく抑止困難な行為であるから，類型的に見て責任が軽い。このため，105条は刑の任意的免除を定めている。

29.4.2 適 用 要 件

「犯人又は逃走した者」とは，103条の罪の客体と同義である。一方，親族の範囲は民法によって定められる（民法725条）。

「利益のために」とは，刑事訴追，有罪判決，刑の執行または拘禁を免れさせる目的をいう。これもときどき短答式試験で聞かれるが，犯人や逃走者の不利益のためにしたときは，本条は適用されない。

犯人と同時に，第三者の利益のために103条・104条の罪を犯したときは，本条を適用しないのが判例である（前掲大判昭和7・12・10）。もっとも，このようなケースでは動機の主従を勘案し，本条を適用する余地を認める学説が有力である。

29.4.3 共 犯 関 係

親族と第三者が共犯関係にある場合における本条の適用可能性についても議

論がある。

第1に，親族が第三者に103条・104条の罪を教唆等した場合の親族はどうか。判例は（1947（昭和22）年の改正前の本条についてであるが）庇護の濫用であるとして本条の適用を否定している（大判昭和8・10・8刑集12巻1820頁）。もっとも，親族がみずから実行しても期待可能性が欠如しうる行為については，共犯として加功した場合であっても同様にいいうるのではなかろうか。こうして，本条の適用を肯定する有力説が妥当である。

第2に，第三者が親族に103条・104条の罪を教唆等した場合の第三者はどうか。本条には親族でない共犯についての定めが存在しないが，責任の個別性に照らすと，本条の適用を否定することが一貫しよう。

なお，犯人・逃走者が親族に103条・104条の罪を教唆等した場合の犯人・逃走者も議論されているが，こちらは共犯の処罰根拠論という刑法総論のテーマに深くかかわっている。反対に，親族が犯人・逃走者に教唆等した場合の親族も問題となりうるが，こちらについても同様である。

29.5 証人等威迫罪

29.5.1 意 義

自己もしくは他人の刑事事件の捜査もしくは審判に必要な知識を有すると認められる者またはその親族に対し，当該事件に関して，正当な理由がないのに面会を強請し，または強談威迫の行為をした者は，2年以下の拘禁刑または30万円以下の罰金に処する（105条の2）。

本罪は，刑事事件の被害者や証人が犯人側から圧力を加えられ，供述や証言がゆがめられてしまう事態を防ぐため，1958（昭和33）年に新設されたものである。保護法益は国の刑事司法作用の円滑な運用であるが，特に本罪においては副次的に，客体の私生活の平穏も保護されている。

29.5.2 客 体

刑事事件は被疑事件，被告事件のほか，将来において刑事事件となりうるものも含む。

「捜査若しくは審判に必要な知識を有すると認められる者」とは，犯罪の成

否，量刑の資料など，犯人または証拠の発見に役立つ知識を現に有するか，具体的事情から判断して，そのような知識を有すると考えられる者をいう。刑事事件の被害者，証人，参考人などである。

親族の範囲は民法によって定まる（民法725条）。

29.5.3 行　為

「当該事件」とは，すぐ前の「自己若しくは他人の刑事事件」の意であり，「正当な理由がないのに」とは，弁護人の調査活動などの違法性阻却事由を除く趣旨である。

「面会を強請」するとは，相手方の意に反して面会を強要することをいう（大判大正12・11・30刑集2巻884頁）。「強談」とは，言語をもって自己の要求に応ずるよう迫ることであり，「威迫」とは，言語・動作をもって気勢を示し，不安・困惑の念を生じさせることである（大判大正11・10・3刑集1巻513頁）。判例はこれらの行為が書信・電話等の方法も含むと解している（最決平成19・11・13刑集61巻8号743頁）。

なお，本罪は抽象的危険犯であるから，実際に面会等が実現されなくてもよいのはもちろん，相手方の供述等に不当な影響を及ぼすべき具体的な危険性なしに既遂に達する（福岡高判昭和51・9・22判時837号108頁）。

29.5.4 罪　数

本罪の行為が複数なされたとき，たとえば，面会を強請したのち，強談威迫の行為をした場合には本罪の包括一罪となる。

面会の強請が同時に脅迫罪（222条）または強要罪（223条）にあたるときは，本罪との観念的競合となる。

証人に虚偽の証言を求めて強談威迫の行為をしたときは，偽証罪（169条）の教唆犯と本罪の観念的競合となる。

第**30**章

偽 証 の 罪

30.1 総　　説

　偽証の罪は，法律により宣誓した証人，鑑定人，通訳人または翻訳人が虚偽の陳述，鑑定，通訳または翻訳をする罪である。保護法益は国の審判作用の適正な運用である。

30.2 主　　体

　法律により宣誓した証人が虚偽の陳述をしたときは，3月以上10年以下の拘禁刑に処する（169条）。

　本罪は身分犯であり，主体が「**法律により宣誓した証人**」に限られている。「法律」は民事訴訟法201条や刑事訴訟法154条などである。

　判例は尋問後に宣誓がなされる場合であっても本罪を認めている（大判明治45・7・23刑録18輯1100頁）。宣誓が陳述の証明力を担保するという関係を破壊することが本罪の不法であるから，事後宣誓の場合であっても本罪を認める判例は妥当である。

　宣誓は適法でなければならないから，宣誓をさせることができない者に誤っ

て宣誓をさせた場合（刑訴法155条など），本罪は成立しない（最大判昭和27・11・5刑集6巻10号1159頁）。一方，証言拒絶権を有するにすぎない場合には，これを行使せずに宣誓して虚偽の陳述をすれば本罪が成立する（最決昭和28・10・19刑集7巻10号1945頁）。

　刑事事件の被告人には証人適格がないが（刑訴法311条），手続を分離して共犯者の事件の証人となった場合には，あえて証言拒絶権を行使せず，宣誓して虚偽の陳述をすれば本罪が成立しうる（大判明治44・2・21刑録17輯157頁）。

　なお，条文上当然ではあるが，証人以外の者，たとえば，民事訴訟の当事者が宣誓して虚偽の陳述をしても本罪は成立しない。

30.3　行　　為

　本罪の行為は**虚偽の陳述**であり，判例によれば証人の記憶に反する供述を意味する。すなわち，証言内容がたまたま真実に合致していたとしても，記憶に反する供述をした場合には本罪が成立しうる（大判大正3・4・29刑録20輯654頁，東京高判昭和34・6・29判タ93号50頁）。これを**主観説**という。

　これに対して学説では，真実に反する供述とする**客観説**も有力である。①真実発見が審判の適正の基礎にあるとすれば，証人がうそのつもりで供述したとしても，その内容が真実に合致する限り審判の適正は害されていない，②たとえ客観説によったとしても，記憶を話すといって記憶にないことを話すのは真実に反しており虚偽の陳述と評価しうる，というのがその理由である（刑法総論で**表現犯**という概念を習ったと思うが，本罪を表現犯でないとする学説の背景にも同様の発想がある）。

　もっとも，①裁判上の真実とはあくまで，証言を含む証拠に基づいて認定されてはじめて発生するのだから，それに先立って，証言内容が前記真実に合致しているかどうかを問題とするのは倒錯しているし，②記憶に合致すると偽ること自体が真実に反するというのでは，もはや主観説と径庭がない。こうして，判例のとる主観説が妥当といえよう。

　本罪は抽象的危険犯であり，たとえば，虚偽の陳述が証拠として採用されなくても既遂に達する（大判明治43・10・21刑録16輯1714頁参照）。ただし，事前宣誓の場合には尋問手続における陳述全体の終了時，事後宣誓の場合には宣

誓終了時まで待たなければならない。

なお，本罪の行為は単なる黙秘では不十分である。事実認定に際して何の資料も出さないというのは，虚偽の資料を出すよりも審判の適正を害するおそれが小さいからである。せいぜい，証言拒否罪（刑訴法161条）にとどまることとなろう。

30.4 共　　犯

犯人による本罪の教唆は可罰的であろうか。この問題は，犯人が103条・104条の罪を教唆した場合の擬律と比較して議論されている。

判例は後者の場合と同じく，前者の場合も可罰的と解しているが（大判明治42・8・10刑録15輯1083頁，大判昭和11・11・21刑集15巻1501頁，前掲最決昭和28・10・19，最決昭和32・4・30刑集11巻4号1502頁），学説は分かれている。もっとも，後者はともかく前者については，不可罰の結論をとることは困難だと思われる。

前者の場合を不可罰とする学説は，①類型的に期待可能性が欠けることや，②本罪の教唆は煎じ詰めれば証拠偽造のひとつともいえ，犯人が行うときは刑事訴訟の構造に照らして不法が欠けること，を理由としてあげる。しかし，①本罪は103条・104条の罪と異なり，条文上，犯人が除かれているわけではなく，ただ，黙秘権を保障する観点から証人適格を剥奪されているにとどまるし，②敵対的プレーヤーである訴追者のために身柄や不利な証拠を保全しておいてやる必要はないという発想から，宣誓による供述の証明力担保という重要な法制度を攻撃してよいとする解釈までは導き出せないはずである。

こうして，前者の場合には可罰的とする学説のほうが妥当であろう。

30.5 自白による刑の減免

169条の罪を犯した者が，その証言をした事件について，その裁判が確定する前または懲戒処分が行われる前に自白したときは，その刑を減軽し，または免除することができる（170条）。

偽証はその露見する可能性や露見したときの制裁の重さ，偽証に基づいて誤った裁判・懲戒処分がなされた場合の事態の深刻さにかんがみ，犯人に自白

させるための誘引規定を置くべきである。このような政策的判断から設けられたのが本条であり，正犯だけでなく共犯（教唆犯）にも適用される（大決昭和5・2・4刑集9巻32頁。ただし，もちろん共犯自身が自白する必要がある。大判昭和4・8・26刑集8巻416頁）。

自白とは偽証した事実を認めることであり，みずから主体的に自首する場合のほか，尋問に応じて告白する場合も含む（大判明治42・12・16刑録15輯1795頁）。また，自首とはその趣旨を異にするため，偽証の事実がすでに裁判所等に判明している場合であってもよい。ただし，自白の相手方は裁判所・捜査機関・懲戒権者に限られ，一私人はもちろん，たとえば，被告人・弁護人に漏らすことでも足りないと解されている。

30.6　虚偽鑑定等罪

法律により宣誓した鑑定人，通訳人または翻訳人が虚偽の鑑定，通訳または翻訳をしたときは，169条・170条の例による（171条）。

本罪も身分犯であり，主体が「法律により宣誓した鑑定人，通訳人又は翻訳人」に限られている。

「法律」は民事訴訟法216条・201条，刑事訴訟法166条・178条などである。また，本罪の虚偽性についても争いがあるが，判例はここでも主観説をとっている（前掲大判明治42・12・16）。

第**31**章

虚偽告訴の罪

31.1 総 説

虚偽告訴の罪は，人に誤った刑事処分または懲戒処分を受けさせる目的で，虚偽の告訴等の申告をする罪である。保護法益は第一次的には国家の適正な刑事司法作用および懲戒作用であるが，副次的に個人の利益も保護されていると解されている（大判明治 45・7・1 刑録 18 輯 971 頁，大判大正元・12・20 刑録 18 輯 1566 頁，大判昭和 15・2・5 新聞 4535 号 10 頁）。ただし，あくまで前者が主眼であり前者の侵害だけで可罰的となりうるから，**同意を得た他人に対する虚偽申告**も処罰されうる。

31.2 虚偽告訴等罪

31.2.1 行 為

人に刑事または懲戒の処分を受けさせる目的で，虚偽の告訴，告発その他の申告をした者は，3 月以上 10 年以下の拘禁刑に処する（172 条）。

「**虚偽**」とは客観的な真実に反することをいう（最決昭和 33・7・31 刑集 12 巻 12 号 2805 頁）。偽証罪等において主観説が採用されていることと対照的である

が，それは同罪等がそもそも真実を発見するためのプロセスにおける一定の制度を保護しているからである。これに対して本罪においては，申告内容が真実に合致している限り，保護法益が脅かされることはない。

「告訴，告発」とは，犯罪の被害者その他の者による，犯罪事実を申告して犯人の処罰を求める意思表示をいう（刑訴法230条以下・239条以下）。「その他の申告」とは，刑事処分を求める請求や懲戒処分を求める申立てなどである。これらの申告は捜査機関，懲戒権者，懲戒権の発動を促しうる機関（**相当官署**）に対してなされる必要がある。また申告は自発的なものでなければならず，取調べを受けて受動的になされた場合は含まれないと解されている。

31.2.2 故　　意

故意の一般理論を本罪にもそのまま適用するならば，行為者が申告内容の虚偽性を未必的に認識していれば足りることになる（最判昭和28・1・23刑集7巻1号46頁）。学説にはこれを批判し，本罪では例外的に**確定的認識**まで要求しなければ，犯罪被害者等が告訴権等の行使を萎縮させられてしまう，というものもある。しかし，客観的な状況に照らして正当と評価されるべき告訴権等の行使であれば，故意の問題に立ち入る以前に（違法性阻却等により）可罰性が否定されるべきである。またこの点を措くとしても，告訴等をされる者の利益も勘案しなければならないのであり，あえて故意の一般理論に例外を設けるまでの緊要性は存在しないように思われる。

31.2.3 目　　的

本罪は目的犯であり，「人に刑事又は懲戒の処分を受けさせる目的」が必要である（刑法総論で習ったかもしれないが，いわゆる目的犯のうち，結果を目的とする犯罪とよばれる特殊な場合である）。したがって，たとえば，財布を盗まれたと警察に虚偽の届出をするだけでは本罪は成立しない。ただし，この目的は実質的には**未必的認識**で足りると解されている（大判大正6・2・8刑録23輯41頁，大判昭和8・2・14刑集12巻114頁）。ゆえに，この目的が唯一または主要な動機である必要はもちろんない（大判昭和12・4・14刑集16巻525頁）。

「人」とは他人のことであるから，自己誣告（**自己に対する虚偽告訴**）は本罪

を構成しない（軽犯罪法1条16号にあたるにとどまる）。同意誣告と同じく保護法益の侵害はあるものの，目的がみたされないという点に違いがある。また人は実在することを要するから，架空人に対する虚偽告訴も本罪を構成しない。一方，責任無能力者など，処罰適格を欠くにすぎない者は人にあたる（大判大正6・6・28刑録23輯773頁）。

「刑事」「の処分」とは，有罪判決のほか，少年に対する保護処分，売春婦に対する補導処分をいう。「懲戒の処分」とは，公法上の監督関係に基づき，職務規律維持のために科される制裁をいう。したがって，公務員に対するものに限られず，医師や弁護士等に対する懲戒処分も含まれうる。

31.2.4　既　　遂

本罪の既遂時期は虚偽の申告が相当官署に到達した時点である。郵便の場合，到達して閲覧しうる状態に置かれれば既遂である（大判大正5・11・30刑録22輯1837頁）。公訴提起などは必要でない（大判大正3・11・3刑録20輯2001頁）。

31.3　自白による刑の減免

172条の罪を犯した者が，その申告をした事件について，その裁判が確定する前または懲戒処分が行われる前に自白したときは，その刑を減軽し，または免除することができる（173条）。

本条も政策的観点から設けられた規定であり，誤った刑事処分または懲戒処分を防ぐために誘因を設定している。

第**32**章

職権濫用の罪

32.1 総　　説

　職権濫用の罪の保護法益は，第一次的には，公務執行の適正とこれに対する国民の信頼という国家的法益である。しかし，副次的には，被害者となる個々の国民の権利・自由という個人的法益も保護されていると解されている。

32.2 公務員職権濫用罪

32.2.1 職権の概念

　公務員がその職権を濫用して，人に義務のないことを行わせ，または権利の行使を妨害したときは，2 年以下の拘禁刑に処する（193 条）。

　本罪は**公務員**を主体とする身分犯である。

　「**職権**」とは，当該公務員が有する一般的職務権限のうち（保護観察官が面接時にわいせつ行為をした事案において，そもそも職務に属しないとして本罪を否定した東京高判昭和 43・3・15 高刑集 21 巻 2 号 158 頁参照），職権行使の相手方に対し，法律上，事実上の負担ないし不利益を生ぜしめるに足りる特別の職務権限をいう（最決平成元・3・14 刑集 43 巻 3 号 283 頁）。一方，学説には，条文上特

段の限定がなされていないこと，本罪の法定刑が必ずしも重くないことなどに
かんがみて，職権はひとたび濫用されれば結果として国民の権利・自由を侵害
しうるものであれば足り，特段の限定を要しないというものもある。もっとも，
本罪の規定ぶりが強要罪（223 条）と似通っていること，本罪の法定刑は公務
員の職務を萎縮させないという観点も考慮して定められていることなどに照ら
すと，やはり職権には一定の制限を施すべきであろう。

　職権該当性を肯定した判例としては，判事補が刑務所長に対し，司法研究そ
の他職務上の参考に資するための調査・研究という正当な目的でないにもかか
わらず，そうであるかのように仮装して日本共産党委員長の身分帳簿の閲覧等
を求めた事案がある（最決昭和 57・1・28 刑集 36 巻 1 号 1 頁）。悪質な行為には
違いないが，ただ任意協力を求めえたにすぎないのであれば，職権の範囲をや
や広げすぎであるようにも思われる。

32.2.2　濫用の概念

　「**濫用**」とは，公務員がその一般的職務権限に属する事項につき，職権の行
使に仮託して実質的，具体的に違法，不当な行為をすることをいう（前掲最決
昭和 57・1・28）。

　学説ではこれを 2 つに分節し，私的行為であるにもかかわらず職務行為であ
るかのように仮装してなされる類型（**職務仮装型**）と，職務行為の要件が充足
されていないにもかかわらず行われる類型（**職務遂行型**）をあげることもある。
これらのうち，職務仮装型を濫用とするのは自然な発想といえよう。これに対
して職務遂行型は，たとえ職権をその性質上，国民の権利・自由を侵害する類
型的危険性の高いものに限定するとしても，特に隠密裏になされる場合，やは
り強要罪の構造から外れすぎて本罪の対象とすることは困難である。他罪や懲
戒処分をもって対処すべきであろう。

　一方，学説には，本罪は暴行・脅迫を要件としないから強要罪のアナロジー
を用いるべきではないとし，判例の流れも同様の方向性にあるというものもあ
る（町会議員が不当な決議により反対派に過当な納税義務を負わせた場合に本罪を
認めた大判大正 11・10・20 刑集 1 巻 568 頁，入札価格を改ざんして最高価格入札者
の落札を阻止した場合に本罪を認めた甲府地判昭和 43・12・28 下刑集 10 巻 12 号

1239頁などがあげられる）。たしかに，手段要件から相手方の意思制圧を要求する解釈は行き過ぎであろうが，少なくとも，職権が背景にあることを外部から認識可能とし，それによって抵抗・妨害を困難化する側面は必要と解すべきであろう。

本罪の代表的な否定例としては，（通信傍受法の成立以前に）警察官が警備情報を得るため，職務として組織的に共産党幹部宅の電話を盗聴した事案がある（前掲最決平成元・3・14）。警察官が盗聴行為全般を通じて，終始何人にも警察官による行為ではないことを装う行動をとっていたことを理由としており，支持しうると思われる（他方，執行吏が虚偽の記載をした公示札を土地の上に立てた事案で濫用を認めた最決昭和38・5・13刑集17巻4号279頁，裁判官が刑事被告人を喫茶店に呼び出した事案で濫用を認めた最決昭和60・7・16刑集39巻5号245頁は妥当である）。今日では，むしろ通信傍受法37条の罪の適用が検討されるべきであろう。

なお，本罪は濫用の結果として非義務の強制・権利行使の妨害を要求しているから，同結果が生じなければ成立しないのも強要罪と同じである。ただし，暴行・脅迫による相手方の意思制圧から生じるのでない利益侵害，たとえば，プライバシー侵害であっても結果として足りる点に特徴がある。

32.3　特別公務員職権濫用罪

裁判，検察もしくは警察の職務を行う者またはこれらの職務を補助する者がその職権を濫用して，人を逮捕し，または監禁したときは，6月以上10年以下の拘禁刑に処する（194条）。

本罪も身分犯であるが，その主体は特定の公務員へとさらに限定されている。

本罪は逮捕・監禁罪の加重類型である（肯定例として，警察官が覚醒剤所持事犯を捏造し，無実の者を逮捕・監禁した事案に関する東京地判平成9・10・17判タ958号289頁）。加重の根拠は所定の職務がもつ特別の危険性と，公務執行の適正に対する国民の信頼への違背である。

「裁判，検察若しくは警察の職務を行う者」とは，裁判官，検察官，司法警察員をいう。「これらの職務を補助する者」とは，裁判所書記官，検察事務官，司法巡査など，職務上補助者としての地位にある者をいう（少年補導員に関す

る否定例として，最決平成 6・3・29 刑集 48 巻 3 号 1 頁）。

32.4 **特別公務員暴行陵虐罪**

裁判，検察もしくは警察の職務を行う者またはこれらの職務を補助する者が，その職務を行うにあたり，被告人，被疑者その他の者に対して暴行または陵辱もしくは加虐の行為をしたときは，7 年以下の拘禁刑に処する（195 条 1 項）。法令により拘禁された者を看守しまたは護送する者がその拘禁された者に対して暴行または陵辱もしくは加虐の行為をしたときも，1 項と同様とする（同条 2 項）。

本罪を含む広義の職権濫用の罪は副次的な保護法益として，被害者となる個々の国民の権利・自由という個人的法益をもつ。もっとも，国家的法益の侵害のみでも本罪は成立し，それはちょうど，同意に基づく虚偽告訴が可罰的であるのと同じだという学説もある（留置場の看守が同意に基づき，被留置者と性交した事案で本罪を認めた東京高判平成 15・1・29 判時 1835 号 157 頁参照）。一貫した解釈であるようにも思われるが，少なくとも本罪においては，真に同意がある限り国家的法益のほうも害されていないのではないかという疑問がある。

本罪も身分犯であるが，暴行・陵虐行為は主体の一般的職務権限に属さないため，厳密には職権濫用の罪というよりも，むしろ職権行使に際し，自己の特別な地位を利用してなす違法行為を処罰するものである。

1 項の客体のうち「その他の者」とは，証人や参考人などである。ただし，行政警察上の保護監督を受けるべき事件の本人・関係人も含まれうる（福岡高判昭和 27・10・28 高刑集 5 巻 12 号 2175 頁）。

本罪の行為のうち「暴行」とは，暴行罪における暴行と同じく，不法な物理力の行使をいう。「陵辱若しくは加虐の行為」とは，侮辱的言動を弄する，食事をさせない，用便に行かせない，わいせつな行為をなす等の手段により，肉体的・精神的に苦痛を与えることをいう。ただし，不同意性交や不同意わいせつがなされた場合にまで本罪のみを適用する（告訴を欠く事案に関するものであるが，大判大正 4・6・1 刑録 21 輯 717 頁参照）のでは刑の不均衡が生じるから，いずれの罪も認めたうえで観念的競合とすべきであろう。

32.5 特別公務員職権濫用等致死傷罪

194条・195条の罪を犯し，よって人を死傷させた者は，傷害の罪と比較して，重い刑により処断する（196条）。

本罪は194条・195条の罪の結果的加重犯である（近時の肯定例として，最決平成11・2・17刑集53巻2号64頁）。

419

第**33**章

賄 賂 の 罪

33.1 収賄罪総説

33.1.1 保 護 法 益

　公務員がその職務に関して賄賂を受け取ることがなぜいけないのか。これが収賄罪の保護法益の問題であるが，その前に，公務員とその職務の関係を理論的に整理しておかなければならない。

　公務員の職務すなわち**公務**とは，市場の失敗，つまり，市場における私人間の取引のみにゆだねたのでは過少供給に陥るサービスについて，民主的決定に基づき，国民から強制的に徴収した税金をもって支弁することとされたものである。その究極的な例が国防であり，ある市場参加者に対して「他国から攻め込まれたらあなたも困るだろうから国防費を出しませんか」と尋ねても拒否されるであろう。他の者が国防費を出してくれさえすれば，自分は（国防という）サービスにただ乗りできるからである。しかし，みなが同じことを考えると，国防費は枯渇してサービスが過少供給に陥ってしまう。そこで税金から支弁するのである。

　もっとも，このように考えると，公務という観念は必要であるとしても，**公**

務員という観念は必須のものでなくなる。学説にはこの点をとらえて，収賄罪の主体が公務員に限られているのは偶然的な事情によるというものもある。しかし，実際には公務員という観念は存在するし，収賄罪の主体が公務員であるのも自然なことと受け止められている。それは，今日においては公務の範囲があまりにも多種多様にわたっており，相当数の「公務専従者」＝公務員を置いて公務にあたらせるのでなければ，非常に非効率な運用となってしまうからである。個々の公務——その中には専門的な訓練が必要なものも多い——ごとに，いちいち担当者を募ってこれにあたらせるのでは税金の無駄遣いであるし，第一，サービスの質が低下しすぎるであろう。

　こうして見れば，収賄罪の保護法益やその不法構造が明らかとなってくる。公務を私的な取引に供するチャンスを広汎かつ反覆継続して有するという意味において，類型的に高度の危険性をもつ公務員の地位にある者が，その危険性の現実化として，実際に公務を私的な取引に供し，もっぱら公共的な観点からその内容が定められるべき公務に私的な観点を潜り込ませることこそが，収賄罪の不法の本質を形成しているのである。そして，保護法益の内容としては端的に，公務が私的に買収されないこと，すなわち不可買収性を観念すべきであろう。これを**不可買収性説**という。ただし，収賄罪の条文上要求されているのはあくまで主体が公務員であることのみであり，それ以上に，たとえば，買収の対象となった職務を現に担当している公務員であることまでは要求されていない。したがって，刑法が「およそ公務員たる者は金をもらって公的なサービスに私的観点を潜り込ませやすい」という包括的な危険性に着目しており，やや身分刑法のきらいがあることは否定しがたいであろう。この意味において，収賄罪の主体を公務員に限定することに懐疑的な前記学説にも一理ある。

　収賄罪の保護法益に関しては，ほかにも，公務員の職務の公正とする**純粋性説**や，公務員の職務の公正とそれに対する社会一般の信頼とする**信頼保護説**（最大判平成 7・2・22 刑集 49 巻 2 号 1 頁）などが主張されている。

　しかし，まず純粋性説は，公務員が怠慢などから現実に不公正な職務を行っても，せいぜい懲戒の対象にしかならないのと平仄が合わない，と批判されている。やはり，公務を私的な取引に供するという，収賄罪固有の不法を直截に具体化すべきであろう。

次に信頼保護説は，ある利益とそれが保護されていることに対する信頼をともに保護法益とするのは方法論的におかしい，と批判されている。たしかに，同説のような保護法益の形成をひとたび承認すれば，すべての犯罪は「それが犯されないことへの信頼」という社会的法益に対する罪としての側面を有することになってしまおう。これに対して同説は，他の説では職務行為後の収賄（大判昭和 10・5・29 刑集 14 巻 584 頁参照）まで可罰的であることを説明しえない，と反論している。タイムマシンがない以上，あとからの賄賂が公務に影響することはありえず，処罰したいのなら，「実は最初から賄賂が想定されていて，公務に影響をもったのではないか」という国民からの疑念を根拠とするしかない，というのである。しかし，それでは説明のための説明にすぎない。職務行為後の収賄を可罰的としたいのなら，端的に，公務が私的な取引に供された可能性のみをもって足りると解したうえ，職務行為前の収賄よりも一段軽く処罰すべきであろう。

33.1.2　主　　体

収賄罪の主体は**公務員**であり，「国又は地方公共団体の職員その他法令により公務に従事する議員，委員その他の職員」（7 条 1 項）をいう。要は身分犯であり，詳しくは刑法総論の議論を参照されたいが，共犯は 65 条 1 項によって規律される。

33.1.3　職務関連性

1. 意　　義

収賄罪は「職務に関し」て賄賂を収受等したことを要件とする。この，「職務に関し」を講学上，**職務関連性**とよんでいる。

古い学説においては，公務員その人に人格の廉潔性を求めるという観点から，職務関連性は職務そのものでなくてもそれに関連して金品を受け取ってはならないことを示す趣旨だ，と解されていた。しかし，今日においては，職務が賄賂と対価関係に立つことを端的に示す趣旨だ，と解するのが一般的である。収賄罪の保護法益にかんがみれば，こちらのほうが妥当な解釈といえよう。

2. 一般的職務権限の理論

それでは，賄賂と対価関係に立つべき職務とは，具体的にはどのように定められるのであろうか。

そもそも職務とは，「公務員がその地位に伴い公務として取り扱うべき一切の執務」（最判昭和28・10・27刑集7巻10号1971頁）をいう。その範囲は原則として法令により定められるが，必ずしも直接の規定があることを要しないとされる（大判昭和13・12・3刑集17巻889頁）。法令の解釈によって職務を基礎づけられれば足りるのである。

さらに，職務というためには当該公務員が現に担当している必要まではなく，法令上，当該公務員の一般的・抽象的な職務権限に属するものであれば足りるとされる（最判昭和37・5・29刑集16巻5号528頁）。これを，具体的職務権限までなくても**一般的職務権限**に属する行為であれば足りる，と表現している。一般的職務権限に属してさえいれば，純粋に内部的な事務分配により当該公務員が現に担当することとなる可能性も十分に存在するのであり，そうであるとすれば，賄賂によって買収されることが公私混同となり収賄罪の実体をもたらすからである（反対に，一般的職務権限さえなければ，賄賂をもらっても，単に「公務員が金をもらって，その地位に基づく事実上の影響力を利用する頼まれごとをした」というだけである）。

実務の一般的傾向としては，これまで，行政組織上の「課」・「局」を単位として，その分掌・所管事務につき一般的職務権限を認めてきた（最判昭和32・11・21刑集11巻12号3101頁，前掲最判昭和37・5・29）。明瞭で分かりやすい反面，収賄罪の不法内容に即した実質的な検討が捨象されてしまうきらいがある。場合によっては，当該公務員が（法令やその解釈自体の変更ではなく）内部的な事務分配により実際に担当することがありうるか，ありうるとすればどの程度か等を具体的に判断する必要も生じよう。判例にも，警視庁警部補としてA警察署地域課に勤務していた被告人が，同庁B警察署長に告発状を提出した者から，告発状の検討・助言，捜査情報の提供，捜査関係者へのはたらきかけなどの，有利かつ便宜な取り計らいを受けたいとの趣旨で供与された現金を受領した，という事案において，所属する課が異なる場合でもなお職務権限が及ぶとし，単純収賄罪（197条1項前段）を認めたものがある（最決平成17・3・11刑集59巻2号1頁）。警察法64条が管轄区域内の職権を抽象的に定めている

33.1 収賄罪総説

というのを超えて，警察官の職務の特殊性にかんがみ，実際にさまざまなところで犯罪捜査にあたりうることが考慮されたと思われる。

3. 転職後の賄賂

一般的職務権限の理論によれば，同権限に属する職務である限り，将来に至ってはじめて行いうる職務であっても（大判昭和 11・2・21 刑集 15 巻 136 頁），あるいはまた，過去に担当していたが現在は担当していない職務であっても（大判明治 42・12・17 刑録 15 輯 1843 頁），公務員がその対価として賄賂を受け取る等すれば収賄罪が成立しうる。問題は，公務員が**転職**により一般的職務権限に異同を来した場合においても，転職前の職務の対価として賄賂を受け取る等すればなお収賄罪が成立しうるか，である。

限定説は事後収賄罪（197 条の 3 第 3 項）しか成立しえないとする。一般的職務権限に異同を来したということは，もはや賄賂の対価となったような職務を担当する可能性が完全に失われたということであり，形式上は公務員という身分を保持しているけれども，価値的に見て公務員でなくなったのと同等だというのである。

一見すると説得力があるようにも思われるが，あくまで条文上は「公務員」としか書かれていないのであり，「賄賂の対価となった職務を現在も担当している」などという限定を読み込む契機は存在しない。「その職務」を「現に一般的職務権限を有している職務」と限定解釈するのも同じことであり，そう読む必然性がない。むしろ，刑法が限定なしに「公務員」等とのみ規定していることを出発点として，収賄罪の不法と整合性のとれた解釈を展開すべきであろう。すなわち，刑法はあくまで，公務員が公務の結節点であることからくる危険の高まりという包括的な観点に着目しているにすぎず，およそ公務員として賄賂を受け取る等している以上，一般的職務権限を喪失してなお通常の収賄罪を認める**非限定説**のほうが妥当である。

最高裁判例も非限定説を採用しており（大審院時代に賄賂収受罪を否定したものとして大判大正 4・7・10 刑録 21 輯 1011 頁，収賄罪を肯定したものとして大判昭和 11・3・16 刑集 15 巻 282 頁），たとえば，宅建業者が，宅建業者への指導監督を職務とする A 県建築部建築振興課宅建業係長であった被告人に依頼し，指導監督に際して不正な便宜を図ってもらったことの謝礼として，同県住宅供給

公社に出向したあとの被告人に現金を供与した，という事案で加重収賄罪（197条の3第2項）を認めている（最決昭和58・3・25刑集37巻2号170頁。そのほか，A税務署直税課からB税務署直税課に転勤したのち，前職に関して賄賂を収受した場合に収賄罪を認めた最決昭和28・4・25刑集7巻4号881頁，大阪府土木部特別建設課工事係長から同府建設部指導課処分係長に転職したのち，前職に関して賄賂を供与した場合に贈賄罪を認めた最判昭和28・5・1刑集7巻5号917頁参照）。

　なお，応用問題として，一般的職務権限に異同を来していないかに見えるものの，同権限がいったん途切れたとも見うる場合の擬律が争われている。たとえば，市長が任期満了前に市長としての一般的職務権限に属する市庁舎の建設工事の入札等に関し，再選後担当すべき職務について賄賂を収受した事案が問題となる。たまたま現職というだけであり，価値的に見て，市長になろうとする者が市長となった暁に担当すべき職務に関して賄賂をもらっただけだ，というのなら事前収賄罪（197条2項）の可能性が残るにとどまる。これに対して非限定説の発想によるならば，市長が再選して当該職務を担当する可能性が認められる限り，通常の収賄罪が成立しうることになる。判例も前記事案で受託収賄罪（197条1項後段）を認めている（最決昭和61・6・27刑集40巻4号369頁）。

4. 職務密接関連行為の理論

　一般的職務権限に属する行為でなくても，その対価として賄賂を受け取る等することが収賄罪を構成しうるか。学説・実務はこの問いに対して肯定的に答えてきた。すなわち，当該公務員の職務と密接に関連する行為（これを**職務密接関連行為**という）と賄賂が対価関係に立てば同罪が成立しうる，というのである（最決昭和31・7・12刑集10巻7号1058頁）。

　このような解釈を支える発想は2種類ある。第1に，条文上はあくまで「その職務の対価として」ではなく「その職務に関し」としか規定されていないのだから，厳密には職務そのものと賄賂が対価関係に立つ必要まではなく，職務と一定の関連性がある行為と賄賂が対価関係に立てば足りる，という発想である。しかし，収賄罪の保護法益にかんがみると，賄賂との対価性こそが不法の本質を形成しているのであり，このことを直截に表現したのが「に関し」という文言と解される以上，賄賂の対価を職務以上に拡張する契機は存在しないはずである。また実質的に見ても，このような発想からは関連性を限定するため

33.1 収賄罪総説

の原理が出てこないため，収賄罪の成立範囲が過大なものとなるおそれが強い。

こうして第2の発想のほうが妥当である。すなわち，職務密接関連行為というのもあくまで職務そのものの一形態であるにすぎず，ただ公務員個人の私的な行為と境を接しているため，特別な判断方法を要することから独自に範疇化されているのだ，と解するのである。通常の場合，職務該当性は「はたして当該公務員の管轄事項であるのか」という観点から判断されるのに対し，職務密接関連行為が問題となる局面においては，「当該公務員がその地位や権限の影響力を利用して私的な行為をしているだけではないのか」という観点から判断されることになる。ただし，繰り返しになるが，実際上そのような判断方法になるというだけであって，理論的には，一般的職務権限の理論も職務密接関連行為論も職務該当性という単一の問題に帰着する。

問題は職務密接関連行為というための具体的な要件であるが，本来的な職務に対する類型的な影響力を中核とすべきであろう。例をあげる。私は刑法の教師になりたてのころ，国立大学の助教授（文部科学教官という公務員）であった。かりにそのころの私が，たとえば，出版社からリベートを受け取り，その対価として，自身の担当する講義で特定の書籍を教科書に指定し，受講者に購入させたとしよう。講義をすることが私の本来的な職務であるのは当然であるが，そこで指定教科書を何にするかは，講義そのもののあり方に類型的な影響力をもつ重要なファクターである。そうすると，指定教科書を選ぶことは講義をすることに密接に関連する行為であり，それゆえ職務の一形態といいうる。こうして私は収賄罪になる。一方，私が自身の立場を利用して，司法試験受験生であるある受講者の家庭教師を引き受け，休日に対価をもらって刑法の過去問を解説してやったとしても，同罪は成立しないであろう。私が地位を利用して兼業したところで，本来の職務には何らの類型的な影響もないからである（もちろん，休日の疲れがたまって講義が雑になってしまう可能性もあるかもしれないが，そのような非類型的な影響力は職務該当性という規範的な判断を基礎づけえない）。

判例における肯定例としては，県会議員が他の議員を勧誘して議案に賛成させる行為（大判大正2・12・9刑録19輯1393頁），板硝子割当証明書の発行事務担当者が，同証明書の所持者が特定の店舗から板硝子を買い受けるように仕向ける行為（最判昭和25・2・28刑集4巻2号268頁），歯科大学設置の認可申請を

審査する審議会の委員が，認可申請をしていた関係者に対し，申請内容の適否を審査基準に従ってあらかじめ判定し，中間的審査結果をその正式通知前に知らせる行為（最決昭和 59・5・30 刑集 38 巻 7 号 2682 頁），藝大の教授が指導中の学生のバイオリン買替えの相談に応じて，特定の楽器店の保有するバイオリンを購入するよう助言する行為（東京地判昭和 60・4・8 判時 1171 号 16 頁），衆議院議員が法案の審議，表決にあたってみずから意思表明するとともに，（自身が属さない委員会の委員を含む）他の議員に対して説得勧誘する行為（最決昭和 63・4・11 刑集 42 巻 4 号 419 頁），県立医科大学教授兼同大学付属病院診療科部長が，教育指導している医師を外部の病院に派遣する行為（最決平成 18・1・23 刑集 60 巻 1 号 67 頁），北海道開発庁長官が，自己が直接の指揮監督権限をもたない下部組織である北海道開発局の港湾部長に対し，港湾工事の入札に関して特定業者に特別の便宜を図るようはたらきかける行為（最決平成 22・9・7 刑集 64 巻 6 号 865 頁）などがある。他方，否定例としては，農林大臣が復興金融公庫の融資を受けようとする者に県の食糧事務所長を紹介する行為（最判昭和 32・3・28 刑集 11 巻 3 号 1136 頁），工場誘致の事務担当者が，希望に添う土地が見つからなかった者に別の私有地をあっせんする行為（最判昭和 51・2・19 刑集 30 巻 1 号 47 頁）などがある。

　なお，実務的には職務密接関連行為として，公務員が慣行的に担当している職務行為や，本来の職務行為の準備的行為が観念されることもある。職務該当性を認めるという結論そのものに異論はないが，私的行為との限界を画するという，職務密接関連行為論のもともとの発想からは離れていることに注意を要する。端的に，法令ないしその解釈として職務権限の有無を判定すべきであろう。判例における肯定例としては，村役場の書記が村長の補佐として担当していた外国人登録事務（前掲最決昭和 31・7・12），市議会議員の会派内において市議会議長の候補を選定する行為（最決昭和 60・6・11 刑集 39 巻 5 号 219 頁）などがある。

33.1.4 客　体

　本罪の客体は**賄賂**であり，公務員がその職務の対価として受ける不正な報酬としての利益をいう。ただし，個々の職務行為と賄賂との対価関係までは認定

33.1 収賄罪総説

する必要がない（最決昭和 33・9・30 刑集 12 巻 13 号 3180 頁）。

利益は有形・無形を問わず，人の需要・欲望をみたすことができるいっさいの利益を含む（大判明治 44・5・19 刑録 17 輯 879 頁）。芸妓の演芸（大判明治 43・12・19 刑録 16 輯 2239 頁），金融の利益（大判大正 14・4・9 刑集 4 巻 219 頁），就職のあっせんの約束（大判大正 14・6・5 刑集 4 巻 372 頁），異性間の情交（最判昭和 36・1・13 刑集 15 巻 1 号 113 頁），未公開株式を公開価格で取得できる利益（最決昭和 63・7・18 刑集 42 巻 6 号 861 頁。上場時の値上がり見込みと取得困難性が認められる事案。類似のものとして，最決平成 14・10・22 刑集 56 巻 8 号 690 頁），早期売却の必要があった土地を時価相当額の代金で買い取ってもらう換金の利益（最決平成 24・10・15 刑集 66 巻 10 号 990 頁）などがあげられる。

なお，形式的には賄賂の定義に該当するかに見えるものの，中元・歳暮など，**社交上の儀礼**として贈られたものをいかに扱うべきかも問題となる。もっとも，いかに中元・歳暮という社会的に確立された儀礼の形態をとっているとはいえ，公務員の職務の対価として利益を供与することを適法と評価することは，構成要件該当性阻却であれ違法性阻却であれ困難であろう。端的に職務対価性を問い，これが欠けるときにはじめて，単なる社交儀礼であり賄賂にあたらない，と説明すべきである（賄賂該当性の肯定例として大判昭和 4・12・4 刑集 8 巻 609 頁，大阪高判昭和 58・2・10 刑月 15 巻 1 = 2 号 1 頁〔政治献金〕，否定例として最判昭和 50・4・24 判時 774 号 119 頁，大阪高判令和 2・6・17 高刑速（令 2）389 頁〔国立大学教授に対する，新工法の研究開発に関する技術指導料の支払い。ただし，研究職公務員については研究という営為の自発性にかんがみ，職務対価性があってもなお許容される余地を認めるべきであろう〕参照）。

33.1.5 行　　為

本罪の行為は賄賂の収受（収受罪），要求（要求罪），約束（約束罪）である。「**収受**」とは，供与された賄賂を自己のものとする意思で現実に取得することをいう。波風を立てないためいったんは受け取ったものの，後日返還する意思である場合には，自己のものとする意思がないため収受にあたらない。また自己といっても，家族が取得するなど，実質的に自己と同視しうる場合を含む。「**要求**」とは，賄賂の供与を求める意思表示をいう。もっとも，相手方が同

意思表示を認識しえれば足り，現実に認識する必要まではない（大判昭和11・10・9刑集15巻1281頁）。また条文上当然ではあるが，相手方が要求に応じなくても要求罪は成立しうる（大判昭和9・11・26刑集13巻1608頁）。

「**約束**」とは，賄賂を供与し，これを収受することについて，収賄者・贈賄者間に合意が成立することをいう。

33.1.6 罪　　数

賄賂の要求・約束に続いて収受したときは，包括して1個の収賄罪が成立する（大判昭和10・10・23刑集14巻1052頁）。

なお，厳密には罪数論の範疇を超えるが，公務員がその職務に関し，**恐喝的・詐欺的手段**を用いて相手方に賄賂を交付させた場合において，①公務員に収賄罪が成立しうるか（恐喝罪・詐欺罪が成立しうる点に争いはない），②相手方に贈賄罪が成立しうるか，という問題も議論されている。

①について，まず，そもそも公務員に職務執行の意思がなく，ただ職務執行に名を借りているだけの場合には，収賄罪は成立しない（大判昭和2・12・8刑集6巻512頁，最判昭和25・4・6刑集4巻4号481頁）。そこでは職務と賄賂との間に対価関係が存在せず，同罪の不法がみたされないからである。一方，公務員に職務執行の意思がある場合には，対価関係があるから同罪が成立しえよう（大判昭和15・4・22刑集19巻227頁，最決昭和39・12・8刑集18巻10号952頁。ここではじめて罪数論が出てくるが，恐喝罪・詐欺罪とは保護法益が異なるから観念的競合となろう。福岡高判昭和44・12・18刑月1巻12号1110頁参照）。というより，同罪のもともとの発想自体が「お上が下々から硬軟織り交ぜて袖の下を巻き上げる」というものであった。

②について，こちらも，公務員に職務執行の意思がなければ，相手方もこれを認識している限り，贈賄罪が成立しえないのは同様である。問題は職務執行の意思がある場合であるが，学説には，相手方はむしろ被害者であり，贈賄しないことの期待可能性が欠けるから同罪は成立しない，というものもある。たしかに，贈賄によって失われる利益と他の保全すべき利益との衡量を相手方の内部だけで行うならば，この学説がいうように，相手方は贈賄するしかないのであり処罰しえないようにも思われる。もっとも，視野を広くとるならば，相

手方は職務の不可買収性という重大な利益を別途，積極的に侵害しているのだから，この点をとらえて処罰することはなお可能といえよう（前掲最決昭和39・12・8）。むろん，量刑上，期待可能性の減少が考慮されうるのは別論である。

33.1.7 没収・追徴

1. 意　義

犯人または情を知った第三者が収受した賄賂は，没収する。その全部または一部を没収することができないときは，その価額を追徴する（197条の5）。

「**没収**」とは，犯罪に関係がある特定の物の所有権を所有者から強制的に奪い，国庫に帰属させる刑罰をいう。「**追徴**」とは，本来没収できるはずの物が没収不能となった場合において，その没収すべき物の価額に相当する金額を国庫に納付すべきことを命ずる処分をいう。ただし，共犯者が共同して収受した賄賂については，分配額に応じた没収・追徴が本則であるものの（大判昭和9・7・16刑集13巻972頁），裁判所の裁量により均分額の追徴を命じることもできる（最決平成16・11・8刑集58巻8号905頁）。

刑法総則に規定されている没収・追徴（19条・19条の2）は任意的なものであるが，賄賂罪における賄賂については**必要的**とされていることになる。これは，賄賂という不正の利益の剥奪を徹底しようとする発想に基づいている。したがって，賄賂が贈賄者に返還された場合，贈賄者から没収・追徴されうるとしても（大連判大正11・4・22刑集1巻296頁，最決昭和29・7・5刑集8巻7号1035頁），それは19条・19条の2によるべきであろう。一方，収賄者が賄賂を費消したのち，その価額を贈賄者に返還した場合には，返還が（賄賂が収賄者に確定的に帰属してからの）独自の財産処分と見うる限りで収賄者から追徴すべきである（最判昭和24・12・15刑集3巻12号2023頁，最決昭和31・2・3刑集10巻2号153頁）。

2. 必要的没収

没収の対象は「犯人又は情を知った第三者が収受した賄賂」である。

「犯人」とは，賄賂を収受した公務員とその共犯である（大判明治44・2・13刑録17輯75頁参照）。「情を知った第三者」とは，それ以外の知情者をいう。

第三者供賄罪において，情を知りながら収受した者などがこれにあたる（これに限るという見解も有力である）。第三者が法人や団体である場合には，知情がその代表者について判断される（最判昭和 29・8・20 刑集 8 巻 8 号 1256 頁，最大判昭和 40・4・28 刑集 19 巻 3 号 300 頁〔第三者追徴における手続保障の対象に関して〕）。

なお，収受に至らなかった賄賂は 19 条 1 項 1 号により，いわゆる犯罪組成物件として任意的没収の対象となる（最判昭和 24・12・6 刑集 3 巻 12 号 1884 頁）。一方，公務員が賄賂を要求・約束したのち，公務員でなくなってから収受した場合には，たとえ収受罪が成立しなくても必要的没収が可能である（広島高判昭和 34・6・12 高刑集 12 巻 7 号 681 頁〔モーターボート競走法違反について〕）。

3. 必要的追徴

追徴は没収不能の場合において，その価額につきなされるが，没収不能には次の 2 とおりが存在する。第 1 に，本来ならば没収可能な賄賂が費消や所有権移転などの理由により没収しえなくなるケース，第 2 に，接待や換金の利益など，そもそも賄賂の性質上没収しえないケース（ゴルフクラブ会員権につき，最決昭和 55・12・22 刑集 34 巻 7 号 747 頁）である（大判大正 4・6・2 刑録 21 輯 721 頁）。特に第 2 のケースでは価額を認定しえないこともあろう（ただし，たとえば，融資金相当額を 19 条 1 項 3 号，19 条の 2 により没収・追徴することはできる。最決昭和 33・2・27 刑集 12 巻 2 号 342 頁，最決昭和 36・6・22 刑集 15 巻 6 号 1004 頁）。学説では，第 1 のケースを後発的没収不能とよび没収の換刑処分と位置づける一方，第 2 のケースを原始的没収不能とよび利益没収と位置づける分析が一般的であるが，賄賂における必要的追徴の趣旨に照らし，できるだけ統一的な運用をすべきであろう。

なお，株式や不動産に代表されるように，価額が変動する賄賂における**追徴額の算定時期**も争われている。追徴後には不正な利益を残さない，という観点を強調すれば**追徴時説**が一貫するが，他方において，追徴額が偶然的な事情によって大きく変動しすぎる，運用の巧拙は利益の不正性から切り離して考えられる（それらまで織り込んで追徴額を決するのは困難である），などといった欠点もある。判例は**収受時説**をとっている（最大判昭和 43・9・25 刑集 22 巻 9 号 871 頁）。いずれにせよ，没収との不均衡を生じさせないため，没収に際して，没収

不能であれば命じられたであろう追徴額との差額をあわせて追徴すべきであろう。一方，**没収不能時説**というのもあるが，没収との関係のみが強調されており，追徴の趣旨という観点から見たとき，根拠が不十分であるように思われる。

33.2 収賄罪の類型

33.2.1 概　　観

刑法は収賄罪として，単純収賄罪（197条1項前段）のほか，受託収賄罪（197条1項後段），事前収賄罪（197条2項），第三者供賄罪（197条の2），加重収賄罪（197条の3第1項・第2項），事後収賄罪（197条の3第3項），あっせん収賄罪（197条の4）を規定している。

これらは大きく，基本となる単純収賄罪，その加重類型，その修正類型に分けることができる。以下，順を追って見ていく。

33.2.2 基本類型——単純収賄罪

公務員が，その職務に関し，賄賂を収受し，またはその要求もしくは約束をしたときは，5年以下の拘禁刑に処する（197条1項前段）。

収賄罪の基本となる類型であり，これまで解説してきた収賄罪の一般理論がそのままあてはまる。

33.2.3 加 重 類 型

1. 受託収賄罪

公務員が，その職務に関し，賄賂を収受し，またはその要求もしくは約束をした場合において，請託を受けたときは，7年以下の拘禁刑に処する（197条1項後段）。

収賄が請託を受けてなされるときは，職務と賄賂との対価関係がより明確化し，不可買収性が深刻に侵される。これが刑の加重根拠である。

「**請託**」とは，公務員に対し，一定の職務行為を行うこと，または行わないことを依頼することであり，依頼の内容が正当なものであるかは問わない（最判昭和27・7・22刑集6巻7号927頁）。黙示的なものであってもよい（東京高判昭和37・1・23高刑集15巻2号100頁）。そして，「受けた」とは公務員が相手

432　　　　　　　　　第 33 章　賄 賂 の 罪

方の依頼を承諾することである（前掲最判昭和 29・8・20）。また前述した刑の加重根拠に照らすと，依頼の対象である職務行為は具体的に特定されていなければならず，「何かと世話になった謝礼とあわせて将来も好意ある取扱いを受けたい趣旨」で賄賂が供与されても請託があったとはいえない（最判昭和 30・3・17 刑集 9 巻 3 号 477 頁）。

2. 加重収賄罪

　公務員が 197 条・197 条の 2 の罪を犯し，よって不正な行為をし，または相当の行為をしなかったときは，1 年以上の有期拘禁刑に処する（197 条の 3 第 1 項）。公務員が，その職務上不正な行為をしたことまたは相当の行為をしなかったことに関し，賄賂を収受し，もしくはその要求もしくは約束をし，または第三者にこれを供与させ，もしくはその供与の要求もしくは約束をしたときも，1 項と同様とする（同条 2 項）。

　職務と賄賂が対価関係に立つだけでなく，それによって現実に，もっぱら公共的な観点から定められるべき職務の内容が変更されてしまったときは，不可買収性の防ごうとした危険が現実化してしまったという意味において不法が大きい。これが刑の加重根拠である。反対にいうと，公務員が純粋に公人として下した判断と，贈賄者が私的に望んだ判断とが一致している限り，不可買収性の防ごうとした危険はいまだ潜在的なものにとどまっている。

　本罪は，買収によって実際に（公共的なものであるべき）法が枉げられたという意味で，**枉法収賄罪**とよばれることもある。特に，1 項を収賄後枉法罪，2 項を枉法後収賄罪という。そして 1 項の条文から明らかであるように，収賄後枉法罪は 197 条・197 条の 2 の罪を包括的にベースとする加重類型といえる。

33.2.4 修 正 類 型

1. 事前収賄罪

　公務員になろうとする者が，その担当すべき職務に関し，請託を受けて，賄賂を収受し，またはその要求もしくは約束をしたときは，公務員となった場合において，5 年以下の拘禁刑に処する（197 条 2 項）。

　本罪は修正類型のうち主体を修正するものであり，公務員の就職内定者や議員候補者を想定した規定となっている。

本罪は公務員でない者にまで可罰性を拡張していることから，当該職務を将来において担当する相当程度の蓋然性が必要であるとともに，請託を要件とすることにより職務と賄賂との対価関係としてより明確なものを要求している。

なお，刑法総論で習ったと思うが，本罪における公務員への就任は**客観的処罰条件**のひとつと解されている。厳密にいうと，公務員に就任しようがしまいが本罪の不法とは無関係であるが，さまざまな政策的観点（就任しなければ，現公務員のスキャンダルとして国民から不信の目が向けられるという事態は生じず，社会への負の影響が小さい等）から，就任したときにはじめて刑罰を科することとしたのである。

2. 事後収賄罪

公務員であった者が，その在職中に請託を受けて職務上不正な行為をしたことまたは相当の行為をしなかったことに関し，賄賂を収受し，またはその要求もしくは約束をしたときは，5年以下の拘禁刑に処する（197条の3第3項）。

本罪も主体を修正するものであり，元公務員を想定した規定となっている。公務員在職中の請託と枉法（不正な職務行為）が必要であり，代わりに，賄賂の収受・要求・約束は退職後であっても処罰しうる建付けになっている（本罪の肯定例として，最決平成21・3・16刑集63巻3号81頁）。

3. 第三者供賄罪

公務員が，その職務に関し，請託を受けて，第三者に賄賂を供与させ，またはその供与の要求もしくは約束をしたときは，5年以下の拘禁刑に処する（197条の2）。

本罪は賄賂を受け取る相手方を第三者に修正・拡張する規定であり，第三者は地方公共団体その他の法人を含む（前掲最判昭和29・8・20）。公務員が自己や家族等以外の第三者に賄賂を受け取らせる脱法行為を防止するために設けられているが，可罰範囲が過大になるおそれもあり，請託を要件として職務と賄賂との対価関係の明確化を図っている。

4. あっせん収賄罪

公務員が請託を受け，他の公務員に職務上不正な行為をさせるように，または相当の行為をさせないようにあっせんをすることまたはしたことの報酬として，賄賂を収受し，またはその要求もしくは約束をしたときは，5年以下の拘

禁刑に処する（197条の4）。

　本罪は非常に特殊な規定であり，賄賂と対価関係に立つ対象を，他の公務員の職務行為についてのあっせんに修正している。つまり，本罪は公務員のいわゆる**口利き**に金が絡むことを処罰するものであり，汚職の罪というよりも，むしろ公務員その人の廉潔性を担保する罪に近いといえよう（ただし枉法の要件はハードルが高いため，本罪とは別にあっせん利得処罰法〔公職にある者等のあっせん行為による利得等の処罰に関する法律〕が設けられている）。

　「あっせん」とは，他の公務員への紹介，仲介，はたらきかけ，依頼などをいう。あっせんの対象は不正な職務行為に限られている（公正取引委員会が調査中の事件を告発しないよう衆議院議員がはたらきかける行為につき，不正な職務行為のあっせんとした最決平成15・1・14刑集57巻1号1頁参照）。また，あっせんは（職務密接関連行為を含む）職務からは外れるものの，単なる私人としてなす行為であってはならず，あくまで公務員としての立場でなされる必要がある（最決昭和43・10・15刑集22巻10号901頁は，公務員による積極的な地位利用までは必要ないとする）。

33.3　贈　賄　罪

　197条から197条の4までに規定する賄賂を供与し，またはその申込みもしくは約束をした者は，3年以下の拘禁刑または250万円以下の罰金に処する（198条）。

　本罪は収賄罪の**対向犯**を独立に条文化したものであり，刑が軽いのは「官に搾取される民」という構図のもと，贈賄者は類型的に見て責任が軽いと判断されたためだといわれている。もっとも，今日においてもなおこのような説明が妥当しうるかには大きな疑問がある。刑の軽さの根拠はむしろ，収賄者側が反覆継続して袖の下を集める契機をもち，それゆえ一回的な収賄であってもそこに大きな危険が現実化しているのに対し，贈賄者側はそうでないという不法の小ささに求めるべきであろう。ただ，それでも本罪の法定刑は画一的（ただし現実には，いかなる収賄罪に対応する贈賄罪かで事実上，罪名や量刑が区別されている）かつ軽きに失するところがあり，改正すべきとの声もある。

　「申込み」とは，公務員に賄賂の収受を促すことをいう。一方的行為である

33.3 贈賄罪　　**435**

から，公務員が収受を拒否しても本罪は成立しうる（大判昭和 3・10・29 刑集 7 巻 709 頁）。

「**約束**」とは，賄賂を供与し，これを収受することについての贈賄者・収賄者間の合意をいう。

「**供与**」とは，賄賂を収受させることをいう。公務員が収受を拒否したとか，賄賂性の認識を欠いたなどといった場合には申込みにとどまる（最判昭和 37・4・13 集刑 141 号 789 頁）。

なお，申込み〜供与は一連の流れとして行われることも多いが，その場合には包括して 1 個の本罪が成立する（仙台高秋田支判昭和 29・7・6 高刑裁特 1 巻 1 号 7 頁）。一方，1 個の行為で複数の公務員に贈賄を行った場合には，公務員の数に応じた本罪が成立し，観念的競合となる（大判大正 5・6・21 刑録 22 輯 1146 頁）。

事 項 索 引

ア　行

あっせん　434
あっせん収賄罪　433
穴埋め横領　242
あへん煙に関する罪　304
新たな侵害作用　33
安否を憂慮する者　83

遺棄　38
遺棄罪　36
遺棄致死傷罪　43
医師　332
意思活動および移動の自由に対する罪　68
意思活動の自由　68, 69
意思説　313
遺失物等横領罪　249
囲障　100
意思抑圧状態　26
遺族の感情　114
委託された行為に基づいて取得した金銭
　　236
委託信任関係　230, 232
委託物横領罪　231
移置　38
一時の娯楽に供する物　357
一時流用　241
一部露出説　20
1 項　181
1 項強盗罪　164
1 項犯罪　131
一身的刑罰阻却事由　162
逸脱　343
一般的職務権限　422
一般に開放された建物　103
移転罪　133, 197
移転性　169
居直り強盗　166
囲繞地　100

違法状態維持説　261
違法性の錯誤説　378
威力　124
威力業務妨害罪　122
因果関係推定説　55
淫行勧誘罪　355
印章　347
印章偽造の罪　347
隠匿　271, 276
隠避　397
隠滅　402
飲料水に関する罪　304

疑わしきは被告人の利益に　55
噂や風評　117
運搬　266

永続性　309
営利　82
営利・わいせつ・結婚・加害目的拐取罪
　　81
役務　169
越権行為説　239
延焼可能性　285
延焼罪　291

枉法収賄罪　432
往来危険罪　300
往来危険による汽車転覆等罪　302
往来妨害罪　300
往来妨害致死傷罪　300
往来を妨害する罪　299
横領　239
横領後の横領　246
横領罪　161
横領罪以外との関係　258
横領罪との関係　259
横領の罪　230

公の競売又は入札 388
置去り 38

カ 行

カードすり替え型窃盗 200
外患援助罪 368
外患に関する罪 366, 368
外患誘致罪 368
外形 202
外国国章損壊等罪 369
外国通貨偽造罪 339
拐取 79
拐取者身の代金要求罪 84
外部的名誉説 111
解放減軽 87
加害 82
拡張手段説 187
確定的認識 412
駆け引き 199
火災の際に 292
可視性・可読性 309
過失運転致死傷アルコール等影響発覚免
　　脱罪 67
過失運転致死傷罪 66
過失往来危険罪 303
過失激発物破裂罪 292
過失建造物等浸害罪 298
過失傷害罪 62
過失致死罪 62
過失致死傷 287
加重収賄罪 432
加重逃走罪 392
加重封印等破棄等罪 387
ガス漏出等罪 293
ガス漏出等致死傷罪 293
画像データ 310
肩書・資格 318
仮定的同意 76
可能的自由説 75
火力 280
監禁 77
監護権 79

監護者 80
監護者わいせつ罪・監護者性交等罪 93
陥罪的性格 395
鑑札 329
慣習 42
看守者等による逃走させる罪 393
看守する 99
間接暴行 377
間接領得罪 132
艦船 99
管理可能性説 139

機会説 187
器械または原料の準備 341
危害を加えるおそれ 62
毀棄 270
毀棄・隠匿の罪 70
毀棄罪 132, 151
偽計 123
偽計業務妨害罪 122
偽計による監禁 78
危険運転致死傷罪 66
危険犯 125
記号 348
汽車転覆等罪 301
汽車転覆等致死罪 302
偽証の罪 407
キセル乗車 211, 222
偽造 313, 338, 342, 402
偽造外国通貨行使等罪 339
偽造公文書行使等罪 330
偽造私文書等行使罪 333
偽造通貨行使等罪 338
偽造通貨等収得罪 340
偽造有価証券行使等罪 344
帰属 145
起訴前の犯罪事実 116
機能的一体性 285
規範的外部的名誉説 111
器物損壊等罪 275
記名 325
偽名 317

事 項 索 引

欺罔　26
欺罔行為　197
客体の同一性　265
客観説　408
客観的処罰条件　433
客観的責任（減少）要素　31
旧住居権説　96
救命可能性　44
境界損壊罪　277
境界標　277
恐喝　225
恐喝的・詐欺的手段　428
恐喝の罪　224
凶器準備結集罪　59
凶器準備集合罪　59
狭義の暴行　47
教唆・幇助行為基準説　25
強制　26
強制執行関係売却妨害罪　386
強制執行行為妨害等罪　385
強制執行の適正な運用　383
強制執行妨害目的財産損壊等罪　382
強制執行を妨害する目的　383
競争価格説　389
共同意思　295
共同加害目的　59
脅迫　73, 225
脅迫罪　69
共犯関係推定説　55
共犯関係の解消　58
共犯者を蔵匿・隠避する行為　401
共犯との外形的類似性　56
業務　62, 122, 291
業務上横領罪　247
業務上過失致死傷罪　62
業務上堕胎罪　31
業務上堕胎致死傷罪　31
業務妨害罪　122
供与　435
供用　335
供用型　221, 222
強要罪　72

虚偽　329, 411
虚偽鑑定等罪　410
虚偽記入　343
虚偽公文書作成等罪　326
虚偽告訴等罪　411
虚偽告訴の罪　411
虚偽作成　321
虚偽診断書等作成罪　332
虚偽の陳述　408
御璽偽造罪　348
御璽不正使用等罪　348
挙証責任の転換　117
許諾　211
許諾権説　97
挙動による欺罔　198
虚名　113
禁制品　141, 265
金銭債務　227

具体的　170
口利き　434
熊本水俣病事件　34
組戻し　214
クレジットカード　209
クレジットカードの不正使用　209

経営判断の原則　254
迎撃目的　62
傾向犯　92
経済的価値　141
経済的理由　29
計算　259
形式主義　308
形式的個別財産説　204
形式的三分説　42
継続的保護関係　42
継続犯　61, 78, 267
競売　386
刑法各論　2
刑法総論　2
激発物破裂罪　292
下車駅基準説　212

結果的加重犯　191, 275
結果的加重犯説　194
結合　359
結婚　82
原因行為　187
嫌疑刑説　23
権限濫用説　250
健康状態説　50
坦在性　284
現実的自由説　75
現実に強制執行が行われるおそれ　383
現住建造物等浸害罪　297
現住建造物等放火罪　283
現住性　284
原状回復の容易性　275
建造物　98, 274, 283
建造物等以外放火罪　290
建造物等損壊罪　273
建造物等致死傷罪　273
建造物の一体性　285
現代型　212
限定説　288, 423
限定積極説　126
現場助勢罪　54
原本性　311
権利・義務に関する公正証書の原本　328
権利・義務に関する文書　331
権利行使と恐喝　226
権利行使の妨害　73
権利者排除意思　150, 151

故意　185
故意犯　191
故意犯説　194
公印偽造罪　348
公印不正使用等罪　348
交換比率の基礎　205
公記号偽造罪　349
公記号不正使用等罪　349
広義の暴行　47
公共危険罪説　59
公共危険犯　11, 280

公共の危険　288
公共の危険の認識　289
公共の信用（取引の安全）に対する罪　11
公契約関係競売等妨害罪　388
後見人　243
行使　321, 338, 344
行使の目的　322, 338
強取　167
公衆の健康に対する罪　304
公正証書原本不実記載等罪　327
公正な価格　389
公然陳列　355
公然と　112, 353
公然わいせつ罪　353
交通関係業過　64
公的観点　205
公電磁的記録　334
強盗　186
強盗罪　164
強盗罪説　166
強盗傷人　191
強盗致死傷罪　185
強盗・不同意性交等罪　192
強盗・不同意性交等致死罪　192
強盗予備罪　183
公図画　323
交付　339
交付意思　201
交付意思必要説　201
交付意思不要説　202
交付行為　171, 201
交付罪　133
交付の判断の基礎となる重要な事項　207
公文書　323
公文書偽造・行使等罪　322
公文書偽造等罪　323
公文書無形偽造の間接正犯　326
公務　419
公務員　414, 419, 421
公務員職権濫用罪　414
公務員または公選による公務員の候補者
　116

事 項 索 引　　　**441**

公務執行妨害罪　372
公務の執行を妨害する罪　372
効用侵害説　271
効用喪失説　282
公用文書　272
公用文書等毀棄罪　271
合理的占有説　137
呼吸の停止　21
告知義務　198
個人的法益に対する罪　10, 280
国家的ないし社会的法益説　23
国家的法益に対する詐欺罪　216
国家的法益に対する罪　12, 365
国家の作用に対する罪　12, 372
国家の存立に対する罪　12, 366
国家の通貨発行権　337
国交に関する罪　12, 369
誤発信・誤記帳　214
コピーの文書性　312
誤振込みと詐欺　213
個別財産に対する罪　131
昏酔　182
昏酔強盗罪　182

サ　行

最狭義の暴行　47
罪刑法定主義　13
債権者の殺害　171
最広義の暴行　47
財産上の損害　254
財産上の利益　131, 169
財産的事務　253
財産的損害　204
財産的利得目的　154
財産に対する罪　10
財産に対する罪にあたる行為によって領
　　得された物　264
財産犯　130
最終行為標準説　28
罪跡隠滅目的　176
財物　130, 182, 216
財物罪　130

財物の一時使用　150
詐欺罪不成立説　212
詐欺の罪　196
作為義務者　38
錯誤　26
錯誤に基づく被害者の同意　76, 102
作出型　221
作成権限　313
作成者　313
殺意　194
殺人罪　22
殺人の罪　22
殺人予備罪　22
三角恐喝　226
三角詐欺　201
参考人の虚偽供述　402
三徴候説　21

私印偽造罪　349
私印不正使用等罪　349
弛緩　199
時間的・場所的近接性　177
指揮者　296
子宮に着床　19
事後強盗罪　175
事後強盗罪説　166
事後強盗の共犯　181
事後強盗の予備　180
事後収賄罪　433
自己所有非現住建造物等放火罪　288
自己堕胎罪　31
自己に対する虚偽告訴　412
自己名義　210
自己名義カードの不正使用　209
自殺関与・同意殺人罪　23
自殺行為基準説　25
事実証明に関する文書　331
事実説　313
事実的外部的名誉説　111
事実的支配　141, 159
事実の公共性　115
事実の錯誤説　378

死者　397
死者自身の名誉　114
死者の占有　147
死者の名誉毀損罪　114
辞職強要罪　379, 380
私生活の安全感　69
事前収賄罪　432
私戦予備・陰謀罪　370
死体　21
死体損壊等罪　361
死体の隠匿　362
失火罪　291
実行行為性　26
実質主義　308
実質的個別財産説　204
質的　202
私的関心　205
自転車の運転　63
自動車運転死傷行為処罰法　66
使途を定めて寄託された金銭　235
自白　410
支払用カード電磁的記録に関する罪　344
支払用カード電磁的記録不正作出準備罪
　346
支払用カード電磁的記録不正作出等罪
　345
私文書　331
私文書偽造・行使等罪　331
私文書偽造等罪　331
死亡　21
社会生活上の地位　62
社会的法益に対する罪　10, 279
社交上の儀礼　427
重過失　64
重過失致死傷罪　64
住居　98, 284
住居侵入罪　96
住居等に誰を入れるかを決定する自由　69
住居の平穏説　97
集合住宅の共用部分　105
重婚罪　356
収受　427

収受時説　430
収受者身の代金要求罪　85
修正積極説　127
修正本権説　136
重大な過失　292
集団犯　296
収得　340
収得後知情行使等罪　340
自由な意思　26
自由に対する罪　10
自由の自己矛盾説　24
自由剥奪の認識　76
重要な役割説　28
重要部分燃焼開始説　282
16歳未満の者に対する面会要求等罪　95
主観説　408
主観的名誉説　110
取還防止目的　176
受精卵　19
主体の不能　257
受託収賄罪　431
手段説　187
出生　19
出水危険罪　299
出水・水利に関する罪　297
首謀者　296
受領（受交付）行為　201
準強盗　175
準詐欺罪　220
純粋性説　420
使用　402
使用横領　241
傷害　270
傷害概念の相対性　51
傷害罪　49
傷害致死罪　53, 57
傷害の危険性　48
傷害の故意　48
傷害の罪　46
消火妨害罪　292
消極説　126
消極的動機説　255

事 項 索 引

承継的共犯　58
承継的共犯説　181
条件　149
証拠隠滅等罪　400
証拠証券　342
証拠の優越　117
証拠犯罪　307
証拠犯罪説　307
証拠品　154
乗車駅基準説　212
常習性　358
常習賭博罪　358
症状悪化型　34
症状固定型　34
詔書偽造等罪　322
使用侵奪　158
浄水汚染罪　304
浄水汚染等致死傷罪　305
浄水毒物等混入罪　305
使用窃盗　150
焼損　281
状態犯　158
譲渡担保　236
証人等威迫罪　405
私用文書　273
私用文書等毀棄罪　272
情報　153，169
証明書　216
条理　42
省略文書　309
職務仮装型　415
職務関連性　421
職務強要罪　379，380
職務執行の範囲　374
職務遂行型　415
職務の適法性　375
職務の範囲　374
職務密接関連行為　424
職務を執行するに当たり　373
所在国外移送目的拐取罪　85
所持説　135
所持・保管　355

助勢の意思　61
職権　414
職権濫用の罪　414
処分行為　171，201
署名　347
所有権　134，230
所有権の登記名義　159
所有権留保　236
所有者以外　232
自力救済の禁止　135
人格的法益に対する罪　10，108
人工妊娠中絶　29
真実性の誤信　117
真実性の証明　115，116
新住居権説　97
信書隠匿罪　276
信書開封罪　108
人身売買罪　85
真正不作為犯　296
親族関係　162
親族関係の錯誤　163
親族間の特例　243
親族相盗例　161，243
親族等の間の犯罪に関する特例　269
親族による犯罪に関する特例　404
身体的接触必要説　48
身体的接触不要説　48
身体に対する罪　46
身体の完全性説　50
侵奪　159
侵奪行為　159
陣痛（出産）開始説　20
心的外傷後ストレス障害　50
侵入　101
心拍の停止　21
真犯人　396
信用　121
信用および業務に対する罪　121
信用毀損罪　121
信用・業務に対する罪　10
信頼保護説　420

事 項 索 引

推断的欺罔　198
水道汚染罪　304
水道損壊罪　305
水道毒物等混入罪　305
水道毒物等混入水道致死罪　305
水道閉塞罪　305
水防妨害罪　298, 299

生育可能性　30
性質上の凶器　60
正常な回復　263
精神的傷害　52
請託　431
性的意図　92
性的自己決定の自由　68
性的自由　88
性的自由に対する罪　88
性的風俗　88
生命　18
生命・身体に対する罪　10
生命に対する罪　18
生理的機能説　50
責任主義　53
説教等妨害罪　360
積極説　126
積極的動機説　255
窃取　149
接触　47
窃盗　176
窃盗罪　134, 214
窃盗罪の間接正犯説　196
窃盗の機会　176
先行行為　42
全体財産に対する罪　131, 250
全体論的解釈　14
全脳死　21
全部露出説　20
占有　134, 141
占有取得説　156
占有先行型　160
占有の意思　142
占有の帰属　145

占有の事実　142
占有排除説　156
占有非先行型　159
占有離脱物横領罪　249

臓器移植法　21
相当官署　412
相当対価の給付　205
蔵匿　397
騒乱の罪　294
贈賄罪　434
訴訟詐欺　209
率先助勢者　296
備付行使　321
損壊　270, 274

タ　行

代金支払　173
対向犯　434
第三者供賄罪　433
第三者領得意思　155
胎児　18
胎児性致死傷　32
胎児の始期　19
胎児の生命　29
逮捕　77
逮捕・監禁罪　75
逮捕・監禁致死傷罪　79
逮捕免脱目的　176
代理・代表　319
多衆　294
多衆不解散罪　296
堕胎　29
堕胎の罪　29
ただし書　218
ただ乗り　306
脱税　216
他人所有非現住建造物等放火罪　287
他人の　235, 273
他人の刑事事件に関する証拠　400
他人の事務処理者　252
他人の信書　276

事項索引

他人名義　210
他人名義カードの不正使用　210
他人予備　184
談合　390
談合罪　389
単純遺棄罪　36
単純横領罪　231
単純収賄罪　431
単純逃走罪　392
単独占有　158
断片的　14

蓄積犯　11，306
中間結果　129
中間説　137，202
中立命令違反罪　371
直接強制　72
直接（自手）実行　26
直接性　199

追及可能性　177
追求権説　262
追徴　429
追徴額の算定時期　430
追徴時説　430
通貨　338
通貨偽造罪　338
通貨偽造等準備罪　341
通貨偽造の罪　336
通貨の真正に対する公共の信用　337
通称　316
通常の遊戯方法　149
通用する　338

定型性　216
邸宅　98
適正利潤価格説　389
適法性の錯誤　378
電気窃盗事件　140
電子計算機　129
電子計算機使用詐欺罪　215，220
電子計算機損壊等業務妨害罪　128

電磁的記録　334
電磁的記録の証明機能　333
電磁的記録不正作出罪　334
転職　423
伝播性の理論　112

同意堕胎罪　31
同意堕胎致死傷罪　31
同一性　265
同一の機会　56
同意能力　26
同意を得た他人に対する虚偽申告　411
当該傷害を生じさせる危険性　56
登記名義　158
凍結精子　19
凍結卵子　19
瞳孔反射の喪失　21
動産　131，158
盗取罪　133
逃走援助罪　393
逃走の罪　391
道徳的　74
盗品性の認識　267
盗品等に関する罪　261
盗品等の処分代金の領得　232
盗品等の領得　232
特別公務員職権濫用罪　416
特別公務員職権濫用等致死傷罪　418
特別公務員暴行陵虐罪　417
特別の負担　206
特別背任罪　250
独立共犯　393
独立罪説　54
独立燃焼説　282
土地の権利関係の明確性　277
賭博　357
賭博罪　357
賭博場開張等図利罪　358
賭博場の開張　358
賭博・富くじに関する罪　356
富くじ　359
富くじ発売等罪　359

図利・加害目的　255

ナ　行
内部的名誉説　110
内乱罪　366
内乱等幇助罪　367
内乱に関する罪　366
内乱予備・陰謀罪　367

2項　181
2項強盗罪　169
2項犯罪　131
二重抵当　252
二重の結果的加重犯　53
二重売買　238
二分説　379
入札　386
認識必要説　289
認識不要説　289
認証文言　311
任務違背行為　254

脳幹死　21
脳死説　21

ハ　行
背信説　251
背任行為の相手方　257
背任の罪　250
博徒　359
場所的移動の自由　68，75
場所的離隔　38
パターナリズム説　24
罰金以上の刑に当たる　399
反意図性　350
反抗を抑圧　165
犯罪の虚偽通報　128
犯罪報道　117
犯跡隠蔽目的　154
犯人自身が共犯となりうるか　396
犯人蔵匿および証拠隠滅の罪　395
犯人蔵匿等罪　396

犯人による本罪の教唆　409
頒布　355
反覆継続　62

非移転罪　133
被拐取者収受等罪　86
被拐取者等所在国外移送罪　86
非義務の強制　73
非現住建造物等浸害罪　298
非現住建造物等放火罪　287
非限定説　288，423
被拘禁者奪取罪　393
庇護罪的性格　395
ひったくり　165
必要的　429
必要的共犯の理論　355
必要的追徴　430
必要的没収　429
人　19，284
ヒト受精胚　19
人の　99
人の意思・観念の表示　309
人の始期　19
人の事務処理を誤らせる目的　335
人の終期　19，21
人の身体　46
秘密　108
秘密に対する罪　108
秘密漏示罪　109
表現犯　408
病毒を感染　52

封印等破棄罪　380
封緘物　146
風俗に対する罪　11，352
封をしてある信書　108
不可買収性説　420
不作為による遺棄　362
不作為による住居侵入罪　107
不実　329
負傷　189，193
侮辱罪　119

事 項 索 引

不正作出　334
不正作出電磁的記録供用罪　335
不正指令電磁的記録作成等罪　349
不正指令電磁的記録取得等罪　350
不正指令電磁的記録に関する罪　349
不正性　350
不正電磁的記録カード所持罪　346
物理的一体性　285
物理的損壊説　271
不同意性交等罪　92
不同意堕胎罪　32
不同意堕胎致死傷罪　32
不同意わいせつ罪　91
不同意わいせつ等致死傷罪　95
不動産　131, 140, 159, 231
不動産侵奪罪　157
不動産の占有　159, 234
不燃性・難燃性建造物　282
不法原因給付　218, 237
不法原因給付と詐欺　217
不法原因給付物　265
不法な物理力の行使　46
不法利得罪説　197
不法領得の意思　132, 150, 240
不保護　38
プライバシー　113
不良貸付　254
付和随行者　296
文書　309
文書偽造の罪　306
粉飾決算　254
文書の不正取得　216
墳墓発掘罪　361
墳墓発掘死体損壊等罪　363
文理解釈　13

平穏占有説　135
返還請求　173
変死者密葬罪　363
変造　320, 338, 342, 402

法益関係的錯誤　208

法益関係的錯誤説　27
放火　281
放火・失火の罪　280
包括的・裁量的事務　253
暴行　46
暴行概念の相対性　47
暴行・脅迫　178, 377
暴行・脅迫後の領得意思　167
暴行罪　46
暴行の故意　189
幇助犯減刑説　54
法人　69, 72, 111
法は家庭に入らず　162
法は不可能を強いない　45
法律上の支配　233
法律により宣誓した証人　407
法令により拘禁された者　391
保管　266
保護責任　41
保護責任者　38
保護責任者遺棄罪　36
保護法益　9, 14
補充類型　220
保障人　38
補助公務員　324
母体の産む／産まないに関する自由　29
母体の自己決定権　29
母体の生命・身体　29
母体保護法　29
没収　429
没収不能時説　431
本権説　136
本人図利　256
本犯　261
本犯助長性説　262

マ　行

身代わり　398
未成年者　80
未成年者拐取罪　79
未登記不動産　159, 234
みなし公務員　373

448 事 項 索 引

ミニ強盗罪　225
身の代金目的拐取罪　82
身の代金要求罪　84
未必的認識　412
身分犯説　181
民事の最高裁判例　213

無形偽造　308
無償譲受け　266
無免許運転による刑の加重　67

名義　259
名義人と作成者の人格の同一性　313
名義人の承諾　314
名義人の認識可能性　309
名誉感情説　110
名誉毀損罪　111
名誉に対する罪　110
免状　329

申込み　434
目的の公益性　115, 116
目的論的解釈　12
もっぱら委託者本人のためにする意思
　242
もっぱら本人のためにする意思　242
物　130
物の他人性　235
物の保管の安全　231

ヤ　行
約束　428, 435

有印　323
誘拐　81
有価証券　342
有価証券偽造罪　341
有価証券偽造の罪　341
有価証券虚偽記入罪　341
有形偽造　308
有形力　46
有償処分のあっせん　267

有償の役務　169
有償頒布目的　355
有償譲受け　266
有体性説　139
輸入　339

要求　427
要扶助者　37
用法上の凶器　60
預金による金銭の占有　234
予見可能性　53
予備罪説　59
予備の中止　184

ラ　行
濫用　343, 415

利益の具体性　170
利益の不法性　169
利益を図る　358
利得罪　131
リプロダクションの自由　29
略取　81
略取・誘拐の罪　79
利用可能性　231
利用処分意思　151, 153
量的　202
領得行為説　239
領得罪　132, 150
旅券　329

礼拝所不敬罪　360
礼拝所・墳墓に関する罪　359

ワ　行
わいせつ　82
わいせつ・重婚の罪　352
わいせつ　353
わいせつ物頒布等罪　354
わいせつ物有償頒布目的所持罪　354
賄賂　426
賄賂の罪　419

忘れ物　143

英　字
PTSD　50

判 例 索 引

大 審 院

大判明治 28・2・21 刑録 1 輯 116 頁　393
大判明治 30・10・29 刑録 3 輯 9 巻 139 頁　239
大判明治 35・5・19 刑録 8 輯 5 巻 147 頁　397
大判明治 35・6・5 刑録 8 輯 42 頁　343
大判明治 36・5・21 刑録 9 輯 874 頁　140
大判明治 36・6・1 刑録 9 輯 930 頁　197
大判明治 38・5・19 刑録 11 輯 552 頁　218
大判明治 41・9・4 刑録 14 輯 755 頁　339
大判明治 41・9・24 刑録 14 輯 797 頁　329
大判明治 41・12・15 刑録 14 輯 1102 頁　283
大判明治 42・2・19 刑録 15 輯 120 頁　127
大判明治 42・2・23 刑録 15 輯 127 頁　344
大判明治 42・3・16 刑録 15 輯 261 頁　342
大判明治 42・4・15 刑録 15 輯 435 頁　264
大判明治 42・4・16 刑録 15 輯 452 頁　271
大判明治 42・5・27 刑録 15 輯 665 頁　358
大判明治 42・6・10 刑録 15 輯 759 頁　241
大判明治 42・6・10 刑録 15 輯 738 頁　320
大判明治 42・8・10 刑録 15 輯 1083 頁　409
大判明治 42・9・23 刑録 15 輯 1155 頁　348
大判明治 42・10・7 刑録 15 輯 1196 頁　342
大判明治 42・10・19 刑録 15 輯 1420 頁　29
大判明治 42・11・19 刑録 15 輯 1645 頁　286
大判明治 42・11・25 刑録 15 輯 1667 頁　330
大判明治 42・11・25 刑録 15 輯 1672 頁　231
大判明治 42・12・16 刑録 15 輯 1795 頁　410

大判明治 42・12・17 刑録 15 輯 1843 頁　423
大判明治 43・1・28 刑録 16 輯 46 頁　219
大判明治 43・1・31 刑録 16 輯 88 頁　380
大判明治 43・2・7 刑録 16 輯 175 頁　245
大判明治 43・2・15 刑録 16 輯 256 頁　141
大判明治 43・2・18 刑録 16 輯 189 頁　331
大判明治 43・2・18 刑録 16 輯 276 頁　229
大判明治 43・3・10 刑録 16 輯 402 頁　339
大判明治 43・3・10 刑録 16 輯 414 頁　347
大判明治 43・3・25 刑録 16 輯 470 頁　402
大判明治 43・4・25 刑録 16 輯 739 頁　397
大判明治 43・5・12 刑録 16 輯 857 頁　30
大判明治 43・5・13 刑録 16 輯 860 頁　310
大判明治 43・5・23 刑録 16 輯 906 頁　218
大判明治 43・6・17 刑録 16 輯 1210 頁　171
大判明治 43・6・20 刑録 16 輯 1225 頁　348
大判明治 43・6・30 刑録 16 輯 1314 頁　339
大判明治 43・9・30 刑録 16 輯 1569 頁　79
大判明治 43・9・30 刑録 16 輯 1572 頁　309, 347
大判明治 43・10・4 刑録 16 輯 1608 頁　361
大判明治 43・10・11 刑録 16 輯 1689 頁　359
大判明治 43・10・21 刑録 16 輯 1714 頁　408
大判明治 43・10・25 刑録 16 輯 1745 頁　246
大判明治 43・10・27 刑録 16 輯 1764 頁　185
大判明治 43・11・8 刑録 16 輯 1875 頁　358
大判明治 43・11・8 刑録 16 輯 1895 頁　328

判 例 索 引　　　　　　**451**

大判明治 43・11・15 刑録 16 輯 1937 頁
　70，72
大判明治 43・11・17 刑録 16 輯 2010 頁
　354
大判明治 43・11・21 刑録 16 輯 2093 頁
　347
大判明治 43・12・2 刑録 16 輯 2129 頁
　249
大判明治 43・12・13 刑録 16 輯 2181 頁
　307
大判明治 43・12・19 刑録 16 輯 2239 頁
　427
大判明治 44・2・3 刑録 17 輯 32 頁　234,
　239
大判明治 44・2・13 刑録 17 輯 75 頁　429
大判明治 44・2・16 刑録 17 輯 83 頁　358
大判明治 44・2・21 刑録 17 輯 157 頁　408
大判明治 44・2・27 刑録 17 輯 197 頁　271
大判明治 44・3・31 刑録 17 輯 482 頁　344
大判明治 44・4・13 刑録 17 輯 552 頁　219
大判明治 44・4・13 刑録 17 輯 557 頁　121
大判明治 44・4・17 刑録 17 輯 587 頁　235
大判明治 44・4・24 刑録 17 輯 655 頁　289
大判明治 44・4・25 刑録 17 輯 659 頁　397
大判明治 44・4・27 刑録 17 輯 687 頁　330
大判明治 44・5・2 刑録 17 輯 745 頁　268
大判明治 44・5・8 刑録 17 輯 817 頁　308
大判明治 44・5・19 刑録 17 輯 879 頁　427
大判明治 44・6・22 刑録 17 輯 1242 頁
　298
大判明治 44・7・6 刑録 17 輯 1388 頁　363
大判明治 44・7・21 刑録 17 輯 1475 頁
　341
大判明治 44・8・15 刑録 17 輯 1488 頁
　272
大判明治 44・8・25 刑録 17 輯 1510 頁
　248
大判明治 44・9・5 刑録 17 輯 1520 頁　71
大判明治 44・9・25 刑録 17 輯 1550 頁
　296
大判明治 44・10・13 刑録 17 輯 1698 頁
　230

大判明治 44・10・13 刑録 17 輯 1713 頁
　331
大判明治 44・10・23 刑録 17 輯 1752 頁
　361
大判明治 44・11・9 刑録 17 輯 1843 頁
　320
大判明治 44・11・10 刑録 17 輯 1868 頁
　302
大判明治 44・11・10 刑録 17 輯 1871 頁
　325
大判明治 44・11・16 刑録 17 輯 1984 頁
　297
大判明治 44・11・16 刑録 17 輯 1987 頁
　297
大判明治 44・11・27 刑録 17 輯 2041 頁
　209
大判明治 44・12・4 刑録 17 輯 2095 頁
　225
大判明治 44・12・8 刑録 17 輯 2183 頁
　29
大判明治 44・12・18 刑録 17 輯 2208 頁
　264
大判明治 44・12・19 刑録 17 輯 2223 頁
　382
大判明治 45・1・15 刑録 18 輯 1 頁　401
大判明治 45・2・1 刑録 18 輯 75 頁　311
大判明治 45・2・29 刑録 18 輯 231 頁　320
大判明治 45・3・4 刑録 18 輯 244 頁　248
大判明治 45・4・18 刑録 18 輯 477 頁　343
大判明治 45・4・26 刑録 18 輯 536 頁　146
大判明治 45・5・6 刑録 18 輯 567 頁　299
大判明治 45・5・30 刑録 18 輯 790 頁　347
大判明治 45・6・4 刑録 18 輯 815 頁　295
大判明治 45・6・20 刑録 18 輯 896 頁　50
大判明治 45・7・1 刑録 18 輯 971 頁　411
大判明治 45・7・4 刑録 18 輯 1009 頁　343
大判明治 45・7・16 刑録 18 輯 1083 頁　41
大判明治 45・7・16 刑録 18 輯 1087 頁
　220
大判明治 45・7・23 刑録 18 輯 1100 頁
　407
大判大正元・9・6 刑録 18 輯 1211 頁　166

大判大正元・10・8刑録18輯1231頁
235

大判大正元・12・20刑録18輯1566頁
411

大判大正2・1・23刑録19輯28頁　341

大判大正2・1・27刑録19輯85頁　122

大判大正2・3・10刑録19輯327頁　347

大判大正2・3・25刑録19輯374頁　265

人判大正2・5・22刑録19輯626頁　393

大判大正2・6・12刑録19輯705頁　343

大判大正2・6・12刑録19輯714頁
239, 240, 244

大判大正2・9・5刑録19輯853頁　347

大判大正2・10・3刑録19輯910頁　294

大判大正2・11・19刑録19輯1253頁
357

大判大正2・12・9刑録19輯1393頁　425

大判大正2・12・16刑録19輯1440頁
242

大判大正2・12・19刑録19輯1472頁
266

大連判大正2・12・23刑録19輯1502頁
228

大判大正2・12・24刑録19輯1517頁
284

大判大正3・3・6新聞929号28頁　146

大判大正3・3・23刑録20輯326頁　266

大判大正3・4・6刑録20輯465頁　358

大判大正3・4・29刑録20輯654頁　408

大連判大正3・5・18刑録20輯932頁
358

大判大正3・6・2刑録20輯1101頁　71

大判大正3・6・3刑録20輯1108頁　347

大判大正3・6・9刑録20輯1147頁　286

大判大正3・6・11刑録20輯1171頁　216

大判大正3・6・17刑録20輯1245頁　248

大判大正3・6・20刑録20輯1300頁
274, 283

大判大正3・7・28刑録20輯1548頁　359

大判大正3・10・2刑録20輯1789頁　286

大判大正3・10・6刑録20輯1810頁　321

大判大正3・10・16刑録20輯1867頁

256, 257

大判大正3・10・19刑録20輯1871頁
344

大判大正3・10・21刑録20輯1898頁
144

大判大正3・10・30刑録20輯1980頁
347

大判大正3・11・3刑録20輯2001頁　413

大判大正3・11・4刑録20輯2008頁
348, 349

大判大正3・11・13刑録20輯2095頁
363

大判大正3・11・17刑録20輯2139頁
359

大判大正3・11・28刑録20輯2277頁
344

大判大正3・12・1刑録20輯2303頁　71

大判大正3・12・3刑録20輯2322頁　123

大判大正3・12・17刑録20輯2426頁
343

大判大正4・2・9刑録21輯81頁　123

大判大正4・2・10刑録21輯90頁　43

大判大正4・3・2刑録21輯221頁　219

大判大正4・3・4刑録21輯231頁　397

大判大正4・4・9刑録21輯457頁　233

大判大正4・4・29刑録21輯438頁　268

大判大正4・5・21刑録21輯663頁　127,
153

大判大正4・5・21刑録21輯670頁　36,
41

大判大正4・5・24刑録21輯661頁　189

大判大正4・6・1刑録21輯717頁　417

大判大正4・6・2刑録21輯721頁　264,
430

大判大正4・6・15刑録21輯818頁　220

大判大正4・6・24刑録21輯886頁　141,
264, 363

大判大正4・7・10刑録21輯1011頁　423

大判大正4・9・2新聞1043号31頁　331

大判大正4・9・16刑録21輯1315頁　358

大判大正4・9・21刑録21輯1390頁　308

大判大正4・10・6刑録21輯1441頁　375

判 例 索 引 **453**

大判大正 4・10・8 刑録 21 輯 1578 頁　238
大判大正 4・10・20 新聞 1052 号 27 頁
　325
大判大正 4・10・28 刑録 21 輯 1745 頁
　216
大判大正 4・10・30 刑録 21 輯 1763 頁
　296
大判大正 4・11・2 刑録 21 輯 1831 頁　296
大判大正 4・11・6 刑録 21 輯 1897 頁　295
大判大正 4・12・16 刑録 21 輯 2103 頁
　397
大判大正 5・2・12 刑録 22 輯 134 頁　42
大判大正 5・5・1 刑録 22 輯 672 頁　145
大判大正 5・5・2 刑録 22 輯 681 頁　209
大判大正 5・6・1 刑録 22 輯 854 頁　121
大判大正 5・6・21 刑録 22 輯 1146 頁　435
大判大正 5・7・13 刑録 22 輯 1267 頁　264
大判大正 5・10・7 刑録 22 輯 1505 頁　245
大判大正 5・11・30 刑録 22 輯 1837 頁
　413
大判大正 5・12・11 刑録 22 輯 1856 頁
　347
大判大正 5・12・13 刑録 22 輯 1822 頁
　113
大判大正 5・12・16 刑録 22 輯 1905 頁
　324
大判大正 5・12・21 刑録 22 輯 1925 頁
　341
大判大正 6・2・6 刑録 23 輯 35 頁　381
大判大正 6・2・8 刑録 23 輯 41 頁　412
大判大正 6・3・3 新聞 1240 号 31 頁　274
大判大正 6・3・14 刑録 23 輯 179 頁　332
大判大正 6・4・13 刑録 23 輯 312 頁　284
大判大正 6・4・27 刑録 23 輯 451 頁　266
大判大正 6・5・19 刑録 23 輯 487 頁　355
大判大正 6・5・23 刑録 23 輯 517 頁　264
大判大正 6・6・28 刑録 23 輯 773 頁　413
大判大正 6・7・14 刑録 23 輯 886 頁　239
大判大正 6・9・27 刑録 23 輯 1027 頁　397
大判大正 6・10・15 刑録 23 輯 1113 頁
　232, 249
大判大正 6・10・23 刑録 23 輯 1165 頁

331
大判大正 6・11・12 刑録 23 輯 1195 頁　71
大判大正 6・11・24 刑録 23 輯 1302 号
　361
大判大正 6・12・3 刑録 23 輯 1470 頁　248
大判大正 7・2・6 刑録 24 輯 32 頁　146
大判大正 7・2・26 刑録 24 輯 121 頁　348
大判大正 7・3・15 刑録 24 輯 219 頁　281
大判大正 7・5・7 刑録 24 輯 555 頁　401
大判大正 7・5・14 刑録 24 輯 605 頁　375,
　377
大判大正 7・7・17 刑録 24 輯 939 頁　198
大判大正 7・9・25 刑録 24 輯 1219 頁　138
大判大正 7・10・19 刑録 24 輯 1274 頁
　233
大判大正 7・11・19 刑録 24 輯 1365 頁
　146
大判大正 7・11・25 刑録 24 輯 1425 頁
　302
大判大正 7・12・6 刑録 24 輯 1506 頁　97
大判大正 8・2・27 刑録 25 輯 261 頁　31
大判大正 8・3・31 刑録 25 輯 403 頁　401
大判大正 8・4・2 刑録 25 輯 375 頁　373
大判大正 8・4・4 刑録 25 輯 382 頁　146
大判大正 8・4・5 刑録 25 輯 489 頁　146
大判大正 8・4・18 新聞 1556 号 25 頁　112
大判大正 8・5・13 刑録 25 輯 632 頁　274
大判大正 8・6・6 刑録 25 輯 754 頁　329
大判大正 8・6・30 刑録 25 輯 820 頁　73
大判大正 8・7・9 刑録 25 輯 864 頁　226
大判大正 8・7・15 新聞 1605 号 21 頁　253
大判大正 8・8・30 刑録 25 輯 963 頁　42
大判大正 8・11・19 刑録 25 輯 1133 頁
　233, 268
大判大正 8・12・13 刑録 25 輯 1367 頁　20
大判大正 8・12・23 刑録 25 輯 1491 頁
　330
大判大正 9・2・4 刑録 26 輯 26 頁　151
大判大正 9・4・13 刑録 26 輯 307 頁　248
大判大正 9・6・3 刑録 26 輯 382 頁　31
大判大正 9・12・17 刑録 26 輯 921 頁　272
大判大正 9・12・24 刑録 26 輯 938 頁

454　　判 例 索 引

331，332

大判大正 9・12・24 刑録 26 輯 1437 頁
363

大判大正 10・2・2 刑録 27 輯 32 頁　342

大判大正 10・9・24 刑録 27 輯 589 頁　272

大判大正 10・10・24 刑録 27 輯 643 頁
122

大判大正 11・1・17 刑集 1 巻 1 頁　236，
241

大判大正 11・1・27 刑集 1 巻 16 頁　272

大判大正 11・2・28 刑集 1 巻 82 頁　265

大判大正 11・4・10 刑集 1 巻 216 頁　301

大連判大正 11・4・22 刑集 1 巻 296 頁
429

大判大正 11・5・1 刑集 1 巻 252 頁　321

大判大正 11・5・6 刑集 1 巻 261 頁　381

大判大正 11・5・17 刑集 1 巻 282 頁　248

大判大正 11・7・12 刑集 1 巻 393 頁　233

大判大正 11・9・19 刑集 1 巻 453 頁　245

大判大正 11・10・3 刑集 1 巻 513 頁　406

大連判大正 11・10・20 刑集 1 巻 558 頁
343

大判大正 11・10・20 刑集 1 巻 568 頁　415

大判大正 11・11・3 刑集 1 巻 622 頁　249，
264

大判大正 11・11・22 刑集 1 巻 681 頁　226

大判大正 11・11・28 刑集 1 巻 705 頁　30

大判大正 11・12・6 刑集 1 巻 736 頁　343

大判大正 11・12・11 刑集 1 巻 741 頁　296

大判大正 11・12・13 刑集 1 巻 754 頁　286

大判大正 11・12・15 刑集 1 巻 763 頁　218

大連判大正 11・12・22 刑集 1 巻 815 頁
185

大判大正 12・1・25 刑集 2 巻 19 頁　266

大判大正 12・2・15 刑集 2 巻 65 頁　397

大判大正 12・2・15 刑集 2 巻 78 頁　343

大判大正 12・3・15 刑集 2 巻 210 頁　301

大判大正 12・4・7 刑集 2 巻 318 頁　295

大判大正 12・4・9 刑集 2 巻 330 頁　156

大判大正 12・4・14 刑集 2 巻 336 頁　266

大判大正 12・4・14 刑集 2 巻 339 頁　264

大判大正 12・6・9 刑集 2 巻 508 頁　138

大判大正 12・7・3 刑集 2 巻 624 頁　156

大判大正 12・7・14 刑集 2 巻 650 頁　217

大判大正 12・11・9 刑集 2 巻 778 頁　146

大判大正 12・11・20 刑集 2 巻 816 頁　199

大判大正 12・11・30 刑集 2 巻 884 頁　406

大判大正 12・12・1 刑集 2 巻 895 頁　240

大判大正 13・2・9 刑集 3 巻 95 頁　357

大判大正 13・3・14 刑集 3 巻 285 頁　361

大判大正 13・3・28 新聞 2247 号 22 頁
147

大判大正 13・4・28 新聞 2263 号 17 頁　31

大判大正 13・4・29 刑集 3 巻 383 頁　329

大判大正 13・6・10 刑集 3 巻 473 頁　144

大判大正 13・6・19 刑集 3 巻 502 頁　79，
81

大判大正 13・10・23 刑集 3 巻 711 頁　301

大判大正 13・11・11 刑集 3 巻 788 頁　255

大判大正 14・4・9 刑集 4 巻 219 頁　427

大判大正 14・6・5 刑集 4 巻 372 頁　427

大判大正 14・10・10 刑集 4 巻 599 頁
332，348

大判大正 14・10・16 刑集 4 巻 613 頁　361

大判大正 14・12・14 刑集 4 巻 761 頁　113

大決大正 15・2・22 刑集 5 巻 97 頁　382

大判大正 15・2・24 刑集 5 巻 56 頁　344

大判大正 15・3・24 刑集 5 巻 117 頁　73，
111，112

大判大正 15・4・20 刑集 5 巻 136 頁　242

大判大正 15・9・28 刑集 5 巻 387 頁　42

大判大正 15・10・5 刑集 5 巻 438 頁　107

大判大正 15・10・8 刑集 5 巻 440 頁　142

大判大正 15・10・14 刑集 5 巻 10 号 456
頁　78

大判大正 15・11・2 刑集 5 巻 491 頁　145

大判昭和 2・1・28 新聞 2664 号 10 頁　338

大判昭和 2・3・26 刑集 6 巻 114 頁　308

大判昭和 2・3・28 刑集 6 巻 118 頁　54

大判昭和 2・7・8 法律学説判例評論全集
17 巻刑法 104 頁　320

大判昭和 2・10・18 刑集 6 巻 386 頁　302

大判昭和 2・11・28 刑集 6 巻 472 頁　303

大判昭和 2・12・8 刑集 6 巻 512 頁　428

判例索引   455

大判昭和 3・7・14 刑集 7 巻 490 頁　311

大判昭和 3・10・9 刑集 7 巻 683 頁　310,
　　348

大判昭和 3・10・15 刑集 7 巻 665 頁　305

大判昭和 3・10・29 刑集 7 巻 709 頁　435

大判昭和 3・12・13 刑集 7 巻 766 頁　112

大決昭和 3・12・21 刑集 7 巻 772 頁　205

大判昭和 4・2・19 刑集 8 巻 84 頁　341

大判昭和 4・3・7 刑集 8 巻 107 頁　198

大判昭和 4・5・16 刑集 8 巻 251 頁　191

大判昭和 4・8・26 刑集 8 巻 416 頁　410

大判昭和 4・10・14 刑集 8 巻 477 頁　274

大判昭和 4・10・15 刑集 8 巻 485 頁　341

大判昭和 4・12・4 刑集 8 巻 609 頁　427

大決昭和 5・2・4 刑集 9 巻 32 頁　410

大判昭和 5・4・24 刑集 9 巻 265 頁　296

大判昭和 5・5・17 刑集 9 巻 303 頁　229

大判昭和 5・5・26 刑集 9 巻 342 頁　228

大判昭和 5・9・18 刑集 9 巻 668 頁　397,
　　398

大判昭和 5・12・12 刑集 9 巻 893 頁　287

大判昭和 5・12・13 刑集 9 巻 899 頁　107

大判昭和 6・3・11 刑集 10 巻 75 頁　342

大判昭和 6・5・2 刑集 10 巻 197 頁　357

大判昭和 6・5・8 刑集 10 巻 205 頁　171

大判昭和 6・7・2 刑集 10 巻 303 頁　289

大判昭和 6・7・8 刑集 10 巻 319 頁　186

大判昭和 6・10・29 刑集 10 巻 511 頁　187

大判昭和 6・11・17 刑集 10 巻 604 頁　243

大判昭和 6・12・17 刑集 10 巻 789 頁　242

大判昭和 7・2・18 刑集 11 巻 42 頁　381

大判昭和 7・2・19 刑集 11 巻 85 頁　198

大判昭和 7・2・29 刑集 11 巻 141 頁　77

大判昭和 7・3・22 刑集 11 巻 259 頁　245

大判昭和 7・3・24 刑集 11 巻 296 頁　377

大判昭和 7・4・2 刑集 11 巻 329 頁　381

大判昭和 7・4・11 刑集 11 巻 337 頁　299

大判昭和 7・4・21 刑集 11 巻 407 頁　100

大判昭和 7・5・23 刑集 11 巻 665 頁　205,
　　311

大判昭和 7・6・29 刑集 11 巻 974 頁　258

大判昭和 7・7・20 刑集 11 巻 1104 頁　73

大判昭和 7・7・20 刑集 11 巻 1113 頁　325

大判昭和 7・10・10 刑集 11 巻 1519 頁
　　124

大判昭和 7・10・31 刑集 11 巻 1541 頁
　　252

大判昭和 7・11・24 刑集 11 巻 1720 頁
　　341

大判昭和 7・12・10 刑集 11 巻 1817 頁
　　401,　404

大判昭和 7・12・12 刑集 11 巻 1839 頁
　　176

大判昭和 8・2・14 刑集 12 巻 114 頁　412

大判昭和 8・3・9 刑集 12 巻 232 頁　249

大判昭和 8・4・19 刑集 12 巻 471 頁　26

大判昭和 8・5・23 刑集 12 巻 608 頁　331

大判昭和 8・6・5 刑集 12 巻 648 頁　179

大判昭和 8・6・5 刑集 12 巻 736 頁　304

大判昭和 8・6・29 刑集 12 巻 1269 頁　193

大判昭和 8・7・5 刑集 12 巻 1101 頁　240

大判昭和 8・8・23 刑集 12 巻 1434 頁　349

大判昭和 8・9・6 刑集 12 巻 1593 頁　50

大判昭和 8・9・11 刑集 12 巻 1599 頁　236

大判昭和 8・10・8 刑集 12 巻 1820 頁　405

大判昭和 8・10・19 刑集 12 巻 1828 頁
　　240

大判昭和 8・11・9 刑集 12 巻 1946 頁　237

大判昭和 8・12・6 刑集 12 巻 2226 頁　348

大判昭和 9・1・29 刑集 13 巻 22 頁　226

大判昭和 9・3・29 刑集 13 巻 335 頁　203

大判昭和 9・4・23 刑集 13 巻 517 頁　236

大判昭和 9・5・11 刑集 13 巻 598 頁　113

大判昭和 9・6・13 刑集 13 巻 747 頁　361

大判昭和 9・7・16 刑集 13 巻 972 頁　429

大判昭和 9・7・19 刑集 13 巻 983 頁　259

大判昭和 9・7・19 刑集 13 巻 1043 頁　237

大判昭和 9・8・27 刑集 13 巻 1086 頁　27

大判昭和 9・9・29 刑集 13 巻 1245 頁　284

大判昭和 9・11・26 刑集 13 巻 1608 頁
　　428

大判昭和 9・12・22 刑集 13 巻 1789 頁
　　153,　271

大判昭和 10・2・7 刑集 14 巻 76 頁　31

大判昭和 10・3・25 刑集 14 巻 325 頁　240
大判昭和 10・5・13 刑集 14 巻 514 頁　194
大判昭和 10・5・29 刑集 14 巻 584 頁　421
大判昭和 10・7・3 刑集 14 巻 745 頁　259
大判昭和 10・9・28 刑集 14 巻 997 頁
　　401，402
大判昭和 10・10・23 刑集 14 巻 1052 頁
　　428
大判昭和 10・10・24 刑集 14 巻 1267 頁
　　367
大判昭和 11・2・14 刑集 15 巻 113 頁　327
大判昭和 11・2・21 刑集 15 巻 136 頁　423
大判昭和 11・3・16 刑集 15 巻 282 頁　423
大判昭和 11・3・24 刑集 15 巻 307 頁　109
大判昭和 11・5・7 刑集 15 巻 573 頁　125
大判昭和 11・5・30 刑集 15 巻 705 頁　78
大判昭和 11・10・9 刑集 15 巻 1281 頁
　　428
大判昭和 11・11・6 新聞 4072 号 17 頁
　　300
大判昭和 11・11・21 刑集 15 巻 1501 頁
　　409
大判昭和 12・2・27 新聞 4100 号 4 頁　124
大判昭和 12・3・17 刑集 16 巻 365 頁　121
大判昭和 12・4・7 刑集 16 巻 517 頁　403
大判昭和 12・4・8 刑集 16 巻 485 頁　163
大判昭和 12・4・14 刑集 16 巻 525 頁　412
大判昭和 12・5・28 刑集 16 巻 811 頁　382
大判昭和 12・9・10 刑集 16 巻 1251 頁　57
大判昭和 12・11・9 刑集 16 巻 1545 頁
　　401，402
大判昭和 12・11・19 刑集 16 巻 1513 頁
　　112
大判昭和 12・12・14 刑集 16 巻 1603 頁
　　347
大判昭和 13・2・28 刑集 17 巻 141 頁　113
大判昭和 13・3・9 刑集 17 巻 181 頁　248
大判昭和 13・6・18 刑集 17 巻 484 頁　333
大判昭和 13・8・22 新聞 4317 号 15 頁
　　283
大判昭和 13・9・1 刑集 17 巻 648 頁　233
大判昭和 13・12・3 刑集 17 巻 889 頁　422

大判昭和 14・2・9 刑集 18 巻 33 頁　331
大判昭和 14・9・5 刑集 18 巻 473 頁　100
大判昭和 14・11・11 新聞 4493 号 5 頁
　　361
大判昭和 14・12・22 刑集 18 巻 565 頁
　　97
大判昭和 15・2・5 新聞 4535 号 10 頁　411
大判昭和 15・4・2 刑集 19 巻 181 頁　327
大判昭和 15・4・22 刑集 19 巻 227 頁　428
大判昭和 16・10・9 刑集 20 巻 547 頁　348
大判昭和 16・11・11 刑集 20 巻 598 頁
　　148
大判昭和 19・11・24 刑集 23 巻 252 頁
　　167

最高裁判所

最判昭和 22・11・26 刑集 1 巻 28 頁　166
最判昭和 22・12・17 刑集 1 巻 94 頁　337
最判昭和 23・3・9 刑集 2 巻 3 号 140 頁
　　188
最判昭和 23・3・16 刑集 2 巻 3 号 227 頁
　　267
最判昭和 23・5・20 刑集 2 巻 5 号 489 頁
　　103
最判昭和 23・6・5 刑集 2 巻 7 号 641 頁
　　238
最判昭和 23・6・5 刑集 2 巻 7 号 647 頁
　　248
最判昭和 23・6・8 集刑 2 号 329 頁　292
最大判昭和 23・6・9 刑集 2 巻 7 号 653 頁
　　205
最判昭和 23・6・12 刑集 2 巻 7 号 676 頁
　　186
最判昭和 23・7・8 刑集 2 巻 8 号 822 頁
　　357
最判昭和 23・7・29 刑集 2 巻 9 号 1062 頁
　　229
最判昭和 23・10・23 刑集 2 巻 11 号 1386
　　頁　332
最判昭和 23・11・2 刑集 2 巻 12 号 1443
　　頁　282
最判昭和 23・11・9 刑集 2 巻 12 号 1504

判 例 索 引

頁 267

最判昭和 23・11・16 刑集 2 巻 12 号 1535
頁 361

最判昭和 23・11・18 刑集 2 巻 12 号 1614
頁 167

最判昭和 23・11・25 刑集 2 巻 12 号 1649
頁 99

最判昭和 23・12・24 刑集 2 巻 14 号 1883
頁 167

最判昭和 24・1・11 刑集 3 巻 1 号 13 頁
267

最判昭和 24・2・8 刑集 3 巻 2 号 75 頁
165, 225

最判昭和 24・2・8 刑集 3 巻 2 号 83 頁
138, 229

最判昭和 24・2・15 刑集 3 巻 2 号 164 頁
166

最判昭和 24・2・15 刑集 3 巻 2 号 175 頁
138

最判昭和 24・2・22 刑集 3 巻 2 号 198 頁
286

最判昭和 24・3・8 刑集 3 巻 3 号 276 頁
240, 241

最判昭和 24・3・24 刑集 3 巻 3 号 376 頁
190

最判昭和 24・4・14 刑集 3 巻 4 号 541 頁
311

最判昭和 24・5・21 刑集 3 巻 6 号 858 頁
162

最判昭和 24・5・28 刑集 3 巻 6 号 873 頁
188

最判昭和 24・6・16 刑集 3 巻 7 号 1070 頁
295

最判昭和 24・6・18 刑集 3 巻 7 号 1094 頁
358

最判昭和 24・6・28 刑集 3 巻 7 号 1129 頁
286

最判昭和 24・7・9 刑集 3 巻 8 号 1188 頁
180

最大判昭和 24・7・22 刑集 3 巻 8 号 1363
頁 103

最判昭和 24・7・30 刑集 3 巻 8 号 1418 頁

268

最判昭和 24・8・9 刑集 3 巻 9 号 1440 頁
396

最判昭和 24・8・18 集刑 13 号 307 頁 195

最判昭和 24・10・1 刑集 3 巻 10 号 1629
頁 268

最判昭和 24・10・20 刑集 3 巻 10 号 1660
頁 265

最判昭和 24・11・17 刑集 3 巻 11 号 1808
頁 217

最判昭和 24・12・6 刑集 3 巻 12 号 1884
頁 430

最判昭和 24・12・15 刑集 3 巻 12 号 2023
頁 429

最判昭和 24・12・20 刑集 3 巻 12 号 2036
頁 77

最判昭和 24・12・22 刑集 3 巻 12 号 2070
頁 156

最判昭和 24・12・24 刑集 3 巻 12 号 2088
頁 183

最判昭和 24・12・24 刑集 3 巻 12 号 2114
頁 167

最判昭和 25・2・24 刑集 4 巻 2 号 255 頁
219

最判昭和 25・2・28 刑集 4 巻 2 号 268 頁
324, 425

最判昭和 25・2・28 集刑 16 号 663 頁 338

最判昭和 25・3・17 刑集 4 巻 3 号 378 頁
276

最判昭和 25・3・24 集刑 16 号 895 頁 248

最判昭和 25・3・24 刑集 4 巻 3 号 407 頁
268

最判昭和 25・3・28 刑集 4 巻 3 号 425 頁
380

最判昭和 25・4・6 刑集 4 巻 4 号 481 頁
428

最判昭和 25・4・21 刑集 4 巻 4 号 655 頁
73

最判昭和 25・5・25 刑集 4 巻 5 号 854 頁
282

最判昭和 25・6・1 刑集 4 巻 6 号 909 頁
217

458　　判 例 索 引

最判昭和 25・7・4 刑集 4 巻 7 号 1168 頁
218

最判昭和 25・8・9 刑集 4 巻 8 号 1556 頁
267

最判昭和 25・8・29 刑集 4 巻 9 号 1585 頁
141

最判昭和 25・9・14 刑集 4 巻 9 号 1652 頁
358

最大判昭和 25・9・27 刑集 4 巻 9 号 1783
頁　100

最判昭和 25・10・20 刑集 4 巻 10 号 2115
頁　379

最判昭和 25・11・9 刑集 4 巻 11 号 2239
頁　47

最判昭和 25・11・10 集刑 35 号 461 頁
268

最大判昭和 25・11・22 刑集 4 巻 11 号
2380 頁　356

最判昭和 25・12・5 刑集 4 巻 12 号 2475
頁　218

最判昭和 25・12・12 刑集 4 巻 12 号 2543
頁　162, 264

最判昭和 25・12・14 刑集 4 巻 12 号 2548
頁　283

最判昭和 26・1・30 刑集 5 巻 1 号 117 頁
267

最判昭和 26・3・20 刑集 5 巻 5 号 794 頁
377

最判昭和 26・4・10 刑集 5 巻 5 号 825 頁
358

最判昭和 26・5・8 刑集 5 巻 6 号 1004 頁
357

最判昭和 26・5・10 刑集 5 巻 6 号 1026 頁
353

最判昭和 26・5・11 刑集 5 巻 6 号 1102 頁
311

最大判昭和 26・5・16 刑集 5 巻 6 号 1157
頁　379

最判昭和 26・5・25 刑集 5 巻 6 号 1186 頁
236

最判昭和 26・7・13 刑集 5 巻 8 号 1437 頁
151

最大判昭和 26・7・18 刑集 5 巻 8 号 1491
頁　127

最決昭和 26・8・9 刑集 5 巻 9 号 1730 頁
192

最判昭和 26・9・20 刑集 5 巻 10 号 1937
頁　53, 57

最判昭和 26・12・14 刑集 5 巻 13 号 2518
頁　199

最決昭和 27・2・21 刑集 6 巻 2 号 275 頁
27

最判昭和 27・3・28 刑集 6 巻 3 号 546 頁
376

最判昭和 27・6・6 刑集 6 巻 6 号 795 頁
52

最決昭和 27・7・10 刑集 6 巻 7 号 876 頁
263

最判昭和 27・7・22 刑集 6 巻 7 号 927 頁
431

最判昭和 27・7・25 刑集 6 巻 7 号 941 頁
70

最判昭和 27・10・17 集刑 68 号 361 頁
240

最大判昭和 27・11・5 刑集 6 巻 10 号 1159
頁　408

最判昭和 27・12・25 刑集 6 巻 12 号 1387
頁　217, 327, 330

最判昭和 28・1・22 刑集 7 巻 1 号 8 頁
380

最判昭和 28・1・23 刑集 7 巻 1 号 46 頁
412

最判昭和 28・1・30 刑集 7 巻 1 号 128 頁
124, 125

最決昭和 28・2・19 刑集 7 巻 2 号 280 頁
190

最判昭和 28・2・20 刑集 7 巻 2 号 426 頁
324

最判昭和 28・3・6 集刑 75 号 435 頁　268

最決昭和 28・4・16 刑集 7 巻 5 号 915 頁
236

最決昭和 28・4・25 刑集 7 巻 4 号 881 頁
424

最判昭和 28・5・1 刑集 7 巻 5 号 917 頁

判 例 索 引

424

最判昭和 28・5・8 刑集 7 巻 5 号 965 頁
258

最決昭和 28・5・14 刑集 7 巻 5 号 1042 頁
99

最判昭和 28・5・21 刑集 7 巻 5 号 1053 頁
296

最決昭和 28・5・25 刑集 7 巻 5 号 1128 頁
340

最大判昭和 28・6・17 刑集 7 巻 6 号 1289
頁　78

最決昭和 28・7・24 刑集 7 巻 7 号 1638 頁
382

最判昭和 28・10・2 刑集 7 巻 10 号 1883
頁　372

最決昭和 28・10・19 刑集 7 巻 10 号 1945
頁　403, 408, 409

最判昭和 28・10・27 刑集 7 巻 10 号 1971
頁　422

最判昭和 28・11・13 刑集 7 巻 11 号 2096
頁　311

最判昭和 28・11・27 刑集 7 巻 11 号 2344
頁　72

最決昭和 28・12・10 刑集 7 巻 12 号 2418
頁　389, 390

最判昭和 28・12・15 刑集 7 巻 12 号 2436
頁　116

最判昭和 28・12・25 刑集 7 巻 13 号 2721
頁　242

最大判昭和 29・1・20 刑集 8 巻 1 号 41 頁
183

最判昭和 29・4・6 刑集 8 巻 4 号 407 頁
226

最決昭和 29・4・28 刑集 8 巻 4 号 596 頁
383

最判昭和 29・6・8 刑集 8 巻 6 号 846 頁
71

最決昭和 29・7・5 刑集 8 巻 7 号 1035 頁
429

最判昭和 29・8・20 刑集 8 巻 8 号 1256 頁
430, 432, 433

最判昭和 29・8・20 刑集 8 巻 8 号 1277 頁
47

最決昭和 29・9・30 刑集 8 巻 9 号 1575 頁
400

最判昭和 29・11・9 刑集 8 巻 11 号 1742
頁　381

最判昭和 30・1・11 刑集 9 巻 1 号 25 頁
348

最判昭和 30・3・17 刑集 9 巻 3 号 477 頁
432

最判昭和 30・4・8 刑集 9 巻 4 号 827 頁
172

最大判昭和 30・6・22 刑集 9 巻 8 号 1189
頁　301 ～ 303

最決昭和 30・7・1 刑集 9 巻 9 号 1769 頁
353

最決昭和 30・7・7 刑集 9 巻 9 号 1856 頁
203

最決昭和 30・8・9 刑集 9 巻 9 号 2008 頁
141

最判昭和 30・10・14 刑集 9 巻 11 号 2173
頁　228

最判昭和 30・12・26 刑集 9 巻 14 号 3053
頁　234, 239

最決昭和 31・1・19 刑集 10 巻 1 号 67 頁
146

最決昭和 31・2・3 刑集 10 巻 2 号 153 頁
429

最決昭和 31・3・6 刑集 10 巻 3 号 282 頁
320

最決昭和 31・3・6 集刑 112 号 601 頁　353

最判昭和 31・4・13 刑集 10 巻 4 号 554 頁
382

最判昭和 31・4・24 刑集 10 巻 4 号 617 頁
390

最判昭和 31・6・26 刑集 10 巻 6 号 874 頁
239, 246

最決昭和 31・7・3 刑集 10 巻 7 号 955 頁
155

最決昭和 31・7・12 刑集 10 巻 7 号 1058
頁　424, 426

最決昭和 31・8・22 刑集 10 巻 8 号　1237
頁　106

最決昭和 31・8・22 刑集 10 巻 8 号 1260
頁　152

最判昭和 31・8・30 判時 90 号 26 頁　198

最判昭和 31・10・25 刑集 10 巻 10 号 1455
頁　95

最判昭和 31・12・7 刑集 10 巻 12 号 1592
頁　252

最決昭和 31・12・27 刑集 10 巻 12 号 1798
頁　331

最決昭和 32・1・17 刑集 11 巻 1 号 23 頁
343

最判昭和 32・1・22 刑集 11 巻 1 号 50 頁
390

最決昭和 32・1・24 刑集 11 巻 1 号 270 頁
144

最決昭和 32・2・7 刑集 11 巻 2 号 530 頁
347

最判昭和 32・2・21 刑集 11 巻 2 号 877 頁
124

最判昭和 32・2・26 刑集 11 巻 2 号 906 頁
53

最大判昭和 32・3・13 刑集 11 巻 3 号 997
頁　352，353

最判昭和 32・3・28 刑集 11 巻 3 号 1136
頁　426

最判昭和 32・4・4 刑集 11 巻 4 号 1327 頁
100，271

最決昭和 32・4・11 刑集 11 巻 4 号 1360
頁　63

最決昭和 32・4・23 刑集 11 巻 4 号 1393
頁　51

最決昭和 32・4・25 刑集 11 巻 4 号 1427
頁　146

最決昭和 32・4・25 刑集 11 巻 4 号 1453
頁　331

最決昭和 32・4・25 刑集 11 巻 4 号 1480
頁339

最決昭和 32・4・30 刑集 11 巻 4 号 1502
頁　409

最決昭和 32・5・22 刑集 11 巻 5 号 1526
頁　353

最判昭和 32・6・21 刑集 11 巻 6 号 1700

頁　284

最判昭和 32・7・16 刑集 11 巻 7 号 1829
頁　145

最判昭和 32・7・18 刑集 11 巻 7 号 1861
頁　188

最判昭和 32・7・19 刑集 11 巻 7 号 1966
頁　389

最判昭和 32・7・25 刑集 11 巻 7 号 2037
頁　342

最判昭和 32・8・1 刑集 11 巻 8 号 2065 頁
185

最判昭和 32・9・13 刑集 11 巻 9 号 2263
頁　171，172

最判昭和 32・10・3 刑集 11 巻 10 号 2413
頁　382

最判昭和 32・10・4 刑集 11 巻 10 号 2464
頁　327

最判昭和 32・10・15 刑集 11 巻 10 号 2597
頁　145

最判昭和 32・11・8 刑集 11 巻 12 号 3061
頁　143，144

最判昭和 32・11・19 刑集 11 巻 12 号 3073
頁　248

最決昭和 32・11・21 刑集 11 巻 12 号 3101
頁　422

最決昭和 32・11・29 集刑 122 号 429 頁
325

最決昭和 32・12・13 刑集 11 巻 13 号 3207
頁　390

最決昭和 32・12・19 刑集 11 巻 13 号 3316
頁　234

最決昭和 33・1・16 刑集 12 巻 1 号 25 頁
342

最決昭和 33・2・27 刑集 12 巻 2 号 342 頁
430

最決昭和 33・3・19 刑集 12 巻 4 号 636 頁
76

最判昭和 33・4・10 刑集 12 巻 5 号 743 頁
324

最決昭和 33・4・11 刑集 12 巻 5 号 886 頁
324

最判昭和 33・4・17 刑集 12 巻 6 号 977 頁

判例索引

190

最判昭和 33・4・17 刑集 12 巻 6 号 1079
頁 154

最判昭和 33・4・18 刑集 12 巻 6 号 1090
頁 63, 64

最決昭和 33・5・1 刑集 12 巻 7 号 1286 頁
232

最決昭和 33・7・31 刑集 12 巻 12 号 2805
頁 411

最決昭和 33・9・1 刑集 12 巻 13 号 2833
頁 218

最決昭和 33・9・5 刑集 12 巻 13 号 2844
頁 353, 355

最決昭和 33・9・16 刑集 12 巻 13 号 3031
頁 331, 332

最判昭和 33・9・30 刑集 12 巻 13 号 3151
頁 379

最決昭和 33・9・30 刑集 12 巻 13 号 3180
頁 427

最判昭和 33・10・10 刑集 12 巻 14 号 3246
頁 259

最判昭和 33・10・14 刑集 12 巻 14 号 3264
頁 377

最判昭和 33・10・24 刑集 12 巻 14 号 3368
頁 266

最判昭和 33・11・21 刑集 12 巻 15 号 3519
頁 27

最決昭和 34・2・9 刑集 13 巻 1 号 76 頁
264

最判昭和 34・2・13 刑集 13 巻 2 号 101 頁
242, 259

最判昭和 34・2・19 刑集 13 巻 2 号 161 頁
363

最決昭和 34・2・19 刑集 13 巻 2 号 186 頁
112

最判昭和 34・4・28 刑集 13 巻 4 号 466 頁
73

最判昭和 34・5・7 刑集 13 巻 5 号 641 頁
112, 118

最判昭和 34・6・30 刑集 13 巻 6 号 985 頁
338

最決昭和 34・7・3 刑集 13 巻 7 号 1088 頁

78

最判昭和 34・7・3 刑集 13 巻 7 号 1099 頁
266

最決昭和 34・7・24 刑集 13 巻 8 号 1163
頁 38, 42

最決昭和 34・8・27 刑集 13 巻 10 号 2769
頁 377

最判昭和 34・8・28 刑集 13 巻 10 号 2906
頁 138

最決昭和 34・9・28 刑集 13 巻 11 号 2993
頁 205

最決昭和 35・1・11 刑集 14 巻 1 号 1 頁
329

最決昭和 35・1・12 刑集 14 巻 1 号 9 頁
320

最判昭和 35・2・18 刑集 14 巻 2 号 138 頁
301

最判昭和 35・3・1 刑集 14 巻 3 号 209 頁
373

最判昭和 35・3・17 刑集 14 巻 3 号 351 頁
398, 400

最判昭和 35・3・18 刑集 14 巻 4 号 416 頁
71

最判昭和 35・4・26 刑集 14 巻 6 号 748 頁
138

最決昭和 35・4・28 刑集 14 巻 6 号 836 頁
384

最判昭和 35・6・24 刑集 14 巻 8 号 1103
頁 383, 384

最判昭和 35・7・18 刑集 14 巻 9 号 1189
頁 398

最判昭和 35・8・30 刑集 14 巻 10 号 1418
頁 170

最決昭和 35・9・9 刑集 14 巻 11 号 1457
頁 154

最決昭和 35・9・13 判時 243 号 7 頁 249

最判昭和 35・11・18 刑集 14 巻 13 号 1713
頁 127

最判昭和 35・12・8 刑集 14 巻 13 号 1818
頁 294 ～ 296

最決昭和 35・12・13 刑集 14 巻 13 号 1929
頁 268

最決昭和 35・12・22 刑集 14 巻 14 号 2198
頁　268

最決昭和 35・12・27 刑集 14 巻 14 号 2229
頁　276

最判昭和 36・1・10 刑集 15 巻 1 号 1 頁
300

最判昭和 36・1・13 刑集 15 巻 1 号 113 頁
427

最判昭和 36・3・30 刑集 15 巻 3 号 605 頁
328, 329

最判昭和 36・3・30 刑集 15 巻 3 号 667 頁
311

最決昭和 36・5・23 刑集 15 巻 5 号 812 頁
321

最判昭和 36・6・20 刑集 15 巻 6 号 984 頁
329

最決昭和 36・6・22 刑集 15 巻 6 号 1004
頁　430

最決昭和 36・8・17 刑集 15 巻 7 号 1293
頁　402

最判昭和 36・9・8 刑集 15 巻 8 号 1309 頁
304

最判昭和 36・10・10 刑集 15 巻 9 号 1580
頁　233, 238

最判昭和 36・10・13 刑集 15 巻 9 号 1586
頁　112

最判昭和 36・12・1 刑集 15 巻 11 号 1807
頁　301

最決昭和 36・12・26 刑集 15 巻 12 号 2046
頁　382

最判昭和 37・1・23 刑集 16 巻 1 号 11 頁
377

最決昭和 37・2・9 刑集 16 巻 2 号 54 頁
388

最判昭和 37・2・13 刑集 16 巻 2 号 68 頁
255

最決昭和 37・3・1 刑集 16 巻 3 号 247 頁
329

最判昭和 37・4・13 集刑 141 号 789 頁
435

最判昭和 37・5・29 刑集 16 巻 5 号 528 頁
422

最決昭和 37・6・26 集刑 143 号 201 頁
154

最決昭和 37・11・21 刑集 16 巻 11 号 1570
頁　82

最決昭和 38・4・18 刑集 17 巻 3 号 248 頁
77

最決昭和 38・5・13 刑集 17 巻 4 号 279 頁
416

最決昭和 38・6・25 集刑 147 号 507 頁　51

最決昭和 38・7・9 刑集 17 巻 6 号 608 頁
252

最決昭和 38・11・8 刑集 17 巻 11 号 2357
頁　269

最判昭和 38・12・24 刑集 17 巻 12 号 2485
頁　272, 310

最決昭和 39・1・28 刑集 18 巻 1 号 31 頁
47

最決昭和 39・3・11 刑集 18 巻 3 号 99 頁
361

最決昭和 39・3・31 刑集 18 巻 3 号 115 頁
384

最決昭和 39・10・13 刑集 18 巻 8 号 507
頁　390

最決昭和 39・11・24 刑集 18 巻 9 号 610
頁　274

最決昭和 39・12・8 刑集 18 巻 10 号 952
頁　428

最決昭和 40・4・16 刑集 19 巻 3 号 143 頁
370

最大判昭和 40・4・28 刑集 19 巻 3 号 300
頁　430

最決昭和 40・5・27 刑集 19 巻 4 号 396 頁
259

最決昭和 40・6・24 刑集 19 巻 4 号 469 頁
330

最判昭和 41・3・24 刑集 20 巻 3 号 129 頁
378

最判昭和 41・4・8 刑集 20 巻 4 号 207 頁
147

最決昭和 41・4・14 判時 449 号 64 頁　377

最決昭和 41・6・10 刑集 20 巻 5 号 374 頁
274, 275

判 例 索 引　　　　　　**463**

最判昭和 41・9・16 刑集 20 巻 7 号 790 頁
387

最大判昭和 41・11・30 刑集 20 巻 9 号
1076 頁　127

最決昭和 42・3・30 刑集 21 巻 2 号 447 頁
321

最大判昭和 42・5・24 刑集 21 巻 4 号 505
頁　376

最決昭和 42・8・28 刑集 21 巻 7 号 863 頁
325, 330

最決昭和 42・11・2 刑集 21 巻 9 号 1179
頁　160

最決昭和 42・12・19 刑集 21 巻 10 号 1407
頁　381

最決昭和 42・12・21 判時 506 号 59 頁　79

最決昭和 42・12・21 刑集 21 巻 10 号 1453
頁　209

最決昭和 43・1・18 刑集 22 巻 1 号 7 頁
117

最決昭和 43・6・5 刑集 22 巻 6 号 427 頁
360

最決昭和 43・6・6 刑集 22 巻 6 号 434 頁
199

最決昭和 43・6・25 刑集 22 巻 6 号 490 頁
343

最判昭和 43・6・28 刑集 22 巻 6 号 569 頁
277

最決昭和 43・9・17 判時 534 号 85 頁　151

最大判昭和 43・9・25 刑集 22 巻 9 号 871
頁　430

最決昭和 43・10・15 刑集 22 巻 10 号 901
頁　434

最決昭和 43・10・24 刑集 22 巻 10 号 946
頁　172

最決昭和 43・11・7 判時 541 号 83 頁　37

最決昭和 43・12・11 刑集 22 巻 13 号 1469
頁　225

最決昭和 44・5・1 刑集 23 巻 6 号 907 頁
273

最大判昭和 44・6・18 刑集 23 巻 7 号 950
頁　321

最大判昭和 44・6・25 刑集 23 巻 7 号 975

頁　119

最大判昭和 44・10・15 刑集 23 巻 10 号
1239 頁　353

最判昭和 45・3・26 刑集 24 巻 3 号 55 頁
209

最決昭和 45・6・30 判時 596 号 96 頁　324

最決昭和 45・9・4 刑集 24 巻 10 号 1319
頁　320

最大判昭和 45・10・21 民集 24 巻 11 号
1560 頁　238, 265

最決昭和 45・12・3 刑集 24 巻 13 号 1707
頁　59 ～ 61

最判昭和 45・12・22 刑集 24 巻 13 号 1821
頁　374

最判昭和 45・12・22 刑集 24 巻 13 号 1882
頁　166

最判昭和 46・4・22 刑集 25 巻 3 号 530 頁
302

最判昭和 47・3・14 刑集 26 巻 2 号 187 頁
60

最決昭和 48・2・8 刑集 27 巻 1 号 1 頁　59

最決昭和 48・2・28 刑集 27 巻 1 号 68 頁
358

最決昭和 48・3・15 刑集 27 巻 2 号 115 頁
329

最決昭和 49・5・31 集刑 192 号 571 頁　97

最判昭和 50・4・24 判時 774 号 119 頁
427

最判昭和 50・6・12 刑集 29 巻 6 号 365 頁
267

最判昭和 51・2・19 刑集 30 巻 1 号 47 頁
426

最判昭和 51・3・4 刑集 30 巻 2 号 79 頁
97, 100

最決昭和 51・3・23 刑集 30 巻 2 号 229 頁
119

最決昭和 51・4・1 刑集 30 巻 3 号 425 頁
205, 216

最判昭和 51・4・30 刑集 30 巻 3 号 453 頁
312

最判昭和 51・5・6 刑集 30 巻 4 号 591 頁
324

最決昭和 52・3・25 刑集 31 巻 2 号 96 頁
135

最判昭和 52・5・6 刑集 31 巻 3 号 544 頁
59 〜 61

最判昭和 52・7・14 刑集 31 巻 4 号 713 頁
272

最判昭和 52・12・22 刑集 31 巻 7 号 1176
頁 355

最判昭和 53・6・29 刑集 32 巻 4 号 816 頁
128, 374

最決昭和 53・9・4 刑集 32 巻 6 号 1077 頁
296

最決昭和 53・9・22 刑集 32 巻 6 号 1774
頁 376

最決昭和 54・5・30 刑集 33 巻 4 号 324 頁
312

最決昭和 54・6・26 刑集 33 巻 4 号 364 頁
87

最決昭和 54・10・26 刑集 33 巻 6 号 665
頁 358

最決昭和 54・11・19 刑集 33 巻 7 号 710
頁 181

最決昭和 55・2・29 刑集 34 巻 2 号 56 頁
276

最決昭和 55・7・15 判時 972 号 129 頁
237

最決昭和 55・10・30 刑集 34 巻 5 号 357
頁 152

最判昭和 55・11・28 刑集 34 巻 6 号 433
頁 353

最決昭和 55・12・9 刑集 34 巻 7 号 513 頁
302

最決昭和 55・12・22 刑集 34 巻 7 号 747
頁 342, 430

最決昭和 56・2・20 刑集 35 巻 1 号 15 頁
145, 249

最決昭和 56・4・8 刑集 35 巻 3 号 57 頁
314, 315

最判昭和 56・4・16 刑集 35 巻 3 号 84 頁
115, 116

最決昭和 56・12・22 刑集 35 巻 9 号 953
頁 316

最決昭和 57・1・28 刑集 36 巻 1 号 1 頁
415

最判昭和 57・6・24 刑集 36 巻 5 号 646 頁
272

最決昭和 57・11・29 刑集 36 巻 11 号 988
頁 85

最決昭和 58・2・25 刑集 37 巻 1 号 1 頁
312

最決昭和 58・3・25 刑集 37 巻 2 号 170 頁
424

最判昭和 58・4・8 刑集 37 巻 3 号 215 頁
97, 102

最判昭和 58・5・9 刑集 37 巻 4 号 401 頁
388, 390

最決昭和 58・5・24 刑集 37 巻 4 号 437 頁
254, 255

最判昭和 58・6・23 刑集 37 巻 5 号 555 頁
62

最決昭和 58・9・27 刑集 37 巻 7 号 1078
頁 84, 85

最決昭和 58・11・1 刑集 37 巻 9 号 1341
頁 119

最決昭和 58・11・22 刑集 37 巻 9 号 1507
頁 60

最決昭和 58・11・24 刑集 37 巻 9 号 1538
頁 310, 329

最判昭和 59・2・17 刑集 38 巻 3 号 336 頁
313, 316

最決昭和 59・3・23 刑集 38 巻 5 号 2030
頁 124

最決昭和 59・4・12 刑集 38 巻 6 号 2107
頁 300

最決昭和 59・4・27 刑集 38 巻 6 号 2584
頁 123

最決昭和 59・5・8 刑集 38 巻 7 号 2621 頁
128, 374

最決昭和 59・5・30 刑集 38 巻 7 号 2682
頁 426

最判昭和 59・12・18 刑集 38 巻 12 号 3026
頁 99

最決昭和 59・12・21 刑集 38 巻 12 号 3071
頁 295

判例索引

最判昭和 60・3・28 刑集 39 巻 2 号 75 頁
289

最決昭和 60・6・11 刑集 39 巻 5 号 219 頁
426

最決昭和 60・7・16 刑集 39 巻 5 号 245 頁
416

最決昭和 60・10・21 刑集 39 巻 6 号 362
頁 63, 291

最決昭和 61・6・27 刑集 40 巻 4 号 340 頁
312

最決昭和 61・6・27 刑集 40 巻 4 号 369 頁
424

最決昭和 61・7・18 刑集 40 巻 5 号 438 頁
273

最決昭和 61・11・18 刑集 40 巻 7 号 523
頁 173

最決昭和 62・3・12 刑集 41 巻 2 号 140 頁
127

最決昭和 62・3・24 刑集 41 巻 2 号 173 頁
83

最決昭和 62・4・10 刑集 41 巻 3 号 221 頁
146

最決昭和 63・1・19 刑集 42 巻 1 号 1 頁 30,
42

最決昭和 63・2・29 刑集 42 巻 2 号 314 頁
35

最決昭和 63・4・11 刑集 42 巻 4 号 419 頁
426

最決昭和 63・7・18 刑集 42 巻 6 号 861 頁
427

最決昭和 63・11・21 刑集 42 巻 9 号 1251
頁 255, 257

最決平成元・2・17 刑集 43 巻 2 号 81 頁
329

最判平成元・3・9 刑集 43 巻 3 号 95 頁
379

最決平成元・3・10 刑集 43 巻 3 号 188 頁
375

最決平成元・3・14 刑集 43 巻 3 号 283 頁
414, 416

最決平成元・5・1 刑集 43 巻 5 号 405 頁
399

最決平成元・7・7 刑集 43 巻 7 号 607 頁
138

最決平成元・7・7 判時 1326 号 157 頁 282,
283

最決平成元・7・14 刑集 43 巻 7 号 641 頁
286

最決平成元・12・15 刑集 43 巻 13 号 879
頁 42, 44

最決平成 3・2・28 刑集 45 巻 2 号 77 頁
330

最決平成 3・4・5 刑集 45 巻 4 号 171 頁
342

最決平成 4・11・27 刑集 46 巻 8 号 623 頁
124

最決平成 5・10・5 刑集 47 巻 8 号 7 頁
318

最決平成 6・3・4 集刑 263 号 101 頁 51

最決平成 6・3・29 刑集 48 巻 3 号 1 頁
417

最決平成 6・7・19 刑集 48 巻 5 号 190 頁
162

最決平成 6・11・29 刑集 48 巻 7 号 453 頁
332

最大判平成 7・2・22 刑集 49 巻 2 号 1 頁
420

最決平成 8・2・6 刑集 50 巻 2 号 129 頁
255

最判平成 8・4・26 民集 50 巻 5 号 1267 頁
213

最決平成 9・10・21 刑集 51 巻 9 号 755 頁
284

最決平成 10・7・14 刑集 52 巻 5 号 343 頁
387

最決平成 10・11・4 刑集 52 巻 8 号 542 頁
387

最決平成 10・11・25 刑集 52 巻 8 号 570
頁 256

最決平成 11・2・17 刑集 53 巻 2 号 64 頁
418

最決平成 11・12・9 刑集 53 巻 9 号 1117
頁 159, 160

最決平成 11・12・20 刑集 53 巻 9 号 1495

頁 318, 332

最決平成 12・2・17 刑集 54 巻 2 号 38 頁
127

最決平成 12・3・27 刑集 54 巻 3 号 402 頁
217

最判平成 12・12・15 刑集 54 巻 9 号 923
頁 159, 160

最決平成 12・12・15 刑集 54 巻 9 号 1049
頁 161

最決平成 13・7・16 刑集 55 巻 5 号 317 頁
354, 355

最判平成 13・7・19 刑集 55 巻 5 号 371 頁
139, 214

最決平成 13・11・5 刑集 55 巻 6 号 546 頁
242, 243

最決平成 14・2・8 刑集 56 巻 2 号 71 頁
219

最決平成 14・2・14 刑集 56 巻 2 号 86 頁
177, 179

最決平成 14・7・1 刑集 56 巻 6 号 265 頁
263

最決平成 14・9・30 刑集 56 巻 7 号 395 頁
123, 127

最決平成 14・10・21 刑集 56 巻 8 号 670
頁 206

最決平成 14・10・22 刑集 56 巻 8 号 690
頁 427

最決平成 15・1・14 刑集 57 巻 1 号 1 頁
434

最判平成 15・2・18 刑集 57 巻 2 号 161 頁
258

最判平成 15・3・11 刑集 57 巻 3 号 293 頁
121

最決平成 15・3・12 刑集 57 巻 3 号 322 頁
215

最決平成 15・3・18 刑集 57 巻 3 号 356 頁
252

最決平成 15・3・18 刑集 57 巻 3 号 371 頁
85

最決平成 15・4・14 刑集 57 巻 4 号 445 頁
289

最大判平成 15・4・23 刑集 57 巻 4 号 467

頁 247

最決平成 15・6・2 刑集 57 巻 6 号 749 頁
301

最決平成 15・10・6 刑集 57 巻 9 号 987 頁
319

最決平成 15・12・9 刑集 57 巻 11 号 1088
頁 200

最決平成 16・1・20 刑集 58 巻 1 号 1 頁
27

最決平成 16・2・9 刑集 58 巻 2 号 89 頁
211

最決平成 16・7・7 刑集 58 巻 5 号 309 頁
206

最決平成 16・7・13 刑集 58 巻 5 号 476 頁
329

最決平成 16・8・25 刑集 58 巻 6 号 515 頁
144

最判平成 16・9・10 刑集 58 巻 6 号 524 頁
258

最決平成 16・11・8 刑集 58 巻 8 号 905 頁
429

最決平成 16・11・30 刑集 58 巻 8 号 1005
頁 154

最判平成 16・12・10 刑集 58 巻 9 号 1047
頁 178

最決平成 17・3・11 刑集 59 巻 2 号 1 頁
422

最決平成 17・3・29 刑集 59 巻 2 号 54 頁
52

最判平成 17・4・14 刑集 59 巻 3 号 283 頁
78

最決平成 17・7・4 刑集 59 巻 6 号 403 頁
43

最決平成 17・7・19 刑集 59 巻 6 号 600 頁
110

最決平成 17・10・7 刑集 59 巻 8 号 779 頁
256, 258

最決平成 17・12・6 刑集 59 巻 10 号 1901
頁 80

最決平成 17・12・13 刑集 59 巻 10 号 1938
頁 330

最決平成 18・1・17 刑集 60 巻 1 号 29 頁

判例索引 **467**

274

最決平成 18・1・23 刑集 60 巻 1 号 67 頁
426

最決平成 18・2・14 刑集 60 巻 2 号 165 頁
221

最決平成 18・8・21 判タ 1227 号 184 頁
217

最決平成 18・8・30 刑集 60 巻 6 号 479 頁
162

最判平成 18・10・12 判時 1950 号 173 頁
80

最決平成 18・12・13 刑集 60 巻 10 号 857
頁　387

最決平成 19・3・20 刑集 61 巻 2 号 66 頁
274

最決平成 19・4・13 刑集 61 巻 3 号 340 頁
149

最決平成 19・7・2 刑集 61 巻 5 号 379 頁
104，124

最決平成 19・7・17 刑集 61 巻 5 号 521 頁
206

最決平成 19・11・13 刑集 61 巻 8 号 743
頁　406

最決平成 20・2・18 刑集 62 巻 2 号 37 頁
162，243

最判平成 20・4・11 刑集 62 巻 5 号 1217
頁　98

最決平成 20・5・19 刑集 62 巻 6 号 1623
頁　258

最判平成 20・10・10 民集 62 巻 9 号 2361
頁　213

最決平成 21・3・16 刑集 63 巻 3 号 81 頁
433

最決平成 21・3・26 刑集 63 巻 3 号 291 頁
240

最決平成 21・6・29 刑集 63 巻 5 号 461 頁
149

最決平成 21・7・13 刑集 63 巻 6 号 590 頁
100

最決平成 21・11・9 刑集 63 巻 9 号 1117
頁　254

最判平成 21・11・30 刑集 63 巻 9 号 1765

頁　98

最決平成 22・3・15 刑集 64 巻 2 号 1 頁
119

最決平成 22・3・17 刑集 64 巻 2 号 111 頁
219

最決平成 22・7・29 刑集 64 巻 5 号 829 頁
207

最決平成 22・9・7 刑集 64 巻 6 号 865 頁
426

最判平成 23・7・7 刑集 65 巻 5 号 619 頁
124

最決平成 24・1・30 刑集 66 巻 1 号 36 頁
51

最決平成 24・2・13 刑集 66 巻 4 号 405 頁
110

最決平成 24・7・24 刑集 66 巻 8 号 709 頁
50

最決平成 24・10・9 刑集 66 巻 10 号 981
頁　162，243，244

最決平成 24・10・15 刑集 66 巻 10 号 990
頁　427

最判平成 26・3・28 刑集 68 巻 3 号 582 頁
207

最決平成 26・3・28 刑集 68 巻 3 号 646 頁
207

最決平成 26・4・7 刑集 68 巻 4 号 715 頁
206

最決平成 26・11・25 刑集 68 巻 9 号 1053
頁　355

最決平成 28・3・24 刑集 70 巻 3 号 1 頁
56，57

最決平成 28・3・31 刑集 70 巻 3 号 58 頁
403

最判平成 28・12・5 刑集 70 巻 8 号 749 頁
330

最決平成 29・3・27 刑集 71 巻 3 号 183 頁
399

最決平成 29・12・19 刑集 71 巻 10 号 606
頁　287

最判平成 30・3・19 刑集 72 巻 1 号 1 頁
41

最決令和 2・9・30 刑集 74 巻 6 号 669 頁

56，58

最判令和 4・1・20 刑集 76 巻 1 号 1 頁
350

最判令和 4・4・18 刑集 76 巻 4 号 191 頁
233

最判令和 4・6・9 刑集 76 巻 5 号 613 頁
248

最判令和 5・3・24 刑集 77 巻 3 号 41 頁
362

最判令和 5・9・11 刑集 77 巻 6 号 181 頁
74

高等裁判所

大阪高判昭和 24・12・5 高刑判特 4 号 3
頁　155

東京高判昭和 24・12・10 高刑集 2 巻 3 号
292 頁　176

福岡高判昭和 25・3・17 高刑判特 6 号 65
頁　342

広島高松江支判昭和 25・6・2 高刑判特 9
号 100 頁　205

東京高判昭和 25・6・10 高刑集 3 巻 2 号
222 頁　47

広島高松江支判昭和 25・7・3 高刑集 3 巻
2 号 247 頁　71

札幌高函館支判昭和 25・7・3 高刑判特 13
号 203 頁　188

福岡高判昭和 25・10・17 高刑集 3 巻 3 号
487 頁　163

福岡高判昭和 25・12・21 高刑集 3 巻 4 号
672 頁　64

大阪高判昭和 25・12・23 高刑判特 15 号
95 頁　116

名古屋高金沢支判昭和 26・10・24 高刑集
4 巻追録 1 頁　361

大阪高判昭和 26・10・26 高刑集 4 巻 9 号
1173 頁　77

福岡高判昭和 27・3・20 判特 19 号 72 頁
198

東京高判昭和 27・6・26 判特 34 号 86 頁
178

東京高判昭和 27・7・3 高刑集 5 巻 7 号
1134 頁　122

東京高判昭和 27・8・5 高刑集 5 巻 8 号
1364 頁　360

福岡高判昭和 27・10・28 高刑集 5 巻 12
号 2175 頁　417

札幌高判昭和 27・11・20 高刑集 5 巻 11
号 2018 頁　218

東京高判昭和 28・1・31 東高刑時報 3 巻 2
号 57 頁　264

広島高岡山支判昭和 28・2・17 高刑判特
31 号 67 頁　163

名古屋高判昭和 28・2・26 判特 33 号 9 頁
252

札幌高判昭和 28・5・7 高刑判特 32 号 26
頁　146

東京高判昭和 28・6・12 高刑集 6 巻 6 号
769 頁　232

東京高判昭和 28・6・18 東高刑時報 4 巻 1
号 5 頁　283

仙台高判昭和 28・6・29 高刑判特 35 号 40
頁　248

東京高判昭和 28・7・20 高刑判特 39 号 37
頁　389

東京高判昭和 28・8・3 判特 39 号 71 頁
308

福岡高判昭和 28・9・8 高刑集 6 巻 9 号
1256 頁　266

広島高判昭和 28・9・9 高刑集 6 巻 12 号
1642 頁　274

大阪高判昭和 28・11・18 高刑集 6 巻 11
号 1603 頁　163

名古屋高金沢支判昭和 28・12・24 判特 33
号 164 頁　286

福岡高判昭和 29・1・12 高刑集 7 巻 1 号 1
頁　392

東京高判昭和 29・1・18 高刑判特 40 号 2
頁　361

名古屋高判昭和 29・2・25 判特 33 号 72
頁　239

福岡高判昭和 29・3・9 高刑判特 26 号 70
頁　218

大阪高判昭和 29・5・4 高刑集 7 巻 4 号

判 例 索 引

591 頁　156

広島高判昭和 29・6・30 高刑集 7 巻 6 号
944 頁　27

仙台高秋田支判昭和 29・7・6 高刑裁特 1
巻 1 号 7 頁　435

東京高判昭和 29・7・26 東高刑時報 5 巻 7
号 295 頁　392

東京高判昭和 29・10・7 東高刑時報 5 巻 9
号 380 頁　165

名古屋高判昭和 29・10・28 高刑集 7 巻 11
号 1655 頁　182

広島高判昭和 30・2・5 裁特 2 巻 4 号 60
頁　116

東京高判昭和 30・3・31 高刑裁特 2 巻 7
号 242 頁　144

東京高判昭和 30・4・19 高刑集 8 巻 3 号
337 頁　153

福岡高判昭和 30・4・25 高刑集 8 巻 3 号
418 頁　143

仙台高判昭和 30・4・26 高刑集 8 巻 3 号
423 頁　142

名古屋高判昭和 30・5・4 高刑裁特 2 巻 11
号 501 頁　167

東京高判昭和 30・5・13 高刑裁特 2 巻 11
号 519 頁　144

福岡高判昭和 30・5・19 高刑集 8 巻 4 号
568 頁　329

広島高判昭和 30・6・4 高刑集 8 巻 4 号
585 頁　401

大阪高判昭和 30・6・20 高刑裁特 2 巻 14
号 715 頁　329

福岡高宮崎支判昭和 30・6・24 裁特 2 巻
12 号 628 頁　391

東京高判昭和 30・6・27 東高刑時報 6 巻 7
号 211 頁　116

東京高判昭和 30・8・30 判タ 53 号 55 頁
122

広島高岡山支判昭和 30・11・15 裁特 2 巻
22 号 1173 頁　289

名古屋高判昭和 30・12・13 判時 69 号 26
頁　218

広島高岡山支判昭和 30・12・22 裁特 2 巻

18 号 1342 頁　124

東京高判昭和 31・1・14 高刑裁特 3 巻 1
＝ 2 号 8 頁　225

福岡高判昭和 31・1・21 高刑集 9 巻 1 号
15 頁　179

名古屋高判昭和 31・3・5 高刑裁特 3 巻 6
号 252 頁　142

福岡高判昭和 31・4・14 裁特 3 巻 8 号 409
頁　80

東京高判昭和 31・5・29 高刑裁特 3 巻 11
号 586 頁　142

仙台高判昭和 31・6・13 高刑裁特 3 巻 24
号 1149 頁　147

東京高判昭和 31・6・26 高刑集 9 巻 7 号
659 頁　339

高松高判昭和 31・8・7 裁特 3 巻 16 号 799
頁　289

東京高判昭和 31・8・9 裁特 3 巻 17 号 826
頁　242

東京高判昭和 31・9・27 判時 90 号 7 頁
83

東京高判昭和 31・12・5 東高刑時報 7 巻
12 号 460 頁　203

大阪高判昭和 31・12・11 高刑集 9 巻 12
号 1263 頁　160

広島高判昭和 31・12・25 高刑集 9 巻 12
号 1336 頁　392

東京高判昭和 32・5・24 高刑集 10 巻 4 号
361 頁　389

東京高判昭和 32・5・31 東高刑時報 8 巻 5
号 138 頁　183

札幌高判昭和 32・7・11 判時 124 号 27 頁
147

大阪高判昭和 32・7・22 高刑集 10 巻 6 号
521 頁　376

大阪高判昭和 32・9・13 判時 135 号 32 頁
71

東京高判昭和 33・3・10 判タ 80 号 73 頁
146

仙台高判昭和 33・3・13 高刑集 11 巻 4 号
137 頁　57

東京高判昭和 33・7・7 裁特 5 巻 8 号 313

頁　203

東京高判昭和 33・7・15 高刑集 11 巻 7 号
394 頁　112

東京高判昭和 33・7・15 東高刑時報 9 巻 7
号 201 頁　329

東京高判昭和 34・4・30 高刑集 12 巻 5 号
486 頁　376

広島高判昭和 34・6・12 高刑集 12 巻 7 号
681 頁　430

東京高判昭和 34・6・29 判タ 93 号 50 頁
408

東京高判昭和 34・11・28 高刑集 12 巻 10
号 974 頁　342

東京高判昭和 34・12・8 高刑集 12 巻 10
号 1017 頁　73

東京高判昭和 35・2・22 東高刑時報 11 巻
2 号 43 頁　212

東京高判昭和 35・3・22 判タ 103 号 38 頁
63

名古屋高判昭和 35・4・25 高刑集 13 巻 4
号 279 頁　300

東京高判昭和 36・3・31 高刑集 14 巻 2 号
77 頁　388

東京高判昭和 36・4・2 下刑集 5 巻 3 = 4
号 194 頁　277

東京高判昭和 36・8・8 高刑集 14 巻 5 号
316 頁　142

名古屋高判昭和 36・11・8 高刑集 14 巻 8
号 563 頁　356

大阪高判昭和 36・12・11 下刑集 3 巻 11
= 12 号 1010 頁　376

東京高判昭和 37・1・23 高刑集 15 巻 2 号
100 頁　431

東京高判昭和 37・4・18 高刑集 15 巻 3 号
186 頁　397

福岡高判昭和 37・7・23 高刑集 15 巻 5 号
387 頁　158

福岡高判昭和 37・8・22 高刑集 15 巻 5 号
405 頁　160

東京高判昭和 37・8・30 高刑集 15 巻 6 号
488 頁　168

東京高判昭和 37・10・23 判時 326 号 33

頁　122

東京高判昭和 37・10・31 東高刑時報 13
巻 10 号 267 頁　165

福岡高宮崎支判昭和 38・3・29 判タ 145
号 199 頁　63

東京高判昭和 38・6・28 高刑集 16 巻 4 号
377 頁　166

広島高松江支判昭和 39・1・20 高刑集 17
巻 1 号 47 頁　61

東京高判昭和 39・1・27 判時 373 号 47 頁
61

名古屋高判昭和 39・4・27 判時 399 号 22
頁　289

東京高判昭和 39・6・8 高刑集 17 巻 5 号
446 頁　148

大阪高判昭和 39・10・5 下刑集 6 巻 9 =
10 号 988 頁　123

名古屋高判昭和 39・12・28 同刑集 420 頁
275

東京高判昭和 40・3・29 高刑集 18 巻 2 号
126 頁　403

東京高判昭和 40・6・25 判タ 179 号 175
頁　78

名古屋高金沢支判昭和 40・10・14 高刑集
18 巻 6 号 691 頁　51

名古屋高判昭和 41・3・10 判時 443 号 58
頁　354

東京高判昭和 41・7・19 高刑集 19 巻 4 号
463 頁　277

大阪高判昭和 41・8・9 高刑集 19 巻 5 号
535 頁　160

東京高判昭和 42・4・28 判タ 210 号 222
頁　245

東京高判昭和 42・10・17 高刑集 20 巻 5
号 707 頁　325

大阪高判昭和 42・11・29 判タ 221 号 226
頁　217

大阪高判昭和 43・3・4 判タ 221 号 224 頁
141

東京高判昭和 43・3・15 高刑集 21 巻 2 号
158 頁　414

福岡高判昭和 43・6・14 下刑集 10 巻 6 号

判 例 索 引　　　　471

592 頁　148

大阪高判昭和 44・8・7 判時 572 号 96 頁　212

福岡高判昭和 44・12・18 判時 584 号 110 頁　229

福岡高判昭和 44・12・18 刑月 1 巻 12 号 1110 頁　428

東京高判昭和 45・4・6 判タ 255 号 235 頁　141

東京高判昭和 45・5・11 判タ 252 号 231 頁　42

広島高判昭和 45・5・28 判タ 255 号 275 頁　156

札幌高判昭和 45・7・14 高刑集 23 巻 3 号 479 頁　57

東京高判昭和 45・8・11 高刑集 23 巻 3 号 524 頁　302

東京高判昭和 46・1・18 高刑集 24 巻 1 号 32 頁　60

東京高判昭和 46・2・16 判時 636 号 92 頁　232

仙台高判昭和 46・6・21 高刑集 24 巻 2 号 418 頁　153

東京高判昭和 46・7・9 高刑集 24 巻 3 号 458 頁　60

福岡高判昭和 46・10・11 判時 655 号 98 頁　48

大阪高判昭和 46・11・26 判時 665 号 102 頁　241

福岡高判昭和 47・11・22 判タ 289 号 292 頁　239

東京高判昭和 48・3・26 高刑集 26 巻 1 号 85 頁　167

東京高判昭和 48・3・27 判タ 306 号 288 頁　103

東京高判昭和 48・8・7 高刑集 26 巻 3 号 322 頁　123

東京高判昭和 48・11・20 判タ 304 号 267 頁　239

大阪高判昭和 49・2・14 刑月 6 巻 2 号 118 頁　123

東京高判昭和 49・5・10 東高刑時報 25 巻

5 号 37 頁　182

東京高判昭和 49・5・28 判時 757 号 124 頁　384

大阪高判昭和 49・6・12 判時 760 号 106 頁　305

東京高判昭和 49・10・22 東高刑時報 25 巻 10 号 90 頁　283

福岡高判昭和 50・1・27 刑月 7 巻 1 号 14 頁　115

東京高判昭和 50・4・15 刑月 7 巻 4 号 480 頁　47

名古屋高判昭和 50・4・30 判時 796 号 106 頁　113

広島高判昭和 51・9・21 判時 847 号 106 頁　76

福岡高判昭和 51・9・22 判時 837 号 108 頁　406

広島高松江支判昭和 51・12・6 高刑集 29 巻 4 号 651 頁　212

東京高判昭和 52・2・28 高刑集 30 巻 1 号 108 頁　321

名古屋高判昭和 52・5・10 判時 852 号 124 頁　144

東京高判昭和 52・5・23 高刑集 30 巻 2 号 226 頁　325

東京高判昭和 53・2・8 高刑集 31 巻 1 号 1 頁　321

東京高判昭和 53・3・20 東高刑時報 29 巻 3 号 46 頁　289

東京高判昭和 53・3・22 刑月 10 巻 3 号 217 頁　339

東京高判昭和 53・3・29 高刑集 31 巻 1 号 48 頁　158

福岡高判昭和 53・4・24 判時 905 号 123 頁　234

東京高判昭和 53・9・13 判時 916 号 104 頁　147

東京高判昭和 53・12・12 判時 918 号 133 頁　325

大阪高判昭和 53・12・15 高刑集 31 巻 3 号 333 頁　374

東京高判昭和 55・3・3 判時 975 号 132 頁

219

大阪高判昭和 55・7・29 判時 992 号 131
頁　237

東京高判昭和 55・10・7 判時 1006 号 109
頁　79

東京高判昭和 56・2・5 判時 1011 号 138
頁　211

福岡高判昭和 56・9・21 判タ 464 号 178
頁　210

東京高判昭和 57・1・21 刑月 14 巻 1 = 2
号 1 頁　99，147

東京高判昭和 57・6・28 判タ 470 号 73 頁
228

大阪高判昭和 57・6・29 判時 1051 号 159
頁　22

東京高判昭和 57・8・6 判時 1083 号 150
頁　168

東京高判昭和 57・8・10 刑月 14 巻 7 = 8
号 603 頁　64，65

福岡高判昭和 57・9・6 高刑集 35 巻 2 号
85 頁　35

東京高判昭和 58・1・20 判時 1088 号 147
頁　100

大阪高判昭和 58・2・10 刑月 15 巻 1 = 2
号 1 頁　427

福岡高判昭和 58・2・28 判時 1083 号 156
頁　145

東京高判昭和 58・4・27 判時 1084 号 138
頁　112

東京高判昭和 58・5・26 東高刑時報 34 巻
4 = 5 = 6 号 18 頁　343

東京高判昭和 58・6・20 判時 1105 号 153
頁　286

大阪高判昭和 58・8・26 判時 1102 号 155
頁　160

大阪高判昭和 59・5・23 高刑集 37 巻 2 号
328 頁　217

大阪高判昭和 59・7・3 刑集 43 巻 7 号 631
頁　139

東京高判昭和 59・7・18 判時 1128 号 32
頁　117

大阪高判昭和 59・7・27 高刑集 37 巻 2 号

377 頁　398

東京高判昭和 59・10・31 判タ 550 号 289
頁　210

東京高判昭和 59・11・19 判タ 544 号 251
頁　210

大阪高判昭和 59・11・28 高刑集 37 巻 3
号 438 頁　172

大阪高判昭和 60・2・6 高刑集 38 巻 1 号
50 頁　190

東京高判昭和 60・4・24 判タ 577 号 91 頁
147

東京高判昭和 60・12・10 判時 1201 号 148
頁　38

東京高判昭和 61・3・31 高刑集 39 巻 1 号
24 頁　277

大阪高判昭和 61・10・7 判時 1217 号 143
頁　168

大阪高判昭和 61・12・16 判時 1232 号 160
頁　69

大阪高判昭和 62・7・10 高刑集 40 巻 3 号
720 頁　58

大阪高判昭和 62・7・17 判時 1253 号 141
頁　181

東京高判平成元・2・20 判タ 697 号 269 頁
292

東京高判平成元・2・27 高刑集 42 巻 1 号
87 頁　170

大阪高判平成元・3・3 判タ 712 号 248 頁
167

東京高判平成元・3・14 判タ 700 号 266 頁
198

福岡高宮崎支判平成元・3・24 高刑集 42
巻 2 号 103 頁　27

東京高判平成 2・2・20 判時 1342 号 157
頁　332

東京高判平成 3・4・1 判時 1400 号 128 頁
143，144

東京高判平成 3・12・26 判タ 787 号 272
頁　211

東京高判平成 4・10・28 判タ 823 号 252
頁　156

東京高判平成 5・2・1 判時 1476 号 163 頁

判 例 索 引　　　473

103

東京高判平成 5・2・25 判タ 823 号 254 頁
156

東京高判平成 5・4・5 判タ 828 号 275 頁
314

東京高判平成 5・6・29 高刑集 46 巻 2 号
189 頁　222

東京高判平成 5・7・7 判時 1484 号 140 頁
100

大阪高判平成 5・7・7 高刑集 46 巻 2 号
220 頁　274

仙台高判平成 6・3・31 判時 1513 号 175
頁　104

札幌高判平成 7・6・29 判時 1551 号 142
頁　168

東京高判平成 7・9・26 判時 1560 号 145
頁　72

高松高判平成 8・1・25 判時 1571 号 148
頁　69

広島高岡山支判平成 8・5・22 判時 1572
号 150 頁　312

東京高判平成 10・6・4 判時 1650 号 155
頁　22

大阪高判平成 10・7・16 判時 1647 号 156
頁　26

東京高判平成 11・9・1 東高刑時報 50 巻 1
〜 12 号 81 頁　77

福岡高判平成 12・5・9 判時 1728 号 159
頁　51

東京高判平成 12・5・15 判時 1741 号 157
頁　155

東京高判平成 12・6・13 東高刑時報 51 巻
1 〜 12 号 76 頁　65

大阪高判平成 12・8・24 判時 1736 号 130
頁　200

東京高判平成 12・8・29 東高刑時報 51 巻
1 〜 12 号 93 頁　200

東京高判平成 12・8・30 東高刑時報 51 巻
1 〜 12 号 96 頁　271

福岡高判平成 12・9・21 判時 1731 号 131
頁　129

大阪高判平成 13・3・14 高刑集 54 巻 1 号

1 頁　276

福岡高判平成 13・11・20 高刑速（平 13）
232 頁　397

名古屋高判平成 14・8・29 判時 1831 号
158 頁　58

東京高判平成 15・1・29 判時 1835 号 157
頁　417

大阪高判平成 16・2・19 判時 1878 号 155
頁　179

大阪高判平成 16・3・5 前掲刑集 1040 頁
154

大阪高判平成 16・4・22 判タ 1169 号 316
頁　114

東京高判平成 16・12・1 判時 1920 号 154
頁　47

札幌高判平成 17・5・17 高刑速（平 17）
343 頁　321

東京高判平成 17・8・16 高刑集 58 巻 3 号
38 頁　178

札幌高判平成 17・8・18 判時 1923 号 160
頁　397

広島高判平成 18・10・31 高刑速（平 18）
279 頁　346

東京高判平成 19・3・16 高刑速（平 19）
147 頁　154

東京高判平成 19・4・19 高刑速（平 19）
199 頁　289

東京高判平成 20・3・19 判タ 1274 号 342
頁　168

東京高判平成 20・7・18 判タ 1306 号 311
頁　322

東京高判平成 20・9・8 判タ 1303 号 309
頁　57

東京高判平成 21・3・12 判タ 1304 号 302
頁　128

広島高松江支判平成 21・4・17 高刑速（平
21）205 頁　155

大阪高判平成 21・5・13 LEX/DB25451122
101

東京高判平成 21・7・1 判タ 1308 号 308
頁　145

東京高判平成 21・11・16 判時 2103 号 158

頁 171

東京高判平成 21・12・22 判タ 1333 号 282
頁 156

東京高判平成 23・1・25 判時 2161 号 143
頁 188

名古屋高判平成 23・2・23 高刑速（平
23）204 頁 147

東京高判平成 23・4・18 東高刑時報 62 巻
1 ～ 12 号 37 頁 45

仙台高判平成 23・7・12 LEX/DB25472600
155

東京高判平成 23・11・30 東高刑時報 62
巻 1 ～ 12 号 122 頁 65

東京高判平成 24・2・16 東高刑時報 63 巻
1 ～ 12 号 31 頁 156

大阪高判平成 24・3・13 判タ 1387 号 376
頁 48

東京高判平成 24・4・11 東高刑時報 63 巻
1 ～ 12 号 60 頁 145

福岡高判平成 24・4・20 高刑速（平 24）
233 頁 217

名古屋高判平成 24・7・5 高刑速（平 24）
207 頁 149

東京高判平成 24・9・18 東高刑時報 63 巻
1 ～ 12 号 194 頁 65

東京高判平成 24・10・17 東高刑時報 63
巻 1 ～ 12 号 211 頁 145

東京高判平成 24・10・30 高刑速（平 24）
146 頁 212

東京高判平成 24・11・22 東高刑時報 63
巻 1 ～ 12 号 251 頁 65

東京高判平成 24・12・13 判タ 1408 号 274
頁 206

東京高判平成 25・6・11 判時 2214 号 127
頁 64

札幌高判平成 25・7・11 高刑速（平 25）
253 頁 54

広島高岡山支判平成 25・7・31 高刑速（平
25）225 頁 168

大阪高判平成 25・9・25 判タ 1408 号 293
頁 398

東京高判平成 25・10・18 高刑速（平 25）

120 頁 244

東京高判平成 25・11・6 判タ 1419 号 230
頁 28

東京高判平成 27・1・29 東高刑時報 66 巻
1 ～ 12 号 1 頁 217

東京高判平成 27・12・15 東高刑時報 66
巻 1 ～ 12 号 121 頁 287

福岡高判平成 29・9・19 判タ 1455 号 92
頁 165

東京高判平成 29・10・18 東高刑時報 68
巻 1 ～ 12 号 125 頁 144

東京高判平成 30・9・28 高刑速（平 30）
236 頁 154

名古屋高金沢支判平成 30・10・30 LEX/
DB25561935 128

東京高判令和元・11・15 高刑速（令元）
330 頁 193

東京高判令和 2・6・11 高刑速（令 2）180
頁 334

大阪高判令和 2・6・17 高刑速（令 2）389
頁 427

福岡高判令和 3・3・29 高刑速（令 3）524
頁 152

福岡高判令和 3・6・25 高刑集 73 巻 1 号 6
頁 363

大阪高判令和 3・7・16 判タ 1500 号 120
頁 100

名古屋高判令和 3・12・14 高刑速（令 3）
501 頁 152

東京高判令和 4・7・12 高刑速（令 4）192
頁 146

仙台高判令和 5・1・24 LEX/DB25594356
106

東京高判令和 5・2・10〔研修 904 号 81
頁〕 174

大阪高判令和 5・5・15 判タ 1513 号 137
頁 100

広島高判令和 6・6・11 LEX/DB25620093
215

地方裁判所

東京地判昭和 32・7・13 判時 119 号 1 頁

判 例 索 引 475

大阪地判昭和 34・4・23 判時 191 号 33 頁 189

神戸地判昭和 34・9・25 下刑集 1 巻 9 号 2069 頁 173

佐賀地判昭和 35・6・27 下刑集 2 巻 5 = 6 号 938 頁 392

熊本地判昭和 35・7・1 下刑集 2 巻 7 = 8 号 1031 頁 42

名古屋地判昭和 35・7・19 下刑集 2 巻 7 = 8 号 1072 頁 289

神戸地姫路支判昭和 35・12・12 判タ 119 号 108 頁 188

東京地判昭和 36・3・30 判時 264 号 35 頁 57

名古屋地判昭和 36・5・29 裁時 332 号 5 頁 41

東京地判昭和 36・6・14 判時 268 号 32 頁 249

和歌山地判昭和 36・8・21 下刑集 3 巻 7 = 8 号 783 頁 398

浦和地判昭和 37・9・24 下刑集 4 巻 9 = 10 号 879 頁 249

東京地判昭和 37・11・29 判タ 140 号 117 頁 206

東京地判昭和 37・12・3 判時 323 号 33 頁 148

東京地判昭和 38・3・23 判タ 147 号 92 頁 50

高松地丸亀支判昭和 38・9・16 下刑集 5 巻 9 = 10 号 867 頁 217

新潟地相川支判昭和 39・1・10 下刑集 6 巻 1 = 2 号 25 頁 160

東京地判昭和 40・8・31 判タ 181 号 194 頁 290

東京地判昭和 40・9・30 下刑集 7 巻 9 号 1828 頁 43

宇都宮地判昭和 40・12・9 下刑集 7 巻 12 号 2189 頁 22

大阪地判昭和 41・9・19 判タ 200 号 180 頁 290

東京地判昭和 41・11・25 判タ 200 号 177

頁 146

静岡地沼津支判昭和 42・6・24 下刑集 9 巻 6 号 851 頁 353

熊本地玉名支判昭和 42・11・10 下刑集 9 巻 11 号 1372 頁 51

新潟地判昭和 42・12・5 下刑集 9 巻 12 号 1548 頁 181

岡山地判昭和 43・4・30 下刑集 10 巻 4 号 416 頁 73

岡山地判昭和 43・5・6 判時 524 号 89 頁 82

松山地宇和島支判昭和 43・6・12 下刑集 10 巻 6 号 645 頁 124

大津地判昭和 43・8・27 下刑集 10 巻 8 号 866 頁 390

岡山地判昭和 43・10・8 判時 546 号 98 頁 42

大阪地判昭和 43・11・15 判タ 235 号 280 頁 159

甲府地判昭和 43・12・28 下刑集 10 巻 12 号 1239 頁 415

大分地判昭和 44・10・24 刑月 1 巻 10 号 1023 頁 376

熊本地判昭和 44・10・28 刑月 1 巻 10 号 1031 頁 287

京都地判昭和 45・3・12 刑月 2 巻 3 号 258 頁 266

仙台地判昭和 45・3・30 刑月 2 巻 3 号 308 頁 274

岡山地判昭和 45・9・1 判時 627 号 104 頁 166

京都地判昭和 45・10・12 判時 614 号 104 頁 75

大阪地判昭和 46・1・30 刑月 3 巻 1 号 59 頁 103

東京地判昭和 46・3・19 判時 648 号 49 頁 60

大阪地判昭和 47・9・6 判タ 306 号 298 頁 379

岡山地判昭和 48・2・12 判タ 295 号 410 頁 107

東京地判昭和 48・3・9 判タ 298 号 349 頁

43

東京地判昭和 48・9・6 刑月 5 巻 9 号 1315
頁　127

東京地判昭和 49・4・25 判時 744 号 37 頁
123

神戸地判昭和 49・10・11 刑月 6 巻 10 号
1031 頁　122

広島地判昭和 50・6・24 刑月 7 巻 6 号 692
頁　155

東京地判昭和 50・12・26 刑月 7 巻 11 ＝
12 号 984 頁　124

京都地判昭和 51・10・15 刑月 8 巻 9 ＝ 10
号 431 頁　178

大阪地判昭和 51・10・25 判時 857 号 124
頁　83

広島地判昭和 51・12・1 判時 846 号 125
頁　98

京都地判昭和 51・12・17 判時 847 号 112
頁　152

東京地八王子支判昭和 51・12・17 判時
844 号 112 頁　269

東京地判昭和 52・7・18 判時 880 号 110
頁　400

松江地判昭和 52・9・20 判時 877 号 111
頁　292

大分地判昭和 52・9・26 判時 879 号 161
頁　173

宮崎地判昭和 52・10・18 刑月 9 巻 9 ＝ 10
号 746 頁　393

盛岡地判昭和 53・3・22 前掲刑集 294 頁
97

横浜地判昭和 54・1・16 判時 925 号 134
頁　293

熊本地判昭和 54・3・22 判時 931 号 6 頁
34

秋田地判昭和 54・3・29 刑月 11 巻 3 号
264 頁　35

大阪地判昭和 54・6・21 判時 948 号 128
頁　189

東京地判昭和 54・8・10 判時 943 号 122
頁　52

大阪地判昭和 54・8・15 判タ 399 号 154

頁　314

東京地判昭和 55・2・14 刑月 12 巻 1 ＝ 2
号 47 頁　153

長崎地佐世保支判昭和 55・5・30 判時 999
号 131 頁　124

前橋地判昭和 55・12・1 判タ 445 号 176
頁　124

静岡地沼津支判昭和 56・3・12 判時 999
号 135 頁　271

神戸地判昭和 56・3・27 判時 1012 号 35
頁　252

福井地判昭和 56・8・31 判時 1022 号 144
頁　212

東京地判昭和 56・11・6 判時 1043 号 151
頁　332

東京地判昭和 56・12・25 判タ 462 号 174
頁　332

金沢地判昭和 57・1・13 刑月 14 巻 1 ＝ 2
号 185 頁　392

大阪地判昭和 57・7・9 判タ 486 号 183 頁
173

旭川地判昭和 57・9・29 判時 1070 号 157
頁　401

大阪地判昭和 57・10・20 判時 1077 号 159
頁　192

仙台地判昭和 58・3・28 判時 1086 号 160
頁　286

東京地判昭和 58・6・10 判時 1084 号 37
頁　116

横浜地判昭和 58・7・20 判時 1108 号 138
頁　284

千葉地判昭和 58・11・11 判時 1128 号 160
頁　232

秋田地判昭和 59・4・13 判時 1136 号 161
頁　211

東京地判昭和 59・6・15 刑月 16 巻 5 ＝ 6
号 459 頁　153

東京地判昭和 59・6・22 判時 1131 号 156
頁　283

東京地判昭和 60・2・13 判時 1146 号 23
頁　241

東京地判昭和 60・3・19 判時 1172 号 155

判 例 索 引　　　477

頁　182

東京地判昭和 60・4・8 判時 1171 号 16 頁
426

新潟地判昭和 60・7・2 判時 1160 号 167
頁　148

横浜地判昭和 61・2・18 判時 1200 号 161
頁　123

福岡地判昭和 61・3・3 判タ 595 号 95 頁
124

京都地判昭和 61・5・23 判タ 608 号 137
頁　127

大阪地判昭和 61・10・3 判タ 630 号 228
頁　65

福岡地判昭和 62・2・9 判時 1233 号 157
頁　179

福岡地小倉支判昭和 62・8・26 判時 1251
号 143 頁　153

東京地判昭和 62・10・6 判時 1259 号 137
頁　155

東京地判昭和 63・3・17 判時 1284 号 149
頁　61

大阪地判昭和 63・7・21 判時 1286 号 153
頁　124

東京地判昭和 63・10・26 判タ 690 号 245
頁　37

大阪地判昭和 63・12・22 判タ 707 号 267
頁　152

甲府地判平成元・3・31 判時 1311 号 160
頁　334

東京地判平成元・10・31 判時 1363 号 158
頁　193

鹿児島地判平成 2・3・16 判時 1355 号 156
頁　376

東京地判平成 2・5・15 判タ 734 号 246 頁
287

浦和地判平成 2・11・22 判タ 752 号 244
頁　289

浦和地判平成 2・11・22 判時 1374 号 141
頁　289

大阪地判平成 3・3・7 判タ 771 号 278 頁
376

仙台地気仙沼支判平成 3・7・25 判タ 789

号 275 頁　402

東京地八王子支判平成 3・8・28 判タ 768
号 249 頁　200

神戸地判平成 3・9・19 判タ 797 号 269 頁
272

松山地判平成 3・10・23 判タ 789 号 272
頁　387

東京地判平成 4・4・21 判時 1424 号 141
頁　325

東京地判平成 4・6・19 判タ 806 号 227 頁
83

大阪地判平成 4・9・22 判タ 828 号 281 頁
167

札幌地判平成 4・10・30 判タ 817 号 215
頁　166

札幌地判平成 5・6・28 判タ 838 号 268 頁
153

名古屋地判平成 6・1・18 判タ 858 号 272
頁　52

札幌地判平成 6・2・7 判タ 873 号 288 頁
284

東京地判平成 6・3・7 判タ 874 号 291 頁
390

東京地判平成 7・2・13 判時 1529 号 158
頁　223

千葉地判平成 7・6・2 判時 1535 号 144 頁
403

那覇地沖縄支判平成 7・10・31 判時 1571
号 153 頁　65

大阪地判平成 8・7・8 判タ 960 号 293 頁
321，322

京都地判平成 9・5・9 判時 1613 号 157 頁
334

大阪地判平成 9・8・20 判タ 995 号 286 頁
58

秋田地判平成 9・9・2 判時 1635 号 158 頁
378

大阪地判平成 9・9・22 判タ 997 号 293 頁
211

大阪地判平成 9・10・3 判タ 980 号 285 頁
129

東京地判平成 9・10・17 判タ 958 号 289

頁　416

岡山地判平成 9・12・15 判時 1641 号 158
頁　354

東京地判平成 10・6・5 判タ 1008 号 277
頁　148

東京地判平成 10・8・19 判時 1653 号 154
頁　314，332

神戸地判平成 11・2・1 判時 1671 号 161
頁　65

青森地弘前支判平成 11・3・30 判時 1694
号 157 頁　124

富山地判平成 13・4・19 判タ 1081 号 291
頁　50

福岡地判平成 14・1・17 判タ 1097 号 305
頁　286

東京地判平成 14・3・14 LEX/DB28075486
113

神戸地判平成 14・3・19 LEX/DB28075157
188

広島地判平成 14・3・20 判タ 1116 号 297
頁　253

神戸地判平成 14・3・25 判タ 1097 号 312
頁　79

横浜地判平成 14・9・5 判タ 1140 号 280
頁　128

甲府地判平成 14・12・11 LEX/DB28085212
75

大津地判平成 15・1・31 判タ 1134 号 311
頁　170

東京地判平成 15・3・6 判タ 1152 号 296
頁　191

鹿児島地判平成 15・9・2 LEX/DB28095497
35

神戸地判平成 15・10・9 裁判所ウェブサ
イト　155

札幌地判平成 15・11・27 判タ 1159 号 292
頁　45

京都地判平成 16・8・5 LEX/DB28095598
55

大阪地判平成 16・11・17 判タ 1166 号 114
頁　189

大阪地判平成 17・3・29 判タ 1194 号 293

頁　207

神戸地判平成 17・4・26 判時 1904 号 152
頁　171

大阪地判平成 17・5・25 判タ 1202 号 285
頁　228

大阪地判平成 18・4・10 判タ 1221 号 317
頁　173

神戸地判平成 21・4・17 LEX/DB25440925
50

横浜地判平成 21・6・25 判タ 1308 号 312
頁　188

東京地判平成 22・9・6 判時 2112 号 139
頁　322

東京地判平成 23・7・20 判タ 1393 号 366
頁　271

東京地判平成 24・6・25 判タ 1384 号 363
頁　223

札幌地判平成 24・12・14 判タ 1390 号 368
頁　54

大阪地判平成 25・3・22 判タ 1413 号 386
頁　362

長野地松本支判平成 27・5・26 LEX/DB25540578
284

東京地判平成 27・7・1 LEX/DB25541030
287

福岡地判平成 27・10・28 LEX/DB25541477
358

東京地判平成 28・2・16 判タ 1439 号 245
頁　124

仙台地判平成 28・3・17 裁判所ウェブサ
イト　177

大阪地判平成 28・9・27 LEX/DB25544698
358

大阪地判平成 28・11・8 LLI/DBL07150974
362

大阪地判平成 29・3・3 LEX/DB25545976
362

横浜地判平成 29・3・24 LEX/DB25545645
314

神戸地判平成 30・5・11 LLI/DBL07350469
322

大阪地判平成 30・7・2 LEX/DB25449610

362

福岡地判平成 30・10・9 LLI/DBL07351095
274

大阪地判平成 31・2・13 LEX/DB25562314
267

大阪地堺支判平成 31・4・2 LEX/DB25562946
65

京都地判令和元・5・7 LEX/DB25563868
200

岐阜地判令和元・6・7 LEX/DB25563467
244

京都地判令和 2・6・25 判時 2494 号 98 頁
318

東京地判令和 4・2・18 LEX/DB25572185
63

山口地判令和 5・2・28 LEX/DB25594479
215

簡易裁判所

尼崎簡判昭和 43・2・29 下刑集 10 巻 2 号
211 頁　97

札幌簡判昭和 51・12・6 判時 848 号 128
頁　141

著者紹介

小林 憲太郎
こばやし けんたろう

1974 年　大阪生まれ
1997 年　東京大学法学部卒業
現　在　立教大学教授

主要著書

『因果関係と客観的帰属』（単著，弘文堂，2003）

『刑法的帰責——フィナリスムス・客観的帰属論・結果無価値論』（単著，弘文堂，2007）

『刑法総論〔第 2 版〕』（共著，有斐閣，2012）

『刑法各論〔第 2 版〕』（共著，有斐閣，2013）

『事例から刑法を考える〔第 3 版〕』（共著，有斐閣，2014）

『ライブ講義刑法入門』（単著，新世社，2016）

『刑法総論の理論と実務』（単著，判例時報社，2018）

『刑法総論〔第 2 版〕』（単著，新世社，2020）

『刑法各論の理論と実務』（単著，判例時報社，2021）

『重要判例集　刑法総論〔第 2 版〕』（単著，新世社，2022）

刑法各論

2024 年 11 月 10 日 ⓒ	初 版 発 行

著　者　小林憲太郎　　　　発行者　御園生晴彦
　　　　　　　　　　　　　印刷者　山　岡　影　光
　　　　　　　　　　　　　製本者　小　西　惠　介

【発行】　　　　　　　株式会社　**新世社**
〒151-0051　　　東京都渋谷区千駄ヶ谷 1 丁目 3 番 25 号
編集 ☎（03）5474-8818（代）　　　サイエンスビル

【発売】　　　　　　株式会社　**サイエンス社**
〒151-0051　　　東京都渋谷区千駄ヶ谷 1 丁目 3 番 25 号
営業 ☎（03）5474-8500（代）　　　振替 00170-7-2387
FAX ☎（03）5474-8900

印刷　三美印刷　　　　　　　　製本　ブックアート
　　　　　　　　　《検印省略》

本書の内容を無断で複写複製することは，著作者および出版者
の権利を侵害することがありますので，その場合にはあらかじ
め小社あて許諾をお求め下さい。

サイエンス社・新世社のホームページのご案内
https://www.saiensu.co.jp
ご意見・ご要望は
shin@saiensu.co.jp　まで.

ISBN978-4-88384-391-6

PRINTED IN JAPAN

ライブラリ 現代の法律学 A13

刑法総論
第2版

小林憲太郎 著
A5判／416頁／本体2,900円（税抜き）

本書は，気鋭の刑法学者による刑法総論の基本書の改訂版である。講義を受けた学生・読者からの「より親切な教科書を」との要望に応えて，改訂にあたっては個々の問題に関する説明を初版よりもはるかに詳細かつ分かりやすくした。また，発展的な問題についてはコラムを設け，本文とは別に解説した。

【主要目次】
刑法および刑法総論の意義／刑法（刑罰）の目的および基本原理／構成要件論——総説／構成要件論——各説／違法性とその阻却／故意／過失／責任とその阻却／未遂／共犯／罪数／刑法の適用範囲／刑罰論

発行 新世社　　　発売 サイエンス社